Edition KWV

Die „Edition KWV" beinhaltet hochwertige Werke aus dem Bereich der Wirtschaftswissenschaften. Alle Werke in der Reihe erschienen ursprünglich im Kölner Wissenschaftsverlag, dessen Programm Springer Gabler 2018 übernommen hat.

Weitere Bände in der Reihe http://www.springer.com/series/16033

Florian Dotzler

Datenschutzrechtliche Aspekte und der Einsatz biometrischer Systeme in Unternehmen

Eine exemplarische Betrachtung von Systemen auf der Grundlage des biometrischen Merkmals Tippverhalten

Florian Dotzler
Wiesbaden, Deutschland

Bis 2018 erschien der Titel im Kölner Wissenschaftsverlag, Köln
Dissertation Universität Regensburg, 2009

Edition KWV
ISBN 978-3-658-24047-9   ISBN 978-3-658-24048-6   (eBook)
https://doi.org/10.1007/978-3-658-24048-6

Die Deutsche Nationalbibliothek verzeichnet diese Publikation in der Deutschen Nationalbibliografie; detaillierte bibliografische Daten sind im Internet über http://dnb.d-nb.de abrufbar.

Springer Gabler
© Springer Fachmedien Wiesbaden GmbH, ein Teil von Springer Nature 2010, Nachdruck 2019
Ursprünglich erschienen bei Kölner Wissenschaftsverlag, Köln, 2010
Das Werk einschließlich aller seiner Teile ist urheberrechtlich geschützt. Jede Verwertung, die nicht ausdrücklich vom Urheberrechtsgesetz zugelassen ist, bedarf der vorherigen Zustimmung des Verlags. Das gilt insbesondere für Vervielfältigungen, Bearbeitungen, Übersetzungen, Mikroverfilmungen und die Einspeicherung und Verarbeitung in elektronischen Systemen.
Die Wiedergabe von Gebrauchsnamen, Handelsnamen, Warenbezeichnungen usw. in diesem Werk berechtigt auch ohne besondere Kennzeichnung nicht zu der Annahme, dass solche Namen im Sinne der Warenzeichen- und Markenschutz-Gesetzgebung als frei zu betrachten wären und daher von jedermann benutzt werden dürften.
Der Verlag, die Autoren und die Herausgeber gehen davon aus, dass die Angaben und Informationen in diesem Werk zum Zeitpunkt der Veröffentlichung vollständig und korrekt sind. Weder der Verlag, noch die Autoren oder die Herausgeber übernehmen, ausdrücklich oder implizit, Gewähr für den Inhalt des Werkes, etwaige Fehler oder Äußerungen. Der Verlag bleibt im Hinblick auf geografische Zuordnungen und Gebietsbezeichnungen in veröffentlichten Karten und Institutionsadressen neutral.

Springer Gabler ist ein Imprint der eingetragenen Gesellschaft Springer Fachmedien Wiesbaden GmbH und ist ein Teil von Springer Nature
Die Anschrift der Gesellschaft ist: Abraham-Lincoln-Str. 46, 65189 Wiesbaden, Germany

Meinen Eltern
für ihr Vorbild und ihr Vertrauen

Erstes Geleitwort

Eine wirksame und effiziente Authentifizierung ist notwendige Voraussetzung für den sicheren Zugang und den nachvollziehbaren Zugriff auf die wertvolle Ressource „Information". Biometrische Verfahren werden für diese Aufgabenstellung seit einigen Jahren in der Praxis eingesetzt. Denn sie bieten zunehmende Effizienz und können, wenn sie entsprechend gestaltet werden, auch einen sehr hohen Zugangs- und Zugriffsschutz gewährleisten. Andererseits wirft der Personenbezug der Daten unmittelbar Fragen des Datenschutzes auf, ohne dass zu den aktuellen Entwicklungen angemessene gesetzliche Regelungen oder eine umfassende Rechtsprechung existieren. Dies hat zu erheblicher Verunsicherung im praktischen Einsatz geführt und erfordert immer wieder lange Diskussionsprozesse in den Unternehmen. In einigen Fällen mussten sogar bereits getätigte Investitionen abgeschrieben werden. Die vorliegende Publikation hat das Ziel, diese Lücke zu schließen, und geht die Aufgabe in drei Schritten an. Zunächst werden die IT-technischen wie auch die juristischen Grundlagen gelegt. Dieser Schritt vermittelt auch denjenigen das nötige Ausgangswissen, die sich nicht täglich mit der Materie befassen. Im zweiten Schritt arbeitet der Autor heraus, wie der Einsatz unterschiedlicher biometrischer Verfahren vor dem Hintergrund datenschutzrechtlicher Aspekte zu beurteilen ist. Er entwickelt dazu ein Bewertungsverfahren und setzt ein Zwei-Ebenen-Modell mit einem Kriterienkatalog ein, das sowohl wissenschaftlich abgesichert als auch für den praktischen Einsatz tauglich ist. Schließlich zeigt der Autor anhand des konkreten Beispiels „Tippverhalten", wie biometrische Verfahren so ausgestaltet werden können, dass ihre Anwendung bestmöglich mit datenschutzrechtlichen Aspekten vereinbar ist. Ein breiter empirischer Test rundet die Untersuchung ab. Die Ergebnisse der Arbeit sind überzeugend. Dem Autor ist es gelungen, die juristische und die IT-technische Sicht voll integriert und in gleicher Tiefe zu betrachten. Die Ergebnisse halten nicht nur den Kriterien stand, die an wissenschaftliches Arbeiten gestellt werden. Die Arbeit ist auch so praxisnah gehalten und formuliert, dass sie einen hervorragenden Leitfaden für die Verantwortlichen im Unternehmen zur Verfügung stellt. Insofern wünsche ich mir, dass dieser Leitfaden zum Standard-Vorgehensmodell zur Lösung der geschilderten Problemstellung wird.

Regensburg, im Januar 2010

Prof. Dr. Hans-Gert Penzel
Generaldirektor
Europäische Zentralbank

Zweites Geleitwort

Die Schnittstelle zwischen Informationstechnologie und Datenschutz(recht) ist äußerst praxisrelevant und es zeichnet sich ab, dass sie in Zukunft noch weiter an Bedeutung gewinnen wird. Gerade die Frage der Datenvermeidung und Datensparsamkeit spielt in diesem Zusammenhang eine herausragende Rolle. Für dieses grundlegende datenschutzrechtliche Prinzip gilt in besonderer Weise die Problematik eines massiven Vollzugsdefizits, weil es weder trennscharfe Kriterien noch sinnvolle Möglichkeiten der Kontrolle und Vollstreckung gibt. In diesem Buch werden interdisziplinär Ideen zum Einsatz biometrischer Systeme in Unternehmen entwickelt, die nicht zuletzt speziell in dieser Hinsicht fruchtbar gemacht werden können.

Zunächst wird dem Leser eine instruktive Darstellung datenschutzrechtlicher Grundlagen geboten, wobei bereits erste Übertragungen auf biometrische Systeme vorgenommen werden. Sodann wird konkret der betriebliche Einsatz der Biometrie beleuchtet. Sowohl Risiken als auch geeignete Schutzmaßnahmen werden herausgearbeitet und evaluiert. Unter Berücksichtigung der besonderen Gefahren einer dauerhaften Merkmalskompromittierung werden entsprechende Beurteilungskriterien entwickelt und auf ausgewählte Systeme angewendet. Dabei werden die Ansätze nicht nur differenziert und strukturiert dargelegt, sondern auch umfassenden empirischen Tests unterzogen.

Die Arbeit ist im besten Sinne interdisziplinär und in beiden Bereichen gleichermaßen profund. Ihr ist eine nachhaltige Rezeption gerade auch in der Praxis zu wünschen.

Regensburg, im Januar 2010

Prof. Dr. Jürgen Kühling, LL.M.
Lehrstuhl für Öffentliches Recht und Immobilienrecht
Universität Regensburg

Vorwort

Die vorliegende Arbeit entstand während meiner Forschungs- und Projekttätigkeit am Lehrstuhl für Wirtschaftsinformatik II, insbesondere Bankinformatik an der Universität Regensburg. Sie wurde von der wirtschaftswissenschaftlichen Fakultät der Universität Regensburg als Dissertation unter dem Titel „Datenschutzrechtliche Aspekte und der Einsatz biometrischer Systeme in Unternehmen - Eine exemplarische Betrachtung von Systemen auf der Grundlage des biometrischen Merkmals Tippverhalten" angenommen. Da sich die Arbeit auf den folgenden über 200 Seiten mit dem sehr interessanten, aber dadurch umfassend behandelten Thema der datenschutzrechtlichen Bewertung biometrischer Systeme befasst, möchte ich an dieser Stelle auf inhaltliche Aus- und Einführungen verzichten.

Vielmehr ist es mir ein großes Anliegen, mich bei denjenigen Menschen zu bedanken, die mich bei meiner Arbeit und somit auf dem Weg zu diesem Vorwort so gut und uneigennützig unterstützt haben. Für die Übernahme der Begutachtung sowie die wissenschaftliche Begleitung der Arbeit möchte ich mich bei Prof. Dr. Hans-Gert Penzel und Prof. Dr. Jürgen Kühling bedanken. Sie konnten in vielen Gesprächen durch ihre Erfahrung und ihre Fähigkeit, die richtigen Fragen zu stellen, entscheidende Hilfestellung und großen fachlichen Input geben. So verschafften sie mir eine solide und verlässliche Basis für meine Arbeit. Ferner gilt mein Dank zahlreichen Freunden und Kollegen für ihre Unterstützung während der Zeit der Erstellung meiner Dissertation: Dr. Thomas Wölfl, der meine Arbeit stets förderte und durch seine Expertise immer der richtige fachliche Ansprechpartner war, Prof. Dr. Dieter Bartmann, der mich in unzähligen Diskussionen mit neuen Ideen und seiner Begeisterung unterstützte sowie mir die Betrachtung des Praxisbeispiels bei der Psylock GmbH ermöglichte, Dr. Marco Nirschl, Karl Mühlbauer, Sebastian Däs und Christian Senk, die beim Lesen der Arbeit akribisch und ausdauernd jedem Satz und jedem Wort auf den Zahn fühlten.

Schließlich gilt mein größter Dank meinen Eltern, Anneliese und Georg Dotzler, auf die ich mich stets verlassen konnte. Sie haben meine Ausbildung bis zur Promotion immer uneingeschränkt unterstützt und mir zu jeder Zeit das größtmögliche Vertrauen geschenkt. Daneben haben Sie mir bedeutende Werte wie Fleiß, Zielstrebigkeit und Ausdauer vermittelt und vorgelebt und mir gezeigt, was es heißt, für andere einzustehen.

Meinen Eltern widme ich diese Arbeit.

Regensburg, im Januar 2010

Dr. Florian Dotzler

Inhaltsübersicht

Abbildungsverzeichnis XXIII

Tabellenverzeichnis XXV

Abkürzungsverzeichnis XXVII

Management Summary XXIX

1   Datenschutz und der betriebliche Einsatz der Biometrie 1

2   Grundlagen biometrischer Authentifizierungssysteme 3

3   Biometrische Systeme auf der Basis des Merkmals Tippverhalten 49

4   Datenschutzrechtlich relevante Vorschriften und Konzepte 65

5   Biometriespezifisches Gefährdungspotenzial und Schutzmaßnahmen ... 101

6   Bewertungskriterien für eine datenschutzrechtliche Evaluation 131

7   Evaluation ausgewählter Tippverhalten basierender Systeme 151

8   Legitimationsgrundlage für den Systemeinsatz im Unternehmen 207

9   Abschließende Wertung und Ausblick 217

Literaturverzeichnis 221

Inhaltsverzeichnis

Abbildungsverzeichnis XXIII

Tabellenverzeichnis XXV

Abkürzungsverzeichnis XXVII

Management Summary XXIX

1 **Datenschutz und der betriebliche Einsatz der Biometrie** 1
   1.1 Notwendigkeit einer datenschutzrechtlichen Betrachtung des betrieblichen Einsatzes biometrischer Systeme 1
   1.2 Aufbau der Arbeit 2

2 **Grundlagen biometrischer Authentifizierungssysteme** 3
   2.1 Biometrie und biometrische Merkmale 3
   2.2 Technische Grundlagen biometrischer Systeme 5
      2.2.1 Prinzipien der Authentizitätsprüfung 5
      2.2.2 Aufbau eines biometrischen Systems 9
      2.2.3 Ablauf einer biometrischen Authentifizierung 12
      2.2.4 Adaptive biometrische Verfahren 15
      2.2.5 Betriebsarten biometrischer Systeme 16
         2.2.5.1 Betrieb im Verifikationsmodus 16
         2.2.5.2 Betrieb im Identifikationsmodus 18
   2.3 Sicherheit biometrischer Systeme 20
      2.3.1 Sicherheit durch biometrische Systeme 20
      2.3.2 Erhöhte Sicherheitsnotwendigkeit beim Systemeinsatz 21
      2.3.3 Fehlerraten als Gütemaße für die Erkennungsleistung biometrischer Verfahren und Systeme 22
         2.3.3.1 Grundlegendes zur Ermittlung von Fehlerraten 23
         2.3.3.2 False Accept Rate (FAR) 23
         2.3.3.3 False Rejection Rate (FRR) 24
         2.3.3.4 Equal Error Rate (EER) 25

        2.3.3.5   Detection Error Trade-off (DET)- und Receiver Operating Characteristic (ROC)-Kurve 28

        2.3.3.6   Failure to Enrol Rate (FTE) 30

        2.3.3.7   Failure to Acquire Rate (FTA) 31

        2.3.3.8   False Match Rate (FMR) und False Non-Match Rate (FNMR) vs. FAR und FRR 32

   2.3.4   Statistische Signifikanz der Fehlerraten 34

   2.3.5   Versuchsdesign für die Ermittlung der Fehlerraten 44

3   Biometrische Systeme auf der Basis des Merkmals Tippverhalten 49

   3.1   Tippverhalten als biometrisches Merkmal 49

   3.2   Biometrische Verfahren zur Tippverhaltenserkennung 53

   3.3   Biometrische Systeme auf der Grundlage des Tippverhaltens 57

       3.3.1   Repräsentative Systemansätze 57

            3.3.1.1   Textgebundene Authentifizierungssysteme 58

            3.3.1.2   Textungebundenen Authentifizierungssysteme 61

       3.3.2   Psylock-Kernsystem als Basisarchitektur für verschiedene Systemansätze 63

4   Datenschutzrechtlich relevante Vorschriften und Konzepte 65

   4.1   Recht auf informationelle Selbstbestimmung 66

   4.2   Personenbezug biometrischer Daten 68

   4.3   Grundsätze und Vorschriften aus dem Bundesdatenschutzgesetz als Ausgangspunkte einer Bewertung 71

       4.3.1   Notwendigkeit einer Rechtsvorschrift oder einer Einwilligung für die Einsatzlegitimation 71

       4.3.2   Grundsatz der Zweckbindung 72

       4.3.3   Grundsatz der Erforderlichkeit 72

       4.3.4   Grundsatz der Datenvermeidung und der Datensparsamkeit 73

       4.3.5   Schutz sensibler Daten 74

       4.3.6   Transparenzgebot, offene Datenerhebung und Grundsatz der Direkterhebung 75

	4.3.7 Technische und organisatorische Schutzmaßnahmen 76

- 4.4 Weitere relevante Vorschriften und Gegebenheiten.............................. 77
  - 4.4.1 Grundgesetzlich motivierte Aspekte 77
    - 4.4.1.1 Grundsatz der Gleichheit 77
    - 4.4.1.2 Gefahr der Schaffung eines einheitlichen Personenkennzeichens 78
  - 4.4.2 Legitimationsgrundlagen mit datenschutzrechtlicher Relevanz für den betrieblichen Systemeinsatz.. 80
    - 4.4.2.1 Einwilligung oder Rechtsvorschrift als Ausgangsbasis einer Legitimation.. 80
    - 4.4.2.2 Allgemeine Normierung des Persönlichkeitsschutzes in § 75 Abs. 2 Satz 1 BetrVG 82
    - 4.4.2.3 Mitbestimmung des Betriebsrats gemäß § 87 Abs. 1 Satz 6 BetrVG 84
    - 4.4.2.4 Legitimation des betrieblichen Einsatzes biometrischer Systeme auf der Grundlage des § 32 Abs. 1 Satz 1 BDSG 89
- 4.5 Position und Mitwirken des betrieblichen Datenschutzbeauftragten bei der Einführung biometrischer Systeme... 93
  - 4.5.1 Rolle des betrieblichen Datenschutzbeauftragten 94
  - 4.5.2 Position und Verantwortlichkeit des Datenschutzbeauftragten bei der Einführung biometrischer Systeme im Unternehmen 96
  - 4.5.3 Zusammenarbeit mit dem Betriebsrat 97

5 Biometriespezifisches Gefährdungspotenzial und Schutzmaßnahmen ... 101
- 5.1 Allgemeine Risiken für den Einsatz biometrischer Systeme................ 102
- 5.2 Spezielle Risiken für den Einsatz biometrischer Systeme.................... 103
  - 5.2.1 Unrechtmäßige Aneignung der Nutzeridentität 103
  - 5.2.2 Missbräuchliche Verwendung von Zusatzinformationen 105
  - 5.2.3 Gefahr der lebenslangen Merkmalskompromittierung 106
  - 5.2.4 Überwachungseignung biometrischer Systeme 107
  - 5.2.5 Bildung von Personenprofilen 108

		5.2.6	Zwang zur Nutzung biometrischer Systeme 109

- 5.3 Schutzmaßnahmen gegen das bestehende Gefährdungspotenzial......... 110
  - 5.3.1 Technische Schutzmaßnahmen 110
    - 5.3.1.1 Schutzmaßnahmen gegen den Datendiebstahl 110
    - 5.3.1.2 Absicherung der Funktionsfähigkeit des Systems........ 114
    - 5.3.1.3 Absicherung gestohlener oder verlorener biometrischer Daten.. 117
  - 5.3.2 Gesetzliche Schutzmaßnahmen.. 120
  - 5.3.3 Vertragliche Schutzmaßnahmen... 121
- 5.4 Vertrauensbildende Maßnahmen als datenschutzförderliches Instrumentarium... 122
  - 5.4.1 Transparenz gegenüber den Systemnutzern............................. 122
  - 5.4.2 Überprüfung und Zertifizierung durch unabhängige Dritte 124
  - 5.4.3 Selbstbeschränkung des Systembetreibers 126
  - 5.4.4 Freiwilligkeit der Systemnutzung 127
- 5.5 Biometrie und Privacy Enhancing Technology (PET)......................... 128

6 Bewertungskriterien für eine datenschutzrechtliche Evaluation 131

- 6.1 Prüfkriterien für eine Bewertung biometrischer Merkmale 133
  - 6.1.1 Informationsgehalt des biometrischen Merkmals 133
  - 6.1.2 Zeitliche Variabilität des biometrischen Merkmals 134
  - 6.1.3 Ausspähbarkeit des biometrischen Merkmals........................... 135
  - 6.1.4 Willentliche Beeinflussbarkeit des biometrischen Merkmals.... 136
- 6.2 Prüfkriterien für eine Bewertung biometrischer Systeme 137
  - 6.2.1 Notwendigkeit des Systemeinsatzes... 137
  - 6.2.2 Berücksichtigung des vorab zu definierenden Verwendungszwecks im Systemdesign 138
  - 6.2.3 Berücksichtigung der Erforderlichkeit im Systemdesign 139
  - 6.2.4 Betriebsart des Systems: Identifikation versus Verifikation...... 140
  - 6.2.5 Verzicht auf die Anlage einer zentralen Referenzdatenbank..... 141

6.2.6 Umsetzung eines datenschutzfreundlichen Speicherkonzepts ... 142
6.2.7 Reduktion des Personenbezugs bei den biometrischen Daten ... 142
6.2.8 Technische Sicherheit und Zuverlässigkeit des Systems 143
6.2.9 Umgang mit sensiblen Daten im biometrischen System 144
6.2.10 Transparenz des Systems und der Sicherheitsmechanismen 145
6.2.11 Gewährleistung hinreichender Mechanismen für die technische und die organisatorische Sicherheit 147
6.2.12 Angebot effektiver Alternativverfahren 149

7 Evaluation ausgewählter Tippverhalten basierender Systeme 151
7.1 Detaillierte Evaluation des Merkmals Tippverhalten 152
7.1.1 Informationsgehalt des Tippverhaltens 152
7.1.2 Zeitliche Variabilität des Tippverhaltens 153
7.1.3 Ausspähbarkeit des Tippverhaltens 153
7.1.4 Willentliche Beeinflussbarkeit des Tippverhaltens 154
7.1.5 Zusammenfassung der Evaluationsergebnisse des biometrischen Merkmals Tippverhalten 155
7.2 Vergleichende Gegenüberstellung mit weiteren Merkmalen 156
7.3 Evaluation textgebundener Authentifizierungssysteme 161
7.3.1 Notwendigkeit des Systemeinsatzes 161
7.3.2 Berücksichtigung des vorab zu definierenden Verwendungszwecks im Systemdesign 163
7.3.3 Berücksichtigung des Grundsatzes der Erforderlichkeit im Systemdesign 164
7.3.4 Betriebsart textgebundener Systemansätze 164
7.3.5 Verzicht auf eine zentrale Referenzdatenbank 165
7.3.6 Umsetzung eines datenschutzfreundlichen Speicherkonzepts ... 167
7.3.7 Reduktion des Personenbezugs bei den Tippverhaltensdaten 169
7.3.8 Technische Sicherheit und Zuverlässigkeit textgebundener Authentifizierungssysteme 170

7.3.8.1 Aufbau des Testszenarios und Beschreibung der Testdatenbasis 171
7.3.8.2 Ergebnisse des Performancetests 173
7.3.8.3 Vergleich mit weiteren marktgängigen biometrischen Systemen 179
7.3.8.4 Bewertung der Sicherheit der Systemarchitektur 181
7.3.8.5 Abschließende Beurteilung des Sicherheitsniveaus 183
7.3.9 Umgang mit sensiblen Daten in textgebundenen Authentifizierungssystemen 183
7.3.10 Transparenz textgebundener Authentifizierungssysteme und deren Sicherheitsmechanismen 184
7.3.11 Gewährleistung hinreichender Mechanismen für die technische und die organisatorische Sicherheit 185
7.3.12 Angebot effektiver Alternativverfahren 186
7.3.13 Zusammenfassung der Evaluationsergebnisse textgebundener Systemansätze 186
7.4 Evaluation textungebundener Authentifizierungssysteme 188
7.4.1 Notwendigkeit des Systemeinsatzes 188
7.4.2 Berücksichtigung des vorab zu definierenden Verwendungszwecks im Systemdesign 190
7.4.3 Berücksichtigung des Grundsatzes der Erforderlichkeit im Systemdesign 192
7.4.4 Betriebsart textungebundener Systemansätze 193
7.4.5 Verzicht auf eine zentrale Referenzdatenbank 194
7.4.6 Umsetzung eines datenschutzfreundlichen Speicherkonzepts ... 196
7.4.7 Reduktion des Personenbezugs bei den Tippverhaltensdaten 196
7.4.8 Technische Sicherheit und Zuverlässigkeit textungebundener Authentifizierungssysteme 198
7.4.9 Umgang mit sensiblen Daten in textungebundenen Authentifizierungssystemen 199
7.4.10 Transparenz textungebundener Authentifizierungssysteme und deren Sicherheitsmechanismen 200

7.4.11 Gewährleistung hinreichender Mechanismen für die technische und die organisatorische Sicherheit 201

7.4.12 Angebot effektiver Alternativverfahren 202

7.4.13 Zusammenfassung der Evaluationsergebnisse textungebundener Systemansätze 202

8 Legitimationsgrundlage für den Systemeinsatz im Unternehmen 207

8.1 Systeme zur Tippverhaltenserkennung und der Schutz der Persönlichkeitsrechte von Betriebsangehörigen 207

8.2 Mitbestimmung des Betriebsrats beim Einsatz von Systemen zur Tippverhaltenserkennung 210

8.3 Systeme zur Tippverhaltenserkennung und die im Bundesdatenschutzgesetz manifestierten Legitimationsgrundlagen 214

9 Abschließende Wertung und Ausblick 217

Literaturverzeichnis 221

Abbildungsverzeichnis

Abbildung 1:   Grundprinzipien der Authentizitätsprüfung 7
Abbildung 2:   Basisarchitektur eines biometrischen Systems 12
Abbildung 3:   Grundsätzlicher Ablauf eines Enrolmentprozesses 14
Abbildung 4:   Grundsätzlicher Ablauf eines Verifikationsprozesses 18
Abbildung 5:   Grundsätzlicher Ablauf eines Identifikationsprozesses ... 20
Abbildung 6:   Zusammenhang von FAR- und FRR-Kurve 26
Abbildung 7:   Idealtypischer Verlauf von FAR- und FRR-Kurve 28
Abbildung 9:   Haltedauern als Charakteristika des Tippverhaltens 50
Abbildung 10: Übergangsdauern als Charakteristika des Tippverhaltens ... 51
Abbildung 11: Überholungen als Charakteristika des Tippverhaltens ... 52
Abbildung 12: Grundsätzlicher Ablauf eines Mustererkennungsverfahrens ... 54
Abbildung 13: Systemarchitektur einer Password Reset Lösung 60
Abbildung 14: Psylock-Kernsystem zur Nutzerauthentifizierung 64
Abbildung 15: Ebenenmodell der datenschutzrechtlichen Bewertung ... 132
Abbildung 16: FAR- und FRR-Kurve des Psylock-Kernsystems 175
Abbildung 17: DET-Kurve des Psylock-Kernsystems 176
Abbildung 18: DET-Kurven weiterer ausgewählter biometrischer Systeme ... 181

Tabellenverzeichnis

Tabelle 1:	„Rule of 3" zur Abschätzung von Fehlerraten	35
Tabelle 2:	Doddingtons „Rule of 30"	37
Tabelle 3:	Best-Practice-Ansatz nach Mansfield und Wayman	38
Tabelle 4:	Beta-binomial-Ansatz nach Schuckers	40
Tabelle 5:	Logit-beta-binomial-Ansatz nach Schuckers	42
Tabelle 6:	Datenschutzrechtlich motivierte Bewertung des Tippverhaltens	156
Tabelle 7:	Intermerkmalsvergleich Teil I	159
Tabelle 8:	Intermerkmalsvergleich Teil II	160
Tabelle 9:	Arbeitspunkte für den Vergleich der Erkennungsleistung	177
Tabelle 10:	Konfidenzintervallschätzungen	179
Tabelle 11:	Bewertung textgebundener Authentifizierungssysteme	187
Tabelle 12:	Bewertung textungebundener Authentifizierungssysteme Teil I	204
Tabelle 13:	Bewertung textungebundener Authentifizierungssysteme Teil II	205

Abkürzungsverzeichnis

Abs.	Absatz
AGB	Allgemeine Geschäftsbedingungen
API	Application Programming Interface
Art.	Artikel
BDSG	Bundesdatenschutzgesetz
BER	Binning Error Rate
BEM	Biometrics Evaluation Methodology
BetrVG	Betriebsverfassungsgesetz
BSI	Bundesamt für Sicherheit in der Informationstechnik
bzw.	beziehungsweise
CAPTCHA	Completely Automated Public Turing test to tell Computers and Humans Apart
CC	Common Criteria
d. h.	das heißt
DET	Detection Error Trade-off
DNA	Desoxyribonukleinsäure
EAL	Evaluation Assurance Level
EG-DSRL	Europäische Gemeinschaft Datenschutzrichtlinie
et al.	et alii
etc.	et cetera
evtl.	eventuell
f.	folgende Seite
FAQ	Frequently Asked Questions
FAR	False Accept Rate
ff.	folgende Seiten
FIR	False Identification Rate
FMR	False Match Rate
FNMR	False Non-Match Rate
FRR	False Rejection Rate
FTA	Failure to Acquire
FTE	Failure to Enrol
GG	Grundgesetz

i. d. R.	in der Regel
i. V. m.	in Verbindung mit
IP	Internetprotokoll
ISO	International Organization of Standardization
IT	Informationstechnologie
LDAP	Lightweight Directory Access Protocol
LDSG	Landesdatenschutzgesetz
Mrd.	Milliarde(n)
NEA	Number of Genuine or Enrolee Attempts
NFA	Number of False Rejections
NIA	Number of Imposter Attempts
NNA	Number of Not Acquired Persons
NNE	Number of Not Enroled Persons
NPU	Number of Potential Users
PC	Personal Computer
PET	Privacy Enhancing Technology
PIN	Persönliche Identifikationsnummer
PP	Protection Profile
PR	Penetration Rate
Rn.	Randnotiz
ROC	Receiver Operating Characteristics
sog.	sogenannt
u. Ä.	und Ähnliche(s)
u. U.	unter Umständen
USA	United States of America
z. B.	zum Beispiel

Management Summary

Die Rahmenbedingungen des betrieblichen Einsatzes biometrischer Systeme sind aus datenschutzrechtlicher Sicht in Deutschland derzeit nicht eindeutig geregelt. Es mangelt sowohl an der entsprechenden Gesetzgebung als auch an einer konkreten und eindeutigen Rechtsprechung in diesem Bereich. Die Beurteilung biometrischer Systeme und deren Betrieb erfolgt aktuell aus einer einseitig geprägten juristischen Sichtweise, welche die technischen Eigenheiten und Details der entsprechenden Anlagen oftmals sehr allgemein betrachtet und dementsprechend nur pauschal beurteilt. Das Bundesdatenschutzgesetz und das Betriebsverfassungsgesetz, die spärliche Rechtsprechung in diesem Bereich und eine Reihe datenschutzrechtlicher Konzepte können aber herangezogen werden, um dennoch Richtlinien und Vorgaben für ein datenschutzfreundliches Design und einen rechtskonformen betrieblichen Einsatz biometrischer Systeme abzuleiten.

Diese Arbeit beschäftigt sich sowohl mit den gesetzlich begründeten Anforderungen als auch mit den technischen Details biometrischer Lösungen am Beispiel von auf dem Tippverhalten basierenden Anlagen. Sie schließt also für diesen Anwendungsfall die Lücke zwischen der technischen Betrachtung und einer stark einseitig juristisch geprägten Beurteilung. Die vorliegende Abhandlung identifiziert Gefährdungen für den Datenschutz, die mit dem betrieblichen Einsatz von Biometrie einhergehen, und leitet Schutzmaßnahmen ab, welche dieses Risikopotenzial reduzieren können. Sie ermittelt weiterhin die datenschutzrechtlich relevanten Anforderungen und Rahmenbedingungen, die es beim Einsatz biometrischer Systeme in Unternehmen zu beachten gilt. Aus diesen Grundlagen werden allgemeine Richtlinien abgeleitet, welche für eine Bewertung unterschiedlicher Systeme, die mit verschiedenen biometrischen Merkmalen arbeiten, heranzuziehen sind.

Die praktische Untersuchung von Systemansätzen auf der Basis des vornehmlich verhaltensgeprägten biometrischen Merkmals Tippverhalten liefert eine Reihe von Erkenntnissen und unterstreicht die Praxistauglichkeit der identifizierten Wertungskriterien. Es wird dabei die allgemein vorherrschende Meinung entkräftet, dass derartige Systeme immer dazu geeignet sind, den Nutzer verdeckt zu überwachen. Diese Aussage ist als zu pauschal und zu wenig differenziert zu erachten. Das biometrische Merkmal Tippverhalten weist vielmehr eine Reihe von Eigenschaften auf, die aus Sicht des Datenschutzes sehr positiv zu beurteilen sind. Es enthält beispielsweise grundsätzlich keine sensiblen personenbezogenen Daten und es tritt nicht offen zutage. Ferner zeichnet sich das Merkmal durch seine verhältnismäßig hohe zeitliche Variabilität und seine gute willentliche Beeinflussbarkeit aus.

Systemansätze, die mit einem Erkennungsverfahren arbeiten, welches immer denselben Eingabetext verlangt, sind bezüglich der datenschutzrechtlichen Vorgaben als durchweg vorteilhaft zu sehen. Kritisch im Sinne des Datenschutzes ist hingegen nur das Design und der Einsatz spezieller Anlagen, die mit einem Erkennungsverfahren arbeiten, welches beliebige Eingabetexte verarbeiten kann, und die zur verdeckten Nutzerüberwachung geeignet sind. Aber auch im Falle eines derartigen Erkennungsverfahrens erweisen sich nicht alle möglichen Systemarchitekturen als problematisch. Ein Systemdesign, das von den im Rahmen dieser Arbeit abgeleiteten Wertungskriterien als gut empfunden wird, verbunden mit einem für den Nutzer transparenten Systembetrieb, ermöglicht auch hier eine datenschutzrechtlich unbedenkliche Verwendung biometrischer Anlagen zur Tippverhaltenserkennung im Unternehmen.

Weiterhin zeigt sich, dass die aktuell vorherrschende, rechtlich motivierte Bewertung biometrischer Lösungen häufig zu oberflächlich vorgenommen wird. Vielmehr gilt es bestehende Systeme auch aus juristischer Sicht in Zukunft differenzierter, anwendungsfallbezogener und aus einem mehr technisch geprägten Fokus zu betrachten und zu beurteilen. Diese Arbeit bietet einen Leitfaden für derartige Analysen.

1 Datenschutz und der betriebliche Einsatz der Biometrie

Einführend erfolgt in Abschnitt 1.1 kurz die Ableitung der Notwendigkeit für eine datenschutzrechtlich motivierte Betrachtung des betrieblichen Einsatzes biometrischer Systeme. Sie bildet die Ausgangsbasis und die Motivation für diese Analyse. Weiterhin beschreibt Abschnitt 1.2 den generellen Aufbau der Arbeit, um einen kurzen Ausblick auf die einzelnen Abschnitte zu ermöglichen.

1.1 Notwendigkeit einer datenschutzrechtlichen Betrachtung des betrieblichen Einsatzes biometrischer Systeme

Die Entwicklungsfortschritte im Bereich biometrischer Verfahren und Systeme haben in den letzten Jahren massiv zugenommen. Immer mehr biometrische Lösungen erreichen ein Qualitätsniveau, das geeignet scheint, den Übergang vom Laborbetrieb in ein konkretes praktisches Anwendungsszenario zu wagen. Die International Biometric Group schätzt für das Jahr 2012 ein weltweites Marktvolumen von 7,4 Mrd. US-Dollar für biometrische Systeme [International Biometric Group 2007, S. 19 ff.]. Der praktische Einsatz biometrischer Lösungen bringt jedoch neben technischen und organisatorischen Vorgaben auch eine Reihe rechtlicher Anforderungen mit sich [Albrecht 2003, S. 24 ff.; Graevenitz 2005, S. 243; Hornung/Steidle 2005, S. 201 ff.; Roßnagel 2006, S. 57 ff.]. Diese rechtlichen Vorgaben und Restriktionen, abhängig vom Einsatzszenario und den damit verbundenen Rahmenbedingungen, sind oftmals sehr unterschiedlich [Albrecht 2003, S. 155 ff.; Hornung 2006, S. 1 ff.]. So gilt es eine Reihe rechtlicher Vorschriften sowohl auf nationaler als auch auf internationaler Ebene zu berücksichtigen [Albrecht 2003, S. 1 ff.; Gundermann/Köhntopp 1999, S. 145 f.; Kindt 2007, S. 166 ff.; Meints 2007, S. 190 ff.]. Weiterhin ist primär zu unterscheiden, ob es sich um einen öffentlichen oder einen nicht öffentlichen, betrieblichen Einsatz der biometrischen Anlage handelt. Abhängig davon ergeben sich wieder verschiedene gesetzliche Anforderungen, die es zu betrachten gilt [Gundermann/Köhntopp 1999, S. 145 f.]. In der Arbeit erfolgt eine Beschränkung der Untersuchung auf den nationalen, nicht öffentlichen, betrieblichen Einsatz eines biometrischen Systems. Da es sich bei biometrischen Daten häufig um personenbezogene Daten handelt, sind das Bundesdatenschutzgesetz (BDSG) und die sich daraus ergebenden Vorschriften von wesentlicher Bedeutung [Bäumler/Gundermann/Probst 2001, S. 18 ff.; TeleTrusT 2008, S. 1 ff.]. Der Schutz der informationellen Selbstbestimmung, was die vornehmliche Aufgabe des Bundesdatenschutzgesetzes darstellt, ist im Arbeitsbereich vor allem wegen der besonderen Lage gefährdet, in welcher sich der betroffene Arbeitnehmer befindet [Albrecht 2003, S. 195; Graevenitz 2006, S. 245 f.]. Der praktische, betriebliche Einsatz biometrischer Lösungen muss also immer unter der Berücksichtigung der datenschutzrechtlich motivierten Rahmenbedingungen erfolgen [Amberg/Fischer/Rößler 2003, S. 53; Bäumler/Gundermann/Probst 2001, S. 48 ff.; Gundermann/Köhntopp 1999, S. 145 f., 148 f.; Pfitzmann 2006, S. 355]. Es ist zu untersuchen, welche Restriktionen sich hieraus für rechtskonforme biometrische Systeme ergeben [Hornung/Steidle 2005, S. 205]. Die grundlegende Berücksichtigung datenschutzrechtlicher Anforderungen bereits in den Phasen des Systemdesigns und der Systementwicklung, verbunden mit möglichen Änderungsvorschlägen oder von daraus resultierenden Änderungsnotwendigkeiten, macht einen Großteil späterer kritischer Betrachtungen obsolet [Bäumler 1999, S. 3]. Der Analysefokus liegt somit auf diesen aus dem Bundesdatenschutzgesetz resultierenden Anforderungen [TeleTrusT 2008, S. 1 ff.]. Derzeit mangelt es noch immer an einer klaren gerichtlichen bzw. gesetzlichen Klärung der Erfassung, der Verarbeitung und der Speicherung biometrischer Daten, was die Notwendigkeit dieser Untersuchung zudem unterstreicht.

1.2 Aufbau der Arbeit

Die Arbeit untergliedert sich in neun Kapitel. Kapitel eins leitet die Notwendigkeit dieser Analyse ab und schildert den Aufbau der Arbeit. Anschließend wird in Kapitel zwei auf die Grundlagen biometrischer Authentifizierungssysteme genauer eingegangen, bevor sich Kapitel drei dem Aufbau und der Funktionsweise biometrischer Systeme auf der Basis des Tippverhaltens widmet. Kapitel vier befasst sich mit den datenschutzrechtlichen und mit weiteren relevanten gesetzlichen Vorschriften sowie Konzepten für den betrieblichen Einsatz biometrischer Lösungen. Darauffolgend beschäftigt sich Kapitel fünf detailliert mit den Gefahren und Risiken, die biometrische Anlagen mit sich bringen. Es erläutert aber auch die entsprechenden Schutzmaßnahmen, welche dazu geeignet sind, dieses Gefährdungspotenzial zu reduzieren bzw. gänzlich zu beseitigen. Im Rahmen des Kapitels sechs leitet die Arbeit Anforderungen und Bewertungskriterien für eine datenschutzrechtlich motivierte Untersuchung biometrischer Systeme ab. Diese Kriterien bilden die Ausgangsbasis für die in Kapitel sieben vorgenommene, detaillierte Evaluation von Systemansätzen, welche mit dem biometrischen Merkmal Tippverhalten arbeiten. Kapitel acht rundet diese Untersuchung durch eine Beurteilung des Einsatzes der vorab beschriebenen Systeme im Unternehmen aus betriebsverfassungsrechtlicher Sicht ab. Letztendlich zieht Kapitel neun ein Fazit über die Notwendigkeit einer umfassenden, datenschutzrechtlich motivierten Bewertung des praktischen Einsatzes biometrischer Anlagen zur Nutzerauthentifizierung.

2 Grundlagen biometrischer Authentifizierungssysteme

Im Folgenden gilt es die Grundlagen biometrischer Authentifizierungssysteme als Ausgangsbasis für den weiteren Verlauf der Arbeit genauer zu betrachten und zu untersuchen. Zunächst nimmt diesbezüglich der Abschnitt 2.1 eine Begriffsabgrenzung und eine Einordnung von Biometrie und biometrischem Merkmal vor, bevor in Abschnitt 2.2 die technischen Eigenheiten biometrischer Lösungen genauer erörtert werden. In diesem Zusammenhang geht die Arbeit auf die grundsätzlichen Prinzipien der Authentizitätsprüfung ein und stellt den generischen Aufbau einer biometrischen Anlage sowie den allgemeinen Ablauf eines Authentifizierungsprozesses dar. Weiterhin erläutert die Abhandlung nachfolgend die verschiedenen Betriebsmodi von biometrischen Systemen. In Abschnitt 2.3 wird dann eine detaillierte Abgrenzung des Sicherheitsbegriffs in Zusammenhang mit dem Einsatz technischer Anlagen auf der Grundlage der Biometrie vorgenommen. Zunächst sind hierfür die Schutzziele erörtert, welche der Betrieb von biometrischen Lösungen verfolgt, bevor auf die erhöhte Sicherheitsnotwendigkeit eingegangen wird, die mit biometrischen Systemen verbunden ist. Anschließend erfolgt eine Darstellung der Fehlerraten, welche als Gütemaß für die Erkennungsleistung biometrischer Verfahren und Systeme anzusehen sind. Die Frage der Signifikanz dieser durch Tests ermittelten Fehlerraten wird in diesem Zusammenhang ebenso geklärt wie die Bedeutung des Versuchsdesigns für die Bestimmung aussagekräftiger Resultate.

2.1 Biometrie und biometrische Merkmale

Biometrie setzt sich aus den griechischen Begriffen „bios" für das Leben und „metron" für das Maß zusammen [Bakdi 2007, S. 11]. Biometrie bezeichnet also die Lehre von der Zählung und Körpermessung an Lebewesen [Duden 2006, S. 256]. Biometrische Merkmale setzen sich stets aus drei Anteilen zusammen. Sie weisen immer genotypische, phänotypische[1] und konditionierte, die Entstehungsart in unterschiedlich starker Gewichtung beeinflussende Bestandteile auf [Albrecht 2003, S. 34 f.; Bakdi 2007, S. 15; Bromba 2009; Daugman 1999, S. 104; Graevenitz 2006, S. 36 f.; TeleTrusT 2006, S. 23; Wayman et al. 2005, S. 2]. Verhaltensbasierte biometrische Verfahren verwenden vornehmlich stark konditioniert geprägte biometrische Merkmale, die anerzogen sind bzw. welche der Mensch sich

---

[1] Es ist auch die Bezeichnung „randotypische" Merkmale gebräuchlich.

im Laufe des Lebens durch Training aneignet[2]. Diese Merkmale basieren somit in starkem Maß auf personencharakteristischen Anteilen menschlichen Handelns und unterliegen immer relativ kurzfristigen natürlichen Schwankungen bzw. Veränderungen [Breitenstein 2000, S. 17; Bromba 2009; TeleTrusT 2006, S. 6, 23]. Physiologische biometrische Verfahren arbeiten demgegenüber mit Merkmalen, die stark genotypisch und phänotypisch geprägt sind und sich zeitlich eher wenig bis gar nicht verändern [Albrecht 2003, S. 34 f.; Behrens 2001, S. 55 ff.; Bromba 2009; Graevenitz 2006, S. 36 f.; TeleTrusT 2006, S. 6][3].

Genotypische Merkmale sind genetisch festgelegt, d. h. sie beziehen sich auf eine genetische Zusammensetzung oder auf eine genetische Gruppe und werden teilweise vererbt[4]. Phänotypische oder auch randotypische Merkmalskomponenten gehen aus der genetischen Veranlagung des Merkmalsträgers, also dem Genotyp, durch Zufallsprozesse in der embryonalen Entwicklung des Menschen hervor und bleiben ein Leben lang erhalten. Sie werden von Umwelteinflüssen bestimmt und sind demgegenüber Zufallsvariationen[5]. Die Summe aller phänotypischen Merkmale stellt den Phänotyp des Trägers dar, wobei jedoch nicht alle Gene des Trägers im Phänotyp sichtbar werden [Albrecht 2003, S. 34 f., 47; Behrens 2001, S. 55 ff.; Daugman 1999, S. 104; Graevenitz 2006, S. 36 f., 66]. Diese Anteile gelten für die Einmaligkeit biometrischer Merkmale als unverzichtbar, da sich in diesen sogar eineiige Zwillinge unterschieden, beispielsweise in den Ausprägungen der Feinstruktur des Irismusters [Bromba 2009].

Weiterhin werden biometrische Verfahren oft in statische und dynamische Verfahren unterschieden. Erstere basieren vornehmlich auf stark physiologisch geprägten Merkmalen, die sich im zeitlichen Verlauf weniger bis gar nicht verändern, letztere arbeiten mit stärker konditioniert geprägten Merkmalen, welche zeitlich variabler sind [Bromba 2009; BSI 2005b, S. 1; Nolde 2002, S. 20 ff.; Tönnesen 1999, S. 161; Wirtz 1999, S. 130]. Biometrische Verfahren auf Grundlage physiologisch geprägter Merkmale basieren beispielsweise auf den biometrischen Merkmalen Gesichtsgeometrie, Irismuster, Retinamuster, Fingerabdruck, Handgeometrie, Venenstruktur oder auch der DNA. Konditioniert geprägte Verfahren beruhen grund-

---

[2] Diese Merkmale werden auch als aktive (biometrische) Merkmale bezeichnet [Bolle et al. 2003, S. 3 f.; Nolde 2002, S. 21; Reid 2004, S. 56].

[3] Diese Merkmale werden auch als passive (biometrische) Merkmale bezeichnet [Bolle et al. 2003, S. 3 f.; Nolde 2002, S. 21; Reid 2004, S. 55].

[4] Hierfür sind beispielsweise die Blutgruppe, die Rasse und die DNA-Sequenz zu nennen.

[5] Hierfür sind beispielhaft die Rissbildung in der Regenbogenhaut oder die Bildung von Papillarlinien bei den Fingerabdrücken zu erwähnen.

sätzlich auf dem aktiven Handeln des Merkmalsträgers. Als Beispiele hierfür sind die Unterschrift, das Tippverhalten eines Menschen auf einer Computertastatur, der menschliche Gang oder auch die Stimme einer Person zu nennen. Verhaltensbasierte Verfahren sind zwar besonders von den personencharakteristischen Anteilen des menschlichen Handelns geprägt, sie enthalten aber auch stets physiologische Komponenten [Albrecht 2003, S. 35; Bromba 2009; Busch 2002, S. 28; Wayman et al. 2005, S. 2]. So ist beispielsweise die Unterschriftendynamik auch immer von der physiologischen Prägung des motorischen Systems einer Person oder die Stimme einer Person von der anatomischen Beschaffenheit ihres Mund- und Rachenraums grundsätzlich determiniert [Albrecht 2003, S. 35; Bromba 2009].

2.2   Technische Grundlagen biometrischer Systeme

Die technischen Grundlagen biometrischer Systeme beschreiben die Prinzipien der Authentizitätsprüfung, bevor detailliert auf den generischen Aufbau einer biometrischen Lösung zur Authentifizierung und auf die möglichen Betriebsmodi dieser Anlagen eingegangen wird.

2.2.1   Prinzipien der Authentizitätsprüfung

Aus den primären Kernschutzzielen der Informationssicherheit, der Vertraulichkeit[6] (confidentiality), der Integrität[7] (integrity) und der Verfügbarkeit[8] (availability) lassen sich weitere bedeutende Schutzziele ableiten, wie die Verbindlichkeit[9] und auch die Authentizität [Eckert 2008, S. 6 ff.; Tsujii 2004, S. 10]. Im informationstechnischen Kontext wird Authentizität auch oftmals mit dem Begriff der Zurechenbarkeit abgebildet [Rannenberg/Pfitzmann/Müller 1997, S. 21 ff., 26]. Es gilt hierbei zu gewährleisten, dass der Empfänger gegenüber einem Dritten nachweisen kann, dass eine Instanz X eine Nachricht Y gesendet hat [Albrecht 2003, S. 49; Borking/Verhaar 1999. S. 140].

---

[6] Ein System gewährleistet die Informationsvertraulichkeit, wenn es keine unautorisierte Informationsgewinnung ermöglicht [Eckert 2008, S. 8].

[7] Ein System gewährleistet die Datenintegrität, wenn es Subjekten nicht möglich ist, die zu schützenden Daten unautorisiert und unbemerkt zu manipulieren [Eckert 2008, S. 7].

[8] Ein System gewährleistet die Verfügbarkeit, wenn authentifizierte und autorisierte Subjekte in der Wahrnehmung ihrer Berechtigungen nicht unautorisiert beeinträchtigt werden können [Eckert 2008, S. 10].

[9] Ein System gewährleistet die Verbindlichkeit bzw. die Zuordenbarkeit einer Menge von Aktionen, wenn es nicht möglich ist, dass ein Subjekt nachträglich die Durchführung einer solchen Aktion abstreiten kann [Eckert 2008, S. 11].

Durch Maßnahmen der Authentifizierung erfolgt eine Überprüfung der Authentizität eines Subjekts bzw. eines Objekts dadurch, dass sichergestellt wird, dass die behauptete Identität eines Objekts oder Subjekts mit dessen charakterisierenden Eigenschaften übereinstimmt [Albrecht 2003, S. 49; Eckert 2008, S. 7]. Die Tatsache, dass in offenen IT-Systemen, wie z. B. im World Wide Web, nicht mit zweifelsfreier Sicherheit die jeweiligen Verantwortlichen für bestimmte Vorgänge auszumachen sind, stellt ein zentrales Problem im Bereich der Informationssicherheit dar [Rannenberg/Pfitzmann/Müller 1997, S. 21 ff.]. Eine zuverlässige Benutzerauthentifizierung, die gewährleistet, dass nur berechtigte Personen Zugriff auf kritische Ressourcen erhalten, ist für die Sicherheit von IT-Systemen von entscheidender Bedeutung [Bakdi 2007, S. 11]. Die zunehmende Relevanz großangelegter Identitätsmanagementsysteme, deren Funktionsfähigkeit in einem starken Maß von der korrekten Bestimmung der Identität[10] eines Nutzers bzw. deren authentischem Nachweis abhängt, verstärkt den Bedarf nach entsprechenden Authentifizierungsverfahren nachhaltig [Jain/Ross 2007, S. 1]. Als Beispiele hierfür sind die zunehmende Bedeutung webbasierter Services in modernen Gesellschaften, wie z. B. dem Onlinebanking, die zunehmende Relevanz des E-Commerce oder auch die wachsende Verbreitung unterschiedlichster Applikationen zu nennen, die verteilte Ressourcen nutzen [BSI 2005b, S. 1; Jain/Ross 2007, S. 1]. Eine sichere und zuverlässige Authentifizierung ist als fundamentale Voraussetzung für den elektronischen Geschäftsverkehr anzusehen [Graevenitz 2006, S. 19]. Für die Überprüfung der Authentizität eines Nutzers existieren drei verschiedene Grundprinzipen. Diese sind auch miteinander kombinierbar, was die Realisierung noch stärkerer Authentifizierungsmechanismen ermöglicht [Bromba 2009; Graevenitz 2006, S. 19; Lepschies 2000, S. 33 ff.; Reid 2004, S. 9]. Authentifizierungsverfahren können auf der Basis von „Wissen, also was ich weiß", von „Besitz, also was ich habe" und von „Körper- oder Verhaltensmerkmalen, also wer ich bin" realisiert sein [Albrecht 2003, S. 32 f.; Bakdi 2007, S. 11; Bolle et al. 2003, S. 4; Bromba 2009; Graevenitz 2006, S. 19; Gruner 2005, S. 6 f.; Jain/Ross 2007, S. 1 f.; Miller 1994, S. 22 ff.; Reid 2004, S. 9 ff.; TeleTrusT 2006, S. 1]. Folgende Abbildung verdeutlicht diese Ausführungen.

---

[10] Die Identität einer Person kann als die Information angesehen werden, die in einem bestimmten Identitätsmanagementsystem mit dieser Person verknüpft ist. Nutzerspezifische Attribute, wie beispielsweise der Name, die Adresse oder auch die Emailadresse repräsentieren in der Regel demzufolge die Identität eines Systemnutzers. [Kent/Millett 2003, S. 1 ff.; Wayman et al. 2005, S. 2]

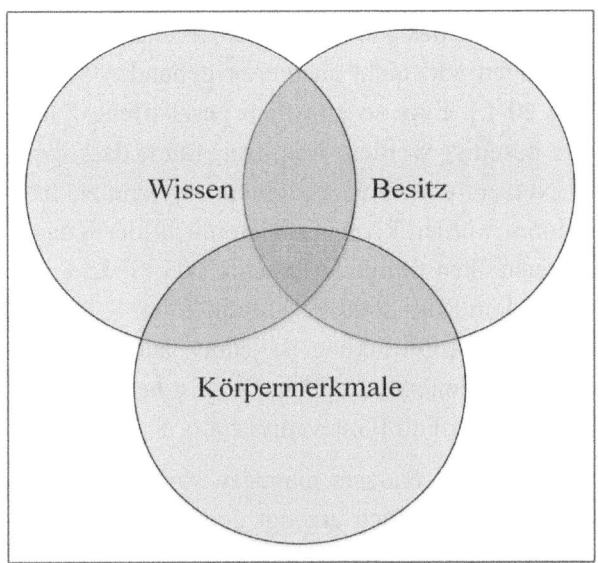

Abbildung 1: Grundprinzipien der Authentizitätsprüfung
in Anlehnung an [Bromba 2009; Graevenitz 2006, S. 19]

Klassische Authentifizierungsverfahren setzen vornehmlich Elemente der beiden erstgenannten Kategorien ein [Albrecht 2003, S. 32; Bakdi 2007, S. 11; Bromba 2009; Gruner 2005, S. 6; Jain/Ross 2007, S. 1; TeleTrusT 2006, S. 1]. Um sich zu authentifizieren verwendet der Benutzer hier entweder ein Geheimnis, das nur er kennt, also z. B. Wissen in Form von Geheimzahlen, persönlichen Identifikationsnummern (PIN) bzw. Passwörtern oder einen Gegenstand, den nur er bei sich trägt, beispielsweise Besitz in Form eines Schlüssels, einer Magnetstreifenkarte, einer Chipkarte bzw. in Form sonstiger Tokens [Albrecht 2003, S. 32; Bakdi 2007, S. 11; Bromba 2009; Graevenitz 2006, S. 20 f.; Reid 2004, S. 10 ff.; TeleTrusT 2006, S. 1]. In diesen beiden Segmenten wird immer nur auf Besitz nicht jedoch notwendigerweise auf rechtmäßiges Eigentum hin überprüft [Graevenitz 2006, S. 20]. Häufig erfolgt jedoch eine Kombination von Elementen aus diesen beiden Klassen. Dies entspricht dann einem Authentifizierungsverfahren auf der Basis der Prinzipien „Besitz und Wissen" oder auch allgemein einer „Zwei-" oder auch einer „Mehr-Faktor"-Authentifizierung [Albrecht 2003, S. 32; Bromba 2009; Graevenitz 2006, S. 20; Jain/Ross 2007, S. 2; Reid 2004, S. 12]. Der Nachweis der Benutzeridentität am Geldautomaten durch das Einführen der Karte (Besitz) und die anschließende zusätzliche Eingabe der PIN (Wissen) ist hier als weit verbreitetes und allgemein bekanntes Beispiel anzuführen [Albrecht 2003, S. 32].

Die Zuordnung besitz- und wissensbasierter Elemente zu einem Nutzer bzw. zu dessen Identität erfolgt immer indirekt und künstlich. Diese Elemente zum Nachweis der Authentizität sind deshalb nur mittelbar und abgeleitet auf die Person bzw. den Nutzer bezogen und nicht an diesen gebunden [Albrecht 2003, S. 32; Graevenitz 2006, S. 20 f.]. Eine so künstlich geschaffene Zuordnung kann auch sehr einfach wieder beseitigt werden, was dazu führt, dass diese Repräsentanten der Identität eines Nutzers einfacher gestohlen, mitbenutzt, manipuliert, erraten, vergessen oder verloren werden können und somit in der Konsequenz oftmals zu erheblichen Sicherheitsrisiken führen [Albrecht 2003, S. 32 f.; Bakdi 2007, S. 11; Bolle et al. 2003, S. 4; Jain/Ross 2007, S. 1; Reid 2004, S. 10 ff.; TeleTrusT 2006, S. 1]. Im Falle einer Kompromittierung ist jedoch auch ein leichterer Austausch der Authentifizierungskomponente möglich. Dies ist bei biometrischen Authentifizierungsansätzen so nicht der Fall [Graevenitz 2006, S. 20 f.].

Biometrische Merkmale eines Nutzers hingegen sind stärker an seine Person gebunden, sie sind nicht nur künstlich erzeugt personenbezogen, sondern vielmehr auch personengebunden [Bakdi 2007, S. 11; TeleTrusT 2006, S. 1]. Biometrische Authentifizierungsverfahren setzen verschiedene, vornehmlich durch den Körper oder durch das Verhalten, also dem „Sein" des Nutzers, geprägte Merkmale ein, die normalerweise eine schwer oder sogar untrennbare Verbindung mit dem Merkmalsträger aufweisen, weshalb eine künstlich herbeigeführte Zuordnung nicht erfolgen muss [Albrecht 2003, S. 33; Jain/Ross 2007, S. 3; TeleTrusT 2006, S. 1; Wayman et al. 2005, S. 2]. Authentifizierungsverfahren auf der Basis biometrischer Merkmale haben den Vorteil, dass die Authentifizierungselemente im Allgemeinen nur sehr schwer bis gar nicht gestohlen, verloren, kopiert oder weitergegeben werden können [Albrecht 2003, S. 33; Bakdi 2007, S. 12; Jain/Ross 2007, S. 3; Mandujano/Soto 2004, S. 181 ff.; TeleTrusT 2006, S. 1; Wirtz 1999, S. 129]. Weiterhin können die Anwender ihre biometrischen Merkmale im Vergleich zu Wissen oder zu Besitz nicht vergessen [Albrecht 2003, S. 33; Bakdi 2007, S. 12; TeleTrusT 2006, S. 1]. Der Nachweis der Authentizität erfolgt bei biometrischen Verfahren durch eine Zuordnung des körperlichen Merkmals bzw. dessen Ausprägungen zu dem jeweiligen Merkmalsträger [Albrecht 2003, S. 33; Wayman et al. 2005, S. 2]. Durch diese Personenbindung können eine Reihe von Problemen klassischer auf Wissen oder auf Besitz basierender Authentifizierungsverfahren beseitigt oder zumindest reduziert werden.

Es ergeben sich jedoch aus den Eigenheiten biometrischer Merkmale auch wieder neue Unzulänglichkeiten [Bakdi 2007, S. 12; O`Gorman 2002, S. 185 f.]. Von Nachteil bei biometrischer Authentifizierung ist, dass diese immer nur einen Vergleich auf die Ähnlichkeit der biometrischen Merkmale bzw. der erfassten Ausprägungen nicht jedoch auf die Identität zulässt [Bakdi 2007, S. 12; Wayman et al. 2005, S. 2]. Die erfassten Messdaten sind niemals identisch, was vornehmlich die mehr oder weniger starken natürlichen Schwankungen der Merkmalsausprägungen und die nie exakt gleichen Umfeldbedingungen des Messvorgangs bedingen. Da die erfassten Merkmalsdaten also nicht notwendigerweise invariant sind, ist somit immer ein Ähnlichkeitsvergleich zwischen biometrischen Daten notwendig [Bakdi 2007, S. 12; Rukhin 2004, S. 30; Wayman et al. 2005, S. 3]. Die Schwankungen und der damit verbundene Ähnlichkeitsvergleich führen dazu, dass einerseits berechtigte Benutzer irrtümlich zurückgewiesen werden (negativer Einfluss auf die Benutzerfreundlichkeit) und andererseits die Gefahr einer fälschlichen Authentifizierung eines unberechtigten Nutzers besteht (negativer Einfluss auf das Sicherheitsniveau) [Bakdi 2007, S. 12]. Diese beiden Fehler können aufgrund des Vergleichs der Ähnlichkeitswerte in biometrischen Authentifizierungsverfahren zwar reduziert, aber nie vollständig eliminiert werden. Die Häufigkeit ihres Auftretens ist zudem bezeichnend für die Qualität eines biometrischen Erkennungsverfahrens. Weiterhin ist die Zahl der verwendbaren biometrischen Körper- und Verhaltensmerkmale begrenzt, was bei Wissen und Besitz so nicht der Fall ist [Graevenitz 2006, S. 21].

2.2.2 Aufbau eines biometrischen Systems

Ein biometrisches System basiert im Wesentlichen auf einem Mustererkennungsverfahren [Bolle et al. 2003, S. 7; Jain/Ross 2007, S. 3; Wayman et al. 2005, S. 2; Wirtz 1999, S. 129]. Es setzt sich generell aus vier zentralen Kernbestandteilen zusammen [Behrens/Roth 2001, S. 19; BSI 2005b, S. 1; Jain/Ross 2007, S. 3; TeleTrusT 2008, S. 6; Wayman et al. 2005, S. 9 ff.; Wirtz 1999, S. 130]. Der Sensor, eine Komponente, welche die Qualitätsprüfung der biometrischen Probe, die Extraktion der Merkmalsdaten, die Erzeugung des Referenzdatensatzes[11] und eine eventuelle Aktualisierung derselbigen übernimmt, die Komponente, welche den eigentlichen Mustervergleich und die Entscheidung durchführt, und eine Datenbankkomponente, die als Referenzdatenarchiv dient, sind hier zu nennen [Bromba 2009; Jain/Ross 2007, S. 3 ff.; Mansfield/Wayman 2002, S. 2; TeleTrusT 2008, S. 6; Wayman et al. 2005, S. 9 ff.; Wirtz 199, S. 130]. Sensor und Datenbank sind dabei nicht als Komponenten des eigentlichen biometrischen Verfahrens anzusehen. Der Aufbau und die Strukturierung der Datenübertragungswege können eben-

---

[11] Eine biometrische Referenz besteht in der Regel aus den in Form eines oder mehrerer biometrischer Samples, biometrischer Templates oder biometrischer Modelle abgespeicherten Referenzdaten, die einer Person zuordenbar sind und sich zu einem Vergleich heranziehen lassen. Biometrische Templates sind abgespeicherte, extrahiert aufbereitete biometrische Charakteristika. [Bromba 2009]

falls in diesem Kontext verortet werden [Mansfield/Wayman 2002, S. 2; Wayman et al. 2005, S. 10 f.].

Es bedarf eines geeigneten Sensors zur Erfassung der biometrischen Rohdaten beim Merkmalsträger [Jain/Ross 2007, S. 3; TeleTrusT 2006, S. 3; Wayman et al. 2005, S. 10]. Der Sensor definiert die Mensch-Maschine-Schnittstelle und ist somit maßgeblich für die Leistungsfähigkeit der biometrischen Lösung verantwortlich [Jain/Ross 2007, S. 3; Mansfield/Wayman 2002, S. 2]. Ein qualitativ minderwertiger Sensor kann im Falle einer fehlerhaft verlaufenden Datenaufnahme hohe Failure to Acquire[12] und somit in Konsequenz eine niedrige Nutzerakzeptanz verursachen [Jain/Ross 2007, S. 3]. Die technische Leistungsfähigkeit des Sensors, aber auch die Umfeldbedingungen des Erfassungsprozesses bei den verschiedenen biometrischen Systemen determinieren also die Qualität der erhobenen biometrischen Rohdaten mehr oder weniger stark [Jain/Ross 2008, S. 3; Wayman et al. 2005, S. 10]. (Biometrische) Samples sind die analogen oder digitalen Repräsentanten eines biometrischen Merkmals, die vom Sensor geliefert werden [Bromba 2009].

Die Komponente, welche die Qualitätskontrolle der biometrischen Rohdaten übernimmt und anschließend die Extraktion der biometrischen Charakteristika vollzieht, spielt ebenfalls eine wichtige Rolle im Systemdesign [Jain/Ross 2007, S. 4; Mansfield/Wayman 2002, S. 2; Wayman et al. 2005, S. 10 ff.]. Die Güte einer erfassten biometrischen Probe bzw. der erfassten biometrischen Rohdaten wird hier überprüft und deren Eignung für eine weitere Verwendung untersucht [Jain/Ross 2007, S. 4; Wayman et al. 2005, S. 12]. In der Regel bereiten spezielle Algorithmen die erfassten Rohdaten für die weitere Verarbeitung zusätzlich gesondert auf [Jain/Ross 2007, S. 4; TeleTrusT 2006, S. 3]. Sie führen also eine Vorverarbeitung der Daten durch, um so die Verfahrensqualität der Mustererkennung nachhaltig zu verbessern [Jain/Ross 2007, S. 4; TeleTrusT 2006, S. 3]. Anschließend werden in diesem Bestandteil der Anlage, wie vorab bereits erwähnt, die das Individuum kennzeichnenden biometrischen Charakteristika aus den Rohdaten extrahiert und in eine für das biometrische Verfahren verarbeitbare Form in Gestalt eines Merkmalsvektors transformiert [Bromba 2009; Jain/Ross 2007, S. 4; TeleTrusT 2006, S. 3, 5; Wayman et al. 2005, S. 12 f.]. Die Bildung und die Ablage des Referenzdatensatzes im Speicher und eine evtl. später durchzuführende Aktualisierung dieser Daten ist hier ebenfalls zu verorten [TeleTrusT 2006, S. 3, 5].

---

[12] Eine ausführliche Erläuterung des Failure to Acquire findet sich in Abschnitt 2.3.3.7.

Ein weiterer wichtiger Bestandteil biometrischer Anlagen ist die Komponente, welche für den Vergleich der biometrischen Proben und die daran anschließende Authentizitätsentscheidung zuständig ist [Jain/Ross 2007, S. 4; Mansfield/Wayman 2002, S. 2; Wayman et al. 2005, S. 14]. In dieser werden zunächst die aus der aktuellen Probe extrahierten, individuellen biometrischen Charakteristika des Nutzers mit den bereits früher gewonnenen und im Referenzdatensatz gespeicherten Charakteristika hinsichtlich ihrer Ähnlichkeit verglichen und für diesen Zweck ein entsprechender Vergleichswert ermittelt [Jain/Ross 2007, S. 4]. Anschließend entscheidet die Komponente auf der Basis vorab definierter Intervallgrenzen, welche den Akzeptanz- und den Ablehnungsbereich für den Matchscore festlegen, ob der Vergleichswert, also die Ähnlichkeit beider Datensätze, als ausreichend zu erachten ist, um die Authentizität der verglichenen Charakteristika bestätigen zu können [BSI 2005b, S. 3; Jain/Ross 2007, S. 4; Wayman et al. 2005, S. 14]. Die Härte der Entscheidungsregel ist dabei stets unter der Berücksichtigung des Systemeinsatzkontextes zu wählen [Wayman et al. 2005, S. 14].

Die letzte zentrale Komponente in jeder biometrischen Anlage ist der Speicher, in vielen Fällen in Form einer Datenbank, der als Repository für die während der Nutzerregistrierung gewonnenen biometrischen Daten dient [Jain/Ross 2007, S. 4; Mansfield/Wayman 2002, S. 2; TeleTrusT 2008, S. 6 f.; Wayman et al. 2005, S. 13 f.]. Diese sind dort als Rohdaten oder auch in Form eines Templates[13] hinterlegt [Jain/Ross 2007, S. 4; Mansfield/Wayman 2002, S. 2]. Möglich ist auch eine zusätzliche Speicherung biografischer Informationen, wie beispielsweise des Namens, der persönlichen Identifikationsnummer (PIN), der User Identification Number oder der Adresse, die auf den entsprechenden biometrischen Datensatz verweisen können und entscheidend von den Verwendungszielen der biometrischen Lösung abhängen [Jain/Ross 2007, S. 4; TeleTrusT 2006, S. 3; Wayman et al. 2005, S. 12 ff.]. Es existieren daher verschiedene Systemarchitekturansätze für die Speicherung der Referenzdaten, die abhängig vom Systemeinsatzziel ihre Anwendung finden können [TeleTrusT 2006, S. 3; TeleTrusT 2008, S. 6 ff.]. Darauf geht Abschnitt 5.3.1.1 genauer ein.

---

[13] Ein Template bezeichnet ein Referenzmuster, in dem nur die zur Authentifizierung notwendigen biometrischen Charakteristika enthalten sind. Es wird mit Hilfe spezieller Algorithmen aus dem biometrischen Rohdatensatz dadurch ermittelt, dass nur die für den Vergleichsprozess notwendigen Eigenschaften durch mathematische und statistische Methoden abstrahiert exzerpiert werden. Biometrische Systeme speichern und vergleichen in der Regel Templates und nicht biometrische Rohdatensätze. Biometrische Templates sind mögliche Repräsentanten einer biometrischen Referenz. [Bromba 2009; Nanavati/Thieme/Nanavati 2002, S. 18 f.; Nolde 2002, S. 20 ff.]

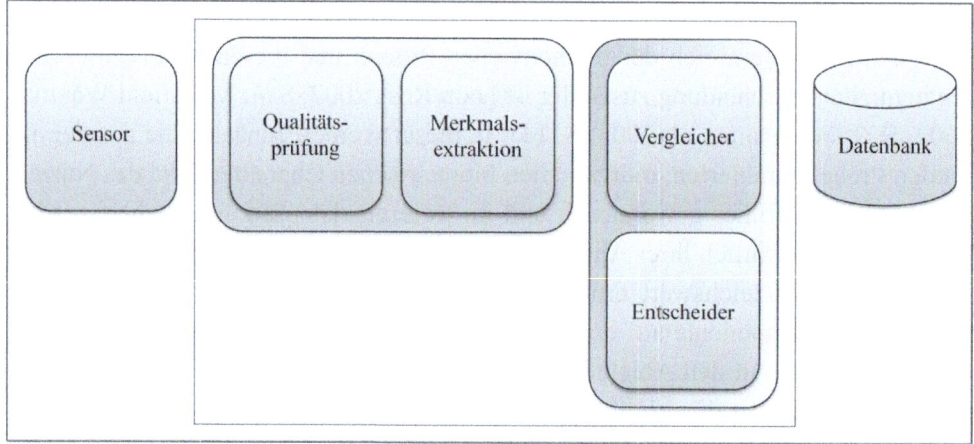

Abbildung 2: Basisarchitektur eines biometrischen Systems
in Anlehnung an [Bromba 2009; BSI 2005b, S. 2; Jain/Ross 2007, S. 7; Mansfield/Wayman 2002, S. 2; TeleTrusT 2006, S. 5; Wayman et al. 2005, S. 10]

2.2.3 Ablauf einer biometrischen Authentifizierung

Alle Verfahren biometrischer Erkennung arbeiten nach denselben Grundprinzipien [TeleTrusT 2006, S. 3]. Unabhängig von den teilweise sehr unterschiedlichen technologischen Eigenheiten der Verfahren und darauf aufbauend der biometrischen Systeme enthalten alle Anlagen eine ähnliche Basissystemarchitektur mit den Grundbestandteilen zur Personalisierung oder Registrierung des Nutzers (Enrolment), für die Erstellung von Referenzdatensätzen (evtl. auf Basis von Templates) und für den Vergleich derzeit erhobener Merkmalsdaten mit bereits zuvor abgespeicherten biometrischen Referenzdatensätzen (Matching) [Albrecht 2003, S. 35; Bolle et al. 2003, S. 7; Bromba 2009; Reid 2004, S. 6; Woodward et al. 2001, S. 69 ff.]. Biometrische Verfahren bedürfen, wie vorab bereits erläutert, eines Sensors zur Erfassung des biometrischen Merkmals, z. B. in Form einer Kamera, eines Mikrofons, einer Tastatur, eines Tablets, eines Drucksensors, in Form von Geruchs- und Fingerabdrucksensoren oder gar chemischer Sensoren [Bromba 2009; Graevenitz 2006, S. 24]. Der biometrische Prozess lässt sich in die zwei verschiedenen Phasen unterteilen, die Personalisierung bzw. das Enrolment und die Erkennung bzw. das Matching [Graevenitz 2006, S. 2].

Beim Enrolment ist eine Person erstmalig im biometrischen System zu registrieren durch die Erfassung ihres biometrischen Merkmals, die Erstellung des zugehörigen Referenzdatensatzes und die anschließende Verknüpfung mit der entsprechenden Identität sowie die Speicherung des Referenzdatensatzes in einer Datenbank oder auf einem anderen Medium [Albrecht 2003, S. 36; Behrens/Roth 2001, S. 15; Bolle et al. 2003, S. 13; Bromba 2009; BSI 2005b, S. 1; Graevenitz 2006, S. 23 ff.;

Hong 1998, S. 3; Petermann/Sauter 2002, S. 10]. Es wird zunächst ein Bild oder eine Aufzeichnung vom Originalmerkmal erzeugt, die sog. Rohdaten [Albrecht 2003, S. 36; Graevenitz 2006, S. 25]. Für das Enrolment werden oftmals mehrere Messwerte aufgenommen, wobei abhängig vom System entweder der Mittelwert der Messwerte, alle unterschiedlichen Messewerte oder der Messwert mit der höchsten Qualität für die weiteren Schritte Verwendung findet [Froihofer 2005, S. 19]. Anschließend erfolgt eine Aufbereitung dieser biometrischen Rohdaten für das Verfahren mit Hilfe spezieller Algorithmen, eine Extraktion, der für die Authentifizierung relevanten Charakteristika, eine Transformation dieser in einen repräsentativen Merkmalsdatensatz und in der Regel eine abschließende Umwandlung jener in ein sog. Template [Albrecht 2003, S. 36; Bromba 2009; Graevenitz 2006, S. 24 f.; Mansfield/Wayman 2002, S. 2; Reid 2004, S. 6]. Da die Qualität des Enrolmentergebnisses ganz wesentlich mit über die Leistungsfähigkeit der Authentifizierung entscheidet, muss die Durchführung besonders sorgfältig in einer vertrauenswürdigen Umgebung erfolgen [Bromba 2009].

Templates enthalten nur einen extrahierten Datensatz der biometrischen Charakteristika mit den für die Authentifizierung notwendigen und dafür speziell aufbereiteten Daten, jedoch kein genaues Abbild des zugrunde liegenden biometrischen Merkmals [Albrecht 2003, S. 36; Mansfield/Wayman 2002, S. 2; Reid 2004, S. 6]. Templates können als eine Art mathematisches Modell der extrahierten Charakteristika, der sog. Features, angesehen werden [Mansfield/Wayman 2002, S. 3]. Es ist jedoch auch möglich, dass Personen, z. B. aufgrund von zu gering ausgeprägten Merkmalen oder der fehlenden Existenz des biometrischen Merkmals, nicht für das biometrische Verfahren bzw. das biometrische System erfassbar sind [Albrecht 2003, S. 36]. Die sog. False Enrolment Rate oder auch Failure to Enrol Rate[14] erfasst diese Fälle und gibt also den Prozentsatz der Personen an, welche das System nicht registrieren kann [Albrecht 2003, S. 36; Busch 2002, S. 31; Munde 2002, S. 145 ff.; TeleTrusT 2006, S. 15]. Der Merkmalsträger registriert sich also beim Enrolment erstmalig im System und erstellt zu diesem Zweck einen authentischen Referenzdatensatz. Nachfolgende Abbildung visualisiert diesen grundsätzlichen Ablauf.

---

[14] Eine detaillierte Erläuterung des Failure to Enrol findet sich in Abschnitt 2.3.3.6 der Arbeit.

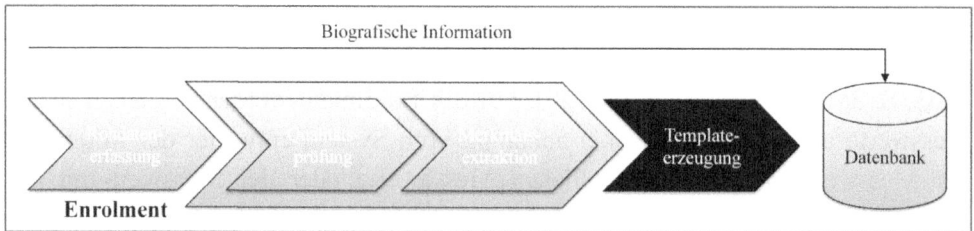

Abbildung 3: Grundsätzlicher Ablauf eines Enrolmentprozesses
in Anlehnung an [Bolle et al. 2003, S. 8, 13 f.; Bromba 2009; BSI 2005b, S. 2; Jain/Ross 2007, S. 7; Mansfield/Wayman 2002, S. 2; TeleTrusT 2006, S. 5; Wayman et al. 2005, S. 10]

Im Rahmen des sog. Matchings findet schließlich ein Vergleich statt zwischen dem beim Enrolment erstellten und hinterlegten Referenzdatensatz sowie den gerade transformierten und extrahierten biometrischen Charakteristika, die bei erneuter Präsentation des Merkmals gegenüber dem System ermittelt werden [Albrecht 2003, S. 36; Bromba 2009; BSI 2005b, S. 1; Graevenitz 2006, S. 25]. Bei einer erzielten Übereinstimmung gilt der Nutzer als erkannt [Albrecht 2003, S. 36]. Jede Erfassung und Auswertung biometrischer Merkmale ist naturgemäß mit Messfehlern behaftet, da biometrische Merkmale im Laufe der Zeit natürlichen Schwankungen unterliegen. Beispielsweise werden diese verursacht durch Prozesse der Alterung oder durch Krankheit. Weiterhin kann ein Merkmal in der Regel dem System niemals in der gleichen Art und Weise vom Nutzer dargeboten werden, weil bei der Messung des biometrischen Merkmals nie dieselben Umfeldbedingungen herrschen [Albrecht 2003, S. 36; Bromba 2009; Graevenitz 2006, S. 25; TeleTrusT 2006, S. 8]. Dabei kann auch von den sog. Präsentationseffekten gesprochen werden, denen biometrische Anlagen immer unterliegen [Mansfield/ Wayman 2002, S. 3]. Beispielsweise ist hier zu erwähnen, dass der Gesichtsausdruck eines Menschen bei der Erfassung der Gesichtsgeometrie nie identisch ist [Mansfield/Wayman 2002, S. 3]. Zwei digitale Repräsentanten eines biometrischen Merkmals sind also auch niemals absolut gleich, was dazu führt, dass kein exakter 1:1-Abgleich der Daten erfolgen kann [Munde 2002, S. 145 ff.].

Der Vergleich biometrischer Merkmalsdaten erfolgt vielmehr, wie vorab bereits erwähnt, auf der Basis von Ähnlichkeitswerten, die eine hinreichende Übereinstimmung aufweisen müssen [Albrecht/Probst 2001, S. 27 ff., 36; Bromba 2009; Graevenitz 2006, S. 25]. Diesbezüglich gilt es immer den sog. Schwellenwert, die Akzeptanzschwelle, den Toleranzbereich oder den Threshold festzulegen, der bestimmt, ab welchem Übereinstimmungsgrad biometrische Daten vom Verfahren als „identisch" anzusehen sind [Albrecht 2003, S. 37; Bromba 2009; BSI 2005b, S. 3; Graevenitz 2006, S. 25; TeleTrusT 2006, S. 8]. Die Entscheidung beim Matching hängt also stets vom Schwellenwert ab [Graevenitz 2006, S. 25]. Biometrische Verfahren entscheiden somit also nur auf der Basis von Wahrscheinlichkeiten, ob es sich um den echten Berechtigten handelt oder nicht [Albrecht 2003, S. 37]. Je höher der Schwellenwert gesetzt ist, desto höher muss auch die Ähnlichkeit bzw. der Übereinstimmungsgrad zwischen neu aufgenommenen Merkmalsdaten und dem hinterlegten Referenzdatensatz sein und umso geringer ist die Wahrscheinlichkeit, dass das System einen Unberechtigten fälschlicherweise akzeptiert [Graevenitz 2006, S. 25].

2.2.4 Adaptive biometrische Verfahren

Biometrische Merkmale unterliegen bekanntlich mehr oder weniger starken Veränderungen über die Zeit hinweg [Roli/Didaci/Marcialis 2007, S. 448]. Vor allem stark konditioniert geprägte Merkmale, wie beispielsweise die menschliche Stimme, ändern sich verhältnismäßig rasch. Dies führt dazu, dass der Referenzdatensatz altert und bei hinreichend alten Referenzdaten keine aussagekräftige Erkennung mehr möglich ist, da das Merkmal bzw. der neu erfasste Merkmalsdatensatz immer weniger Ähnlichkeit mit dem Referenzdatensatz zum Zeitpunkt der Referenzdatenerfassung aufweist [Graevenitz 2006, S. 35, 41]. Diese Tatsache ist für das biometrische Verfahren insofern von Nachteil, als durch die Veränderung des biometrischen Merkmals eine Neuaufnahme desselben vorzunehmen ist [Graevenitz 2006, S. 41; Roli/Didaci/Marcialis 2007, S. 448 f.]. Sonst sinkt die Erkennungsgenauigkeit des Verfahrens nach einer gewissen Zeit. Der Effekt des sog. Template-agings bezeichnet die auf diese Art und Weise verursachte Alterung des Referenzdatensatzes [Graevenitz 2006, S. 41]. Adaptive biometrische Verfahren passen bei einer erfolgreichen Authentifizierung den Referenzdatensatz entsprechend den ermittelten, neu erfassten Veränderungen des Merkmals an [Graevenitz 2006, S. 35; Roli/Didaci/Marcialis 2007, S. 450 ff.; Wirtz 1999, S. 130]. Dieser Vorgang wird Referenzdatenadaption genannt [Graevenitz 2006, S. 36; Wirtz 1999, S. 130]. Der Prozess ermöglicht eine Glättung langfristiger Veränderungen der biometrischen Referenzdaten, wirkt also dem Effekt des Template-agings entgegen, so dass es nach einer gewissen Zeit nicht zu einer Erhöhung der Falschrückweisungsrate[15] und somit zu einer Verschlechterung der Verfahrensqualität bzw. der Erkennungsleistung kommt [Graevenitz 2006, S. 36, 41]. Adaptive Verfahren bedürfen folglich veränderbarer Referenzdatensätze.

---

[15] Eine Erklärung der Falschrückweisungsrate bzw. der False Rejection Rate findet sich in Abschnitt 2.3.3.3.

2.2.5 Betriebsarten biometrischer Systeme

Mit biometrischen Systemen können grundsätzlich zwei verschiedene Erkennungsziele verfolgt werden [Wayman 2001, S. 93 ff.; Wayman et al. 2005, S. 5]. Sie ermöglichen die Realisation sowohl einer positiven als auch einer negativen Erkennung [Bakdi 2007, S. 18 ff.; Bolle et al. 2003, S. 12; Jain/Ross 2007, S. 3; Wayman et al. 2005, S. 5]. Erstere verfolgt das Ziel nachzuweisen, wer eine Person ist bzw. ob die Person diejenige ist, die sie vorgibt zu sein [Albrecht 2003, S. 37; Wayman et al. 2005, S. 5]. Zu diesem Zweck muss im Rahmen des Authentifizierungsprozesses immer ein Vergleich mit einer vorab registrierten Identität erfolgen [Albrecht 2003, S. 37]. Biometrische Anlagen sollen hier auch verhindern, dass verschiedene Personen eine einzige Identität verwenden [Wayman et al. 2005, S. 5]. Letztere soll nachweisen, wer eine Person nicht ist, um beispielsweise den Fall einer verwechselten Identität zu löschen oder auch Mehrfachregistrierungen eines Nutzers unter verschiedenen Identitäten zu vermeiden [Albrecht 2003, S. 37; Jain/Ross 2007, S. 3; Wayman et al. 2005, S. 5].

Von dem letztgenannten Problem sind beispielsweise besonders die Verteiler der Sozialleistungen oder auch die Anbieter kostenloser, zeitlich begrenzter Demozugänge betroffen. Hier besteht die Gefahr, dass sich ein Nutzer unrechtmäßig unter verschiedenen Identitäten anmeldet und so zusätzliche Leistungen erschleicht [Graevenitz 2006, S. 27; Jain/Ross 2007, S. 3]. Die Verwendung mehrerer Identitäten durch einen Nutzer gilt es also dabei zu unterbinden [Jain/Ross 2007, S. 3]. Folglich findet die negative Identifikation vornehmlich im Bereich von Überwachungssystemen Anwendung. Biometrische Anlagen können im Falle des verfolgten Ziels einer positiven Erkennung grundsätzlich in den zwei nachfolgend ausführlich erläuterten Betriebsmodi der Verifikation und der Identifikation betrieben werden [Albrecht 2003, S. 37 f.; Bakdi 2007, S. 4; Behrens/Roth 2001, S. 10; Bolle et al. 2003, S. 3, 5; Bromba 2009; Gruner 2005, S. 11; Reid 2004, S. 13 f.; TeleTrusT 2006, S. 1, 4]. Bei der Authentifizierung einer Person durch ein biometrisches Verfahren bzw. ein biometrisches System erfolgt immer eine Identifikation oder eine Verifikation [Jain/Ross 2007, S. 6; TeleTrusT 2006, S. 4; Wayman et al. 2005, S. 6].

2.2.5.1 Betrieb im Verifikationsmodus

Die Verifikation verfolgt das Ziel, die angegebene Identität einer Person zu bestätigen oder zu verwerfen [Behrens/Roth 2001, S. 10; Bolle et al. 2003, S. 12; Bromba 2009; BSI 2005b, S. 1; Graevenitz 2006, S. 26; Mansfield/Wayman 2002, S. 4; Reid 2004, S. 14; TeleTrusT 2006, S. 4]. Eine biometrische Lösung entscheidet also bei der Verifikation die Frage, ob es sich bei einer Person um diejenige handelt, für die sie sich ausgibt [Albrecht 2003, S. 38; BSI 2005b, S. 1; Graevenitz 2006, S. 26; Jain/Ross 2007, S. 6; Reid 2004, S. 14; TeleTrusT 2006, S. 4]. Es gilt hierbei immer eine vom Benutzer gemachte Vorgabe in Form seiner angegebenen Identität zu überprüfen. Die Anlage vergleicht zu diesem Zweck die derzeit abgegebenen biometrischen Merkmalsdaten mit den beim Enrolment erfassten Referenzdaten der Person, für die sich der Nutzer ausgibt [Behrens/Roth 2001, S. 18; Jain/Ross 2007, S. 6; Reid 2004, S. 14; TeleTrusT 2006, S. 4]. Es erfolgt also immer ein 1:1-Vergleich zwischen zwei Datensätzen [Albrecht 2003, S. 38; Behrens/ Roth 2001, S. 10, 18; Bolle et al. 2003, S. 4, 12, 63; Bromba 2009; Graevenitz 2006, S. 26; Gruner 2005, S. 12; Mansfield/Wayman 2002, S. 4; Reid 2004, S. 14; TeleTrusT 2006, S. 4, 32; Wayman et al. 2005, S. 7]. Stimmen die beiden Datensätze innerhalb des gewählten Toleranzintervalls überein bzw. sind sie ähnlich genug, so bestätigt das System die angegebene Identität, also akzeptiert den Nutzer, anderenfalls erfolgt eine Negation [TeleTrusT 2006, S. 4].

Die Verifikation entspricht einem Zwei-Klassen-Problem, da es nur zu entscheiden gilt, ob es sich tatsächlich um denjenigen Benutzer handelt, für den sich der Nutzer ausgibt [Bakdi 2007, S. 4]. Der für den Vergleich notwendige Referenzdatensatz kann zentral im System gespeichert sein oder auch erst für den Vergleich von einem externen Speichermedium, wie beispielsweise einer Chipkarte oder einem anderen Token, eingelesen werden [Albrecht 2003, S. 38; Bolle et al. 2003, S. 12; Jain/Ross 2007, S. 6]. Ebenso kann der Verifikationsvorgang vollständig auf einem externen Token in der Verfügungsgewalt des Nutzers ablaufen. Hier erfolgt dann nur eine Bestätigungs- oder Zurückweisungsmeldung an das System [Albrecht 2003, S. 38; Bolle et al. 2003, S. 12; Jain/Ross 2007, S. 6].

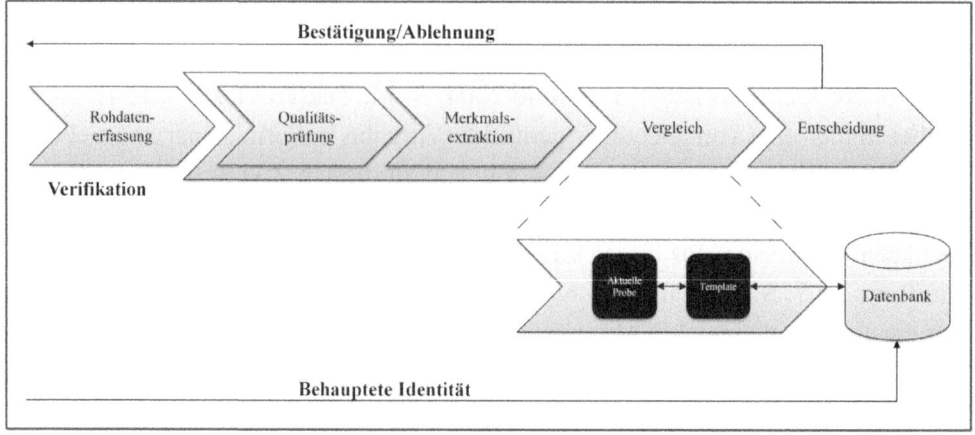

Abbildung 4: Grundsätzlicher Ablauf eines Verifikationsprozesses
in Anlehnung an [Bolle et al. 2003, S. 12 f.; BSI 2005b, S. 2; Jain/Ross 2007, S. 7; Mansfield/
Wayman 2002, S. 2; TeleTrusT 2006, S. 5; Wayman et al. 2005, S. 10]

2.2.5.2 Betrieb im Identifikationsmodus

Die Identifikation verfolgt hingegen das Ziel, die Identität einer Person zu bestimmen (Wer ist die Person?) [Albrecht 2003, S. 38; Behrens/Roth 2001, S. 21; Bromba 2009; BSI 2005b, S. 1; Jain/Ross 2007, S. 6; Mansfield/Wayman 2002, S. 4; Reid 2004, S. 13 f.; TeleTrusT 2006, S. 4]. Es gilt hier eine Person anhand ihrer biometrischen Merkmale zu identifizieren, also zu ermitteln, wer die Person ist [BSI 2005b, S. 1; Graevenitz 2006, S. 26; Petermann/Sauter 2002, S. 20]. Biometrische Systeme im Identifikationsmodus legen somit fest, um welche Person es sich handelt [Jain/Ross 2007, S. 6; TeleTrusT 2006, S. 4]. Eine Identifikation ist nur auf der Grundlage biometrischer Merkmale möglich [Bolle et al. 2003, S. 11]. Die biometrische Anlage erfasst zu diesem Zweck die aktuellen biometrischen Daten einer Person und vergleicht diese mit allen im System gespeicherten Referenzdatensätzen [Bromba 2009; BSI 2005b, S. 1; Reid 2004, S. 14; TeleTrusT 2006, S. 4; Wayman et al. 2005, S. 7]. Praktisch werden dabei die Referenzdatensätze nach Wahrscheinlichkeiten hinsichtlich deren Übereinstimmung mit dem zu vergleichenden aktuellen Datensatz sortiert und der ähnlichste Referenzdatensatz, falls er über dem Tolleranzschwellenwert liegt, als Treffer identifiziert [Graevenitz 2006, S. 26].

Es erfolgt also ein 1:N-Vergleich des derzeitigen biometrischen Datensatzes gegen eine Vielzahl anderer bzw. gegen alle anderen im System gespeicherten Referenzdatensätze [Behrens/Roth 2001, S. 16 ff.; Bolle et al. 2003, S. 10 ff.; Bromba 2009; BSI 2005b, S. 1; Graevenitz 2006, S. 26; Gruner 2005, S. 12; Jain/Ross 2007, S. 6; Mansfield/Wayman 2002, S. 4; Reid 2004, S. 14; TeleTrusT 2006, S. 4, 32;

Wayman et al. 2005, S. 7]. Das System identifiziert den Nutzer als denjenigen, dessen biometrischer Referenzdatensatz innerhalb des Toleranzintervalls mit dem derzeitigen biometrischen Datensatz die größte Übereinstimmung aufweist [Albrecht 2003, S. 38; Behrens/Roth 2001, S. 15; Reid 2004, S. 14; TeleTrusT 2006, S. 4]. Es kann auch zu einer negativen Entscheidung bezüglich der Identifikation kommen, wenn kein hinreichend übereinstimmender Referenzdatensatz in der Datenbank des biometrischen Systems zu finden ist [Jain/Ross 2007, S. 6]. Folglich ist dann keine Identifikation des Nutzers möglich.

Im Gegensatz zur Verifikation handelt es sich bei der Identifikation um ein Mehr-Klassen-Problem, da hier alleine anhand der biometrischen Daten, ohne die Vorgabe einer Identität durch den Nutzer, festgestellt werden muss, um welches Mitglied einer bestimmten Benutzergruppe es sich handelt [Bakdi 2007, S. 4]. Die biometrische Lösung muss hier auf alle Referenzdatensätze zugreifen können, was eine zentrale Referenzdatenablage unumgänglich macht [Albrecht 2003, S. 38; Bolle et al. 2003, S. 8; Gruner 2005, S. 12; Gundermann/Probst 2003, S. 1803 ff.; Reid 2004, S. 14]. Die Identifikation findet oftmals auch im Kontext der negativen Erkennung Anwendung, um einen Nutzer von der Verwendung mehrerer Identitäten abhalten zu können [Jain/Ross 2007, S. 6].

Die Identifikation enthält also im Vergleich zur Verifikation keine „a priori"-Information, was dazu führt, dass bei der Identifikation die Entscheidung aus einer Entscheidungsmenge von N+1 Möglichkeiten zu treffen ist, wohingegen es sich bei der Verifikation um eine Entscheidung aus der Entscheidungsmenge mit der Mächtigkeit zwei handelt [Bromba 2009; Graevenitz 2006, S. 26]. Der Betrieb einer biometrischen Anlage im Identifikationsmodus bedarf somit immer einer zentralen Referenzdatenbank, wohingegen eine Verifikation auch mit Hilfe anderer Speicherkonzepte, wie beispielsweise der Speicherung auf einem Token in der Verfügungsgewalt des Merkmalsträgers, realisierbar ist [Behrens/Roth 2001, S. 17 f.; Gruner 2005, S. 12].

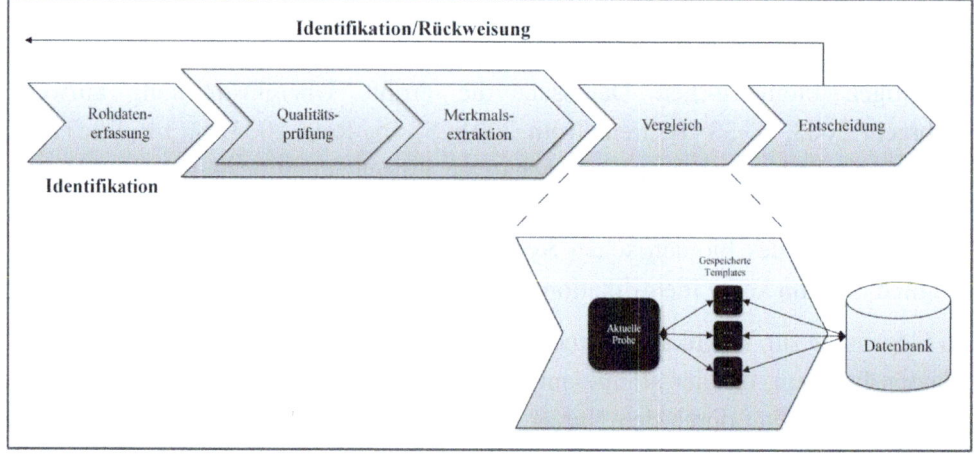

Abbildung 5: Grundsätzlicher Ablauf eines Identifikationsprozesses
in Anlehnung an [Bolle et al. 2003, S. 11 f.; BSI 2005b, S. 3; Jain/Ross 2007, S. 7; Mansfield/ Wayman 2002, S. 2; TeleTrusT 2006, S. 5; Wayman et al. 2005, S. 10]

2.3 Sicherheit biometrischer Systeme

Nachfolgend wird der Begriff der Sicherheit in Relation zum praktischen Einsatz von Biometrie gesetzt. Deshalb erfolgt zunächst eine Abgrenzung der informationstechnischen Schutzziele, bevor die Abhandlung auf die erhöhte Sicherheitsnotwendigkeit bei der Verwendung biometrischer Anlagen eingeht. Abschnitt 2.3.3 betrachtet anschließend die Erkennungsleistung biometrischer Verfahren und biometrischer Systeme als den zentralen Faktor für die Sicherheitsbewertung einer biometrischen Anlage.

2.3.1 Sicherheit durch biometrische Systeme

Sichere Authentifizierungsmechanismen für den Anmeldeprozess bei IT-Systemen, die einen zweifelsfreien Beweis erbringen können, dass es sich bei der Person tatsächlich um diejenige handelt, die sie zu sein vorgibt, würden den (Daten-)Missbrauch in IT-Systemen nachhaltig reduzieren [Albrecht 2003, S. 49; Bromba 2009]. Die künstlich geschaffene Personenbindung, vornehmlich auf der Basis von Wissen oder Besitz arbeitender Authentifizierungsmechanismen, verursacht eine Reihe besonderer Sicherheitsrisiken und Verfügungseinschränkungen, aus denen die Pflicht resultiert, mit den klassischen Wissens- und Besitzmerkmalen PIN-Code und Chipkarte, beispielsweise im Rahmen der digitalen Signatur, besonders sorgfältig umzugehen. [Albrecht 2003, S. 49; Bromba 2009; Kumbruck 1995, S. 217 ff., 229]. Diese klassischen Authentifizierungskomponenten garantieren lediglich, dass der Benutzer zum entsprechenden Zeitpunkt im Besitz dieser Komponenten ist [Bengs/Grudzien 2007, S. 157; Wirtz 1999, S. 129]. Der Nachweis darüber, ob dieser Besitz auch berechtigt ist, kann jedoch nicht erbracht werden, was Missbrauch so schwer ausschließen lässt [Bengs/Grudzien 2007, S. 157; Wirtz 1999, S. 129].

Biometrische Verfahren können bei einer entsprechenden Gestaltung dabei helfen, die informationstechnischen Sicherheitsziele durch eine Erhöhung des Authentizitätsniveaus besser zu erfüllen [Bengs/Grudzien 2007, S. 159; Hornung/Steidle 2005, S. 201]. Biometrie kann bei geeigneter Verwendung, evtl. auch in Form einer Kombination mit klassischen Authentifizierungskomponenten, das Leben in der Informationsgesellschaft erleichtern und sicherer machen [Bengs/Grudzien 2007, S. 159; Weichert 1997, S. 369 ff., 375]. Biometrische Authentifizierungsmechanismen ermöglichen es, zu einer Erhöhung des Sicherheitsniveaus beizutragen, da biometrische Merkmale im Vergleich zu Wissen und Besitz nicht nur künstlich an die Personen gebunden, sondern eindeutig und potenziell lebenslang mit dem Merkmalsträger verkettet sind [Albrecht 2003, S. 50; Petermann/Sauter 2002, S. 3 f.; TeleTrusT 2008, S. 10; Wirtz 1999, S. 129]. Diese Bindung ist nicht leicht bzw. gar nicht wieder aufzuheben [Albrecht 2003, S. 50; Petermann/Sauter 2002, S. 3 f.; TeleTrusT 2008, S. 10; Wirtz 1999, S. 129].

Diese enge Bindung des zur Authentifizierung verwendeten biometrischen Merkmals ist im Vergleich zu den Merkmalen Wissen und Besitz aus Sicht des Datenschutzes zu begrüßen [Köhntopp 1999, S. 177 ff.]. Sofern in der Systemarchitektur einer auf Biometrie basierenden Authentifizierungslösung tatsächlich sichergestellt werden kann, dass eine konkrete Zuordnung der Identität einer Person zu den Referenzdaten erfolgt, so kann eine derartige Anlage zuverlässig überprüfen, ob es sich um die entsprechende Person handelt, und die Defizite schwacher Bindung vermeiden, wie sie bei den klassischen Authentifizierungsverfahren existent sind [Albrecht 2003, S. 50; Köhntopp 1999, S. 177 ff.]. Biometrische Authentifizierungssysteme ermöglichen also bei einer entsprechenden Umsetzung einen erheblichen Zugewinn für die Datensicherheit und den Datenschutz [Albrecht 2003, S. 50].

2.3.2 Erhöhte Sicherheitsnotwendigkeit beim Systemeinsatz

Es bestehen aber auch eine Reihe von Risiken, weil biometrische Merkmale, die einmal missbraucht oder gefälscht worden sind, nicht wie künstlich geschaffene Authentifizierungskomponenten auf der Basis von Wissen oder Besitz einfach austauschbar sind [Boult/Woodworth 2007, S. 423, 425; Bromba 2009; Hornung/ Steidle 2005, S. 201; Nanavati/Thieme/Nanavati 2002, S. 240]. Die Tatsache, dass die Menge zur Verfügung stehender biometrischer Merkmale naturgemäß begrenzt ist, verstärkt dieses Problem zudem [Boult/Woodworth 2007, S. 423 ff.]. Das mit biometrischen Anlagen erzielbare Sicherheitsniveau hängt also immer von der Sicherheit des Systems selbst ab. Dies führt dazu, dass derartige Lösungen auch hohen Sicherheitsanforderungen genügen müssen [Hornung/Steidle 2005, S. 201; Petermann/Sauter 2002, S. 7]. Da es sich bei biometrischen Verfahren und biometrischen Systemen meist noch um eine verhältnismäßig junge technische Disziplin handelt, ist oftmals auch die Abschätzung des Sicherheitsniveaus derartiger Lösungen sehr schwierig und mit einer Vielzahl an Einschränkungen verbunden, was auch bei der Beurteilung der Angriffsmöglichkeiten auf diese Anlagen immer zu berücksichtigen ist [Petermann/Sauter 2002, S. 99]. Nachdem es sich, wie im späteren Verlauf dieser Arbeit noch genauer erläutert wird, bei biometrischen Daten auch häufig um personenbezogene Daten handelt, sind beim Design und Betrieb dieser Systeme auch immer entsprechende Maßnahmen zum Schutz derartiger Daten zu ergreifen [Hes/Hooghiemstra/Borking 1999, S. 9].

Diese Tatsachen führen zu der Erkenntnis, dass Biometrie ein Instrumentarium sein kann, die Sicherheit im Zusammenhang mit dem Einsatz und der Verwendung von Informationstechnologien zu steigern, aber andererseits biometrische Daten selbst auch eines entsprechenden Schutzes bedürfen [Albrecht 2003, S. 51]. Die Absicherung der Referenzdaten und der Vergleichsmechanismen steht dabei im Mittelpunkt [Gundermann/Köhntopp 1999, S. 148; Köhntopp 1999, S. 177 ff.; Petermann/Sauter 2002, S. 76]. Es sind drei Aspekte von zentraler Bedeutung [Albrecht 2003, S. 51; Hornung/Steidle 2005, S. 204]. Erstens muss gewährleistet sein, dass die biometrischen Merkmalsdaten tatsächlich von der Person stammen, der sie zugeordnet sind [Albrecht 2003, S. 51; Hornung/Steidle 2005, S. 204]. Zweitens muss die Datenintegrität, also ihre Unverfälschtheit, sowohl beim Enrolment als auch bei jeglicher späterer Verwendung sichergestellt sein [Albrecht 2003, S. 51; Hornung/Steidle 2005, S. 204]. Drittens sind Maßnahmen zu ergreifen, dass die Eingabedaten, welche der Sensor erfasst, weder abgehört und wiedereingespielt, noch mit oder ohne dem Mitwirken des Nutzers einfach reproduziert werden [Albrecht 2003, S. 51; Hornung/Steidle 2005, S. 204; Petermann/Sauter 2002, S. 76; TeleTrusT 2008, S. 17]. [TeleTrusT 2008, S. 10 ff.]

2.3.3 Fehlerraten als Gütemaße für die Erkennungsleistung biometrischer Verfahren und Systeme

Während bei den klassischen Authentifizierungsverfahren auf der Grundlage von Wissen und Besitz eine eindeutige Entscheidungsaussage möglich ist, so erfolgt hingegen bei biometrischen Lösungen wegen der Notwendigkeit des Ähnlichkeitsvergleiches im Verfahrensablauf nie eine hundertprozentige Ja/Nein-Entscheidung. Zudem ist eine rein theoretische Abschätzung des möglichen Sicherheitsniveaus, wie sie im Bereich der klassischen Kryptographie zu finden ist, bei biometrischer Authentifizierungen nicht möglich [Bolle et al. 2003, S. 63; TeleTrusT 2006, S. 8].

2.3.3.1 Grundlegendes zur Ermittlung von Fehlerraten

Das Verfahren vollzieht also stets eine Überprüfung, ob die Messdaten in einem vorab festgelegten Toleranzbereich enthalten sind und den bestimmten Übereinstimmungsgrad erreichen, was dazu führt, dass es auch immer eine unvermeidbare Restfehlerquote aufweist [TeleTrusT 2006, S. 8]. Diese Fehlerquote lässt sich nur sehr schwer objektiv ermitteln, da sie in hohem Maß von der Vorauswahl der Testpersonen und den Versuchsrahmenbedingungen abhängt [Bolle et al. 2003, S. 69; TeleTrusT 2006, S. 8]. Es existiert eine Vielzahl von Fehlerarten, welche als die zentralen Sicherheitsparameter für die Erkennungsleistung biometrischer Verfahren und somit auch biometrischer Systeme anzusehen sind und auf deren Basis eine Sicherheitsbewertung oder ein Sicherheitsvergleich erfolgen kann [Bolle et al. 2003, S. 63 ff.; Mansfield/Wayman 2002, S. 4; TeleTrusT 2006, S. 8 ff.].

Diese Fehlerraten sind zudem nicht einfach errechenbar, sondern sind immer auf der Grundlage einer Testdatenbasis zu schätzen [Bolle et al. 2003, S. 63; Bromba 2009; BSI 2005a, S. 84]. Eine realistische Schätzung kann nur erfolgen, falls die Testdatenbasis repräsentativ ist und eine ausreichende Größe aufweist [Bolle et al. 2003, S. 69; Bromba 2009]. Es bestehen unterschiedliche Testansätze zur statistischen Ermittlung dieser Fehlerraten, jedoch kein allgemein akzeptiertes und einheitliches Verfahren, was dazu führt, dass die Testresultate teilweise erheblich schwanken [Bromba 2009]. Falschakzeptanzen und Falschrückweisungen sind dabei als die wichtigsten Sicherheitsparameter biometrischer Verfahren und biometrischer Systeme anzusehen [Bakdi 2007, S. 176 f.; Giesecke/Kalo/Laßmann 2002, S. 378 ff.]. Da diese Werte korrelieren, erfordert eine Qualitätsbewertung immer die Angabe beider Kennzahlen [BSI 2005a, S. 84].

2.3.3.2 False Accept Rate (FAR)

Die False Accept Rate bezeichnet den erwarteten prozentualen Anteil an den Transaktionen mit einer unrechtmäßigen Behauptung der Identität, welche das System fälschlicherweise akzeptiert [Albrecht 2003, S. 52; Bolle et al. 2003, S. 70; Bromba 2009; BSI 2005a, S. 84; BSI 2005b, S. 5; Mansfield/Wayman 2002, S. 5]. Dabei kann eine Transaktion, abhängig von der festgelegten Entscheidungsregel, auch wieder aus einem oder aus mehreren glaubwürdigen Vergleichsversuchen bestehen [Mansfield/Wayman 2002, S. 5]. Der prozentuale Anteil fälschlich zugelassener Unberechtigter, also nicht erfasster Testpersonen, die einen Übereinstimmungsgrad größer gleich dem Schwellenwert aufweisen, wird als False Accept Rate bezeichnet [TeleTrusT 2006, S. 10]. Je kleiner der Schwellenwert und damit der geforderte Übereinstimmungsgrad eines bestehenden Datensatzes mit dem Referenzdatensatz gewählt wird, desto größer ist die Wahrscheinlichkeit, dass auch unberechtigte Benutzer bzw. deren biometrische Proben mindestens diesen Ähnlichkeitswert aufweisen und desto größer ist somit die Anzahl der unberechtigten und damit auch der fälschlichen Akzeptanzen [TeleTrusT 2006, S. 10]. In der mathematischen Literatur wird eine fälschliche Akzeptanz auch oft als Fehler 2. Art[16] oder β-Fehler bezeichnet [Mansfield/Wayman 2002, S. 5]. Die FAR berechnet sich wie folgt [BSI 2005b, S. 5; TeleTrusT 2006, S. 13]:

$$FAR = NFA/NIA$$

NFA: die Anzahl fälschlicher Akzeptanzen unberechtigter Nutzer (Number of false acceptances)

NIA: die Gesamtzahl unberechtigter Zutrittsversuche (Number of Imposter Attempts)

2.3.3.3 False Rejection Rate (FRR)

Die False Rejection Rate bezeichnet den erwarteten prozentualen Anteil an Transaktionen mit glaubwürdiger Behauptung der Identität, welche das System fälschlicherweise verweigert [Albrecht 2003, S. 52; Bolle et al. 2003, S. 70; Bromba 2009; BSI 2005a, S. 84; BSI 2005b, S. 5; Mansfield/Wayman 2002, S. 5]. Es werden nur erfolgreich registrierte Nutzer bei der Bestimmung der FRR berücksichtigt [Bromba 2009]. Dabei kann eine Transaktion, abhängig von der festgelegten Entscheidungsregel, aus einem oder auch aus mehreren glaubwürdigen Vergleichsversuchen bestehen, was in dieser entsprechend festzulegen ist [Bromba 2009; Mansfield/Wayman 2002, S. 5]. Setzt der Administrator bei einem biometrischen Verfahren bzw. einem biometrischen System einen Schwellenwert von beispielsweise 90% notwendiger Übereinstimmung der biometrischen Proben, so lehnt das System alle Matchingversuche mit einem Vergleichswert bzw. einem Übereinstimmungsgrad kleiner als 90% ab. Dies führt wegen der vorab erläuterten Schwankungen der Merkmalsdaten dazu, dass es auch Matchingversuche von berechtigten Benutzern, also von solchen mit glaubwürdiger Behauptung der Identi-

---

[16] Der Fehler 2. Art beschreibt die irrtümliche Akzeptanz einer tatsächlich falschen Hypothese [Mansfield/Wayman 2002, S. 8].

tät, ablehnt [TeleTrusT 2006, S. 9]. Der prozentuale Anteil fälschlich zurückgewiesener Berechtigter ist somit immer in Abhängigkeit vom Schwellenwert anzugeben, um eine aussagekräftige Wertung zu erhalten [TeleTrusT 2006, S. 10]. Je größer der Schwellenwert und damit der geforderte Übereinstimmungsgrad zwischen einem derzeitigen Datensatz und dem Referenzdatensatz gesetzt ist, desto größer ist die Zahl der unberechtigten und damit aber auch der fälschlichen Rückweisungen [TeleTrusT 2006, S. 10]. In der mathematischen Literatur wird eine fälschliche Rückweisung auch häufig als Fehler 1. Art[17] oder α-Fehler bezeichnet [Mansfield/Wayman 2002, S. 5]. Die FRR berechnet sich wie folgt [Bromba 2009; BSI 2005b, S. 5; TeleTrusT 2006, S. 13]:

$$FRR = NFR/NEA$$

NFR: die Anzahl fälschlicher Rückweisungen berechtigter Nutzer (Number of False Rejections)

NEA: die Gesamtzahl berechtigter Zutrittsversuche (Number of Genuine or Enrolee Attempts)

FAR und FRR korrelieren also miteinander. Eine hohe FAR hat eine niedrige FRR zur Folge und umgekehrt [Köhntopp 1999, S. 177 ff.].

2.3.3.4 Equal Error Rate (EER)

Zentrale Aufgabe bei der Festlegung des Schwellenwerts ist es, die Sicherheit, also die Anfälligkeit des Systems gegenüber Angriffen (geringe FAR), und die Benutzerfreundlichkeit (geringe FRR) gegeneinander abzuwägen [Albrecht 2003, S. 53; Bakdi 2007, S. 177; Bengs/Grudzien 2007, S. 158; Bolle et al. 2003, S. 75, 81 ff.; TeleTrusT 2006, S. 12 f.; Umphress/Williams 1985, S. 263 ff.]. Zudem ist die Berücksichtigung des Einsatzzwecks des biometrischen Systems hierfür maßgeblich von bestimmender Bedeutung [TeleTrusT 2006, S. 12]. Aus diesem Grund ist auch die Angabe einer der Fehlerraten alleine für die Bewertung des biometrischen Systems wenig sinnvoll [Bakdi 2007, S. 177]. Die EER ist die Fehlerrate, bei der FAR und FRR gleich sind [Bakdi 2007, S. 178; Bolle et al. 2003, S. 75; Köhntopp 1999, S. 177 ff.; TeleTrusT 2006, S. 12]. Sie befindet sich im Schnittpunkt von FAR- und FRR-Kurve [Bakdi 2007, S. 177 f.; Bolle et al. 2003, S. 75; Bromba 2009; TeleTrusT 2006, S. 13]. Es handelt sich folglich um den Messpunkt, bei welchem die beiden Fehlerraten gleich groß sind.

---

[17] Der Fehler 1. Art beschreibt die irrtümliche Ablehnung einer tatsächlich richtigen Hypothese [Mansfield/Wayman 2002, S. 8].

Eine Erhöhung des Schwellenwerts ausgehend von der EER führt dazu, dass die FRR steigt und die FAR sinkt. Wird der Schwellenwert hingegen gesenkt, so verringert sich die FRR und es steigt die FAR [Bakdi 2007, S. 177; Bolle et al. 2003, S. 67; Bromba 2009; TeleTrusT 2006, S. 12 f.]. Die EER ist dabei als Maß für die allgemeine Trennfähigkeit zwischen erfassten und nicht erfassten Nutzern eines biometrischen Systems anzusehen [Bolle et al. 2003, S. 67; TeleTrusT 2006, S. 12 f.]. Den Zusammenhang zwischen der FAR- und der FRR-Kurve visualisiert nachfolgende Abbildung anschaulich. Es handelt sich dabei um eine der am häufigsten auftretenden Darstellungsformen für die Erkennungsleistung biometrischer Verfahren und Systeme [BSI 2005a, S. 86]. Sie stellt die zusammengehörigen FAR/FRR-Paare in Abhängigkeit vom gesetzten Schwellenwert dar [BSI 2005a, S. 84].

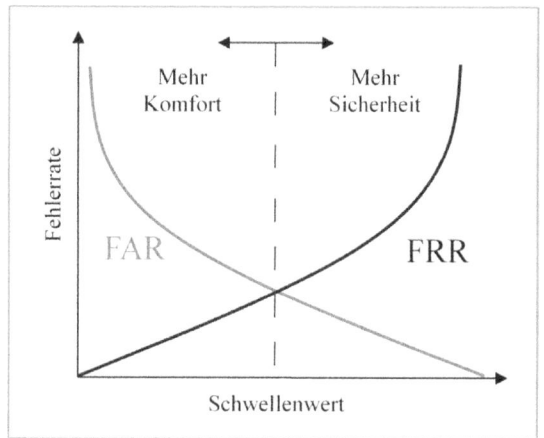

Abbildung 6: Zusammenhang von FAR- und FRR-Kurve
in Anlehnung an [TeleTrusT 2006, S. 14]

Das Festlegen des Schwellenwerts beeinflusst die Gewichtung und somit den Ausgleich der beiden von ihm abhängigen Fehlerraten [Bolle et al. 2003, S. 67]. Beim Trade-off zwischen FAR und FRR handelt es sich somit immer um einen Kompromiss zwischen Sicherheit und Benutzerfreundlichkeit [Bolle et al. 2003, S. 78 f.; Borking/Verhaar 1999, S. 140]. Im Idealfall läge die Equal Error Rate bei null und beide Fehler würden auch den Wert Null annehmen, was jedoch in biometrischen Systemen wegen der Notwendigkeit des Ähnlichkeitsvergleichs nie der Fall sein kann [Bolle et al. 2003, S. 67; Daum 2002, S. 183 ff.; TeleTrusT 2006, S. 12]. Die Optimierung eines biometrischen Verfahrens bzw. einer biometrischen Lösung verfolgt vielmehr das Ziel, die EER möglichst weit an die Zahl Null anzunähern. Dabei ist immer zu berücksichtigen, dass die Fehlerraten abhängig von der entsprechenden Testdatenbasis zu sehen und zu bewerten sind [TeleTrusT 2006, S. 12]. Die Bestimmung der EER ist nur im Falle klassifizierter, erfasster und nicht erfasster Testpersonen als theoretische Evaluierung der Leistungsfähigkeit von Verfahren und System möglich [TeleTrusT 2006, S. 13]. Für den konkreten praktischen Einsatz der Anlage ist der einzustellende Schwellenwert entsprechend den gewünschten Fehlerraten aus den konkreten Referenzdaten zu schätzen und gegebenenfalls zu adaptieren [TeleTrusT 2006, S. 13]. Das Sicherheitsniveau biometrischer Lösungen hängt also von Wahrscheinlichkeiten ab und ist dementsprechend zu kalibrieren [Köhntopp 1999, S. 177 ff.]. Außerdem berücksichtigt die EER nicht das individuelle Verhalten biometrischer Systeme. Die Akzeptanzschwellen verschiedener Verfahren sind nämlich im Regelfall nicht vergleichbar, da diese algorithmenspezifisch zu wählen sind [BSI 2005a, S. 86]. Zusätzlich kann die Verteilung in der Dimension, in der Skalierung oder auch der Bedeutung des Matchscores variieren. Dies schließt z. B. die errechnete Anzahl der Schwellenwerte ein. Solche Modifikationen werden in der Realität auch durchaus praktiziert, um entsprechende Lösungen besser erscheinen zu lassen als sie in Wirklichkeit sind.

Die Werte der FAR- und der FRR-Kurve können beispielsweise so verteilt sein, dass bereits kleine Abweichungen vom optimalen Schwellenwert massive Abweichungen der FAR und der FRR von der theoretischen EER nach sich ziehen [Bolle et al. 2003, S. 75; Bromba 2009; TeleTrusT 2006, S. 13]. Dies führt dazu, dass biometrische Verfahren und somit auch biometrische Systeme in ihrem Verhalten um diesen idealen Punkt niedrigster Fehlerraten signifikant voneinander abweichen können, was immer eine Betrachtung von FAR und FRR im Bereich um den idealen Schwellenwert notwendig macht [Bolle et al. 2003, S. 75; Bromba 2009; TeleTrusT 2006, S. 13]. Als Vergleichsgröße für biometrische Verfahren und biometrische Systeme ist also neben der EER auch immer die FAR- und die FRR-Kurve anzugeben [TeleTrusT 2006, S. 13]. Für einen objektiven konkreten Vergleich können so die Breiten des Schwellenwertbereichs, bei denen FAR und FRR gleichzeitig unterhalb einer gemeinsamen Schranke bleiben, also zu einem vorgegebenen Wert $\pm\Delta$ die Bedingungen FAR<EER$\pm\Delta$ und FRR<EER$\pm\Delta$ gleichzeitig erfüllt sind, herangezogen werden [Bolle et al. 2003, S. 75; TeleTrusT 2006, S. 14]. Wünschenswert ist somit ein Kurvenverlauf der FAR- und der FRR-Kurve, welcher ein breites Tal um die EER beschreibt [TeleTrusT 2006, S. 13]. Die Abbildung 7 zeigt nochmals diesen Zusammenhang.

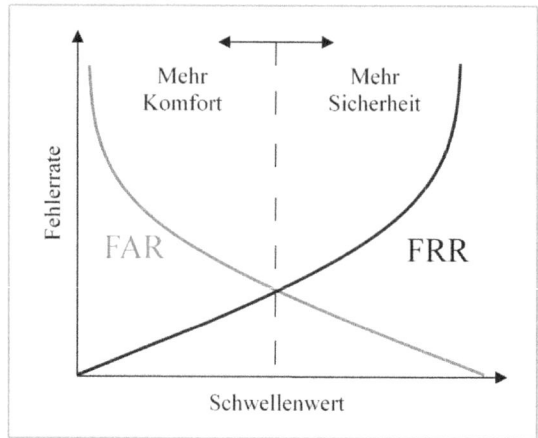

Abbildung 7: Idealtypischer Verlauf von FAR- und FRR-Kurve
in Anlehnung an [TeleTrusT 2006, S. 13 f.]

2.3.3.5 Detection Error Trade-off (DET)- und Receiver Operating Characteristic (ROC)-Kurve

Die Detection Error Trade-off (DET)- und die Receiver Operating Characteristic (ROC)-Kurve ermöglichen es, die Verfahrens- bzw. die Systemleistungsfähigkeit bei unterschiedlichen Arbeitspunkten zu bestimmen und zu visualisieren, da diese Kurven die Fehlerraten paarweise gegeneinander antragen und damit die Abhängigkeit der Darstellung von der Schwelle eliminieren [Bakdi 2007, S. 177, 193; Bromba 2009; Bolle et al. 2003, S. 70 ff.; BSI 2005a, S. 85; Mansfield/Wayman 2002, S. 7 f.; TeleTrusT 2006, S. 14 f.]. Der Schwellenwert ist oft sehr stark abhängig vom jeweiligen Verfahren und es werden häufig auch einzelne Arbeitsbereiche der Kurve gedehnt, um die Lösung robuster gegen Schwellenwertänderungen aussehen zu lassen, was einen objektiven Vergleich verschiedener biometrischer Systeme anhand ihrer FAR- und ihrer FRR-Kurve erschwert oder sogar teilweise unmöglich macht [BSI 2005a, S. 84]. Um nämlich die Qualität eines biometrischen Verfahrens bzw. darauf aufbauend eines biometrischen Systems bewerten zu können, ist stets ein Wertepaar nötig, das gleichzeitig FAR und FRR für einen gegebenen Arbeitspunkt angibt und von der Schwelle unabhängig ist [Bakdi 2007, S. 177]. ROC-Kurven tragen als Funktionen der Schwelle die Anzahl der fehlerhaften Akzeptanzen unberechtigter Nutzer (FAR; x-Achse) gegen die legitimen Akzeptanzen berechtigter Nutzer (1-FRR; y-Achse) an, was einen Performacevergleich verschiedener Anlagen unter ähnlichen Umfeldbedingungen oder den Vergleich des Verhaltens desselben Systems unter verschiedenen Umfeldbedingungen ermöglicht [Bolle et al. 2003, S. 73 f.; Bromba 2009; BSI 2005a, S. 85; Mansfield/Wayman 2002, S. 7 f.].

DET-Kurven finden häufig in der Beschreibung der Eigenschaften eines Detektierungs- oder eines Mustererkennungsverfahrens Anwendung, wie etwa im biometrischen Kontext [Mansfield/Wayman 2002, S. 8; TeleTrusT 2006, S. 14]. Die DET-Kurven tragen Fehlerraten (FAR und FRR) auf beiden Achsen an, was eine einheitliche Behandlung beider Fehlerraten bedingt [BSI 2005a, S. 84; Mansfield/Wayman 2002, S. 8, 21]. Diese Darstellungsform ermöglicht eine bessere Visualisierung und damit einen transparenteren Vergleich der Leistungsfähigkeit unterschiedlicher biometrischer Lösungen [Mansfield/Wayman 2002, S. 8]. Je näher also die DET-Kurven an den Koordinatenachsen verlaufen, umso besser ist die Erkennungsleistung des Verfahrens bzw. des Systems [Bakdi 2007, S. 193]. Die EER ist durch die Koordinaten des Schnittpunkts der DET-Kurve mit der Winkelhalbierenden zwischen FAR- und FRR-Achse gegeben [Bakdi 2007, S. 193]. Bei DET-Kurven handelt es sich somit um modifizierte ROC-Kurven, die im Zusammenhang mit biometrischen Systemen vornehmlich Anwendung finden [Mansfield/Wayman 2002, S. 8]. DET-Kurven tragen die FAR gegen die FRR direkt an und ROC-Kurven stellen meist die FAR der Detektierungsrate (1-FRR) gegenüber, sind also an der Geraden mit der Gleichung FRR=0,5 gespiegelte DET-Kurven [Bakdi 2007, S. 193; TeleTrusT 2006, S. 14].

Der Schwellenwertparamter der meisten praktisch eingesetzten Anlagen ist jedoch so gewählt, dass nicht FAR=FRR sondern vielmehr FAR<<FRR, was dazu führt, dass die EER alleine in ROC- und DET-Kurven nicht als verlässliches Maß für die Performance anzusehen ist [Bromba 2009]. Die Kurven verschiedener Systeme können sich bei gleicher EER völlig unterschiedlich verhalten und es sind Abweichungen von mehreren Zehnerpotenzen in anderen Kurvenbereichen möglich [Bromba 2009]. Um derartige Fehler zu vermeiden, ist es unbedingt notwendig, ausschließlich FAR/FRR-Paare im Arbeitspunkt zu vergleichen, indem z. B. eine Untersuchung der FRR-Werte bei gleicher FAR erfolgt [Bromba 2009]. Ein reiner Vergleich der EER ist nur in den seltenen Fällen sinnvoll, in welchen die EER den Arbeitspunkt darstellt [Bromba 2009]. DET- und ROC-Kurven sind dazu geeignet, sowohl Vergleichsfehler (FMR/FNMR)[18] als auch Entscheidungsfehler (FAR/FRR) einander gegenüberzustellen [Mansfield/Wayman 2002, S. 8, 21]. In manchen Literaturquellen erfolgt gerade die umgekehrte Bezeichnung dieser beiden Diagrammarten [Bolle et al. 2003, S. 70 ff.]. In modernen Systemen sind die Fehlerraten mittlerweile so gering, dass sich die DET-Kurve sehr dicht an den Koordi-

---

[18] Eine ausführliche Erläuterung des Unterschiedes zwischen FAR/FRR und FMR/FNMR findet sich in Abschnitt 2.3.3.8.

natenachsen bewegt. Aus diesem Grund ist es sinnvoll, bei der Darstellung einen logarithmischen Maßstab zu wählen.

Im weiteren Verlauf der Arbeit werden DET-Kurven für den Sicherheitsnachweis der Erkennungsleistung der biometrischen Anlage verwendet. Hierbei werden nur Entscheidungsfehler und keine direkten Matching-Fehler des Verfahrens anhand von FMR und FNMR berücksichtigt. Da die Daten auf Ergebnissen tatsächlicher Versuche basieren, entspricht dies auch den Empfehlungen der International Organization for Standardization (ISO) [ISO 2004, S. 27 f.]. Meist ist kein einheitliches Ranking möglich, da sich die Kurven im Wertebereich unterschiedlich verhalten. Aus diesem Grund sind fixe FAR-Werte als Arbeitspunkte festzulegen. Beim entsprechenden FAR-Arbeitspunkt ergeben sich je nach System unterschiedliche FRR-Werte, die es dann zu vergleichen gilt. Außerdem besteht so auch die Möglichkeit, die Arbeitsgerade für gleiche Fehler heranzuziehen [BSI 2004, S. 22]. Sie ist im DET-Diagramm die Winkelhalbierende der Koordinatenachsen. Hier ergibt sich der Arbeitspunkt für die EER aus dem Schnittpunkt der DET-Kurve mit der Geraden FAR=FRR.

2.3.3.6 Failure to Enrol Rate (FTE)

Die Failure to Enrol Rate beschreibt den erwarteten Anteil potenzieller Nutzer, bei denen das Enrolment unter der vorab definierten Enrolment-Policy nicht erfolgreich durchführbar ist [Bolle et al. 2003, S. 78; Bromba 2009; BSI 2005b, S. 5; Mansfield/Wayman 2002, S. 6, 20; TeleTrusT 2006, S. 15]. Als mögliche Ursachen hierfür sind fehlende Merkmale (z. B. Verlust oder Fehlen eines Fingers), Einschränkungen in der Erfassung (z. B. Brille, Kontaktlinse, zu schwache Ausprägung des Merkmals), fehlendes oder unzureichendes technisches Verständnis (z. B. Person beherrscht den Gebrauch der biometrischen Anlage auch nach entsprechender Einführung nicht), Systemprobleme (z. B. qualitative Schwächen des Sensors oder Schwächen im Algorithmus) oder auch eine fehlende Akzeptanz des Verfahrens durch die Nutzer (z. B. wegen gesundheitlichen Bedenken) anzuführen [Bolle et al. 2003, S. 78; Bromba 2009; BSI 2005b, S. 5; Mansfield/Wayman 2002, S. 6; TeleTrusT 2006, S. 15]. Die Kontrolle der Qualität der biometrischen Probe als Grundlage für die Entscheidung über die Erstellung eines Referenzdatensatzes beeinflusst maßgeblich die Failure to Enrol Rate [BSI 2005b, S. 5]. Die FTE kann ungeachtet der weiteren enthaltenen Faktoren zumindest als Indikator für die Fähigkeit des Verfahrens angesehen werden, auch mit qualitativ schlechten Proben zurechtzukommen [BSI 2005b, S. 5]. Die FTE ist nachhaltig durch die Qualitätsüberprüfung der biometrischen Probe beeinflussbar, da bei hohen qualitativen Anforderungen an dieselbe tendenziell mehr Samples abgelehnt werden, was die Rate in die Höhe treibt [Bolle et al. 2003, S. 78]. Die FTE berechnet sich wie folgt [BSI 2005b, S. 5; TeleTrusT 2006, S. 15 f.]:

$$FTE = NNE/NPU$$

NNE: die Anzahl der Personen, bei denen ein Enrolment nicht durchführbar ist (Number of Not Enroled Persons)

NPU: die Gesamtzahl der potenziellen Nutzer innerhalb der Organisation des Betreibers (Number of Potential Users)

2.3.3.7 Failure to Acquire Rate (FTA)

Bei der Aufzeichnung biometrischer Daten für das Matching im Rahmen von Verifikation oder Identifikation kann es aber auch später aus einer Vielzahl von Gründen dazu kommen, dass diese Datenaufnahme fehlerhaft verläuft und somit keine neuen Daten für den Abgleich zur Verfügung stehen [Bolle et al. 2003, S. 78; Bromba 2009; Mansfield/Wayman 2002, S. 20; TeleTrusT 2006, S. 16]. Der Anteil an Transaktionen, bei welchen dieser Fehler auftritt, wird als Failure to Acquire Rate bezeichnet [Mansfield/Wayman 2002, S. 20; TeleTrusT 2006, S. 16]. Die Failure to Acquire Rate beschreibt also den erwarteten Anteil an Transaktionen, bei denen das System keinen qualitativ geeigneten Datensatz erfassen kann [Mansfield/Wayman 2002, S. 6].

Als mögliche Ursachen für das Auftreten dieses Fehlers sind folgende Gründe anzuführen. Einerseits kann bei einem Benutzer, bei welchem zwar das Enrolment noch erfolgreich war, das biometrische Merkmal zu einem späteren Zeitpunkt eine dauerhafte oder vorübergehende körperliche Beeinträchtigung erfahren (z. B. Heiserkeit oder Stimmverlust bei einer Erkältung oder auch der Verlust eines Fingers durch einen Unfall) [Bromba 2009; Mansfield/Wayman 2002, S. 20; TeleTrusT 2006, S. 16]. Andererseits besteht die Möglichkeit, dass das biometrische Merkmal des Benutzers grundsätzlich schwach ausgeprägt ist und so beim Enrolment nur zufällig einen validen Datensatz liefert [Mansfield/Wayman 2002, S. 20; TeleTrusT 2006, S. 16]. Weiterhin kann es sich auch um einen unberechtigten Benutzer handeln, der nicht registriert ist und bei dem auch das Enrolment nicht funktioniert hat [TeleTrusT 2006, S. 16]. Oftmals stellt diese Kennzahl ein Maß für die Bewertung der Sensorqualität dar, obwohl in der Kenngröße auch diese weiteren Faktoren enthalten sind, da sie die Anzahl der fehlerhaften Aufnahmen des Sensors erfasst, die durch das System eine Ablehnung erfahren [BSI 2005b, S. 5; Mansfield/Wayman 2002, S. 6]. Die FTA berechnet sich wie folgt [Mansfield/Wayman 2002, S. 6; TeleTrusT 2006, S. 16]:

$$FTA = NNA/NPU$$

NNA: die Anzahl der Personen, bei denen die Aufnahme der derzeitigen Daten gescheitert ist (Number of not Acquired Persons)

NPU: die Gesamtzahl der potenziellen Nutzer innerhalb der Organisation des Betreibers (Number of Potential Users)

Failure to Enrol und Failure to Acquire sind spezifisch biometrische Fehlerraten und treten somit in jedem praktischen Anwendungsfall dieser Systeme auf [Bolle et al. 2003, S. 78].

Die Failure to Acquire sind bei der Bestimmung der FAR und der FRR zu berücksichtigen, was dazu führt, dass die NNA bei der Gesamtzahl berechtigter und unberechtigter Zugriffsversuche (NEA und NIA) mitzuzählen sind [TeleTrusT 2006, S. 16].

2.3.3.8 False Match Rate (FMR) und False Non-Match Rate (FNMR) vs. FAR und FRR

Vorausgesetzt die Aufnahme des aktuellen Datensatzes hat immer korrekt funktioniert, d. h. kein Failure to Acquire sowohl bei der Gesamtzahl der berechtigten als auch bei der Gesamtzahl der unberechtigten Zutrittsversuche (NEA und NIA) ist aufgetreten, so spricht man von der False Match Rate (FMR) und der False Non-Match Rate (FNMR) anstelle der FAR und der FRR [Bolle et al. 2003, S. 83; Bromba 2009; BSI 2005a, S. 5; BSI 2005b, S. 88; Mansfield/Wayman 2002, S. 5, 21; TeleTrusT 2006, S. 16]. Weiterhin bestimmen sich FMR und FNMR über die Anzahl durchgeführter einzelner Vergleichsprozesse im biometrischen Verfahren (Entscheidung nur über den Vergleich zweier biometrischer Proben), wohingegen sich die FAR und FRR aus der Anzahl vollzogener Transaktionen einer biometrischen Applikation bzw. eines biometrischen Systems ergeben (Entscheidung über die Akzeptanz oder die Rückweisung eines Benutzers) [Bolle et al. 2003, S. 65, 84; Mansfield/Wayman 2002, S. 5]. FMR und FNMR kommen insbesondere beim Vergleich isolierter biometrischer Algorithmen auf der Basis von in Datenbanken vorliegenden biometrischen Proben zum Einsatz [BSI 2005a, S. 87].

Die FMR bezeichnet die erwartete Wahrscheinlichkeit, dass der Vergleich der von einem unberechtigten Benutzer derzeit aufgenommenen Daten fälschlicherweise eine korrekte Übereinstimmung mit den Referenzdaten eines berechtigten Benutzers ergibt [Bolle et al. 2003, S. 65, 67; Bromba 2009; BSI 2005a, S. 88; BSI 2005b, S. 5; Mansfield/Wayman 2002, S. 5; TeleTrusT 2006, S. 16].

Die FNMR bezeichnet die erwartete Wahrscheinlichkeit, dass der Vergleich, der von einem berechtigten Benutzer derzeit aufgenommenen Daten, fälschlicherweise keine korrekte Übereinstimmung mit dessen Referenzdaten ergibt [Bolle et al. 2003, S. 65, 67; Bromba 2009; BSI 2005a, S. 88; BSI 2005b, S. 5; Mansfield/ Wayman 2002, S. 5; TeleTrusT 2006, S. 16].

Die FMR und die FNMR sind somit als die um den FTA bereinigten FAR und FRR anzusehen. Beide Fehlerraten sind charakteristische Größen zur Analyse mathematischer Vergleichsverfahren für biometrische Daten. Für die Beurteilung von deren Praxistauglichkeit sind sie aber eher weniger geeignet, da hier immer die Möglichkeit des Failure to Acquire zu berücksichtigen ist [Bolle et al. 2003, S. 83; BSI 2005a, S. 87 f.; Mansfield/Wayman 2002, S. 21; TeleTrusT 2006, S. 17]. Zwischen FAR/FRR und FMR/FNMR ergibt sich somit folgender vereinfachter mathematischer Zusammenhang gesetzt den Fall, dass keine zusätzliche Berücksichtigung der Penetration Rate (PR)[19] und der Binning Error Rate (BER)[20] erfolgt, was wegen deren in der Regel sehr geringem Einfluss als praktisch sinnvoll zu erachten ist [BSI 2005a, S. 88; BSI 2005b, S. 5; Mansfield/Wayman 2002, S. 21; TeleTrusT 2006, S. 17].

$$FAR = (1-FTA)FMR$$
$$FRR = FTA+(1-FTA)FNMR^{21}$$

FMR/FNMR und auch FAR/FRR sind keine konstanten Werte, sie hängen vielmehr von der Wahl der Akzeptanzschwelle und von der Verteilungsfunktion der berechtigten und der unberechtigten Zugriffsversuche ab [BSI 2005b, S. 6]. Für die FMR und die FNMR ist auch die EER bestimmbar und es sind ebenso für die FMR

---

[19] Die Penetration Rate bezeichnet den erwarteten Anteil an Template-Daten, die über alle Inputsamples hinweg zu durchsuchen sind, unter der Bedingung, dass sich der Suchprozess über die ganze Partition erstreckt, ungeachtet davon, ob bereits ein Treffer erzielt wurde oder nicht. Eine geringere Penetration Rate bedeutet einen geringeren Suchaufwand und ist deshalb erstrebenswert. [Bolle et al. 2003, S. 198 ff.; Mansfield/Waymann 2002, S. 6]

[20] Ein Binning Error tritt auf, wenn das Referenztemplate und ein späteres Sample desselben biometrischen Merkmals und desselben Benutzers in verschiedenen Partitionen gespeichert sind. Allgemein gilt, je stärker eine Datenbank partitioniert ist, desto niedriger ist die Penetration Rate, aber umso größer ist die Wahrscheinlichkeit für einen Binning Error. [Bolle et al. 2003, S. 198 ff.; Mansfield/Wayman 2002, S. 6]

[21] Unter Berücksichtigung der Penetration Rate (PR) und des Binning Error Rate (BER) ergibt sich folgender, erweiterter Zusammenhang [Mansfield/Wayman 2002, S. 21]:
$$FAR = PR(1-FTA)FMR$$
$$FRR = FTA+(1-FTA)BER+(1-FTA)(1-BER)FNMR$$

und die FNMR die Bezeichnungen Fehler 1. Art und Fehler 2. Art gebräuchlich [Bolle et al. 2003, S. 65; BSI 2005b, S. 7].

2.3.4 Statistische Signifikanz der Fehlerraten

Konfidenzintervalle sind ein wichtiges Instrumentarium für die Abschätzung und die Beurteilung der Aussagekraft bzw. der Genauigkeit der ermittelten Fehlerraten [Dunstone/Yager 2009, S. 89, 139 ff.; Schuckers et al. 2004, S. 144 f.]. Diese sind, wie bereits vorab erwähnt, in hohem Maß von der Art der Testdaten und vor allem von der Größe des Testdatensatzes abhängig [Bolle et al. 2003, S. 110 ff.; TeleTrusT 2006, S. 20]. Konfidenzintervalle formalisieren das Problem der variierenden Fehlerraten [Dunstone/Yager 2009, S. 140]. Es existieren eine Reihe von Ansätzen, diese Ergebnisse durch die Ermittlung entsprechender Konfidenzintervalle zu bekräftigen [Jarosz/Fondeur 2005, S. 269 ff.; Mansfield/Wayman 2002, S. 20 ff.]. Die Testgröße, also die Anzahl der Testnutzer, deren Menge abgegebener Testproben, die Qualität dieser Testdatensätze aber auch externe Einflussfaktoren legen fest, wie genau die Fehlerraten bestimmt werden können [Bolle et al. 2003, S. 270; Mansfield/Wayman 2002, S. 11]. Je größer der Test angelegt ist, desto exaktere Ergebnisse sind konsequenterweise erzielbar [Dunstone/Yager 2009, S. 90; Mansfield/Wayman 2002, S. 11]. Eine Aussage hinsichtlich der Genauigkeit der ermittelten Werte, also der statistischen Signifikanz der Fehlerraten, ist nur mit Hilfe von Konfidenzintervallschätzungen möglich [Bolle et al. 2003, S. 270].

Wegen der vielfältigen Abhängigkeiten, denen biometrische Systeme unterliegen, gestaltet es sich auch sehr schwierig, die Konfidenzintervallschätzung in geeigneten Verfahrensansätzen zu formalisieren. Praktisch besteht eine Reihe gängiger, teilweise sehr unterschiedlicher Möglichkeiten für die Bestimmung der Konfidenzintervalle. Deren Eignung ist in hohem Maße von den Testbedingungen abhängig, welche der Ermittlung der Performancekennzahlen zugrunde liegen. Empirische Untersuchungen liefern die Rahmenbedingungen dafür, wann ein bestimmter Schätzverfahrensansatz anzuwenden ist. Um die Aussagekraft der Resultate zu erhöhen, empfiehlt es sich jedoch, mehrere dieser gängigen Verfahren anzuwenden und die Ergebnisse zu vergleichen. Um die Gegenüberstellung mehrerer Konfidenzintervallschätzverfahren später im Rahmen einer praktischen Untersuchung zu ermöglichen, werden nachfolgend gängige Verfahren, die im Kontext biometrischer Systeme Anwendung finden, kurz dargestellt. Dieser Schritt soll eine zusätzliche Bekräftigung der später erzielten Resultate ermöglichen.

Die sog. „Rule of 3" und die sog. „Rule of 30" sind schwache, sehr einfache Heuristiken, welche die Anzahl notwendiger Authentifizierungsversuche schätzen lassen, damit von einem gewissen Signifikanzniveau der bestimmten Fehlerraten auszugehen ist [Common Criteria Biometric Evaluation Methodology Working Group 2002, S. 20; Faundez-Zanuy 2004, S. 3 ff.; Jarosz/Fondeur 2005, S. 271; Mansfield/Wayman 2002, S. 11 f.]. Diese Regeln sind aber als zu optimistisch anzusehen, um wirklich Ergebnisse mit einem hohen Signifikanzniveau zu erzielen, da sie unterstellen, dass die Fehlerraten biometrischer Systeme auf eine einzige Ursache hinsichtlich ihrer Variabilität zurückzuführen sind, was bei biometrischen Anlagen in der Praxis so nicht der Fall ist [Mansfield/Wayman 2002, S. 11]. Ungeachtet dessen eignen sich beide Regeln praktisch für eine einfache Abschätzung der statistischen Signifikanz von erzielten Fehlerraten biometrischer Systeme und für die Vorabschätzung, wie groß ein Test anzulegen ist, um zu aussagekräftigen Ergebnissen zu gelangen [Common Criteria Biometric Evaluation Methodology Working Group 2002, S. 20; Jarosz/Fondeur 2005, S. 271 f.].

Die „Rule of 3" beschäftigt sich mit der Frage, welches die niedrigste, mit einer Irrtumswahrscheinlichkeit von 5% annehmbare Fehlerrate p sein kann, bei N unabhängigen und identisch verteilten Vergleichsversuchen [Hanley/Lippman-Hand 1983, S. 1743 ff.; Jovanovic/Levy 1997, S. 137 ff.; Louis 1981, S. 154; Mansfield/ Wayman 2002, S. 11; Wayman 2000, S. 345 ff.][22/23]. Nachfolgende Formel präzisiert die sog. „Rule of 3":

„Rule of 3"
$p = 3/N$ = niedrigste Fehlerrate p, bei N unabhängigen und identisch verteilten Vergleichsversuchen

Tabelle 1: „Rule of 3" zur Abschätzung von Fehlerraten
in Anlehnung an [Hanley/Lippman-Hand 1983, S. 1743 ff.; Jovanovic/Levy 1997, S. 137 ff.; Louis 1981, S. 154; Mansfield/Wayman 2002, S. 11; Wayman 2000, S. 345 ff.]

Beispielsweise ist so für einen Test mit 300 unabhängigen Proben, der keine Fehler liefert, mit einer Wahrscheinlichkeit von 95% feststellbar, dass die Fehlerrate we-

---

[22] Die Annahme unabhängiger, identisch verteilter Versuche kann dadurch erreicht werden, dass jeder berechtigte Authentifizierungsversuch von einem anderen Testnutzer vollzogen wird und dass jeder unberechtigte Zugriffsversuch auch nicht von demselben Testnutzer stammt. Dies würde bei n Testnutzern zu n berechtigten und n/2 unberechtigten Authentifizierungsversuchen führen. [Mansfield/Waymann 2002, S. 11]

[23] Der Zusammenhang $p \approx 2/N$ ist für ein 90%-Konfidenzintervall anzunehmen [Mansfield/ Wayman 2002, S. 11].

niger als 1% beträgt [Dunstone/Yager 2009, S. 146; Mansfield/Wayman 2002, S. 11].

Doddington, Przybocki, Martin und Reynolds stellen mit ihrer „Rule of 30" eine Regel auf, mit deren Hilfe die Testgröße n für signifikante Aussagen bestimmbar ist [Doddington et al. 2000, S. 225 ff.; Mansfield/Wayman 2002, S. 11]. Doddingtons „Rule of 30" basiert auf einer Binomialverteilungsannahme, die unabhängige Versuche unterstellt [Mansfield/Wayman 2002, S. 12; Schuckers et al. 2004, S. 146]. Die Regel besagt, um mit einer 90%-igen Sicherheit behaupten zu können, dass die tatsächliche Fehlerrate in einem 30%-Konfidenzintervall zur beobachteten Fehlerrate liegt, müssen wenigstens 30 Fehler auftreten [Mansfield/ Wayman 2002, S. 11 f.]. Beispielsweise ist bei 30 fälschlichen Rückweisungen von eigentlich berechtigten Testpersonen in 3.000 unabhängigen Authentifizierungsversuchen mit einer 90%-igen Wahrscheinlichkeit davon auszugehen, dass die tatsächliche Fehlerrate zwischen 0,7% und 1,3% liegt [Mansfield/Wayman 2002, S. 12]. Für Zielfehlerraten einer FRR mit 1% und einer FAR mit 0,1% bedarf es mindestens 3.000 unabhängiger Authentifizierungsversuche von Berechtigten und 30.000 unabhängiger Authentifizierungsversuche von Unberechtigten, um mit einer Wahrscheinlichkeit von 90% die Zielgrößen bestätigen zu können [Mansfield/Wayman 2002, S. 12]. Je niedriger also die erwartete Fehlerrate ist, umso größer ist die Anzahl notwendiger Testdatensätze [Dunstone/Yager 2009, S. 146]. Als Alternative zu diesem erheblichen Bedarf an Testpersonen, der für aussagekräftige Resultate notwendig ist, kann eine kleinere Datenbasis gewählt werden, was jedoch eine Erweiterung des Signifikanzniveaus bedingt bzw. eine Ausweitung der Konfidenzintervalle nötig macht [Mansfield/Wayman 2002, S. 12; Schuckers et al. 2004, S. 150].

Die Regel ist also für Anwendungsfälle gedacht, in denen mehr als 30 Fehler auftreten [Schuckers et al. 2004, S. 146]. Nach Schuckers, Hawley, Livingstone und Mramba kann die Regel folgendermaßen formuliert werden [Schuckers et al. 2004, S. 146]:

Doddingtons „Rule of 30"
n = Anzahl der Testnutzer
m_i = Anzahl der Testdatensätze pro Testnutzer, mit i = 1,...,n
x_{ij} = Fehler für den j-ten Versuch des i-ten Testnutzers, mit 1 für Fehler und 0 für kein Fehler
π = erwartete Gesamtfehlerrate, die für den ganzen Test als konstant angenommen wird
$X_i = \sum_{j=1}^{m_i} x_{ij}$ = Anzahl der Fehler für den i-ten Testnutzer
$\hat{\pi} = \frac{\sum_{i=1}^{n} X_i}{\sum_{i=1}^{n} m_i}$ = Schätzer für die Gesamtfehlerrate
$\hat{\pi} \pm 0{,}30\,\hat{\pi}$ = Schätzfunktion für das Konfidenzintervall

Tabelle 2: Doddingtons „Rule of 30"
in Anlehnung an [Schuckers et al. 2004, S. 146]

Parameterbasierte Modelle zur Abschätzung der Konfidenzintervalle treffen immer Annahmen über die zugrunde liegende Verteilung [Dunstone/Yager 2009, S. 143]. Wird dem zentralen Grenzwertsatz folgend unterstellt, dass für ausreichend große Testproben die betrachteten Fehlerraten einer approximierten Normalverteilung unterliegen, so können nach dem Ansatz von Mansfield und Wayman die Konfidenzintervalle für die Fehler mit speziellen Methoden der Punktschätzung ermittelt werden, welche auch eine unterschiedlich große vorliegende Anzahl an Samples pro Nutzer berücksichtigen. Dies ist von hoher praktischer Relevanz, da oftmals nicht von jedem Nutzer die gleiche Anzahl an Samples vorliegt, weil dieser beispielsweise vorzeitig die Testdatenerhebung abgebrochen hat oder manche Samples wegen der möglichen Failure to Acquire einfach unbrauchbar sind. [Bolle et al. 2003, S. 271; Dunstone/Yager 2009, S. 143; Fahrmeir et al. 2002, S. 315 f.; Mansfield/Wayman 2002, S. 24; Schuckers et al. 2004, S. 146 f.; Snedecor/Chochran 1967; TeleTrusT 2006, S. 20]

Näheres dazu kann den Ausführungen von Mansfield und Wayman entnommen werden [Mansfield/Wayman 2002, S. 22 ff.]. Vereinfacht lässt sich die Formel für die Konfidenzintervallschätzung von Mansfield und Wayman nach Schuckers, Hawley, Livingstone und Mramba wie folgt angeben [Mansfield/Wayman 2002, S. 23 f.; Schuckers et al. 2004, S. 146 f.]:

Best-Practice-Ansatz
n = Anzahl der Testnutzer
m_i = Anzahl der Testdatensätze pro Testnutzer, mit i = 1,...,n
x_{ij} = Fehler für den j-ten Versuch des i-ten Testnutzers, mit 1 für Fehler und 0 für kein Fehler
π = erwartete Gesamtfehlerrate, die für den ganzen Test als konstant angenommen wird
$X_i = \sum_{j=1}^{m_i} x_{ij}$ = Anzahl der Fehler für den i-ten Testnutzer
$p_i = \frac{X_i}{n}$ = beobachteter Fehleranteil für den i-ten Testnutzer
$\bar{m} = \frac{\sum_{i=1}^{n} m_i}{n}$ = durchschnittliche Anzahl der Versuche pro Testnutzer
$\hat{\pi} = \frac{\sum_{i=1}^{n} X_i}{\sum_{i=1}^{n} m_i}$ = Schätzer für die Gesamtfehlerrate
z = 1,96 = 5%-Quantil der Normalverteilung
$\hat{\pi} \pm 1{,}96 \sqrt{\frac{\sum_{i=1}^{n}(m_i(p_i-\hat{\pi}))^2}{\bar{m}^2 \, n \, (n-1)}}$ = Schätzfunktion für das Konfidenzintervall

Tabelle 3: Best-Practice-Ansatz nach Mansfield und Wayman
in Anlehnung an [Mansfield/Wayman 2002, S. 23 f.; Schuckers et al. 2004, S. 146 f.]

Problematisch gestaltet sich bei diesem Schätzverfahren, dass für sehr kleine Werte der beobachteten Fehlerraten die Konfidenzintervalle oftmals in den negativen Bereich reichen können, was praktisch aber nicht möglich ist und sich darauf zurückführen lassen kann, dass die beobachteten Fehlerraten wider der Annahme eigentlich keiner Normalverteilung unterliegen [Mansfield/Wayman 2002, S. 24]. Diesem Problem kann mit einem nicht parametrischen Schätzverfahren, wie z. B. dem sog. Bootstrapping begegnet werden. Dieses trifft keine Annahmen über die zugrunde liegende Verteilung, sondern schafft vielmehr eine eigene Verteilung, worauf aber diese Arbeit nicht weiter vertieft eingeht [Bolle et al. 2003, S. 272 ff.; Dunstone/Yager 2009, S. 146; Mansfield/Wayman 2002, S. 24 f.].

Eine weitere Möglichkeit zur Schätzung von Konfidenzintervallen liefert der Beta-binomial-Ansatz nach Schuckers auf Grundlage der Arbeiten von Schuckers und Lui, Cumberland und Kuo [Lui et al. 1996; Schuckers 2003a, S. 2; Schuckers

2003b]. Wegen des binären Charakters des Ergebnisses eines biometrischen Vergleichsprozesses wird oftmals unterstellt, dass eine Binomialverteilungsannahme für die untersuchten Daten geeignet erscheint [Atkinson/Schuckers 2004, S. 184]. Da aber die einfache Binomialverteilung keine intra-individuale Korrelation, also Abhängigkeiten zwischen den verschiedenen biometrischen Proben desselben Merkmalsträgers, in den Daten abbilden lässt, ist das Verfahren folgendermaßen anzupassen [Atkinson/Schuckers 2004, S. 184]. Es arbeitet auf einem Intervallschätzungsansatz für die klassenübergreifende Korrelation einer beta-binomial verteilten Probe [Lui et al. 1996; Schuckers 2003a, S. 2 ff.]. Auch Schuckers spezifiziert bei diesem Verfahren ein Model für den Erwartungswert und die Varianz und er schätzt dann die Parameter des Modells [Schuckers et al. 2004, S. 147].

Das Modell, in dem ρ die intra-individuale Korrelation darstellt und welches unterstellt, dass alle X_i bedingt unabhängig sind, ist wie folgt darstellbar [Schuckers 2003a, S. 2; Schuckers et al. 2004, S. 147]:

$$E[X_i] = m_i \pi;$$

$$\text{Var}[X_i] = m_i \pi (1-\pi)(1+(m_i - 1)\rho);$$

Daraus ergeben sich folgende Zusammenhänge zur Bestimmung des 95%-Konfidenzintervalls, auf deren Entstehung diese Arbeit jedoch nicht vertieft eingeht [Atkinson/Schuckers 2004, S. 186; Schuckers 2003a, S. 2; Schuckers et al. 2004, S. 147].

Beta-binomial-Ansatz nach Schuckers
n = Anzahl der Testnutzer
m_i = Anzahl der Testdatensätze pro Testnutzer, mit $i = 1,...,n$
x_{ij} = Fehler für den j-ten Versuch des i-ten Testnutzers, mit 1 für Fehler und 0 für kein Fehler
π = erwartete Gesamtfehlerrate, die für den ganzen Test als konstant angenommen wird
$\bar{m} = \frac{\sum_{i=1}^{n} m_i}{n}$ = durchschnittliche Anzahl der Versuche pro Testnutzer
$X_i = \sum_{j=1}^{m_i} x_{ij}$ = Anzahl der Fehler für den i-ten Testnutzer
$p_i = \frac{X_i}{n}$ = beobachteter Fehleranteil für den i-ten Testnutzer
$\hat{\pi} = \frac{\sum_{i=1}^{n} X_i}{\sum_{i=1}^{n} m_i}$ = Schätzer für die Gesamtfehlerrate
$\hat{\rho} = \frac{BMS - WMS}{BMS + (m_0 - 1) WMS}$ = Schätzer für die Korrelation der Daten desselben Individuums
$BMS = \frac{\sum_{i=1}^{n} m_i (p_i - \hat{\pi})^2}{n - 1}$
$WMS = \frac{\sum_{i=1}^{n} m_i p_i (1 - p_i)}{n(\bar{m} - 1)}$
$m_0 = \bar{m} - \frac{\sum_{i=1}^{n}(m_i - \bar{m})^2}{n \bar{m}}$
z = 1,96 = 5%-Quantil der Normalverteilung
$\hat{\pi} \pm 1{,}96 \sqrt{\frac{\hat{\pi}(1-\hat{\pi})(1+(m_0-1)\hat{\rho})}{\bar{m}n}}$ = Schätzfunktion für das Konfidenzintervall

Tabelle 4: Beta-binomial-Ansatz nach Schuckers
in Anlehnung an [Atkinson/Schuckers 2004, S. 186; Schuckers 2003a, S. 2; Schuckers et al. 2004, S. 147].

Sowohl der Best-Practice-Ansatz nach Mansfield und Wayman als auch der Beta-binomial-Ansatz sind bei einem großen Wert für n und auch bei einem großen Wert für m ähnlich in den damit erzielten Resultaten [Schuckers et al. 2004, S. 148]. Dieses Schätzverfahren ist wie der Ansatz von Mansfield und Wayman eher geeignet bei einem großen Wert für n, also einer großen Testpopulation, sowie bei einem großen Wert für m, also einer großen Anzahl von Testdatensätzen pro Nutzer, und weiter von null entfernte geschätzte Fehlerraten [Schuckers 2003a, S. 4].

Der Logit-beta-binomial-Ansatz nach Schuckers basiert auf dem vorhergehenden Verfahren und versucht die vorab erwähnten Probleme zu minimieren bzw. zu beseitigen [Schuckers 2003a, S. 4 ff.; Schuckers et al. 2004, S. 148]. Der zugrunde liegende Gedanke ist, ein Konfidenzintervall für die logit(π)-Funktion des prognostizierten Fehlers zu schätzen und anschließend dieses Intervall durch die inverse logit(π)-Funktion zurück auf das Intervall [0; 1] zu transformieren, um einen trennschärferen Deckungsgrad zu erzielen [Schuckers 2003a, S. 4 f.; Schuckers et al. 2004, S. 148]. Es gilt also zunächst $\hat{\pi}$ und $\hat{\rho}$ wie im Beta-binomial-Verfahren vorab zu ermitteln. Dann sind auf dieser Basis die Konfidenzintervallgrenzen zu bestimmen, bevor diese anschließend mit der inversen logit(π)-Funktion zurücktransformiert werden, um zu gewährleisten, dass die Werte im Intervall zwischen [0; 1] liegen [Schuckers 2003a, S. 4 f.; Schuckers et al. 2004, S. 148]. Folgende weitere funktionale Zusammenhänge sind dazu nötig [Schuckers 2003a, S. 4 f.; Schuckers et al. 2004, S. 148].

Logit-beta-binomial-Ansatz nach Schuckers
n = Anzahl der Testnutzer
m_i = Anzahl der Testdatensätze pro Testnutzer, mit i = 1,...,n
x_{ij} = Fehler für den j-ten Versuch des i-ten Testnutzers, mit 1 für Fehler und 0 für kein Fehler
π = erwartete Gesamtfehlerrate, die für den ganzen Test als konstant angenommen wird
$\bar{m} = \frac{\sum_{i=1}^{n} m_i}{n}$ = durchschnittliche Anzahl der Versuche pro Testnutzer
$X_i = \sum_{j=1}^{m_i} x_{ij}$ = Anzahl der Fehler für den i-ten Testnutzer
$p_i = \frac{X_i}{n}$ = beobachteter Fehleranteil für den i-ten Testnutzer
$\hat{\pi} = \frac{\sum_{i=1}^{n} X_i}{\sum_{i=1}^{n} m_i}$ = Schätzer für die Gesamtfehlerrate
$\hat{\rho} = \frac{BMS-WMS}{BMS+(m_0-1)\,WMS}$ = Schätzer für die Korrelation der Daten desselben Individuums
$BMS = \frac{\sum_{i=1}^{n} m_i\,(p_i-\hat{\pi})^2}{n-1}$
$WMS = \frac{\sum_{i=1}^{n} m_i\,p_i\,(1-p_i)}{n\,(\bar{m}-1)}$
$m_0 = \bar{m} - \frac{\sum_{i=1}^{n}(m_i-\bar{m})^2}{n\,\bar{m}}$
z = 1,96 = 5%-Quantil der Normalverteilung
$\text{logit}(y) = \ln(\frac{y}{1-y})$ = Funktion für die logit-Transformation
$\text{ilogit}(x) = \text{logit}^{-1}(x) = \frac{e^x}{1+e^x}$ = zur logit-Funktion inverse Funktion
$\text{logit}(\hat{\pi}) = 1{,}96\sqrt{\frac{1+(\bar{m}-1)\hat{\rho}}{\hat{\pi}(1-\hat{\pi})\bar{m}n}}$ = Schätzfunktion für das transformierte Konfidenzintervall

Tabelle 5: Logit-beta-binomial-Ansatz nach Schuckers
in Anlehnung an [Schuckers 2003a, S. 4 f.; Schuckers et al. 2004, S. 148].

Der Logit-beta-binomial-Ansatz liefert dabei häufig die besten Ergebnisse, da er sowohl trennscharfe Resultate für kleine Testpopulationen und eine kleine Anzahl von Testproben pro Testteilnehmer als auch für große Korrelationen ρ liefert [Schuckers et al. 2004, S. 150].

Doddingtons Methodik arbeitet sehr gut, wenn die Bedingungen $n\pi>10$ oder $n\pi>5$ und $\rho<0,2$ und $m>8$ erfüllt sind. Schlecht arbeitet das Verfahren hingegen bei $n\pi<1$ oder bei $n\pi<5$ und $\rho>0,2$ und $m<8$ [Schuckers et al. 2004, S. 150].

Der Best-Practice- und der Beta-binomial-Ansatz liefern gute Schätzresultate, wenn $n\pi>5$ oder wenn $n\pi>1$ und $\rho<0,01$ und $m>8$ erfüllt sind. Schlechte Schätzwerte ergeben sich für $n\pi<0,1$ oder für $n\pi<5$ und $m<8$ und $\rho>0,2$ [Schuckers 2003a, S. 3 ff.; Schuckers et al. 2004, S. 152]. Beide Verfahren liefern sehr ähnliche Deckungsgrade und Intervallweiten [Schuckers et al. 2004, S. 152]. Der Logit-beta-binomial-Ansatz ermöglicht gute Resultate, wenn $n\pi>5$ oder wenn $n\pi>0,5$ und $\rho<0,1$ und $m>5$ [Schuckers et al. 2004, S. 152]. Schlecht arbeitet der Ansatz hingegen, wenn $n\pi<0,05$ oder wenn $n\pi<1$ und $m<8$ und $\rho>0,1$ [Schuckers et al. 2004, S. 152]. Der Logit-beta-binomial-Ansatz ist dabei für unterschiedlichste Bedingungen in der Regel sehr gut geeignet [Schuckers et al. 2004, S. 152]. Aber auch der Best-Practice- und der Beta-Binomial-Ansatz liefern häufig sehr gute Ergebnisse [Schuckers et al. 2004, S. 152].

Grundsätzlich ist festzustellen, dass die Hochrechnung der Fehlerraten auf reale Anwendungsszenarien und die damit verbundene Bestimmung der Konfidenzintervalle ein schwer zu lösendes Problem ist, das wegen der vielfältigen Abhängigkeiten in biometrischen Verfahren und darauf aufbauend in biometrischen Systemen in den verschiedenen Test- und Anwendungsszenarien sehr vorsichtig zu behandeln ist [Atkinson/Schuckers 2004, S. 184 ff.; Bolle et al. 2003, S. 269 ff.; Dunstone/Yager 2009, S. 141; Jarosz/Fondeur 2005, S. 279; Schuckers et al. 2004, S. 150 ff.]. Eine einfache Schätzung des Signifikanzniveaus der Fehlerraten ist häufig mit erheblichen Problemen behaftet. Darüber hinaus sind die statistischen Methoden, welche sich für die Lösung dieser Probleme eignen, oftmals sehr komplex und anwendungsfallbezogen zu verwenden, um überhaupt aussagekräftige Ergebnisse zu erzielen [Bolle et al. 2003, S. 269 ff.; Jarosz/Fondeur 2005, S. 279; Schuckers et al. 2004, S. 145 ff.]. Hierauf soll jedoch im Rahmen dieser Arbeit nicht weiter detailliert eingegangen werden. Die vorab erwähnten Ansätze gelten als gängig und vor allem als praktikabel, wenn eine große Testdatenbasis vorliegt, und sie erscheinen somit ausreichend, um auch im späteren Verlauf der Arbeit Anwendung zu finden [Mansfield/Wayman 2002, S. 23 f.; Schuckers 2003a, S. 7; Schuckers et al. 2004, S. 146 f.].

Praktisch stellt sich bei der Angabe von Fehlerraten oftmals vielmehr die Frage, wie viele Testdatensätze nötig sind, um mit einer bestimmten Wahrscheinlichkeit sicher sagen zu können, dass die entsprechenden Fehlerraten eines biometrischen Systems unterhalb einer gewählten Grenze liegen [Dunstone/Yager 2009, S. 89, 145; TeleTrusT 2006, S. 20 f.]. Diese Werte sind einerseits aus den Schätzformeln für die Konfidenzintervalle wieder auf umgekehrte Weise zu ermitteln oder andererseits auch durch die Verwendung spezieller Modelle dafür zu schätzen [Dunstone/Yager 2009, S. 146; Pan et al. 2007, S. 1 ff.]. Wenn es darum geht festzulegen, ob sich das biometrische System für einen Praxiseinsatz eignet, ist die Bestimmung der Testgröße bzw. der Anzahl der Testdatensätze, welche notwendig sind, um statistisch signifikante Ergebnisse zu erzielen, häufig die entscheidende Frage [Dunstone/Yager 2009, S. 90].

2.3.5 Versuchsdesign für die Ermittlung der Fehlerraten

Die Fehlerraten biometrischer Verfahren und biometrischer Systeme sind immer auf der Grundlage tatsächlicher Messwerte zu ermitteln [TeleTrusT 2006, S. 23]. Eine Verwendung simulierter Daten, z. B. in Form von Hochrechnungen oder Interpolationen, führt zu verfälschten und somit für die praktische Beurteilung ungeeigneten Resultaten [Mansfield/Wayman 2002, S. 10; TeleTrusT 2006, S. 23]. Die Konzeption und die Durchführung von Performancetests für biometrische Systeme, die vergleichbare und vor allem aussagekräftige Resultate liefern, sind in der Praxis sehr schwierig und in der Regel mit erheblichen Problemen behaftet, da eine Vielzahl von Faktoren die Erkennungsleistung biometrischer Anlagen, also die vorab definierten Fehlerraten, beeinflussen [Dunstone/Yager 2009, S. 81]. Dies führt teilweise soweit, dass die veröffentlichten Fehlerraten nur als ungefähre Anhaltspunkte für die Qualität einer biometrischen Anlage zu erachten sind [Dunstone/Yager 2009, S. 81]. Praktisch existiert eine Vielzahl von Testansätzen. Gegenwärtig ist jedoch kein einheitlicher, allgemeingültiger und akzeptierter Standard vorherrschend, was als sehr problematisch anzusehen ist, da nur auf der Basis einheitlicher Testszenarien aussagekräftige Fehlerraten ermittelt und darauf aufbauend die Qualität biometrischer Lösungen wirklich verglichen werden kann.

Grundsätzlich sind bei jedem Versuch zumindest Angaben zur Art des Versuches (Feldtest oder Labortest), zur Anzahl der Probanden, zur Zusammensetzung der Testgruppe im Bezug auf das untersuchte Merkmal, zur Motivation der Probanden, zur Anzahl der durchgeführten Vergleiche, zur Gesamtdauer des Tests (Tage, Wochen, Monate, Jahre) und zum grundsätzlichen Verlauf des Tests zu machen, um eine gewisse Vergleichbarkeit der Testresultate gewährleisten zu können [TeleTrusT 2006, S. 23]. Es existieren zudem drei prominente Testansätze, welche den Stufen des Lebenszyklus biometrischer Systeme nachempfunden sind und auf denen eine Vielzahl weiterer Testframeworks basieren bzw. die auch in den entsprechenden ISO-Standard eingeflossen sind [Bolle et al. 2003, S. 106 ff.; Dunstone/Yager 2009, S. 83; ISO 2006; Mansfield/Wayman 2002, S. 1 ff.]. Erstens ist hier zu nennen, die sog. Technology Evaluation, zweitens die sog. Scenario Evaluation und drittens die sog. Operational Evaluation [Bolle et al. 2003, S. 105 ff.; Dunstone/Yager 2009, S. 83; Mansfield/Wayman 2002, S. 3 ff.; Phillips et al. 2000, S. 56 ff.].

Der Technology Evaluation Ansatz verfolgt das Ziel, verschiedene Algorithmen einer Technologie vergleichbar zu machen [Bolle et al. 2003, S. 106 ff.; Mansfield/Wayman 2002, S. 3]. Es soll also der Kern eines biometrischen Systems, der Erkennungsalgorithmus, hinsichtlich seiner Performanceeigenschaften untersucht werden [Dunstone/Yager 2009, S. 84]. Der Test verschiedener Algorithmen hat dabei auf derselben standardisierten Datenbasis, die von einem universalen Sensor erhoben wurde, zu erfolgen [Bolle et al. 2003, S. 106 ff.; Mansfield/Wayman 2002, S. 3]. Ungeachtet dessen ist die Performance der so getesteten Algorithmen auch von der Zusammensetzung und den Umfeldbedingungen der ermittelten Testdatensätze abhängig [Mansfield/Wayman 2002, S. 3]. Des Weitern dürfen diese Testdaten den Algorithmenentwicklern vorab nicht bekannt sein, da diese sonst ihre Algorithmen auf diese Datenbasis hin optimieren, was unweigerlich zu einer Verzerrung der Testergebnisse führt [Mansfield/Wayman 2002, S. 3]. Der Test wird in Form einer Offline-Verarbeitung der Daten vollzogen, d. h. die Testdatensätze werden erhoben, gespeichert und erst zu einem späteren Zeitpunkt in allen Tests verwendet [Dunstone/Yager 2009, S. 84; Mansfield/Wayman 2002, S. 3, 7]. Somit sind die Resultate wegen der so fest vorgegebenen Datenbasis jederzeit wiederholbar [Dunstone/Yager 2009, S. 84; Mansfield/Wayman 2002, S. 3, 7].

Der Scenario Evaluation Ansatz hingegen verfolgt das Ziel, in einem simulierten, aber kontrollierten Umfeld die Performance des Gesamtsystems zu ermitteln [Bolle et al. 2003, S. 108; Dunstone/Yager 2009, S. 84; Mansfield/Wayman 2002, S. 3]. Der Test wird also an einem vollständigen System durchgeführt, in einem künstlich geschaffenen Umfeld, das einem realen Anwendungsszenario nachempfunden ist [Mansfield/Wayman 2002, S. 3]. Im Vergleich zum vorab erwähnten Ansatz hat hier jede Anlage ihren eigenen Sensor und arbeitet somit bereits auf einer geringfügig unterschiedlichen Datenbasis [Dunstone/Yager 2009, S. 84; Mansfield/Wayman 2002, S. 3]. Sorge ist aber dafür zu tragen, dass alle Tests in demselben Umfeld und mit derselben Testgruppe durchgeführt werden, wenn es die Leistung verschiedener Systeme zu vergleichen gilt [Mansfield/Wayman 2002, S. 3]. Abhängig von den Speicherkapazitäten der Anlage kann eine Kombination der Online- und der Offlineverarbeitung umgesetzt sein, d. h. sofort nach der Erhebung erfolgt die Verarbeitung eines Teils der Testdatensätze, was dazu führt, dass deren Speicherung entfallen kann [Mansfield/Wayman 2002, S. 3, 7]. Die Testergebnisse sind deshalb nur teilweise wiederholbar, da das Testszenario und die Testpopulation in der Regel nur bis zu einem gewissen Maß eingeschränkt zu kontrollieren und zu reproduzieren sind [Mansfield/Wayman 2002, S. 3].

Ziel der Operational Evaluation ist es, die Performance biometrischer Systeme in speziellen Realweltszenarien mit der entsprechenden Zielnutzergruppe zu ermitteln [Mansfield/Wayman 2002, S. 4]. In der Regel sind die Tests online durchzuführen und die Ergebnisse sind wegen der unterschiedlichen und nicht nachbildbaren Rahmenbedingungen nicht wiederholbar [Mansfield/Wayman 2002, S. 4].

Wegen der vielfältigen Einflussfaktoren und der wechselseitigen Abhängigkeiten, denen Performancetests biometrischer Systeme unterliegen, empfiehlt es sich, unabhängig vom konkreten Testdesign, ein generisches Vorgehensmodell anzuwenden, bei dem vorab die zu erreichenden Testziele, der Testablauf, der zeitliche Testplan, die Testrahmenbedingungen, die Testdatenerhebung und die Systemeigenschaften des Testobjekts genau geplant und spezifiziert sowie eine detaillierte Beschreibung der Testpopulation vorgenommen werden, bevor anschließend der Test strukturiert vollzogen und eine Auswertung der erzielten Resultate erfolgen kann [Dunstone/Yager 2009, S. 82 f.; Mansfield/Wayman 2002, S. 9 ff.]. Der anfangs erstellte Testplan bestimmt also das gesamte weitere Vorgehen bis hin zur Veröffentlichung der Testresultate [Dunstone/Yager 2009, S. 83]. Die Testpopulation ist so zusammenzustellen, dass sie demographisch aussagekräftig ist bzw. die reale Nutzergruppe repräsentiert und auch die ausreichende Größe für signifikante Aussagen hat [Bolle et al. 2003, S. 109; Dunstone/Yager 2009, S. 82, 89; Mansfield/Wayman 2002, S. 10 ff.]. Dies ist in der Realität oft sehr schwierig und mit erheblichem Aufwand verbunden. Idealerweise spiegelt die Testpopulation die Nutzergruppen aller möglichen Einsatzszenarien wider [Dunstone/Yager 2009, S. 82]. Zudem ist darauf zu achten, dass die Testpopulation ähnlich motiviert ist wie die späteren Anwender der biometrischen Lösung im Realweltkontext, weil das Verhalten der Nutzer gegenüber dem System (Nutzer verhalten sich kooperativ oder nicht kooperativ bzw. gleichgültig oder sogar antikooperativ) die Ergebnisse der Performanceuntersuchung nachhaltig beeinflusst [Bolle et al. 2003, S. 110; Bromba 2007a, S. 37; Mansfield/Wayman 2002, S. 11; TeleTrusT 2006, S. 48].

Auch die Größe der Testpopulation und die Anzahl der erhobenen Testdatensätze pro Nutzer ist, wie in den vorhergehenden Abschnitten bereits ausführlich erläutert wurde, von maßgeblicher Bedeutung für die Ermittlung signifikanter Resultate. Eine weitere wichtige Rolle in diesem Zusammenhang spielt die Vermeidung von Fehlern bei der Erhebung der Testdaten. Fehler, die auf den unsachgemäßen Umgang der Testpersonen mit dem biometrischen System zurückzuführen sind, können in der praktischen Durchführung derartiger Tests häufig als ein erhebliches, wenn nicht sogar das zentrale Problem, welches die Qualität der erzielten Resultate massiv beeinflussen kann und nach der Erhebung in der Regel auch nicht mehr zu ermitteln und zu beseitigen ist, gesehen werden [Dunstone/Yager 2009, S. 92 f., 95; Mansfield/Wayman 2002, S. 13 f.]. Diesem Problem kann die Testdatenabgabe in einer überwachten Umgebung, die Etablierung entsprechender Qualitätssicherungsprozesse und eine ausreichende Schulung sowohl der Testnutzer als auch später der Anwender entgegenwirken [Dunstone/Yager 2009, S. 92 f.; Mansfield/Wayman 2002, S. 15 ff.]. Nach einer detaillierten Aufbereitung der auf diese Weise ermittelten Testergebnisse, unter Berücksichtigung der vorab beschriebenen Konzepte, gilt es die Performanceresultate noch in vergleichbarer Darstellungsform durch eine vollständige, transparente und strukturierte Ausführung aller vorher vollzogenen Schritte aufzubereiten [Dunstone/Yager 2009, S. 81, 94 f.; Mansfield/Wayman 2002, S. 25]. Der entsprechende ISO-Standard spezifiziert eine geeignete Struktur für die Aufbereitung der Ergebnisse [Dunstone/Yager 2009, S. 95].

Detailliertere Informationen zu weiteren Einzelheiten, welche das Design und die Durchführung der Performancetests biometrischer Systeme berücksichtigen muss, sind den Ausführungen von Mansfield und Wayman oder auch Dunstone und Yager sowie Bolle, Connell, Pankanti, Ratha und Senior oder dem entsprechenden ISO-Standard zu entnehmen [Bolle et al. 2003, S. 105 ff.; Bromba 2007b, S. 198; Dunstone/Yager 2009, S. 1 ff.; ISO 2006; Mansfield/Wayman 2002, S. 1 ff.]. Der ISO/IEC-19795 Standard ist dabei als ein maßgeblicher Schritt in Richtung aussagekräftiger, vergleichbarer und vor allem auch realistischer Performancekennzahlen anzusehen [Bromba 2007b, S. 198]. Die Ermittlung signifikanter Performancekennzahlen für biometrische Anlagen stellt immer noch ein Problem dar, welches vor allem durch das Fehlen einheitlich akzeptierter Testframeworks und die sehr komplexen und teilweise wechselseitigen Einflussfaktoren, denen biometrische Systeme unterliegen, aber vor allem auch durch die Problematik der Testdatenbeschaffung determiniert wird [Bolle et al. 2003, S. 110 f.; Wirtz 1999, S. 133]. In diesem Bereich gilt es auch in Zukunft weiter zu forschen, wenn biometrische Lösungen vermehrt von einem Labor- in einen Praxisbetrieb übergeführt werden. Mit der zunehmenden Relevanz rechtlicher Anforderungen beim praktischen Einsatz biometrischer Systeme scheint es realistisch, dass Auditvorgaben in Zukunft vermehrt auf Basis standardisierter Testansätze Struktur und Transparenz in diesem Bereich schaffen [Dunstone/Yager 2009, S. 85].

3 Biometrische Systeme auf der Basis des Merkmals Tippverhalten

Im Folgenden gilt es die biometrischen Systemansätze auf Grundlage des Tippverhaltens zu erläutern, welche im späteren Verlauf der Abhandlung einer datenschutzrechtlich motivierten Betrachtung unterzogen werden. Zunächst erfolgt deshalb in Abschnitt 3.1 eine detaillierte Untersuchung des biometrischen Merkmals Tippverhalten, bevor die Arbeit in Abschnitt 3.2 den generellen Ablauf von Tippverhaltenserkennungsverfahren aufzeigt. Weiterhin befasst sich die Abhandlung im Rahmen von Abschnitt 3.3 einerseits mit der Darstellung repräsentativer Systemansätze auf der Basis des Tippverhaltens und andererseits mit der Architektur des Psylock-Kernsystems zur Tippverhaltenserkennung, welches später als Praxisbeispiel für eine datenschutzrechtlich motivierte Untersuchung dient.

3.1 Tippverhalten als biometrisches Merkmal

Das Tippverhalten jedes einzelnen Menschen auf einer Tastatur zeichnet sich durch individuelle, charakteristische Eigenheiten aus [Bartmann/Wimmer 2007, S. 201]. Das menschliche Tippverhalten bestimmt sich als stark konditioniert geprägtes biometrisches Merkmal einerseits durch einfache tagesformabhängige, stark schwankende Charakteristika, wie der Geschwindigkeit des Tippens, dem Tipprhythmus, der Konstanz und der Präzision des Tippprozesses [Bakdi 2007, S. 12; Bartmann/Bakdi/Achatz 2007, S. 2; Bartmann/Wimmer 2007, S. 201; Bergando/Gunetti/Picardi 2002, S. 367; Cho/Hwang 2006, S. 627]. Andererseits können tieferliegende psychometrische Merkmale, wie beispielsweise die Rechts- und die Linkshändigkeit, bezeichnende, wiederkehrende Tippfehler und ein eventuell damit verbundenes Korrekturverhalten, die Fingerfertigkeit beim Tastengreifen oder die Analyse, ob der Nutzer nach dem Zehn-Finger-Blindsystem schreibt bzw. mit einem Zwei-Finger-Suchsystem tippt, als prägende Differenzierungsmerkmale herangezogen werden [Bakdi 2007, S. 84 ff.; Bartmann 2000, S. 33; Bartmann/Bakdi/Achatz 2007, S. 2; Bartmann/Breu 2004, S. 327 ff.; Bartmann/Wimmer 2007, S. 201].

Die das Tippverhalten kennzeichnenden Charakteristika, die sog. Features, treten im Bereich von Millisekunden auf, was dazu führt, dass das menschliche Tippverhalten auch nicht antrainiert oder weitergegeben werden kann [Bartmann/Wimmer 2007, S. 201; Chang 2006, S. 647 f.; Lee/Cho 2006, S. 633; Sung/Cho 2006, S. 654]. Tastaturereignisse, also das Drücken oder das Loslassen einer Taste und die dazu gehörenden Halte- und Übergangsdauern, sind die Primärerkennungsfeatures bzw. die Messergebnisse des menschlichen Tippverhaltens [Bakdi 2007, S. 6, 65; Chang 2006, S. 648; Janakiraman/Sim 2007, S. 585; Monrose/Reiter/ Wetzel 1999; Sung/Cho 2006, S. 654]. Die Haltedauer beschreibt dabei das Zeitintervall zwischen dem Drücken und dem Loslassen derselben Taste, sie ist immer größer als null [Gunetti/Picardi 2005, S. 313; Hocquet/Ramel/Cardot 2007, S. 532; Janakiraman/Sim 2007, S. 586; Lee/Cho 2006, S. 633 f.]. Abbildung 8 visualisiert nochmals das Zustandekommen der Haltedauer.

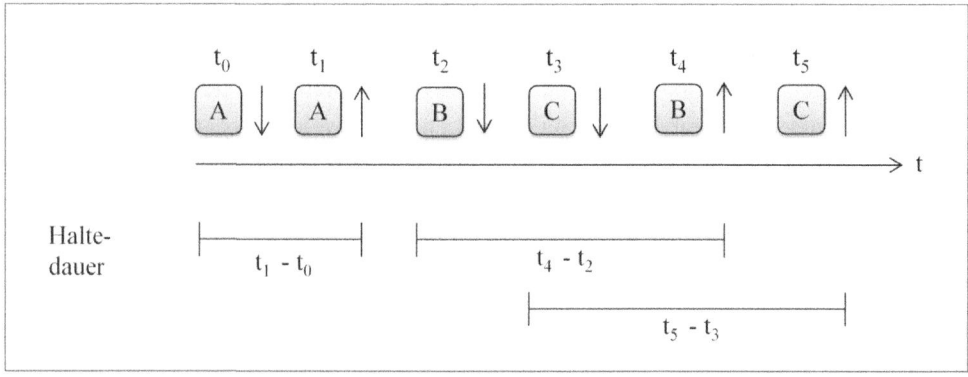

Abbildung 8: Haltedauern als Charakteristika des Tippverhaltens
in Anlehnung an [Bakdi 2007, S. 5ff.; Janakiraman/Sim 2007, S. 585]

Die Übergangsdauer beschreibt demgegenüber das Zeitintervall zwischen zwei aufeinanderfolgenden Tastaturereignissen verschiedener Tasten [Gunetti/Picardi 2005, S. 313; Hocquet/Ramel/Cardot 2007, S. 532; Janakiraman/Sim 2007, S. 586; Lee/Cho 2006, S. 633 f.]. Sie kann auch negativ sein, wenn die folgende Taste gedrückt wird, bevor die derzeit gedrückte Taste losgelassen wird [Gunetti/Picardi 2005, S. 313; Hocquet/Ramel/Cardot 2007, S. 532; Janakiraman/Sim 2007, S. 586; Lee/Cho 2006, S. 633 f.]. Nachfolgende Abbildung zeigt nochmals die Entstehung der Übergangsdauer.

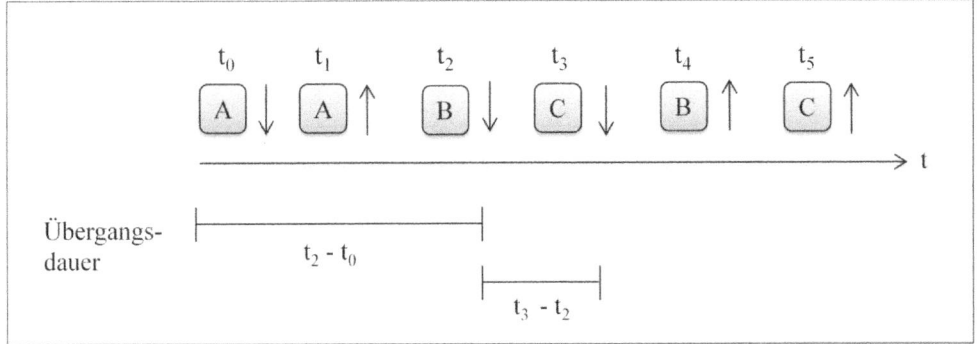

Abbildung 9: Übergangsdauern als Charakteristika des Tippverhaltens
in Anlehnung an [Bakdi 2007, S. 5ff.; Janakiraman/Sim 2007, S. 585]

Aus diesen Merkmalen erster Ordnung lassen sich weitere Charakteristika ableiten, z. B. die Stellen in einer Tippvorlage, an denen relativ lange, markante Pausen auftreten, die Geschwindigkeit des Tippens für eine bestimmte Zeichenfolge, eingeschliffene Tippsequenzen oder auch markante Überholungen im Tippprozess [Bakdi 2007, S. 6, 39, 67 ff.; Bartmann/Bakdi/Achatz 2007, S. 2; Bartmann/Breu 2004, S. 327 ff.; Cho/Hwang 2006, S. 627; Sung/Cho 2006, S. 654]. Eine Überholung beispielsweise bezeichnet das Ereignis, bei dem eine zweite Taste gedrückt wird, noch bevor die erste losgelassen wurde, was nicht notwendigerweise zu einem Tippfehler führt. Der Benutzer kann nämlich eine Zeichenfolge erzeugen, indem er die Taste A drückt und wieder loslässt, anschließend die Taste B drückt und wieder loslässt und schließlich die Taste C betätigt [Bakdi 2007, S. 75 f.]. Den gleichen Text würde der Nutzer aber auch erzeugen, wenn er die Taste A erst wieder loslässt, nachdem er die Taste B gedrückt bzw. erst nachdem er diese wieder losgelassen hat [Bakdi 2007, S. 75 f.]. Wird die Taste A zwischen dem Drücken und dem Loslassen der Taste B losgelassen, so tritt eine einfache Überholung auf [Bakdi 2007, S. 75 f.]. Lässt der Benutzer die Taste A dagegen erst nach der Taste B wieder los, so handelt es sich um eine doppelte Überholung [Bakdi 2007, S. 75 f.].

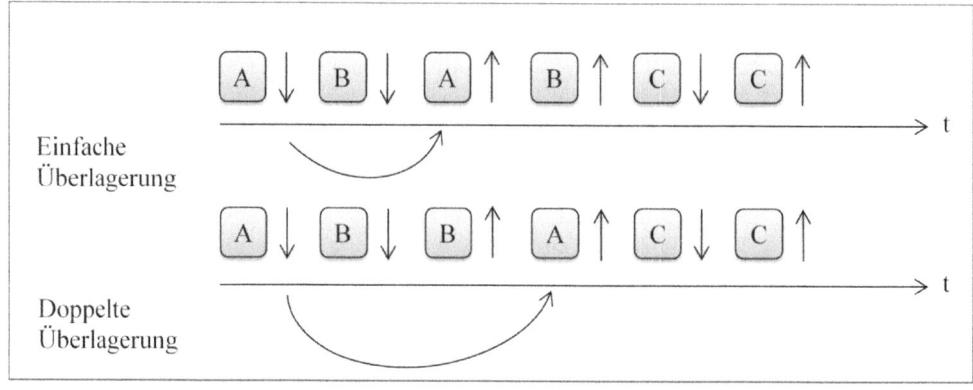

Abbildung 10: Überholungen als Charakteristika des Tippverhaltens
in Anlehnung an [Bakdi 2007, S. 75 f.]

Eine detaillierte Beschreibung weiterer, tieferliegender und komplexer Charakteristika würde den Rahmen dieser Arbeit überschreiten, weshalb darauf verzichtet wird. Durch die zusätzliche Extraktion dieser Charakteristika aus den ursprünglichen Messdaten kann zwar streng genommen keine neue Information gewonnen werden, jedoch helfen diese abgeleiteten Merkmale, Zusammenhänge im Tippverhalten leichter zu erfassen, welche durch die ursprünglich vorhandenen Messdaten nur implizit abgebildet sind. Dies ermöglicht es dann, eine höhere Trennschärfe und somit Qualität im biometrischen Verfahren zu realisieren [Bakdi 2007, S. 91]. Bakdi erwähnt in diesem Zusammenhang eine Reihe bereits bekannter, aber auch neuer Charakteristika, die sich grob in zeitabhängige und zeitunabhängige Features unterteilen lassen und zur Beschreibung des Tippverhaltens sehr gut geeignet sind [Bakdi 2007, S. 91 f.].

Die vornehmlich durch Verhalten geprägten Eigenschaften des biometrischen Merkmals Tippverhalten werden durch Rahmenbedingungen, wie z. B. Stress, Müdigkeit, den Stimmungszustand des Merkmalsträgers sowie externe Umstände (z. B. gleichzeitiges Telefonieren während des Tippens) erheblich beeinflusst, was zu starken Schwankungen bzw. einer hohen Variabilität der Merkmalsausprägungen führt. Das kann wiederum die Erkennungsleistung des biometrischen Verfahrens nachhaltig beeinträchtigen, wenn die Schwankungen nicht durch entsprechende Mechanismen im Verfahrensdesign berücksichtigt werden [Bartmann/Bakdi/Achatz 2007, S. 2; Gunetti/Picardi 2005, S. 312 f.; Gunetti/Picardi/Ruffo 2005, S. 133 ff.; Hocquet/Ramel/Cardot 2007, S. 531].

3.2 Biometrische Verfahren zur Tippverhaltenserkennung

Biometrische Verfahren auf der Grundlage des Tippverhaltens analysieren die Art und Weise, mit der ein Merkmalsträger auf einer Computertastatur tippt [Choraś/Mroczkowski 2007, S. 424; Hocquet/Ramel/Cardot 2007, S. 531; Lau et al. 2004, S. 1; Sung/Cho 2006, S. 654]. Die Verfahren sind rein softwarebasiert [Bakdi 2007, S. 23; Bartmann/Wimmer 2007, S. 201]. Sie untersuchen eine Vielzahl von Charakteristika des menschlichen Tippverhaltens, die sog. Features.

Verfahren zur Erkennung des Tippverhaltens können sowohl in Form eines textungebundenen Verfahrens als auch in Form eines textgebundenen Verfahrens realisiert sein [Bakdi 2007, S. 1, 25 f.; Bartmann/Breu 2004, S. 325 ff., 330 ff.; Breu 2002, S. 42 f.; Gunetti/Picardi 2005, S. 313 ff.; Janakiraman/Sim 2007, S. 584]. Ersteres kann das Tippverhaltens anhand der Eingabe eines jeden beliebigen Textes analysieren [Bakdi 2007, S. 1, 25 f.; Gunetti/Picardi 2005, S. 314]. Es können für den Enrolmentprozess, also die Trainingsphase, in welcher das Verfahren das Tippverhalten eines Merkmalsträgers erlernt, und den eigentlichen Authentifizierungsprozess beliebige Tippvorlagen, also Zeichenketten, verwendet werden, die sich voneinander unterscheiden [Bakdi 2007, S. 1, 25 f.]. Letzteres hingegen muss stets denselben Eingabetext verwenden, sowohl für den Enrolmentprozess als auch für alle späteren Authentifizierungsprozesse [Bakdi 2007, S. 1, 25 f.; Gunetti/Picardi 2005, S. 314]. Die Erkennungsleistung des Verfahrens ist hier fest mit der speziellen Tippvorlage verknüpft, mit welcher der Nutzer das System trainiert. Die Freitextvariante bzw. das satzungebundene Erkennungsverfahren bietet eine höhere Flexibilität, da keine Einschränkung hinsichtlich der verwendeten Tippvorlage notwendig ist, jedoch muss der Anwender wegen der wechselnden Textstruktur sowohl beim Enrolment als auch bei der Authentifizierung einen längeren Text eingeben, damit das System eine zur Festtextvariante bzw. zum satzgebundenen Verfahren vergleichbare Erkennungsleistung bzw. Verfahrensqualität erreicht [Bakdi 2007, S. 2, 26; Janakiraman/Sim 2007, S. 585].

Die Tippverhaltenserkennung stellt wie andere biometrische Verfahren auch einen Anwendungsfall der Mustererkennung dar [Bakdi 2007, S. 2 ff.; Bergando/Gunetti/Picardi 2003, S. 469 ff.; Gunetti/Picardi/Ruffo 2005, S. 133 ff.]. Folgender Mustererkennungsprozess skizziert kurz den grundsätzlichen Ablauf des biometrischen Verfahrens.

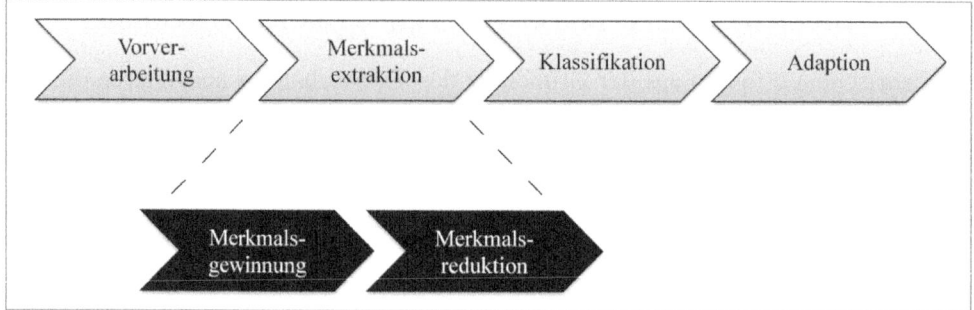

Abbildung 11: **Grundsätzlicher Ablauf eines Mustererkennungsverfahrens**
in Anlehnung an [Bakdi 2007, S. 5; Janakiraman/Sim 2007, S. 585]

Die Rohdaten, die am Sensor, also an der Tastatur, erhoben werden, bilden die Ausgangsbasis für den Mustererkennungsprozess [Bakdi 2007, S. 4]. In der Vorverarbeitungsphase erfolgt eine Aufbereitung der Messdaten für den weiteren Prozess dergestalt, dass diese nachfolgend um Störgrößen und Unregelmäßigkeiten bereinigt sind und somit die weiteren Prozessschritte vereinfacht ablaufen können [Bakdi 2007, S. 5; Paulus/Hornegger 2003, S. 37]. Zu diesem Zweck werden aus den Messdaten Tippfehler, Überholungen und Ausreißer[24] beseitigt und ihre Darstellung vereinheitlicht [Bakdi 2007, S. 5, 41, 242; Niemann 1990, S. 15]. Das Verfahren berechnet aus den Rohdaten die entsprechenden Halte- und Übergangsdauern und überführt diese in eine einheitliche Form, welche die vorab identifizierten Unregelmäßigkeiten speziell kennzeichnet und evtl. fehlende Daten (vornehmlich durch Ausreißer und Tippfehler verursacht) ergänzt, damit die darin enthaltenen Informationen einerseits (z. B. spezielle, für den Nutzer markante Tippfehler) nicht verloren gehen und andererseits die weitere reibungslose Verarbeitung gewährleistet ist [Bakdi 2007, S. 49 ff.].

Der darauffolgende Prozessschritt der Merkmalsextraktion lässt sich nochmals unterteilen in die Teilschritte Merkmalsgewinnung und Merkmalsreduktion [Bakdi 2007, S. 4 ff.]. Die Identifikation und die Extraktion geeigneter, trennscharfer Charakteristika ist für die Performance eines jeden Mustererkennungsverfahrens von fundamentaler Bedeutung [Bakdi 2007, S. 5; Devijever/Kittler 1982, S. 15; Niemann 1990, S. 15]. Eine der zentralen Herausforderungen bei der Entwicklung eines Mustererkennungsverfahrens besteht deshalb ohne Zweifel darin, geeignete Charakteristika zu finden, anhand derer sich die Objekte einer Klasse von denen einer weiteren im Rahmen der Klassifikation zuverlässig unterscheiden lassen [Niemann 1990, S. 27]. Auch bei biometrischen Verfahren der Tippverhaltenser-

---

[24] Ein Ausreißer bezeichnet eine Halte- bzw. eine Übergangsdauer, welche die übliche Länge des Zeitintervalls deutlich überschreitet [Bakdi 2007, S. 5].

kennung ist es aus diesem Grunde wichtig, dass nicht nur die Halte- und die Übergangsdauern als Klassifikationscharakteristika Anwendung finden, sondern eine zusätzliche Merkmalsgewinnung auf der Basis der vorverarbeiteten Daten erfolgt [Bakdi 2007, S. 66, 90 f., 242; Bartmann/Bakdi/Achatz 2007, S. 1 f.]. Somit kann auf der Grundlage weiterer bezeichnender Charakteristika eine trennschärfere Klassifikation vorgenommen werden, welche die Qualität des Verfahrens nachhaltig verbessert [Bakdi 2007, S. 66, 90 f., 242; Bartmann/Bakdi/Achatz 2007, S. 1 f.]. Die Teilphase der Merkmalsgewinnung leitet aus den Primärfeatures, also aus den Tastaturereignissen, den Halte- und den Übergangsdauern, die entsprechenden, im vorhergehenden Abschnitt beschriebenen, tieferliegenden Features ab, die eine Verbesserung der Klassifikation und somit der Erkennungsleistung des Verfahrens ermöglichen [Bakdi 2007, S. 6, 91 f.].

Der Teilprozess der Merkmalsreduktion transformiert die vorverarbeiteten Messdaten in geeignete Merkmalsvektoren [Bakdi 2007, S. 5; Paulus/Hornegger 2003, S. 5]. Die hier entstehenden Merkmalsvektoren werden einerseits um redundante und unwesentliche Informationen mittels mathematischer Transformationen und geeigneter Eliminationsverfahren bereinigt und andererseits erfolgt eine Reduktion der Dimension der Merkmalsvektoren [Bakdi 2007, S. 6, 93 ff., 242; Tilli 1993, S. 21]. Dies erleichtert und verbessert die anschließende Klassifikation [Bakdi 2007, S. 6, 93 ff., 242; Tilli 1993, S. 21]. Diese Reduktion ist vor allem deshalb bedeutsam, weil bei Tippverhaltensverfahren nur wenige Lerndaten[25] vorliegen, also die im Merkmal enthaltenen Informationen sehr gering sind und dieser Mangel bei hohen Dimensionen des betrachteten Merkmalsraums zu einer nachhaltigen Verschlechterung der Leistung des Mustererkennungsverfahrens führt [Bakdi 2007, S. 134, 242; Gunetti/Picardi 2005, S. 313]. Mit einer zunehmenden Dimension des Merkmalsraums wächst der Bedarf an Lerndaten, d. h. die Anzahl der Beobachtungen, die eine trennscharfe Klassifikation benötigt [Bakdi 2007, S. 93; Bellmann 1961, S. 94]. Deshalb ist die Reduktion der Merkmalsvektoren vor der eigentlichen Klassifikation von maßgeblicher Bedeutung [Bakdi 2007, S. 134]. Die Technologie der Support-Vektor-Maschine eignet sich dabei sehr gut, auch im Falle sehr kleiner Lernmengen, z. B. bei biometrischen Verfahren auf der Basis des Tippverhaltens, eine entsprechende Merkmalsreduktion bei den Vektoren der einzelnen Charakteristika vorzunehmen, um somit auch die weiteren Klassifikationsergebnisse nachhaltig zu verbessern [Bakdi 2007, S. 135 f., 242; Yu/Cho 2004, S. 430 ff.].

---

[25] Bei der Tippverhaltenserkennung umfasst dies alle Tippproben, welche die Ermittlung eines Tippverhaltensprofils heranzieht [Bakdi 2007, S. 91].

In der folgenden Klassifikationsphase gilt es mit Hilfe eines geeigneten Verfahrens die aus den gegebenen Tippproben berechneten Merkmalsvektoren der Charakteristika trennscharf einer Klasse zuzuordnen, so dass eine möglichst exakte Unterscheidung nach „berechtigten Nutzern" und „potenziellen Angreifern" möglich ist [Bakdi 2007, S. 6 ff., 137 ff.]. Das Erkennungsverfahren kann zu diesem Zweck die Ensemble-Lernmethode der Stacked-Generalization wieder in Kombination mit der Technologie der Support-Vektor-Maschine einsetzen, einer modernen Technologie des Maschinenlernens, welche dann die letztendliche Klassifikationsentscheidung trifft [Bakdi 2007, S. 141 ff.].

Die Adaptionsphase stellt den letzten Schritt im Mustererkennungsprozess des biometrischen Verfahrens dar. Die Adaption verwendet neue Tippproben des Benutzers, um durch eine Anpassung des bestehenden Tippverhaltensprofils bzw. des bestehenden Referenzmusters auf Veränderungen des Tippverhaltens zu reagieren [Bakdi 2007, S. 162, 242]. Dieser Prozessschritt ist bei biometrischen Verfahren auf der Basis des verhaltensbasierten Merkmals Tippverhalten von besonderer Bedeutung, da sich das individuelle Tippverhalten des Merkmalsträgers ständig weiterentwickelt und wandelt [Bakdi 2007, S. 7, 151, 153, 162; Bartmann 2000, S. 6; Bartmann/Breu 2004, S. 321 ff.; Gunetti/Picardi 2005, S. 313]. Die laufende Anpassung des Tippverhaltensprofils mit Hilfe der Adaption steigert auch die Erkennungsleistung des Verfahrens [Bakdi 2007, S. 151].

Die Erkennungsgenauigkeit und somit auch die Qualität bzw. die Sicherheit der Methode hängen von der Länge der Tippprobe ab, also der Menge an verfügbaren Lerndaten, welche der Nutzer erbringt [Bartmann/Wimmer 2007, S. 201]. Je mehr Text der Merkmalsträger tippt, desto mehr auswertbare Informationen stehen dem Verfahren zur Verfügung und desto eindeutiger wird der Nutzer erkannt [Bartmann/Wimmer 2007, S. 201]. Des Weiteren handelt es sich bei tippverhaltensbasierten biometrischen Verfahren stets um adaptive biometrische Verfahren. Da das Tippverhalten ein aktives, stark konditioniert geprägtes biometrisches Merkmal ist und sich somit ständig weiterentwickelt und anpasst, muss das biometrische Verfahren adaptive Mechanismen enthalten, die diese Veränderungen im menschlichen Tippverhalten durch Lernprozesse identifizieren und aufnehmen können [Bakdi 2007, S. 7 f., 16; Breu 2002, S. 41 f.; Deane et al. 1995a, S. 225 ff.; Deane et al. 1995b, S. 395 ff.; Henderson et al. 1998, S. 143 ff.]. Nur so kann eine dauerhafte Erkennung des Benutzers sichergestellt werden, was die Funktionstüchtigkeit der Lösung für den praktischen Einsatz gewährleistet.

3.3 Biometrische Systeme auf der Grundlage des Tippverhaltens

Biometrische Verfahren zur Tippverhaltenserkennung ermöglichen es, sowohl einen Identifikations- also auch einen Verifikationsprozess zu realisieren [Bakdi 2007, S. 4; Breu 2002, S. 21]. Diese beiden grundsätzlich möglichen Authentifizierungsvarianten in Verbindung mit der Umsetzungsmöglichkeit als Fest- oder Freitextvariante führen zu einer Vielzahl potenzieller Einsatzszenarien und Architekturansätze für biometrische Systeme [Bakdi 2007, S. 1 f., 25 ff.; Breu 2002, S. 21 ff.]. Im weiteren Verlauf nimmt die Arbeit eine detaillierte Betrachtung der grundsätzlichen Systemansätze auf der Basis textgebundener und textungebundener Erkennungsverfahren vor. Zudem erfolgt eine Darstellung der Basisarchitektur des textgebunden Tippverhaltenserkennungssystems der Psylock GmbH als Praxisbeispiel, auf dem die später vollzogene datenschutzrechtliche Analyse teilweise aufbaut.

3.3.1 Repräsentative Systemansätze

Im Folgenden werden kurz die Systemansätze beschrieben und später hinsichtlich der datenschutzrechtlich motivierten Vorgaben genauer untersucht. Dabei sind die zwei grundsätzlichen Verfahrensansätze der Tippverhaltenserkennung, also das textabhängige und das textunabhängige Verfahrensdesign, zu differenzieren. Diese beiden Verfahrensvarianten und die damit arbeitenden Systemansätze sind somit hinsichtlich ihrer Einsatzfelder zunächst voneinander abzugrenzen, bevor eine datenschutzrechtliche Bewertung erfolgt. Textgebundene und textungebundene Systemansätze sind für eine Bewertung aus datenschutzrechtlicher Sicht bewusst gegeneinander abzugrenzen und singulär zu bewerten. Zudem ist auf die individuellen Einsatzfelder beider Varianten detailliert einzugehen. Die erläuterten Einsatzbereiche sind dazu geeignet, die unterschiedlichen gesetzlich fundierten Eigenheiten widerzuspiegeln.

Die Tippverhaltenserkennung ist auch mit weiteren Authentifizierungsverfahren kombinierbar, um entweder die Erkennungsleistung zu verbessern oder eine Zwei-Faktor- bzw. eine Mehr-Faktor-Authentifizierung zu realisieren, die eine zusätzliche Sicherheitsstufe etabliert [Bakdi 2007, S. 20 f.; Umphress/Williams 1985, S. 263 ff.]. Häufig findet sich eine Kombination von Tippverhaltenserkennungsverfahren mit Erkennungsansätzen auf der Grundlage von Wissensmerkmalen in derartigen Lösungen [Choe/Kim 2005, S. 317; Chorás/Mroczkowski 2007, S. 430; Lee/Cho 2006, S. 5; Monrose/Reiter/Wetzel 1999, S. 69 ff.; Revett/de Magalhães/ Santos 2005, S. 661 ff.; Rodrigues et al. 2006, S. 640 ff.]. Es gibt auch hier eine

Reihe möglicher Designansätze [Bakdi 2007, S. 21]. Eine nähere Betrachtung dieser Systemarchitekturen erfolgt jedoch nicht im Rahmen dieser Arbeit, da der Analyseschwerpunkt auf der datenschutzrechtlich motivierten Evaluation biometrischer Anlagen zur Tippverhaltenserkennung liegt.

3.3.1.1 Textgebundene Authentifizierungssysteme

Authentifizierungsansätze auf der Tippverhaltensbasis bieten eine Reihe an Lösungen für eine Vielzahl möglicher Anwendungsfälle [Breu 2002, S. 83 ff.]. Sie eignen sich vor allem für den Schutz logischer Zugänge zu IT-Systemen [Bakdi 2007, S. 18; Cho/Han/Han/Kim 2000, S. 295; Choraś/Mroczkowski 2007, S. 430; Peacock/Ke/Wilkerson 2005, S. 199 ff.; Tapiador/Sigüenza 1999, S. 133 ff.; Young/Hammon 1989, S. 1 ff.; Yu/Cho 2004, S. 429]. Da biometrische Merkmale bzw. deren Ausprägungen an Dritte nur sehr schwer bis gar nicht weitergegeben werden können, ergeben sich viele Einsatzmöglichkeiten, die klassischen Authentifizierungslösungen auf der Basis von Wissen oder Besitz verwehrt bleiben [Bakdi 2007, S. 19]. Die enge Personenbindung des Merkmals Tippverhalten an den Träger schließt bzw. reduziert erhebliche Sicherheitslücken, die mit der Weitergabe und vor allem der Ausspähbarkeit von Passwörtern verbunden sind [Bakdi 2007, S. 19]. Der Hauptanwendungsfokus textgebundener Systemansätze liegt auf dem Zugriffsschutz für Computernetzwerke, der singulären Benutzerauthentifizierung am Arbeitsplatzrechner (z. B. gegenüber dem Betriebssystem) und der Absicherung von Applikationen und Web-Anwendungen [Bakdi 2007, S. 18; Peacock/Ke/ Wilkerson 2005, S. 199 ff.; Tapiador/Sigüenza 1999, S. 133 ff.]. Eine zusätzliche Ausrüstung mit speziellen Sensoren ist wegen der ohnehin bestehenden Existenz der Tastatur im entsprechenden Einsatzkontext nicht notwendig [Bakdi 2007, S. 18; Peacock/Ke/Wilkerson 2004, S. 40 ff.].

Mit textgebundenen Authentifizierungslösungen können folglich sowohl biometrische Anlagen zur Absicherung des Arbeitsplatzes als auch zur Gewährleistung eines gerechtfertigten Zugriffs auf geschlossene Firmennetzwerke umgesetzt sein. Weiterhin ist es möglich, einen Zugriffsschutz auf Virtual Private Networks ebenso wie auch Authentifizierungslösungen zur Absicherung von Internetanwendungen zu realisieren [Breu 2002, S. 84 ff.; Vacca 2007, S. 185]. Die Absicherung von Applikationen spielt besonders im internetbasierten Einsatzbereich eine bedeutende Rolle. Hier sind beispielsweise der Zugriff auf Onlinebanking-Applikation, die Einschränkung bzw. die Vermeidung der Mehrfachnutzung und die grundsätzliche Absicherung von (kostenpflichtigen) Onlinediensten oder Onlineabonnements, der Schutz personalisierter Onlineumfragen, die virtuelle Anwesenheitskontrolle im Bereich von Telearbeitsplätzen oder die Absicherung des Zugriffs auf virtuelle

Plattenspeicher oder E-Mail-Dienste anzuführen [Bakdi 2007, S. 19; Breu 2002, S. 84, 126; Gutiérrez et al. 2002, S. 460 ff.; Peacock/Ke/Wilkerson 2005, S. 199 ff.; Tapiador/Sigüenza 1999, S. 133 ff.; Yu/Cho 2004, S. 428 ff.].

Nachfolgendes Beispiel verdeutlicht nochmals ausführlich die Breite möglicher Anwendungsfälle. Ein biometrisches System auf der Basis des Tippverhaltens kann ebenso eine Lösung für das Problem vergessener Passwörter sein. So eignet sich ein textgebundenes Verfahren auch für die Realisierung von Password Reset Lösungen im Selfservice [Bergando/Gunetti/Picardi 2002, S. 391 f.; Bergando/ Gunetti/Picardi 2003, S. 469 ff.; Choraś/Mroczkowski 2007, S. 430; Gunetti/ Picardi 2005, S. 343; Gunetti/Picardi/Ruffo 2005, S. 133 ff.]. Zu den oftmals mit erheblichen Schwächen bzw. Sicherheitslücken behafteten herkömmlichen Systemen zur Passwortrücksetzung, wie beispielsweise über automatische Protokolle oder Social Knowledge Fragen, kann ein System, welches die Möglichkeit zur Authentifizierung über das Tippverhalten bietet, eine echte Alternative sein [Bergando/Gunetti/Picardi 2002, S. 391 f.; Gunetti/Piccardi 2005, S. 343]. Auf der Grundlage des so gestalteten biometrischen Verfahrens ist es z. B. möglich, eine Applikation in Form einer Web-Anwendung umzusetzen, die ein Zurücksetzen von Passwörtern jederzeit, unabhängig von Administratoren, an jedem beliebigen Ort und in Eigenregie nur mit Hilfe des Tippverhaltens des Anwenders ermöglicht [Bartmann/Wimmer 2007, S. 201; Bergando/Gunetti/Picardi 2002, S. 391 f.].

Die Lösung wird auf einem zentralen Webserver betrieben. Dort ist sie als Intra- oder Internetwebseite durch die Nutzer abrufbar. Die Kommunikation zwischen Nutzerclient bzw. der darin gestarteten Applikation zur Aufzeichnung des Tippverhaltens und der eigentlichen Password Reset Applikation, welche das biometrische Verfahren umsetzt und die auf dem zentralen Webserver betrieben wird, ist durch eine SSL-Verschlüsselung (https-Protokoll) abgesichert [Bartmann/ Wimmer 2007, S. 201 f.]. Das System vergibt für die Benutzer neue Passwörter mit Hilfe eines LDAP-Zugriffs auf den entsprechenden Verzeichnisdienst (z. B. Novell eDirectory oder Microsoft Active Directory).

Ein zentraler Vorteil dieses Lösungsansatzes ist die damit umgesetzte Zeit- und Ortsunabhängigkeit bei gleichzeitiger Erhöhung des Sicherheitsniveaus. Der Anwender kann überall und unabhängig von einer möglichen temporären Beschränkung des Helpdeskservices sein Passwort in Eigenregie unter Verwendung seines biometrischen Merkmals neu vergeben [Bartmann/Wimmer 2007, S. 200 f.].

Der Anwender muss sich zunächst auf einer speziellen Seite für den Dienst registrieren und das System trainieren, also sich selbst einem Enrolment unterziehen, und somit ein biometrisches Profil bzw. einen Referenzdatensatz anlegen [Bartmann/Wimmer 2007, S. 202]. Der Benutzer hat nun sein Passwort vergessen. Er ruft die Password Reset Webseite auf. Dort gibt er seinen Benutzernamen ein. Infolgedessen wird er dazu aufgefordert, den ihm durch das Enrolment bereits bekannten Satz zu tippen. Die Anlage versucht anschließend die von ihm angegebene Identität zu verifizieren. Im Falle einer positiv verlaufenden Verifizierung erkennt ihn das System dann anhand seines Tippverhaltens und er kann sich selbst ein neues Passwort zuweisen, welches das System dann über die LDAP-Schnittstelle an den zentralen Verzeichnisdienst übermittelt und dort registriert [Bartmann/ Wimmer 2007, S. 201 f.]. Die Lösung kann auch in Form einer Zwei-Faktor-Authentifizierung betrieben werden, also durch die Kombination des zu tippenden Satzes mit einer zusätzlichen Social Knowledge Frage, was eine einfach umzusetzende weitere Steigerung des Sicherheitsniveaus ermöglicht [Bartmann/Wimmer 2007, S. 199, 201; Gunetti/Piccardi 2005, S. 343]. Eine Authentifizierungslösung auf der Basis des Tippverhaltens, die es zudem erlaubt, durch die Skalierung der Menge des zu tippenden Textes das Sicherheitsniveau zu erhöhen, schafft hier eine sehr sichere Problemlösung, die sich weiterhin durch Flexibilität und Unabhängigkeit auszeichnet. Abbildung 12 zeigt exemplarisch einen derartigen Password Reset Ansatz, wie ihn die Psylock GmbH umsetzt.

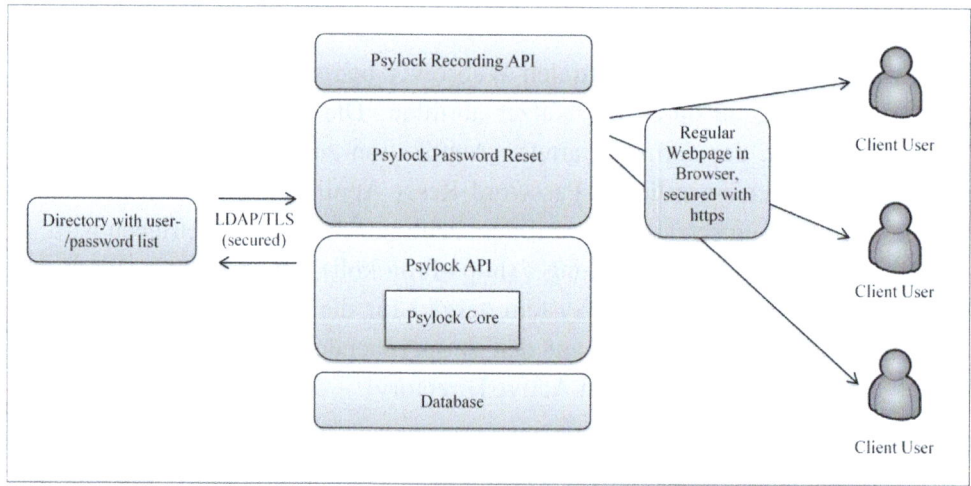

Abbildung 12: **Systemarchitektur einer Password Reset Lösung**
in Anlehnung an [Psylock GmbH 2009a; Psylock GmbH 2009b]

All diese Systemansätze eignen sich zur Realisierung mit einem textgebundenen Verfahren. Um sich zu authentifizieren, tippt der Merkmalsträger einen fest vorgegebenen, immer identischen und kurzen Satz, wie z. B. „Ich bin der Meinung, die richtige Antwort lautet:". Die auf dem textgebundenen Verfahren arbeitenden biometrischen Anlagen fungieren somit als Passwort- und PIN-Ersatz. Eine Erweiterung zu einem Zwei-Faktor- oder einem Mehr-Faktor-Authentifizierungssystem ist bei Bedarf auch möglich [Breu 2002, S. 84]. Die Authentifizierung ist fest an den zu tippenden Text in Form des öffentlich bekannten Satzes geknüpft. Der Nutzer erbringt den Authentizitätsnachweis anstelle von Wissen jetzt über sein biometrisches Merkmal Tippverhalten. Die biometrische Lösung leistet hier lediglich die Authentifizierung des Anwenders und sorgt nicht als Instrumentarium für die gesamte Systemsicherheit [Breu 2002, S. 84].

Systemansätze auf der Grundlage der textgebundenen Variante eines derartigen Verfahrens können je nach Datenspeicherungskonzept sowohl in einem Identifikationsmodus als auch einem Verifikationsmodus betrieben werden [Breu 2002, S. 84 f.].

3.3.1.2 Textungebundenen Authentifizierungssysteme

Auch die im vorhergehenden Gliederungsabschnitt beschriebenen klassischen Authentifizierungsansätze, vornehmlich zur Absicherung des logischen Zugriffs auf IT-Systeme und IT-Anwendungen, sind auch auf der Basis eines textunabhängigen Verfahrens denkbar. Vorteilhaft bei einer derartigen Lösung ist, dass damit ein sog. Challenge-Response-Verfahren geschaffen werden kann, das die Problematik von Replay-Angriffen abschwächt bzw. diese massiv erschwert. Jeder Authentifizierungsprozess fordert den Merkmalsträger auf, eine neue Tippvorlage über die Tastatur einzugeben, was ein einfaches Wiedereinspielen derselben oder einer leicht abgeänderten Tippprobe unmöglich macht und somit auch Spoofing-Angriffen entgegenwirkt. Der Angreifer muss hier weitaus mehr Informationen über den Merkmalsträger und sein Tippverhalten ermitteln, um dann infolgedessen eine derartige Attacke umsetzen zu können. [Bakdi 2007, S. 26]

Intrusion Detection Lösungen stellen ebenso eine Anwendungsmöglichkeit für textunabhängige Erkennungsverfahren auf der Basis des menschlichen Tippverhaltens dar [Bakdi 2007, S. 20; Gunetti/Picardi 2005, S. 312 ff.; Zilberman 2002]. Das biometrische System ist hier als eine im Hintergrund laufende Applikation im Betriebsmodus der Identifikation eingesetzt [Breu 2002, S. 83, 129 ff.]. Es muss mit einer textungebundenen Methode arbeiten, d. h. der Nutzer wird unabhängig vom eingegebenen Text anhand seines Tippverhaltens erkannt [Bakdi 2007, S. 20]. Die grundlegende Systemidee beruht dabei auf der in der Literatur häufig erwähnten Funktionalität der Intrusion Detection, also der Erkennung von Angriffen auf ein IT-System [Bergando/Gunetti/Picardi 2002, S. 392 f.; Bergando/Gunetti/Picardi

2003, S. 469 ff.; Gunetti/Picardi 2005, S. 344 ff.; Umphress/Williams 1985, S. 263 ff.].

Ein Intrusion Detection System ist somit als Art virtuelle Alarmanlage zu sehen, die zur automatischen Erkennung von Angriffen gegen die Sicherheit einzelner Rechner wie auch gesamter Netzwerke einsetzbar ist [Breu 2002, S. 22; Gunetti/ Picardi 2005, S. 344 ff.]. Es ermöglicht im Falle des Tippverhaltens durch die kontinuierliche Aufzeichnung aller eintreffenden Tastaturereignisse, Halte- und Übergangsdauern des biometrischen Merkmals die Kontrolle einer Zugriffsberechtigung für einen Dienst oder ein Gerät über die Zeit hinweg [Breu 2002, S. 22]. Dabei wird das Tippverhalten im Hintergrund aufgezeichnet, analysiert und gegen den Referenzdatensatz verglichen. Das System führt also ständig Authentifizierungsvorgänge durch und löst einen Alarm aus, sobald das beobachtete Tippverhalten zu sehr vom angegebenen Tippprofil des Benutzers abweicht, also keine positive Authentifizierung mehr erzielbar ist [Bakdi 2007, S. 20]. [Bakdi 2007, S. 20; Bartmann/Breu 2004, S. 340; Bergando/Gunetti/Picardi 2002, S. 392 f.; Bergadano/Gunetti/Picardi 2003, S. 469 ff.; Choraś/Mroczkowski 2007, S. 425, 430; Gunetti/Picardi 2005, S. 344 ff.]

Dies könnte beispielsweise dergestalt ablaufen, dass das System einen PC-Nutzer im Falle eines Abweichens des Tippverhaltens als Angreifer erkennt und der Rechner den Arbeitsplatz blockiert bzw. das Arbeitsumfeld durch einen kennwortgeschützten Bildschirmschoner sperrt und für eine weitere Nutzung die Eingabe eines Passworts, welches nur der rechtmäßige Benutzer kennt, oder auch das bewusste Tippen eines Satzes verlangt [Bergando/Gunetti/Picardi 2002, S. 392 f.; Breu 2002, S. 131; Choraś/Mroczkowski 2007, S. 425]. Letzteres ist z. B. dann sinnvoll, wenn der Nutzer durch eine Ablenkung sein Tippverhalten plötzlich ändert und das System so nicht mehr sicher sein kann, ob noch der berechtigte Merkmalsträger tippt. Durch die bewusste Aufforderung, einen bestimmten Satz zu tippen oder ein Passwort einzugeben, macht die Anlage den Anwender auf sein verändertes Verhalten aufmerksam und er kann dieses somit korrigieren, falls es sich um den berechtigten Nutzer und nicht um einen unberechtigten Dritten handelt [Bergando/Gunetti/Picardi 2002, S. 392 f.]. Des Weiteren besteht die Möglichkeit, eine verdeckte Benachrichtigung des Systemadministrators über den Vorfall vorzunehmen. Es wäre auch möglich, die Festtextvariante des Verfahrens mit anderen Intrusion Detection Mechanismen zu kombinieren und das Verfahren nur zur Überprüfung derartiger Verdachtsmomente einzusetzen [Gunetti/Picardi 2005, S. 312 ff.]. Den interessanteren Anwendungsfall stellt sicher die erstere, textunabhängige Lösung dar.

Da aber mögliche Angreifer im System auch durch reine Mausinteraktionen oder durch sehr kurze, für eine zuverlässige Tippverhaltenserkennung zu kurze Systembefehle Schaden anrichten können, schlagen Dowland, Furnell und Papadaki vor, eine solche Lösung immer in ein umfassenderes Gesamtsystem zur Intrusion Detection mit weiteren Applikationen, wie beispielsweise einer Firewall oder einem Virenscanner, zu integrieren, um so das Portfolio möglicher Sicherheitsrisiken weiter zu verringern [Dowland/Furnell/Papadaki 2002, S. 215 ff.; Gunetti/Picardi 2005, S. 312 ff.]. Dies ermöglicht eine noch umfassendere Absicherung. Für eine datenschutzrechtlich motivierte Betrachtung und Bewertung eines Intrusion Detection Ansatzes auf der Basis eines textunabhängigen biometrischen Verfahrens zur Tippverhaltenserkennung wird die Anlage jedoch nur singulär betrachtet.

Im Einsatzkontext von Web-Anwendungen lässt sich mit einem Freitextverfahren ebenso ein Nutzer-Tracking oder eine Nutzeridentifikation durchführen, die herkömmliche Tracking-Ansätze, wie z. B. Cookies oder Tracking über die IP-Adresse, in diesem Zusammenhang überflüssig macht und weiterhin deren Schwächen beseitigt [Bakdi 2007, S. 20; Bergadano/Gunetti/Picardi 2002, S. 393 ff.; Bergadano/Gunetti/Picardi 2003, S. 469 ff.; Gunetti/Picardi/Ruffo 2005, S. 133 ff.]. Dazu kann beispielsweise das Ausfüllen eines Formulars durch den Anwender ohne oder mit dessen Einverständnis aufgezeichnet und analysiert werden.

Derartige Lösungsansätze ermöglichen ein Tracking des Nutzers über mehrere Browsersitzungen hinweg und sie sind unabhängig vom verwendeten Rechner [Bakdi 2007, S. 20]. Es ist hier vorauszusetzen, dass der Nutzer ausreichend viel Text für eine trennscharfe Erkennung eingibt [Bakdi 2007, S. 20].

3.3.2 Psylock-Kernsystem als Basisarchitektur für verschiedene Systemansätze

Vorab wird die Basisarchitektur des Kernsystems erläutert, das mit einem textgebundenen Verfahren arbeitet, um die Systemzusammenhänge im späteren Verlauf der Arbeit besser darstellen und bewerten zu können.

Das Psylock-Entwicklerframework enthält zwei Hauptkomponenten; die Psylock-Recording-API und die eigentliche Psylock-API. Erstere wird verwendet, um Tippproben in der Oberfläche der Zielapplikation aufzuzeichnen. Diese Proben benötigt das System einerseits für das Enrolment und andererseits für die biometrische Authentifizierung. Letztere ist die eigentliche Psylock-API. Sie stellt die für die biometrische Erkennung nötigen Funktionalitäten bereit und besteht im Wesentlichen aus drei Teilen; dem Psylock-Kern, einer Datenbankschnittstelle und den öffentlich zugreifbaren Methoden.

Der Psylock-Kern beinhaltet die verfahrenstechnische Realisierung der Tippverhaltenserkennung. Er berechnet zum einen die biometrischen Templates aus den vom Merkmalsträger abgegebenen Rohdaten und erstellt somit das biometrische Profil. Zum anderen vergleicht der Psylock-Kern vorhandene Templates mit neu abgegebenen Tippproben und liefert dafür einen Matchscore zurück, welcher deren Übereinstimmung zum Ausdruck bringt. Ebenso sind hier die Adaptionsprozesse enthalten, welche die Aktualisierung des biometrischen Profils durch die entsprechenden Lernprozesse gewährleisten.

Im angebundenen Datenbanksystem werden die biometrischen Proben, die zur Aktualisierung der Nutzerprofile (Templates) notwendig sind, und die Profile selbst abgespeichert. Die Interaktion zwischen dem Kern und dem Datenbanksystem kann bei getrennten Hardwaresystemen in verschlüsselter Form erfolgen. Zudem sind in der Datenbank Sicherheitseinstellungen hinterlegt. Zu den Sicherheitseinstellungen gehören die maximale Anzahl erlaubter Tippfehler und der Schwellenwert, welcher für eine Benutzerprobe gilt, um als authentisch erkannt zu werden. Es handelt sich dabei um den Schwellenwert, den der Matchscore eines Vergleichs überschreiten muss. Abbildung 13 zeigt das Psylock-Kernsystem, auf welchem die unterschiedlichen textgebundenen biometrischen Systemlösungen basieren.

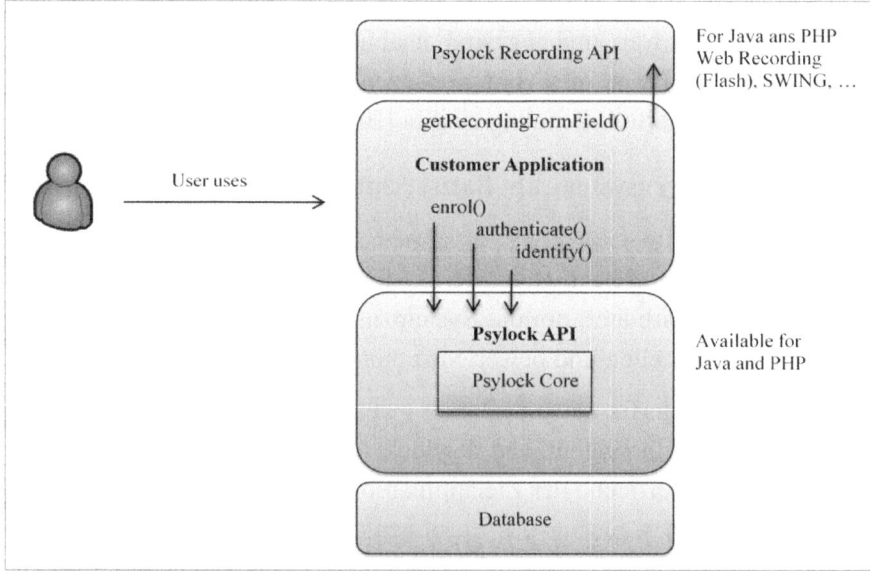

Abbildung 13: **Psylock-Kernsystem zur Nutzerauthentifizierung**
in Anlehnung an [Psylock GmbH 2009b]

4 Datenschutzrechtlich relevante Vorschriften und Konzepte

Nach der Untersuchung der Grundlagen biometrischer Systeme und der detaillierten Erläuterung von Systemansätzen auf der Basis des menschlichen Tippverhaltens sind nun die für den praktischen betrieblichen Einsatz relevanten datenschutzrechtlichen Aspekte abzugrenzen und zu erläutern. Zunächst erfolgt in Abschnitt 4.1 eine Betrachtung des Rechts auf informationelle Selbstbestimmung, welches die zentrale Ausgangsbasis für die datenschutzrechtlichen Vorgaben in Deutschland darstellt und im Arbeitsverhältnis besonderer Aufmerksamkeit bedarf. Das Recht auf informationelle Selbstbestimmung verankert grundsätzlich den Schutz persönlicher bzw. personenbezogener Daten des Individuums. Es stellt somit die rechtliche Ausgangsbasis für die in den Datenschutzgesetzen manifestierten Vorschriften dar.

In Abschnitt 4.2 wird der Personenbezug biometrischer Daten betrachtet. Nur wenn biometrische Daten als personenbezogene Daten zu klassifizieren sind, fällt ihre Erhebung, ihre Verarbeitung und ihre Speicherung unter die Vorschriften des Bundesdatenschutzgesetzes. Der Personenbezug stellt also die Grundvoraussetzung für die Relevanz der Rechtsvorschriften aus dem Bundesdatenschutzgesetz dar. Es ist somit stets vorab zu untersuchen, ob es sich bei biometrischen Daten um personenbezogene Daten handelt. Darauf aufbauend erfolgt eine Abgrenzung der für den praktischen Betrieb biometrischer Systeme bedeutenden, im Bundesdatenschutzgesetz manifestierten Grundsätze und Vorschriften. Die ermittelten Rechtsvorschriften und Rechtsgrundsätze basieren auf einer umfangreichen Literaturrecherche zum Thema Biometrie und Datenschutz. Diese liefert die in Abschnitt 4.3 erläuterten Prinzipien, welche den Rahmen für die datenschutzrechtliche Bewertung biometrischer Lösungen aufspannen. Die Notwendigkeit einer Rechtsgrundlage für die Einsatzlegitimation biometrischer Anlagen ist dabei genauso bedeutsam wie die Grundsätze der Zweckbindung, der Erforderlichkeit sowie der Datenvermeidung und der Datensparsamkeit. Weiterhin spielen der Schutz sensibler personenbezogener Daten, das Transparenzgebot, die offene Datenerhebung und der Grundsatz der Direkterhebung eine wichtige Rolle für eine datenschutzrechtlich motivierte Analyse biometrischer Lösungen. Die technischen und organisatorischen Maßnahmen, welche die Ausführung des Bundesdatenschutzgesetzes und seiner Anlage gewährleisten sollen, runden eine Untersuchung biometrischer Systeme aus Sicht des Datenschutzes weiter ab.

Nachfolgend gilt es in Abschnitt 4.4 weitere rechtliche Anforderungen mit Relevanz für die Legitimation des betrieblichen Einsatzes zu identifizieren und abzugrenzen. Dabei beeinflussen einerseits grundgesetzlich motivierte Vorgaben und andererseits betriebsverfassungsrechtliche Vorschriften die datenschutzrechtliche Analyse. Aus grundgesetzlicher Sicht ist beim Einsatz einer biometrischen Anlage immer zu überprüfen, ob nicht etwa der Betrieb der biometrischen Lösung gegen den Grundsatz der Gleichheit verstößt oder ein einheitliches Personenkennzeichen schafft, welches evtl. im Widerspruch zu den verfassungsrechtlichen Regelungen in Deutschland steht.

Die betriebsverfassungsrechtlichen Vorgaben von datenschutzrechtlicher Relevanz sind im Hinblick auf die gesetzliche Legitimation der betrieblichen Verwendung biometrischer Anlagen zu betrachten. Greifen in einem Unternehmen die Rechtsvorschriften des Betriebsverfassungsgesetzes (BetrVG), so ist der Einsatz biometrischer Systeme immer über die Rechtsvorschriften aus dem Betriebsverfassungsgesetz im Zusammenspiel mit den Vorschriften aus dem Bundesdatenschutzgesetz zu begründen. Die Allgemeine Normierung des Persönlichkeitsschutzes des § 75 Abs. 2 Satz 1 BetrVG und die Mitbestimmung des Betriebsrats gemäß § 87 Abs. 1 Satz 6 BetrVG sind hierbei von maßgeblicher Bedeutung. Anderenfalls besteht auch die Möglichkeit, den Einsatz der Biometrie im Unternehmen alleine mit Hilfe des § 32 Abs. 1 Satz 1 BDSG auf die Vorschriften aus dem Bundesdatenschutzgesetz zu stützen. Diese unterschiedlichen Legitimationsmöglichkeiten, welche immer eine datenschutzrechtliche Unbedenklichkeit der biometrischen Lösung voraussetzen, erarbeitet Abschnitt 4.4.2 ausführlich. Abschließend wird in Abschnitt 4.5 eine abrundende Betrachtung der Rolle des betrieblichen Datenschutzbeauftragten bei der Einführung biometrischer Anlagen vollzogen, da dieser bei der Einführung und im Betrieb biometrischer Systeme aktiv beteiligt sein sollte, um die Akzeptanz seitens der Nutzer zu steigern.

4.1 Recht auf informationelle Selbstbestimmung

Im sog. Volkszählungsurteil begründete das Bundesverfassungsgericht am 15.12.1983 das Recht auf informationelle Selbstbestimmung, um die Gefahren der modernen Datenverarbeitung, insbesondere der Möglichkeit zur Erstellung von Personenprofilen sowie der totalen Registrierung, der Katalogisierung und der Abrufbarkeit von Individuuen aufzuzeigen [Albrecht 2003, S. 94; Genz 2004, S. 8; Gruner 2005, S. 104, 118 ff.; Kühling/Seidel/Sivridis 2008, S. 75; Orantek 2008, S. 56 f., 134 ff.; Petermann/Sauter 2002, S. 89; Pohlmann/Blumberg 2006, S. 63; Roßnagel 2005, S. 463; Roßnagel 2006, S. 59 f.; TeleTrusT 2008, S. 3]. Dieses durch Rechtsprechung manifestierte Recht kann, spätestens seit das Bundesverfassungsgericht am 27.06.1991 erstmals von einem Grundrecht auf Datenschutz gesprochen hat, als Ausgangsbasis für ein solches eingestuft werden [Albrecht 2003, S. 94; Genz 2004, S. 8; Gundermann/Köhntopp 1999, S. 147; Orantek 2008, S. 51].

In der Informationsgesellschaft soll also jeder gemäß dem Grundrecht auf informationelle Selbstbestimmung die Befugnis haben, grundsätzlich selbst über die Preisgabe und die Verwendung seiner persönlichen Daten zu bestimmen [Gruner 2005, S. 123; Hornung 2006, S. 10; Orantek 2008, S. 56; Petermann/Sauter 2002, S. 9, 89 f.; Pohlmann/Blumberg 2006, S. 63; TeleTrusT 2008, S. 3; Tinnefeld 2001, S. 797 ff.][26]. Vor allem unter Berücksichtigung der Möglichkeiten moderner Datenverarbeitung heutzutage, der im Bereich der elektronischen Kommunikation häufig fehlenden Transparenz und der Nichterkennbarkeit der vielfältigen Datenverarbeitungsprozesse, setzt das Recht auf informationelle Selbstbestimmung den Schutz des Einzelnen gegen eine unbegrenzte Erhebung, Speicherung, Verwendung und Weitergabe seiner personenbezogenen Daten voraus [Kühling/Seidel/Sivridis 2008, S. 76]. Art. 1 Abs. 3 GG bindet zwar nur die öffentliche Gewalt unmittelbar, über die Rechtsfigur der mittelbaren Drittwirkung muss der Gesetzgeber jedoch auch dafür Sorge tragen, den Wertgehalt der Grundrechte im Privatrecht zu gewährleisten [Albrecht 2003, S. 94 f.; Bäumler/Gundermann/Probst 2001, S. 18; Gruner 2005, S. 124 ff.; Gundermann/Köhntopp 1999, S. 146; Kühling/Seidel/Sivridis 2008, S. 77 f.; Petermann/Sauter 2002, S. 91]. Wird bei technologischen Innovationen, wie beispielsweise biometrischen Verfahren und biometrischen Systemen, der verfassungsrechtlich verbriefte Schutz des Grundrechts auf informationelle Selbstbestimmung nicht hinreichend berücksichtigt, so bedeutet dies eine Gefahr für den allgemeinen Persönlichkeitsschutz [Albrecht 2003, S. 189; Brühann 1996, S. 12 ff., 17; Gruner 2005, S. 104].

Der Schutzbereich der informationellen Selbstbestimmung ist bei biometrischen Lösungen betroffen, wenn es sich bei den mit dem System erhobenen, verarbeiteten und gespeicherten Daten um personenbezogene Daten handelt. Die Europäische Datenschutzrichtlinie (95/46/EC), das Bundesdatenschutzgesetz (BDSG) und die Datenschutzgesetze der Länder (Landesdatenschutzgesetze; LDSG) sind dabei als Konkretisierungen des Rechts auf informationelle Selbstbestimmung anzusehen und der Personenbezug der Daten ist in diesen Gesetzestexten von zentraler Bedeutung [Albrecht 2003, S. 154; Bromba 2009; Genz 2004, S. 9; Gruner 2005, S. 129; Gundermann/Köhntopp 1999, S. 147; Orantek 2008, S. 80 f.; Meints et al. 2008,

---

[26] BVerfGE 65, I

S. 1088; Petermann/Sauter 2002, S. 90 f.; Tinnefeld/Ehmann 1998, S. 32, 39]. Dabei wird das Recht auf informationelle Selbstbestimmung unabhängig von der qualitativen Aussagekraft der personenbezogenen Daten gewahrt, d. h. eine Unterscheidung hinsichtlich des Einflusses auf das Persönlichkeitsrecht in relevante und irrelevante Daten ist unzulässig [Orantek 2008, S. 56]. Die Datenschutzgesetze der Länder und vor allem das Bundesdatenschutzgesetz sind als Ausformungen des Rechts auf informationelle Selbstbestimmung, der dazu ergangenen Rechtsprechung und der dazu verfassten Literatur anzusehen [Genz 2004, S. 9; Gruner 2005, S. 184; Orantek 2008, S. 80 f.]. Für den betrieblichen Einsatzkontext sind die gesetzlichen Regelungen des Bundesdatenschutzgesetzes von maßgeblicher Bedeutung [Gundermann/Köhntopp 1999, S. 145 f.]. Für eine datenschutzrechtlich motivierte Bewertung biometrischer Daten bzw. somit auch biometrischer Verfahren und biometrischer Systeme erweist sich also der Personenbezug als die zentrale Ausgangsbasis [Albrecht 2003, S. 189; Petermann/Sauter 2002, S. 90 ff.]. Die Frage nach dem Personenbezug biometrischer Daten gilt es somit vorab immer zu klären.

Das Recht auf informationelle Selbstbestimmung ist im Arbeitsbereich, also beim betrieblichen Einsatz biometrischer Systeme, vor allem wegen der besonderen Lage gefährdet, in der sich der betroffene Arbeitnehmer generell befindet [Albrecht 2003, S. 195]. Es gilt hier zwar auch die primäre Entscheidungsbefugnis des Betroffenen, also der Grundsatz, dass die Verarbeitung von Daten in dessen Kenntnis und unter seiner Mitwirkung erfolgen muss, aber die evidente Abhängigkeit des Arbeitnehmers von seinem Arbeitsplatz erschwert die Umsetzung dieses Grundsatzes vehement [Albrecht 2003, S. 195 f.; Simitis 1991, S. 161 ff., 168]. Das ungleiche Kräfteverhältnis zwischen Arbeitgeber und Arbeitnehmer zu Ungunsten des Arbeitnehmers wirkt der Freiwilligkeit der Einwilligung zur Verarbeitung personenbezogener Daten vielmehr entgegen [Albrecht 2003, S. 196]. Dies führt dazu, dass das allgemeine Persönlichkeitsrecht insbesondere in seiner Ausprägung als Grundrecht auf informationelle Selbstbestimmung im Arbeitsverhältnis, also nicht nur gegenüber dem Staat und seinen Institutionen, sondern hier auch im Privatrechtsverkehr, von entscheidender Bedeutung ist und somit besondere Beachtung und Schutz zu genießen hat [Albrecht 2003, S. 196].

4.2 Personenbezug biometrischer Daten

Aufgabe des Datenschutzes und folglich auch des Bundesdatenschutzgesetzes ist es gemäß § 1 Abs. 1 BDSG, den Einzelnen davor zu schützen, dass er durch den Umgang mit seinen personenbezogenen Daten in seinem Persönlichkeitsrecht eine Beeinträchtigung erfährt. Die Grundvoraussetzung für die Anwendung der Vorschriften des Bundesdatenschutzgesetzes ist somit ein Personenbezug biometrischer Daten, der vorab zu klären ist [Hornung 2004, S. 429]. Personenbezogene Daten liegen immer dann vor, wenn sich die fraglichen Informationen einer bestimmten natürlichen Person zuordnen lassen [Bäumler/Gundermann/Probst 2001, S. 14; Hornung 2004, S. 429; Petermann/Sauter 2002, S. 87; TeleTrusT 2006, S. 34]. Daten sind nicht nur dann personenbezogen, wenn die Person bestimmt ist, der sie zugeordnet sind, sondern es reicht vielmehr bereits auch aus, wenn diese bestimmbar ist [Kühling/Seidel/Sividris 2008, S. 102]. Die gesetzlichen Definitionen von § 3 Abs. 1 und Abs. 6 BDSG bieten keine Anleitung dafür, auf welche Art und Weise geprüft werden kann, ob es sich bei Daten um personenbezogene Daten handelt [Saeltzer 2004, S. 218 ff.].

In der Literatur ist die Frage nach den Grenzen des Personenbezugs biometrischer Daten stark umstritten [Albrecht 2003, S. 154 ff.; Bäumler/Gundermann/Probst 2001, S. 14 ff.; Gundermann/Probst 2003, S. 1803 ff.; Hornung 2004, S. 429 ff.; Roßnagel/Pfitzmann/Garstka 2001a, S. 103; Roßnagel/Scholz 2000, S. 721, 725 ff.; Saeltzer 2004, S. 218 ff.]. Es scheint jedoch sinnvoll, sich den Ausführungen von Albrecht und Hornung anzuschließen und die Frage nach dem Personenbezug abhängig von der Verarbeitungsphase, in welcher die biometrischen Daten Anwendung finden, der Erscheinungsform, in welcher die Daten auftreten, der Nutzbarkeit der Daten und dem realisierten Ansatz für die Datenspeicherung individuell zu betrachten und zu bewerten [Albrecht 2003, S. 154 ff.; Hornung 2004, S. 429 ff.; Petermann/Sauter 2002, S. 87].

In den meisten Fällen kann jedoch davon ausgegangen werden, dass es sich bei biometrischen Daten auch um personenbezogene Daten handelt [Hornung 2004, S. 431]. In den Phasen Enrolment und Matching kann der Betreiber der biometrischen Anlage beispielsweise fast immer einen Personenbezug herstellen, was dazu führt, dass auch die Referenzdaten, egal in welcher Form sie vorliegen, personenbezogene Daten sind, weil die zugehörige Person bestimmbar ist [Hornung 2004, S. 431]. Sind die Daten in Zuordnungssystemen gespeichert, so besteht immer der Personenbezug [Hornung 2004, S. 431]. Außerhalb des biometrischen Systems auftretende Daten bedürfen eines entsprechenden Kontext- oder Zusatzwissens der verantwortlichen Stelle, damit diese einen Personenbezug herstellen kann [Hornung 2004, S. 429, 431; Petermann/Sauter 2002, S. 87]. Es ist hierbei zu beachten, inwieweit dieses Wissen der verantwortlichen Stelle zugänglich ist und abhängig davon ist dann die Existenz des Personenbezugs situativ zu bestätigen oder zu verneinen. Dieser Umstand kann auch als die Relativität des Personenbezugs bezeichnet werden [Kühling/Seidel/Sivridis 2008, S. 102 ff.][27]. Die Relativität verbietet zudem die verallgemeinernde Aussage, dass alle oder einige biometrische Merkmale stets personenbezogen sind, weil sie sich evtl. leichter einzelnen Personen zuordnen lassen [Hornung 2004, S. 429, 431]. Auch diese Wissensschranke ist im zeitlichen Verlauf nicht starr, sondern entwickelt sich weiter, was den Relativitätsgedanken nochmals unterstreicht [Saeltzer 2004, S. 222]. Der verbreiteten Ansicht, dass von den Templates auf die Rohdaten kein Rückschluss mehr möglich ist und es sich somit um keine personenbezogenen Daten mehr handelt, ist in diesem Zusammenhang auch entschieden zu widersprechen, da bereits Rekonstruktionsansätze bekannt sind [Adler 2007, S. 390; Ross/Shah/Jain 2005, S. 68 ff.]. Der Personenbezug eines Templates kann grundsätzlich auch durch zusätzliche Identifizierungs- und Adressinformationen entstehen [Albrecht 2003, S. 159]. Eine pauschale Aussage verbietet sich somit in diesem Zusammenhang. Einzig bei selbstauthentifizierenden Speichermedien und bei templatefreien Verfahren[28] besteht die Möglichkeit bei entsprechender Systemgestaltung den Personenbezug wirklich komplett zu vermeiden [Albrecht 2003, S. 161 f.; Hornung 2004, S. 429 f.; Petermann/Sauter 2002, S. 87 f.]. Ob also biometrische Daten tatsächlich einen Personenbezug aufweisen, hängt entscheidend von der technischen Umsetzung der biometrischen Anlage ab [Albrecht 2003, S. 190].

Es ist jedoch auch der Standpunkt legitim, damit ein umfassender Schutz der informationellen Selbstbestimmung auch und besonders in Zukunft gewährleistet werden kann, biometrische Daten wegen ihrer Einzigartigkeit, ihrer teilweise lebenslangen Bindung an eine Person und vor allem den heute unvorhersehbaren zukünftigen Entwicklungen im Bereich biometrischer Authentifizierungssysteme pauschal als personenbezogene Daten zu klassifizieren [Albrecht 2003, S. 190; Hes/Hooghiemstra/Borking 1999, S. 33, 41, 44; Roßnagel/Pfitzmann/Garstka 2001b, S. 253 ff.].

---

[27] Simitis et al. § 3 BDSG Rn. 20 ff., Rn. 32 und Rn. 38

[28] Anonyme Biometrie oder auch templatefreie Verfahren verwenden biometrische Daten, um einen eindeutigen kryptographischen Schlüssel zu erzeugen. Beim Enrolmentprozess wird eine Zufallszahl erzeugt. Diese wird mit Hilfe des so generierten Schlüssels verschlüsselt und dann wird das Ergebnis (= Chiffrat) zusammen mit der Zufallszahl gespeichert. Während eines Authentifizierungsprozesses leitet dann das Verfahren aus den derzeitigen biometrischen Messdaten wieder einen kryptographischen Schlüssel ab und verschlüsselt die gespeicherte Zufallszahl mit diesem neu. Sind das Referenzchiffrat und das aktuelle verschlüsselte Ergebnis identisch, so liegt eine positive Authentifizierung vor. Die Kenntnis der Zufallszahl und des Chiffrats lässt dabei keine Rückschlüsse auf den kryptographischen Schlüssel und damit auf das biometrische Merkmal zu. [Adler 2007, S. 395 ff.; Albrecht 2003, S. 56 f.; Donnerhacke 1999, S. 151 ff.; Probst 2002, S. 115 ff., 124 f.; Shoniregun/Crosier 2008, S. 66 f.]

In den allermeisten Fällen kann also davon ausgegangen werden, dass es sich bei biometrischen Daten in den entsprechenden Systemen um personenbezogene Daten handelt und somit eine Betrachtung der biometrischen Lösung unter den Gesichtspunkten des Datenschutzrechts notwendig ist.

4.3 Grundsätze und Vorschriften aus dem Bundesdatenschutzgesetz als Ausgangspunkte einer Bewertung

Bevor eine detaillierte Betrachtung biometrischer Merkmale und biometrischer Systeme erfolgt, findet sich vorab eine kurze Zusammenfassung der für eine datenschutzrechtlich motivierte Untersuchung biometrischer Anlagen relevanten Rechtsvorschriften aus dem Bundesdatenschutzgesetz. Diese bilden den Ausgangspunkt für die Identifikation der Anforderungen und Bewertungskriterien, anhand derer eine Systemanalyse im weiteren Verlauf dieser Arbeit vollzogen wird.

4.3.1 Notwendigkeit einer Rechtsvorschrift oder einer Einwilligung für die Einsatzlegitimation

Das Bundesdatenschutzgesetz enthält als grundlegendes Prinzip ein sogenanntes Verbot mit Erlaubnisvorbehalt [Kühling/Seidel/Sivridis 2008, S. 109 f., 130 ff.; Welp 2007, S. 83 f.]. Der § 4 Abs. 1 BDSG regelt, dass die Erhebung, die Verarbeitung und die Nutzung personenbezogener Daten nur zulässig sind, soweit es ein Gesetz oder eine andere Rechtsvorschrift erlaubt, anordnet oder der Betroffene eingewilligt hat [Kühling/Seidel/Sivridis 2008, S. 130]. Die Erhebung, die Verarbeitung und die Nutzung personenbezogener Daten ist also nur auf der Basis einer geeigneten Rechtsgrundlage oder einer Einwilligung zulässig [Kühling/Seidel/Sivridis 2008, S. 109 f.; Meints et al. 2008, S. 1089]. Es sind also folgende drei Möglichkeiten in Betracht zu ziehen.

Erstens kann die Erhebung, die Verarbeitung und die Nutzung personenbezogener Daten durch die Einwilligung der Person legitimiert werden, um deren Daten es sich handelt. Zweitens kann eine sonstige bereichsspezifische Rechtsvorschrift, wie etwa der §§ 75, 77, 87 BetrVG, erfüllt sein[29]. Drittens können die Vorschriften des BDSG greifen. Im nicht öffentlichen Einsatzbereich können hier beispielsweise die Voraussetzungen einer Rechtsgrundlage über den § 32 BDSG gegeben sein oder im öffentlichen Bereich eine Rechtsvorschrift den Einsatz eines biometrischen Systems unter der Voraussetzung erlauben, dass die Daten zur Erfüllung der Aufgabe der verantwortlichen Stelle erforderlich sind, z. B. nach den §§ 4 Abs. 1 und

---

[29] Gola/Schomerus/Klug § 4 BDSG Rn. 10

13 Abs. 1 BDSG. [Bäumler/Gundermann/Probst 2001, S. 48 ff.; Gundermann/ Köhntopp 1999, S. 148 f.; Krause 2005, S. 155; Kühling/Seidel/Sivridis 2008, S. 131 ff.; Meints 2008, S. 7; Meints et al. 2008, S. 1089; Roßnagel 2005, S. 464; TeleTrusT 2006, S. 34, 38 ff.; TeleTrusT 2008, S. 3; Welp 2007, S. 83 f.]

Für das untersuchte Einsatzszenario werden dabei die Rechtsvorschriften ausgeklammert, welche den öffentlichen Einsatzbereich im Bundesdatenschutzgesetz adressieren.

4.3.2   Grundsatz der Zweckbindung

Der Grundsatz der Zweckbindung stellt eine weitere zentrale Verarbeitungsvorschrift für personenbezogene Daten dar [Albrecht 2003, S. 166; Kühling/Seidel/ Sivridis 2008, S. 110; Meints 2008, S. 7; Meints et al. 2008, S. 1089; Roßnagel 2005, S. 464 f.; TeleTrusT 2006, S. 38; TeleTrusT 2008, S. 3; Welp 2007, S. 83 f.]. Die Erhebung, die Verarbeitung und die Nutzung personenbezogener Daten sind z. B. gemäß § 28 Abs. 1 BDSG oder § 32 Abs. 1 BDSG nur zu einem vorab definierten konkreten Zweck zulässig [Albrecht 2003, S. 166; Albrecht 2007, S. 174 f.; Hornung/Steidle 2005, S. 206; Meints et al. 2008, S. 1089; Roßnagel 2005, S. 464; Tinnefeld/Ehmann/Gerling 2005, S. 256, 541]. Eine Zweckbindung begrenzt somit den Verarbeitungs- und den Nutzungsumfang und fokussiert ein klares Ziel [Albrecht 2003, S. 166; Simitis 1984, S. 398 ff.; Welp 2007, S. 83 f.]. Eine Zweckänderung bedarf einer neuen Erlaubnis, entweder in Form einer Einwilligung oder einer Rechtsvorschrift [Albrecht 2007, S. 174; Bäumler/Gundermann/ Probst 2001, S. 48 f.; Kühling/Seidel/Sivridis 2008, S. 135; Roßnagel 2005, S. 464 f.; TeleTrusT 2008, S. 3]. Der Zweckbindungsgrundsatz gewährleistet die Überschaubarkeit und Kontrolle des Datenumfangs [Kühling/Seidel/Sivridis 2008, S. 135]. Der Bestimmtheitsgrad der Zweckfestlegung ist dabei von fundamentaler Bedeutung für den Erfolg bzw. die Erfüllbarkeit dieses Grundsatzes. Der Zweck der Datenverwendung muss dabei so eindeutig, bestimmt und klar wie möglich festgelegt sein [Kühling/Seidel/Sivridis 2008, S. 135].

4.3.3   Grundsatz der Erforderlichkeit

Die Erhebung, die Speicherung und die Nutzung personenbezogener Daten stellen immer einen Eingriff in das Recht auf informationelle Selbstbestimmung dar und dürfen z. B. gemäß § 28 Abs. 1 BDSG nur in dem zur Erreichung des gebilligten Zwecks tatsächlich erforderlichen Maße erfolgen [Albrecht 2007, S. 174; Bäumler/

Gundermann/Probst 2001, S. 48; Roßnagel 2005, S. 465; TeleTrusT 2008, S. 4; Welp 2007, S. 83 f.][30].

Der Grundsatz der Erforderlichkeit besagt, dass grundsätzlich in den Persönlichkeitsbereich des Betroffenen nur insoweit eingegriffen werden darf, als dies für die rechtmäßige Zweckerreichung unerlässlich ist [Kühling/Seidel/Sividis 2008, S. 135 f.]. Es dürfen also nur Daten erhoben, gespeichert oder genutzt werden, die für das Erreichen dieses Zwecks unabdingbar, also erforderlich sind, d. h. der Zweck, welcher mit der Erhebung, der Verarbeitung oder der Nutzung der personenbezogenen Daten verfolgt wird, darf sich nicht auch ohne die Erhebung, die Verarbeitung oder die Nutzung dieser personenbezogenen Daten erreichen lassen [Meints et al. 2008, S. 1089; Welp 2007, S. 83 f.]. Die Erhebung, die Verarbeitung und die Nutzung müssen sich zudem auf die für die rechtmäßige Zweckerreichung notwendigen Phasen und Zeiträume beschränken [Roßnagel 2005, S. 465]. Der Grundsatz der Erforderlichkeit beschränkt sich dabei auf einen gegebenen Zweck, ein gegebenes technisches System und einen gegebenen Datenverarbeitungsprozess [Meints et al. 2008, S. 1089; Roßnagel 2005, S. 465]. Im Rahmen des Erforderlichkeitsprinzips ist es zudem die Aufgabe der verantwortlichen Stelle, Alternativen zur Verwendung biometrischer Daten zu prüfen, da biometrische Verfahren im Vergleich zu anderen Kontrollmechanismen regelmäßig eingriffsintensiver sind und somit weiterreichende Auswirkungen auf das Recht der informationellen Selbstbestimmung haben [Hornung/Steidle 2005, S. 205; TeleTrusT 2006, S. 34 f.; TeleTrusT 2008, S. 4]. Im privaten Anwendungskontext des Bundesdatenschutzgesetzes und seiner Normen schlägt sich der Grundsatz der Erforderlichkeit vor allem in Abwägungsklauseln nieder, wie z. B. in denen des § 28 Abs. 1 BDSG oder des § 32 Abs. 1 BDSG [Kühling/Seidel/Sividis 2008, S. 136]. Eine präzise und klar definierte Zweckbestimmung ist dabei die Ausgangsbasis für die erfolgreiche Anwendbarkeit des Erforderlichkeitsprinzips [Kühling/Seidel/Sividis 2008, S. 136].

4.3.4 Grundsatz der Datenvermeidung und der Datensparsamkeit

Die Erhebung, die Verarbeitung und die Nutzung personenbezogener Daten und die Auswahl und Gestaltung von Datenverarbeitungssystemen sind gemäß § 3a Satz 1 BDSG an dem Ziel auszurichten, so wenig personenbezogene Daten wie möglich zu erheben, zu verarbeiten oder zu nutzen. Insbesondere sind gemäß § 3a Satz 2 BDSG personenbezogene Daten zu anonymisieren gemäß der Vorgaben des

---

[30] Gola/Schomerus/Klug § 28 BDSG Rn. 13

§ 3 Abs. 6 BDSG oder zu pseudonymisieren gemäß der Vorgaben des § 3 Abs. 6a BDSG, soweit dies nach dem Verwendungszweck möglich ist und keinen im Verhältnis zu dem angestrebten Schutzzweck unverhältnismäßigen Aufwand erfordert [Albrecht 2003, S. 162; Albrecht 2007, S. 174; Meints 2008, S. 7; Meints et al. 2008, S. 1089; Petermann/Sauter 2002, S. 10, 92; TeleTrusT 2006, S. 37; TeleTrusT 2008, S. 4].

Der Kostenaufwand, die Leistungsfähigkeit des Anwenders und das Verhältnismäßigkeitsprinzip bestimmen weiterhin die Frage nach der Zumutbarkeit entsprechender Maßnahmen der Datenvermeidung und der Datensparsamkeit. Der Grundsatz der Datensparsamkeit und der Datenvermeidung geht über den Erforderlichkeitsgrundsatz soweit hinaus, dass er von der verantwortlichen Stelle eine aktive Gestaltung der technisch-organisatorischen Systeme fordert, die keiner oder so wenig wie möglich personenbezogener Daten bedarf [Albrecht 2007, S. 174; Amberg/Fischer/Rößler 2003, S. 53; Kühling/Seidel/Sivridis 2008, S. 138; Roßnagel 2005, S. 465][31]. Falls eine vollständige Vermeidung personenbezogener Daten nicht möglich ist, so ist die Verarbeitung personenbezogener Daten zeitlich möglichst kurz zu halten, außerdem sind die Daten so früh wie möglich zu löschen und nach Möglichkeit, wie vorab erläutert, entsprechend zu anonymisieren oder zu pseudonymisieren [Roßnagel 2005, S. 465; TeleTrusT 2006, S. 35][32].

4.3.5 Schutz sensibler Daten

Bei Angaben über die rassische und ethnische Herkunft, die politische Meinung, die religiöse oder philosophische Überzeugung, die Gewerkschaftszugehörigkeit, die Gesundheit und das Sexualleben handelt es sich gemäß § 3 Abs. 9 BDSG um eine spezielle, sensible Art personenbezogener Daten, die einen besonderen Schutz genießt [Gruner 2005, S. 131 f.; Meints 2008, S. 8; TeleTrusT 2006, S. 36; TeleTrusT 2008, S. 4]. Deren Verwendung birgt ein besonders hohes Gefährdungsrisiko für den Betroffenen, dass er Nachteile erleidet oder Diskriminierungen ausgesetzt ist [Kühling/Seidel/Sivridis 2008, S. 108; Tinnefeld/Ehmann/Gerling 2005, S. 278]. Eine evtl. erhobene Einwilligung muss sich gemäß § 4a Abs. 3 BDSG ausdrücklich auf diese Daten beziehen, in manchen Fällen ist gemäß § 4d Abs. 5 BDSG eine Vorabkontrolle der Daten durchzuführen und die Verwendung dieser Daten ist gemäß § 28 Abs. 6 bis 9 BDSG und § 29 Abs. 5 BDSG nur in bestimmten Fällen zulässig und ist dann auch durch entsprechende Mechanismen besonders abzusichern [Bäumler/Gundermann/Probst 2001, S. 65; Hornung/Steidle

---

[31] Gola/Schomerus/Klug § 3a BDSG Rn. 4

[32] Gola/Schomerus/Klug § 3a BDSG Rn. 1 und Rn. 4

2005, S. 206; Kühling/Seidel/Sivridis 2008, S. 109; Meints et al. 2008, S. 1089; Petermann/Sauter 2002, S. 88; TeleTrusT 2008, S. 4]. Der Verwendungszusammenhang personenbezogener Daten ist dabei immer von maßgeblicher Bedeutung für eine Klassifikation der Daten, als im Sinne von § 3 Abs. 9 BDSG sensible Daten [Kühling/Seidel/Sivridis 2008, S. 108 f.]. Dieser konkrete Verwendungszusammenhang ist gegeben, wenn die Daten mittelbar oder unmittelbar Rückschlüsse und Informationen zu den in § 3 Abs. 9 BDSG aufgeführten Datenkategorien ermöglichen [Kühling/Seidel/Sivridis 2008, S. 109]. So ist dieser Grundsatz von besonderer Relevanz im Zusammenhang mit biometrischen Daten, weil die in bestimmten biometrischen Verfahren bzw. Systemen erhobenen Daten einen Informationsgehalt haben können, welcher sie in diesen Schutzbereich fallen lässt und damit besondere Risiken für die Rechte und Freiheiten des Einzelnen wegen der Sensibilität dieser Daten entstehen [Meints et al. 2008, S. 1089; Petermann/Sauter 2002, S. 88].[Albrecht 2003, S. 171 ff.]

4.3.6 Transparenzgebot, offene Datenerhebung und Grundsatz der Direkterhebung

Personenbezogene Daten sind nach § 4 Abs. 2 und 3 BDSG beim Betroffenen selbst zu erheben, d. h. dass die Daten mit seiner Kenntnis oder Mitwirkung zu erfassen sind[33]. Es gilt also der Grundsatz der Direkterhebung [Kühling/Seidel/Sivridis 2008, S. 110]. Dieser bildet die Ausgangsbasis für einen transparent gestalteten Umgang mit personenbezogenen Daten [Kühling/Seidel/Sivridis 2008, S. 136]. Der Betroffene muss zudem gemäß § 4 Abs. 2 Satz 2 BDSG in der Regel wissentlich an der Erhebung der personenbezogenen Daten mitwirken [Roßnagel 2005, S. 465; TeleTrusT 2006, S. 35; Welp 2007, S. 83 f.]. Weiterhin ist er über die Erhebung der personenbezogenen Daten gemäß § 4 Abs. 3 BDSG zu unterrichten. Der Merkmalsträger muss also darüber informiert sein, dass eine Erhebung seiner biometrischen Merkmale für das jeweilige Verfahren erfolgt [Meints 2008, S. 8; Meints et al. 2008, S. 1089]. Er ist in Kenntnis zu setzen, welche Daten zu welchem Zweck erhoben werden und auch was bei einer weiteren Verarbeitung und Nutzung mit den entsprechenden Daten geschieht [Gundermann/Köhntopp 1999, S. 149; Meints et al. 2008, S. 1089; TeleTrusT 2006, S. 37; TeleTrusT 2008, S. 4]. Hierzu zählt auch die Vorschrift, dass die personenbezogenen Daten grundsätzlich nicht bei Dritten erhoben werden dürfen, der sog. Grundsatz der Direkter-

---

[33] Gola/Schomerus/Klug § 4 BDSG Rn. 21

hebung [TeleTrusT 2008, S. 4][34]. Ausnahmen von diesen Grundsätzen sind nur durch gesetzliche Vorschriften legitimierbar [TeleTrusT 2008, S. 4].

Der Betroffene soll also wissen, welche Person, zu welchem Zeitpunkt und bei welcher Gelegenheit über ihn welche Informationen in Form von Daten erhebt, verarbeitet oder nutzt [Welp 2007, S. 83 f.][35]. Nur bei einer Entsprechung des Grundsatzes der Transparenz ist der Betroffene in der Lage, selbst über die Verwendung seiner Daten zu bestimmen, was auch als Grundvoraussetzung für den Persönlichkeitsschutz gemäß dem Recht auf informationelle Selbstbestimmung zu sehen ist [Kühling/Seidel/Sividris 2008, S. 136]. Dem Transparenzgebot entspricht das Bundesdatenschutzgesetz mit Hilfe zahlreicher Instrumentarien, wie der Erhebung beim Betroffenen, Unterrichtungen, Benachrichtigungen, Anzeigen, Informationen, Hinweisen, Kenntlichmachungen, Zugriffsmöglichkeiten und Auskünften [Kühling/Seidel/Sividris 2008, S. 136; Roßnagel 2005, S. 464; Welp 2007, S. 83 f.]. Es liegt also eine Verletzung des im Gesetz manifestierten Transparenzgebots vor, wenn eine Erhebung personenbezogener Daten praktisch „im Vorbeigehen" oder sogar unbemerkt erfolgt. Dies stellt einen unzulässigen Eingriff in das Recht auf informationelle Selbstbestimmung dar. Der Betroffene kann folglich wegen der Intransparenz des Datenverarbeitungsprozesses ihm gegenüber nicht mehr überprüfen, ob die Datenerhebung, die Datenverarbeitung oder die Datenspeicherung rechtmäßig sind [Albrecht 2003, S. 169; Borking/Verhaar 1999, S. 138; Hornung/Steidle 2005, S. 206; Roßnagel 2005, S. 464]. Unter diesen Gesichtspunkten sind also biometrische Verfahren bzw. Systemdesignansätze, die einen hohen Grad an Mitwirkung beim Betroffenen bedürfen, solchen vorzuziehen, die weniger beteiligen oder gar verdeckt arbeiten [Petermann/Sauter 2002, S. 10, 92].

4.3.7 Technische und organisatorische Schutzmaßnahmen

Die verantwortlichen Stellen, die selbst oder im Auftrag personenbezogene Daten erheben, verarbeiten oder nutzen, haben gemäß § 9 Satz 1 BDSG die technischen und organisatorischen Maßnahmen zu treffen, die erforderlich sind, um die Ausführung der Vorschriften des Bundesdatenschutzgesetzes zu gewährleisten, insbesondere die in der Anlage zum Bundesdatenschutzgesetz genannten Anforderungen. Erforderlich sind Maßnahmen gemäß § 9 Satz 2 BDSG nur dann, wenn ihr Aufwand in einem angemessenen Verhältnis zu dem angestrebten Schutzzweck steht [Gundermann/Köhntopp 1999, S. 148; Meints 2008, S. 8; Petermann/Sauter

---

[34] Gola/Schomerus/Klug § 4 BDSG Rn. 17
[35] Gola/Schomerus/Klug § 4 BDSG Rn. 21

2002, S. 103; TeleTrusT 2006, S. 35, 38; TeleTrusT 2008, S. 4][36]. Der Systembetreiber muss also die entsprechenden Maßnahmen treffen, um die personenbezogenen und teilweise sehr sensiblen biometrischen Daten zu schützen [Hornung/ Steidle 2005, S. 207; Meints et al. 2008, S. 1089]. Der Gesetzgeber hat für diejenigen Stellen, die mit personenbezogenen Daten umgehen, dadurch eine Art Prüfkatalog für die Praxis geschaffen [Welp 2007, S. 86 f.]. Die Anlage zu § 9 Satz 1 BDSG empfiehlt zu diesem Zweck geeignete Zutritts-, Zugangs-, Zugriffs-, Weitergabe-, Eingabe-, Auftrags- und Verfügbarkeitskontrollmechanismen zu ergreifen [Welp 2007, S. 86 f.]. Zudem legt die Anlage im Rahmen des sog. Trennungsgebots nahe, dass zu unterschiedlichen Zwecken erhobene Daten auch getrennt verarbeitet werden [Welp 2007, S. 87][37].

4.4 Weitere relevante Vorschriften und Gegebenheiten

Nicht nur datenschutzrechtliche Vorgaben beeinflussen und bestimmen die betriebliche Verwendung biometrischer Anlagen zur Benutzerauthentifizierung. Weiterhin spielen eine Reihe grundgesetzlich und betriebsverfassungsrechtlich manifestierter Vorschriften eine bedeutende Rolle bei der Einsatzlegitimation. Eine Abgrenzung und Beschreibung der relevanten Rechtsvorschriften wird im Folgenden vorgenommen.

4.4.1 Grundgesetzlich motivierte Aspekte

Die grundgesetzlich motivierten Anforderungen beschäftigen sich einerseits mit dem im Grundgesetz verankerten Gleichbehandlungsgebot und andererseits mit der Gefahr der Schaffung eines einheitlichen Personenkennzeichens durch den Einsatz biometrischer Systeme.

4.4.1.1 Grundsatz der Gleichheit

Ein weiteres Grundrecht von entscheidender Bedeutung für den Einsatz biometrischer Anlagen ist das Gleichbehandlungsgebot des Art. 3 GG [Hornung 2006, S. 14; Roßnagel 2006, S. 60]. Allein wegen körperlicher Merkmale darf es keine Benachteiligung geben [Roßnagel 2006, S. 60]. Ein Betroffener kann jedoch praktisch durch den Einsatz des biometrischen Erkennungsverfahrens dadurch benachteiligt werden, dass er wegen eines fehlenden oder nicht hinreichend ausgeprägten Merkmals für die Nutzung des Systems nicht geeignet ist [Albrecht 2003, S. 164;

---

[36] Gola/Schomerus/Klug § 9 BDSG Rn. 7
[37] Gola/Schomerus/Klug § 9 BDSG Rn. 29

Albrecht 2007, S. 179]. Die fehlende Ausprägung des biometrischen Merkmals kann dabei genetisch, durch einen Unfall oder eine Krankheit bedingt sein[38], durch mangelnde Kenntnisse[39] oder auch aus starker körperlicher Beanspruchung[40] resultieren [TeleTrusT 2006, S. 49; TeleTrusT 2008, S. 13]. Auch eine nicht ausreichende Verfahrensqualität bedingt durch die technische Nichtperfektion kann möglicherweise zu falschen Entscheidungen bei der Authentifizierung führen und verursacht somit derartige Diskriminierung, da Falschrückweisungen bei biometrischen Verfahren prinzipiell nie vollständig auszuschließen sind [Albrecht 2003, S. 164; Meints 2006, S. 14; TeleTrusT 2008, S. 13, 22]. Dies kann eine Reihe negativer Folgen nach sich ziehen, wie z. B. eine Ausgrenzung oder Benachteiligung für den Merkmalsträger [Albrecht 2003, S. 164 f.; Albrecht 2007, S. 173; TeleTrusT 2006, S. 49].

Deshalb muss vor der Einführung einer biometrischen Anlage stets geprüft werden, ob diese Probleme auftreten und gesetzt dem Falle eines positiven Ergebnisses ist eine Alternativlösung für den betroffenen Personenkreis umzusetzen, welche den diskriminierungsfreien Einsatz gewährleistet [Albrecht 2007, S. 173; Hornung 2006, S. 14; TeleTrusT 2006, S. 34, 49 f.; TeleTrusT 2008, S. 5, 13]. Im betrieblichen Einsatz muss der Arbeitgeber sicherstellen, dass dem Betroffenen aus einer Nichtnutzungsmöglichkeit keine Nachteile entstehen und dementsprechend effektive, für den Nutzer nachteilsfreie Alternativverfahren bzw. Rückfallsysteme bereitstellen [Albrecht 2007, S. 173; Hornung/Steidle 2005, S. 205; Meints 2006, S. 14; Roßnagel 2006, S. 60; TeleTrusT 2006, S. 50]. Dabei handelt es sich entweder um eine weitere biometrische Anlage oder auch eine wissens- oder besitzbasierte Authentifizierungslösung [TeleTrusT 2006, S. 50]. Es darf auf jeden Fall keinen spürbaren Nachteil für den Anwender wegen einer Nichtnutzungsmöglichkeit des biometrischen Systems geben [Albrecht 2003, S. 164 ff.; Albrecht 2007, S. 173; Reichl/Roßnagel/Müller 2005, S. 110; Roßnagel 2006, S. 60].

4.4.1.2 Gefahr der Schaffung eines einheitlichen Personenkennzeichens

Die Verwendung biometrischer Merkmale beinhaltet zudem die Gefahr der Schaffung eines Personenkennzeichens, welches dazu dient, den Nutzer in seiner vollständigen Persönlichkeit zu registrieren und zu katalogisieren [Albrecht 2003, S. 177]. Der Aufbau eines derartigen Instrumentariums ist jedoch nach der Recht-

---

[38] z. B. Blindheit, Taubheit, Stummheit, fehlende Extremitäten
[39] z. B. Analphabetismus
[40] z. B. Abnutzung des Fingerbildes durch stark körperlich arbeitende Nutzer

sprechung des Bundesverfassungsgerichts u. U. nicht mehr mit dem Recht auf informationelle Selbstbestimmung vereinbar [Albrecht 2003, S. 177].

Die wesentliche Erleichterung der Erstellung umfassender Persönlichkeitsprofile durch die Zusammenfassung von Daten aus den unterschiedlichsten Bereichen sieht hier die Rechtsprechung als das zentrale, mit dem Datenschutz unvereinbare Problem an [Albrecht 2003, S. 177].

Biometrische Merkmale eignen sich aufgrund der teilweise sehr langen, bis lebenslangen Personenbindung in einem gewissen Maß dazu, die Voraussetzungen für die Schaffung eines derartigen Personenkennzeichens zu liefern, da mit Hilfe eines hochwertigen biometrischen Datensatzes, in Form eines „universal identifiers", die Möglichkeit geschaffen wird, eine Vielzahl von Aktivitäten und Transaktionen nachzuvollziehen und mit deren Hilfe erhebliche Mengen an personenbezogenen Daten zusammenzuführen [Albrecht 2003, S. 180 f.; Hornung 2006, S. 5; Hornung 2008, S. 4; Nanavati/Thieme/Nanavati 2002, S. 241, 260 ff.; Weichert 2002, S. 170 ff.]. Die isolierte Erhebung, Verarbeitung und Speicherung eines biometrischen Merkmals lassen in der Regel keine derartige Zusammenführung und Schaffung eines Personenkennzeichens zu [Albrecht 2003, S. 182; Gundermann/Probst 2003, S. 1803 ff.]. Vor allem stark verhaltensbasierte biometrische Merkmale, welche dem Träger die Möglichkeit geben, durch bewusste Handlungsvariationen für unterschiedlich erfasste Informationen und statistisch unkorrelierte Templates zu sorgen, sind in diesem Zusammenhang als besonders unkritisch zu erachten [Nanavati/Thieme/Nanavati 2002, S. 255 ff., 262; Roßnagel/Pfitzmann/Garstka 2001a, S. 184 ff.]. Ein einheitliches Personenkennzeichen könnte durch die Verwendung biometrischer Merkmale vielmehr erst geschaffen werden, wenn etwa die Instanz Staat eine Erfassung und eine Speicherung sämtlicher oder vieler in Betracht zu ziehender biometrischer Merkmale vornimmt [Weichert 1997, S. 372]. Erst dadurch entsteht ein Instrumentarium, das wegen der Fülle an einfach zu kombinierenden Daten dazu geeignet ist, ein Individuum in allen Lebenslagen zu observieren [Albrecht 2003, S. 182]. Hier ist durch entsprechende Mechanismen und gesetzliche Beschränkungen gegenzusteuern und die Kombination bzw. die Verwendung dieser Daten muss reduziert werden.

Die tatsächliche Nutzbarkeit eines biometrischen Datensatzes im Sinne eines Personenkennzeichens ist in einem starken Maß vom Verwendungszweck, vom Speicherkonzept und von der Übermittlungsmöglichkeit der Daten abhängig [Albrecht 2003, S. 187; Grundermann/Probst 2003, S. 1803 ff.]. Sehr große, zentrale Datenbanken gelten in diesem Zusammenhang als problematisch, da so eine potenzielle Möglichkeit zur Datenzusammenführung entsteht [Gundermann/Probst 2003,

S. 1803 ff.; Nanavati/Thieme/Nanavati 2002, S. 260 f.]. Die Schaffung standardisierter Templateformate, welche die einfache Kombinierbarkeit unterschiedlicher biometrischer Merkmale zulässt, ist hier als sehr kritisch anzusehen [Nanavati/Thieme/Nanavati 2002, S. 262 f.]. Diese Probleme betreffen also besonders den öffentlichen Einsatz der Biometrie. Die betriebliche Verwendung biometrischer Lösungen, welche sich nur einzelner Merkmale bedienen, ist in der Regel hierfür viel zu begrenzt [Albrecht 2003, S. 177 ff.]. Die Gefahr der Schaffung eines biometrischen Personenkennzeichens ist zwar nie vollständig auszuschließen, im betrieblichen Anwendungskontext einzelner biometrischer Systeme ist sie jedoch weitestgehend unbedeutend.

4.4.2 Legitimationsgrundlagen mit datenschutzrechtlicher Relevanz für den betrieblichen Systemeinsatz

Derzeit existiert kein spezielles Arbeitnehmerdatenschutzrecht und ebenso kein gesetzgeberischer Ansatz in dieser Richtung, weshalb auch im betrieblichen Einsatzkontext das allgemeine Datenschutzrecht die Ausgangsbasis einer Untersuchung und Legitimation darstellen muss [Hornung/Steidle 2005, S. 202; Wedde 2007, S. 755]. Das Bundesdatenschutzgesetz normiert, wie vorab schon detaillierter betrachtet, in § 4 Abs. 1 BDSG zum Schutz personenbezogener Daten ein generelles Verbot mit Erlaubnisvorbehalt [Hornung/Steidle 2005, S. 202; Kühling/Seidel/Sivridis 2008, S. 161]. Die Verwendung personenbezogener Daten ist also grundsätzlich verboten und nur dann zulässig, wenn sie durch die Einwilligung des Betroffenen oder durch eine gesetzliche Legitimation ausdrücklich erlaubt wird [Gundermann/Köhntopp 1999, S. 149; Hornung/Steidle 2005, S. 202; Kühling/Seidel/Sivridis 2008, S. 161; TeleTrusT 2008, S. 23].

4.4.2.1 Einwilligung oder Rechtsvorschrift als Ausgangsbasis einer Legitimation

Da vor allem mit der besonderen Lage, in der sich der Arbeitnehmer befindet, ein erhebliches Bedrohungspotenzial für das Recht auf informationelle Selbstbestimmung verbunden ist, muss die Möglichkeit der Einwilligung distanziert betrachtet werden [Albrecht 2003, S. 195; Hornung/Steidle 2005, S. 202]. Die Verwendung personenbezogener Daten setzt gemäß § 4a Abs. 1 Satz 1 BDSG voraus, dass die Einwilligung auf einer freien Entscheidung des Betroffenen beruht [Hornung/Steidle 2005, S. 202]. Diese Freiwilligkeit ist besonders im Arbeitsverhältnis als problematisch und eingeschränkt zu erachten, da die evidente Abhängigkeit des Arbeitnehmers von seinem Arbeitsplatz eine ausgeglichene Realisierung erschwert. Tatsächlich herrscht vielmehr ein ungleiches Kräfteverhältnis zwischen

Arbeitgeber und Arbeitnehmer vor, welches die Freiwilligkeit stark negativ zu Ungunsten des Arbeitnehmers beeinflusst [Albrecht 2003, S. 195 f., 203; Hornung/ Steidle 2005, S. 202]. Dieser erteilt häufig alleine deshalb die Einwilligung, weil er Repressalien seitens des Arbeitgebers befürchtet und von seinem Arbeitsplatz in starkem Maße abhängig ist [Hornung/Steidle 2005, S. 202]. Dieser Umstand und die Tatsache, dass die Legitimation des betrieblichen Einsatzes im Praxisbetrieb nur sinnvoll möglich ist, wenn eine weitestgehend einheitliche Regelung umgesetzt wird, die mit individuellen, pauschalen und speziellen Einwilligungen so in der Regel nicht praktikabel zu realisieren ist, führt zu der relevanten Legitimationsmöglichkeit über eine andere Rechtsvorschrift [Hornung/Steidle 2005, S. 202].

In den Bereich dieser Rechtsvorschriften fallen auch Betriebs-, Dienst- und Tarifvereinbarungen [Bäumler/Gundermann/Probst 2001, S. 54; Hornung/Steidle 2005, S. 202; TeleTrusT 2008, S. 23][41]. Der betriebliche Einsatz biometrischer Anlagen erfolgt somit also auch immer zuerst unter betriebsverfassungsrechtlicher Sicht, falls das Betriebsverfassungsgesetz greift [TeleTrusT 2006, S. 46; TeleTrusT 2008, S. 23]. Die hier manifestierten Vorschriften sind beim betrieblichen Einsatz biometrischer Lösungen von hoher praktischer Relevanz [Bäumler/Gundermann/ Probst 2001, S. 54; Gundermann/Köhntopp 1999, S. 149]. Unter diesem Gesichtspunkt ist also auch immer zu prüfen, ob die Betriebsverfassung im jeweiligen Einsatzkontext zur Anwendung gelangt. Fällt ein Unternehmen in den Wirkungsbereich des Betriebsverfassungsgesetzes, so besitzen die in den folgenden beiden Abschnitten beschrieben Rechtsnormen besondere Bedeutung für den Einsatz der Biometrie im Unternehmen. Es ist also beim betrieblichen Einsatz biometrischer Systeme primär immer zu überprüfen, ob der jeweilige Einsatzkontext unter die Vorschriften des Betriebsverfassungsgesetzes fällt, bevor anschließend die Tauglichkeit bzw. Legitimierbarkeit der biometrischen Anlage unter den dann gültigen Vorschriften für das entsprechende Unternehmensumfeld zu analysieren ist. Der Betriebsrat wacht zudem gemäß § 80 Abs. 1 Nr. 1 BetrVG auch über die Einhaltung der Regelungen des Bundesdatenschutzgesetzes [Albrecht 2003, S. 107; Hornung/ Steidle 2005, S. 203]. Diese Tatsache bringt die enge Verbundenheit des Betriebsverfassungsgesetzes mit datenschutzrechtlichen Vorschriften beim Einsatz biometrischer Anlagen in Unternehmen zum Ausdruck. Greifen die betriebsverfassungsrechtlichen Rechtsvorschriften nicht, so ist weiterhin eine Einsatzlegitimation über § 32 Abs. 1 BDSG möglich, die im dritten Unterpunkt eine genaue Betrachtung erfährt.

---

[41] Gola/Schomerus/Klug § 4 BDSG Rn. 10

4.4.2.2 Allgemeine Normierung des Persönlichkeitsschutzes in § 75 Abs. 2 Satz 1 BetrVG

§ 75 Abs. 2 BetrVG begründet die datenschutzrechtliche Kontrollfunktion des Betriebsrats [Braun-Lüdicke 2008, S. 77]. Der Persönlichkeitsschutz der Arbeitnehmer ist in § 75 Abs. 2 Satz 1 BetrVG manifestiert und enthält die freie Entfaltung der Persönlichkeit der betriebsangehörigen Arbeitnehmer [Albrecht 2002b, S. 109; Albrecht 2003, S. 197; Wedde 2007, S. 755]. Es besteht die gemeinsame Pflicht von Arbeitgeber und Arbeitnehmer, die freie Entfaltung der Persönlichkeit der im Betrieb beschäftigten Arbeitnehmer sowohl zu schützen als auch zu fördern [Albrecht 2003, S. 197; Braun-Lüdicke 2008, S. 77; Hornung 2008, S. 7; Hornung/Steidle 2005, S. 203; Roßnagel 2006, S. 70 f.; Wedde 2007, S. 755]. Der Arbeitnehmerdatenschutz bildet somit die zentrale Aufgabenüberschneidung zwischen Bundesdatenschutzgesetz und Betriebsverfassungsgesetz [Braun-Lüdicke 2008, S. 77][42]. Diese Überschneidung ergibt sich aus § 4g Abs. 1 BDSG und § 80 Abs. 1 Nr. 1 BetrVG, wonach sowohl der Datenschutzbeauftragte als auch der Betriebsrat über die Einhaltung und die Kontrolle der datenschutzrechtlichen Bestimmungen und Vereinbarungen zu wachen haben [Braun-Lüdicke 2008, S. 77].

Im Arbeitsverhältnis ist gemäß § 75 Abs. 2 Satz 1 BetrVG stets zwischen dem Informationsinteresse des Arbeitgebers und dem Anspruch des Arbeitnehmers auf Persönlichkeitsschutz abzuwägen [Albrecht 2003, S. 197 ff.; Hornung/Steidle 2005, S. 202 f.]. Der Einsatz biometrischer Lösungen in Unternehmen tangiert unzweifelhaft die Persönlichkeitsrechte des betroffenen Arbeitnehmers, da diese ihn zwingen, ein körperliches Merkmal zu einem bestimmten Zweck einzusetzen, was einem Vorschreiben bestimmter Verhaltensweisen gleichkommt, die seine Handlungsfreiheit begrenzen und somit grundsätzlich seine Persönlichkeitsrechte in gewissem Maße ungerechtfertigt einschränken [Albrecht 2003, S. 197].

Es muss folglich in jedem Fall eine objektive Würdigung der Verhältnismäßigkeit aufgrund überwiegender betrieblicher Belange erfolgen. Beim Einsatz biometrischer Systeme sind also einerseits die Interessen des Arbeitgebers und andererseits das Persönlichkeitsrecht des Arbeitnehmers gegeneinander abzuwägen, weshalb sich auch das Recht auf informationelle Selbstbestimmung im Fokus der Betrachtung befindet [Hornung/Steidle 2005, S. 202]. Bei der Prüfung des Einsatzes biometrischer Anlagen stellt sich dabei grundsätzlich die Frage nach der Erforderlichkeit. Zudem sind solche Authentifizierungssysteme vorzuziehen, die zur Erreichung des entsprechenden Zwecks weniger in die Persönlichkeitsrechte des Ar-

---

[42] Fitting et al. § 80 BetrVG Rn. 7

beitnehmers eingreifen [Albrecht 2003, S. 198 f., 212]. Der Arbeitgeber muss immer das besondere Interesse im Sinne der Erforderlichkeit des Einsatzes biometrischer Anlagen begründen [Albrecht 2003, S. 200]. Die Erforderlichkeit kann dabei mit Hilfe der Beseitigung von Sicherheitslücken und Missbrauchsmöglichkeiten durch biometrische Lösungen gerechtfertigt werden, die etwa herkömmliche wissens- und besitzbasierte Authentifizierungssysteme aufweisen [Albrecht 2003, S. 199, 212]. Das Arbeitgeberrecht auf eine angemessene Überprüfung der Arbeitszeit steht dem Persönlichkeitsrecht des Arbeitnehmers beispielsweise in der Regel nicht entgegen [Albrecht 2003, S. 199]. Reine Kostengründe reichen jedoch zur Begründung der Erforderlichkeit des Einsatzes der Biometrie nicht aus [Albrecht 2003, S. 199]. Die Beurteilung der Schwere des Eingriffs in das Persönlichkeitsrecht ist dabei von zentraler Bedeutung und stark verbunden mit der datenschutzrechtlichen Bewertung des Systems [Albrecht 2003, S. 200, 212; Hornung/ Steidle 2005, S. 205].

Je datenschutzfreundlicher die biometrische Anlage gestaltet ist, desto leichter ist die Erforderlichkeit eines Systemeinsatzes zu begründen und zu legitimieren. Je weniger bzw. je unkritischere personenbezogene Daten erhoben werden, desto mehr scheint auch aus betriebsverfassungsrechtlicher Sicht ein Einsatz akzeptabel [Albrecht 2003, S. 203, 212]. Die Rechtfertigung oder die Ablehnung des mit dem Einsatz biometrischer Lösungen verbundenen Eingriffs in die Persönlichkeitsrechte der Arbeitnehmer muss immer abhängig vom konkreten Anwendungsbereich, dem Verwendungszweck des Systems und der Nutzbarkeit der biometrischen Daten einzelfallbezogen hinsichtlich der widerstreitenden Interessen zwischen Arbeitgeber und Arbeitnehmern abgewogen werden [Albrecht 2003, S. 203].

Die Grenzen der Legitimierbarkeit sind erreicht, wenn die Anlage neben der Identität auch Aussagen über den Gemüts- und Gesundheitszustand oder gar den Charakter des Individuums zulassen würde, was einem eindeutigen Verstoß gegen den im § 94 BetrVG postulierten Grundsatz der Beurteilung des Arbeitnehmers nach sachgerechten Kriterien gleichkommt und somit einen unzulässigen Eingriff in das Persönlichkeitsrecht des betroffenen Arbeitnehmers darstellt [Albrecht 2003, S. 200, 203]. Weitere Grenzen sind die Erstellungsmöglichkeit von Persönlichkeitsprofilen und die heimliche Überwachung der Arbeitnehmer durch das fokussierte biometrische System [Albrecht 2003, S. 200 f.].

Da bei einem Betrieb biometrischer Anlagen in der Regel die Identifizierung des Betroffenen möglich ist und dieser Umstand daher regelmäßig die Persönlichkeitsrechte der Betroffenen tangiert, greifen die allgemeinen Regelungen zum Persönlichkeitsschutz des § 75 Abs. 2 Satz 1 BetrVG [Albrecht 2003, S. 197, 211]. Darauf aufbauend konkretisiert sich der Persönlichkeitsschutz in einer Reihe weiterer kollektivrechtlicher Mitbestimmungsrechte [Albrecht 2003, S. 203 ff.]. Sollte der Einsatzbereich des biometrischen Systems in den Kontext des Betriebsverfassungsgesetzes fallen, so ist zunächst immer eine Interessensabwägung unter Berücksichtigung der Generalklausel des § 75 Abs. 2 Satz 1 BetrVG zum Persönlichkeitsschutz des Arbeitnehmers und somit auf Basis dessen eine grundlegende Legitimationsprüfung des Systembetriebs vorzunehmen [Albrecht 2003, S. 211]. Falls diese grundsätzliche Legitimationsprüfung zu einem positiven Ergebnis gelangt, gilt es in einem zweiten Schritt zu überprüfen, ob ein kollektivrechtliches Mitspracherecht des Betriebsrats im Sinne des § 87 Abs. 1 Satz 6 BetrVG besteht [Albrecht 2003, S. 198]. Der positive Nachweis wird in der Regel durch die Beseitigung bestehender Sicherheitslücken und Missbrauchsmöglichkeiten durch die biometrische Lösung unter Berücksichtigung des Grundsatzes der Verhältnismäßigkeit in zweckgebundener, erforderlicher, angemessener und geeigneter Art und Weise erbracht.

4.4.2.3 Mitbestimmung des Betriebsrats gemäß § 87 Abs. 1 Satz 6 BetrVG

Der in § 75 Abs. 2 Satz 1 BetrVG allgemein manifestierte Persönlichkeitsschutz für Arbeitnehmer konkretisiert sich in einer Reihe kollektivrechtlicher Mitbestimmungsrechte des Betriebsrats weiter. Hierunter fallen neben Mitspracherechten zur Ordnung des Betriebs und zum Verhalten der Arbeitnehmer im Betrieb gemäß § 87 Abs. 1 Satz 1 BetrVG auch das Recht gemäß § 87 Abs. 1 Satz 6 BetrVG die Einführung und Anwendung technischer Einrichtungen, die dazu bestimmt sind, das Verhalten oder die Leistung der Arbeitnehmer zu überwachen, mitzubestimmen und zu kontrollieren [Albrecht 2002b, S. 109; Albrecht 2003, S. 203 ff.; Hornung 2008, S. 6, 9; Hornung/Steidle 2005, S. 203; Roßnagel 2006, S. 70; TeleTrusT 2008, S. 23; Wedde 2007, S. 754]. Zu den Gesetzen, über deren Erfüllung der Betriebsrat gemäß § 80 Abs. 1 Satz 1 BetrVG zu wachen hat, gehören auch datenschutzrechtliche Bestimmungen, was die Notwendigkeit der Betrachtung dieser Punkte im Rahmen der vorliegenden Arbeit zudem unterstreicht [Hornung/Steidle 2005, S. 203]. Die Vorschrift räumt also dem Betriebsrat ein Mitbestimmungsrecht ein [Wedde 2007, S. 754]. Dieses Recht kann wegen des bestehenden Initiativrechts auch gegen den Willen der Arbeitgeberseite durchgesetzt werden [Wedde 2007, S. 754][43].

Ziel dieser Rechte ist es, unzulässige Eingriffe in das Persönlichkeitsrecht der Arbeitnehmer präventiv zu verhindern und erneut unter Berücksichtigung der Ver-

---

[43] Fitting et al. § 87 BetrVG Rn. 251

hältnismäßigkeit zulässige Eingriffe auf das notwendige Maß zu reduzieren [Albrecht 2003, S. 204; Hornung/Steidle 2005, S. 203; Wedde 2007, S. 754][44]. Bei einer Missachtung des Mitbestimmungsrechtes kann der Betriebsrat die Beseitigung und die Unterlassung der Benutzung derartiger Anlagen durch eine einstweilige Verfügung unterbinden [Wedde 2007, S. 754]. Damit die Regelung des § 87 Abs. 1 Satz 6 BetrVG greift, muss es sich bei der Anlage oder in diesem Falle bei dem biometrischen System um eine technische Anlage handeln, die zur Überwachung bestimmt ist [Albrecht 2003, S. 205].

Eine technische Einrichtung gemäß § 87 Abs. 1 Satz 6 BetrVG liegt dann vor, wenn das Verhalten oder die Leistung des Arbeitnehmers zumindest teilweise durch diese Einrichtung der menschlichen Wahrnehmung zugänglich gemacht wird, was alle optischen, akustischen, mechanischen und elektronischen Geräte einschließt, die eine eigenständige Kontrollwirkung erbringen [Albrecht 2002b, S. 109; Albrecht 2003, S. 205][45/46]. Zudem muss die technische Einrichtung selbst automatisch Daten über bestimmte Vorgänge erfassen können und das Messergebnis darf somit nicht von einer menschlichen Kontrolltätigkeit abhängig sein [Albrecht 2003, S. 205]. Beide Anforderungen erfüllt das biometrische System bereits durch den technisierten Vorgang der Templategenerierung oder auch durch den späteren Abgleich der biometrischen Proben [Albrecht 2003, S. 205].

Eine Überwachung im Sinne von § 87 Abs. 1 Satz 6 BetrVG liegt dann vor, wenn leistungs- oder verhaltensrelevante Daten der Arbeitnehmer gesammelt und anschließend in irgendeiner Form ausgewertet werden [Albrecht 2003, S. 206][47]. Technische Einrichtungen unterliegen bereits dann einem Mitbestimmungsrecht durch den Betriebsrat, wenn diese aufgrund ihrer technischen Gegebenheiten und ihres konkreten Einsatzes objektiv dazu geeignet sind, das Verhalten und die Leistung der Arbeitnehmer zu überwachen [Albrecht 2003, S. 206; Wedde 2007,

---

[44] Fitting et al. § 87 BetrVG Rn. 216

[45] Fitting et al. § 87 BetrVG Rn. 224 und Rn. 226

[46] Verhaltens- oder leistungserhebliche Daten des Arbeitnehmers sind gemäß Fitting et al. § 87 BetrVG Rn. 223 etwa, der Beginn und das Ende seiner täglichen Arbeitszeit, seine Gleitzeit, die Einzelheiten der Vertragserfüllung, erreichte Arbeitsergebnisse im Rahmen von Zielvereinbarungen, Überstunden, Streikbeteiligung, Fehlzeiten, unabhängig davon, ob es sich um unentschuldigte oder krankheitsbedingte Fehlzeiten handelt, bargeldlose Abrechnung des Kantinen- oder Automatenverzehrs, Benutzung des Werkbusses oder Einkäufe von Betriebserzeugnissen, betriebliche Darlehen oder Pfändungen.

[47] Fitting et al. § 87 BetrVG Rn. 221 und Rn. 223

S. 754][48]. Dabei genügt bereits die objektive Möglichkeit zur Überwachung, d. h. die potenzielle Überwachungseignung der technischen Einrichtung unabhängig vom tatsächlich verfolgten Einsatzgedanken durch den Arbeitgeber [Albrecht 2003, S. 206 ff.][49].

Sobald mit Hilfe der elektronischen Datenverarbeitung eine Verarbeitung personenbezogener Daten erfolgt und diese zumindest mit einer entsprechenden Verknüpfung bestimmte Aussagen über das Verhalten oder die Leistung der Arbeitnehmer zulassen, ist somit eine Überwachungsbestimmung im Sinne des § 87 Abs. 1 Satz 6 BetrVG gegeben [Albrecht 2003, S. 207][50]. Die gewonnen Daten müssen den Arbeitnehmer somit individualisieren [Albrecht 2003, S. 207 f.]. Die Regelung des § 87 Abs. 1 Nr. 6 BetrVG kann beispielsweise bei Systemen zum Fingerabdruckvergleich, bei biometrischen Zugangskontrollen, Multimoment-Filmkameras, welche in regelmäßigen Abständen Aufnahmen von Arbeitsplätzen machen, Filmkameras, Fernsehmonitoren, Spiegeln, Mikrophonen, beim Fertigen von Tonbandaufnahmen oder bei Aufnahmen von Telefongesprächen, Geräten zum Mithören von telefonischen Verkaufsgesprächen, Stechuhren, sonstigen automatischen Zeiterfassungsgeräten, wie z. B. Zeitstemplern, rechnergestützten Zeitaufnahmegeräten zur Vorgabezeitermittlung, Produktographen, Monitoren, Torkontrollen, Sicherungs- und Zeiterfassungssystemen, konventionellen Telefonanlagen, Mobiltelefonen, ISDN-Anlagen, Internetanschlüssen, E-Mail-Systemen und weiteren EDV-Anlagen und vielem mehr bei entsprechendem Systemdesign greifen, wenn verhaltens- oder leistungserhebliche Daten der Nutzer erfasst werden bzw. durch eine entsprechende Verknüpfungsmöglichkeit gegeben sind [Albrecht 2003, S. 207][51].

Biometrische Lösungen sind sowohl zur Identifikation als auch zur Verifikation einsetzbar. Eine positive Identifikation stellt immer einen Personenbezug her und individualisiert somit den Nutzer [Albrecht 2003, S. 208]. Die Regelung des § 87 Abs. 1 Satz 6 BetrVG greift also hier in jedem Fall. Die Verifikation kann hingegen in speziellen Fällen so umgesetzt und eingesetzt sein, dass sowohl kein individualisierender Rückschluss auf den entsprechenden Arbeitnehmer also auch aus technischer Sicht keine Identifizierung der Person möglich ist [Albrecht 2003, S. 208 f.]. Dies ist z. B. im Rahmen einer personenunabhängigen Zugangs- oder Zutrittskontrolle zu einem geschützten Bereich gegeben [Albrecht 2003, S. 208 f.].

---

[48] Fitting et al. § 87 BetrVG Rn. 226 und Rn. 235
[49] Fitting et al. § 87 BetrVG Rn. 226
[50] Fitting et al. § 87 BetrVG Rn. 222, Rn. 227 und Rn. 236
[51] Fitting et al. § 87 BetrVG Rn. 244 f.

Unter diesen Umständen erfolgt keine Überwachung im Sinne des § 87 Abs. 1 Satz 6 BetrVG [Albrecht 2003, S. 209]. In den meisten Fällen werden biometrische Anlagen jedoch im Praxisbetrieb so eingesetzt, dass eine Identifizierung des Nutzers zumindest durch eine entsprechende Verknüpfungsmöglichkeit gegeben ist. Der Authentifizierungsvorgang bei der Anmeldung am PC in ein betriebsinternes Netz wird z. B. aus Datensicherheits- und Revisionsgründen in der Regel protokolliert, was eine technisch bedingte Verknüpfung mit den Nutzerdaten ermöglicht [Albrecht 2003, S. 209]. Auch Kontroll- und Sicherungsmaßnahmen im Sinne des § 9 Satz 1 BDSG und seiner Anlage lassen sich meist nur von solchen Einrichtungen realisieren, die eine Verknüpfungsmöglichkeit bieten und so wieder ein Mitbestimmungsrecht gemäß § 87 Abs. 1 Satz 6 BetrVG auslösen [Albrecht 2003, S. 209]. Hierunter fallen vor allem Maßnahmen im Sinne der Anlage zu § 9 Satz 1 BDSG, die Zutritts-, Zugriffs- und Weitergabekontrollen protokollieren [Albrecht 2003, S. 209]. Weiterhin erfolgt bei biometrischen Lösungen aus Revisionssicherheitsgründen in der Regel eine Protokollierung des Erkennungsvorganges, die bei auftretenden Falschmeldungen die entsprechend notwendigen Fehleranalysen ermöglicht [Albrecht 2003, S. 209]. Alle diese Rahmenbedingungen lassen fast immer eine technisch mögliche Identifizierung der Person durch die Verknüpfung mit geeigneten Daten zu und erfüllen somit die Überwachungseignung im Sinne des § 87 Abs. 1 Satz 6 BetrVG [Albrecht 2003, S. 10].

Bei einem Einsatz biometrischer Systeme in Unternehmen, der in den Wirkungskreis des Betriebsverfassungsgesetzes fällt, ist also im Allgemeinen mit wenigen speziellen Ausnahmen von der Wirksamkeit des Mitbestimmungsrechts des Betriebsrats im Sinne des § 87 Abs. 1 Satz 6 BetrVG auszugehen [Albrecht 2003, S. 210; TeleTrusT 2006, S. 45]. Die Mitbestimmung durch eine Betriebsvereinbarung gemäß § 77 BetrVG hat eine hohe praktische Bedeutung und kann dazu dienen, den Einsatz biometrischer Lösungen und die damit verbundene Erhebung, Speicherung und Verarbeitung personenbezogener Daten über § 4 Abs. 1 BDSG durch die Erfüllung gesetzlicher Erlaubnistatbestände zu legitimieren [Albrecht 2002b, S. 110; Albrecht 2003, S. 211; Bäumler/Gundermann/Probst 2001, S. 54; Gundermann/Köhntopp 1999, S. 149]. Erst diese Mitsprache des Betriebsrats stellt hier einen angemessenen Persönlichkeitsschutz der Arbeitnehmer sicher [Albrecht 2003, S. 212; Albrecht 2007, S. 175]. Betriebsvereinbarungen sind als geeignetes Instrumentarium anzusehen, um mit der Verwendung biometrischer Systeme in Unternehmen verbundene Probleme durch die Beachtung der beteiligten Interessen in Selbstregulierung zu lösen [Roßnagel 2006, S. 73].

Betriebsvereinbarungen können jedoch nicht dazu eingesetzt werden, Verstöße gegen höherrangiges Recht zu legitimieren, z. B. in Form der Regelung der Übermittlung biometrischer Daten an weitere Stellen, welche den Vorschriften des Bundesdatenschutzgesetzes widersprechen [Albrecht 2003, S. 211 f.; Bäumler/ Gundermann/Probst 2001, S. 54; TeleTrusT 2006, S. 46]. Ferner müssen sie den betriebsverfassungsrechtlichen Erstellungsregelungen entsprechen [Albrecht 2003, S. 211 f.; Bäumler/Gundermann/Probst 2001, S. 54; TeleTrusT 2006, S. 46]. Die Norm des § 75 Abs. 2 Satz 1 BetrVG liegt als Generalklausel zugrunde und kann ebenfalls auch nicht durch entsprechende Betriebsvereinbarungen umgangen werden [Albrecht 2003, S. 212; Albrecht 2007, S. 171 ff.]. Das Mitbestimmungsrecht des Betriebsrats besteht auch dann, wenn eine Erfassung des Mitarbeiters durch biometrische Systeme im Betrieb des Kunden erfolgt, den er auf Anweisung des Arbeitgebers betritt, er sich also im Außendienst befindet [Hornung 2006, S. 8; Hornung/Steidle 2005, S. 204 f.; TeleTrusT 2008, S. 23].

In einem zweiten Schritt muss also vor dem Einsatz biometrischer Anlagen in Unternehmen immer geprüft werden, ob das Mitbestimmungsrecht des Betriebsrats gilt. Es ist also zu untersuchen, ob es sich bei dem biometrischen System in dem entsprechenden Einsatzkontext um eine technische Einrichtung handelt, welche zur Überwachung bestimmt ist. Falls dies der Fall ist, kann eine Betriebsvereinbarung, die so zur Legitimation der Verarbeitung personenbezogener Daten nach § 4 Abs. 1 BDSG dient und den Einsatz des biometrischen Systems im Unternehmen rechtlich absichert, diesem Umstand entsprechen. Die Arbeitsgruppe 6 des TeleTrusT e. V. stellt eine geeignete Musterbetriebsvereinbarung für die betriebliche Verwendung biometrischer Lösungen zu Verfügung, die alle zur Legitimation notwendigen Punkte enthält [TeleTrusT 2005, S. 1 ff.]. Diese kann für den jeweiligen Einsatzkontext und das entsprechende biometrische System im Praxisbetrieb angepasst und dann verwendet werden.

4.4.2.4 Legitimation des betrieblichen Einsatzes biometrischer Systeme auf der Grundlage des § 32 Abs. 1 Satz 1 BDSG[52]

Auch in Unternehmen, in denen kein Betriebsrat oder kein betrieblicher Datenschutzbeauftragter existiert und in denen somit die Legitimationsmöglichkeit des Einsatzes biometrischer Systeme mit Hilfe einer Betriebsvereinbarung entfällt, spannen die vorab erläuterten, relevanten datenschutzrechtlichen Vorgaben den Rahmen für einen Systembetrieb auf [Albrecht 2007, S. 175]. Greifen die Rechtsgrundlagen des Betriebsverfassungsgesetzes nicht, so besteht eventuell die Möglichkeit, die Verwendung personenbezogener biometrischer Daten auf den mit der Beschlussfassung von Juli 2009 neu geschaffenen § 32 Abs. 1 Satz 1 BDSG zu stützen. Für einen rechtskonformen Einsatz in diesem Falle müssen also die biometrischen Anlagen im entsprechenden Kontext die aus § 32 Abs. 1 Satz 1 BDSG ableitbaren Anforderungen erfüllen.

Zuvor ist jedoch gemäß § 27 BDSG in einem ersten Schritt zu prüfen, ob überhaupt der Anwendungsbereich der §§ 28 ff. BDSG eröffnet wird. Die §§ 28 ff. BDSG greifen gemäß § 27 Abs. 1 Satz 1 Nr. 1 BDSG, soweit personenbezogene Daten unter dem Einsatz von Datenverarbeitungsanlagen in oder aus nicht automatisierten Dateien verarbeitet, genutzt oder durch nicht öffentliche Stellen dafür erhoben werden. Für privatwirtschaftliche Unternehmen sind diese Voraussetzung für die Anwendung der §§ 28 ff. BDSG im Zusammenhang mit dem Einsatz biometrischer Systeme in der Regel als gegeben anzusehen.

---

[52] Die Arbeit beruft sich zur Legitimation des betrieblichen Einsatzes der Biometrie bereits auf die am 10.07.2009 endgültig verabschiedeten Änderungen des Bundesdatenschutzgesetzes, welche zum 01.09.2009 in Kraft treten. Somit findet der neu geschaffene § 32 BDSG zur Datenerhebung, Datenverarbeitung und Datennutzung für Zwecke des Beschäftigungsverhältnisses bereits Berücksichtigung. Die vorab zur Legitimation des betrieblichen Einsatzes heranzuziehenden Vorschriften des § 28 Abs. 1 BDSG und deren entsprechende Kommentare werden nur noch als Ausgangsbasis verwendet, da Kommentare für diese neu eingeführte Vorschrift derzeit nicht existieren. Dies erscheint vor allem auch vor dem Hintergund legitim, dass mit der Schaffung des § 32 BDSG die von der Rechtsprechung erarbeiteten Grundsätze des Datenschutzes im Beschäftigungsverhältnis nicht geändert, sondern lediglich zusammengefasst werden sollen [Deutscher Bundestag 2009, S. 35]. Im Folgenden wird somit auf die entsprechenden Kommentare des § 28 BDSG vor der Gesetzesänderung zurückgegriffen, welche auch für den neu eingeführten § 32 BDSG von Relevanz sind.

Nach § 32 Abs. 1 Satz 1 BDSG ist das Erheben, das Verarbeiten oder das Nutzen personenbezogener Daten eines Beschäftigten für die Zwecke des Beschäftigungsverhältnisses erlaubt, wenn dies für die Entscheidung über die Begründung eines Beschäftigungsverhältnisses oder nach Begründung des Beschäftigungsverhältnisses für dessen Durchführung oder Beendigung erforderlich ist. Der entsprechende Datenumgang muss dabei zur Entscheidung über die Begründung des Beschäftigungsverhältnisses, dessen Durchführung oder dessen Beendigung erforderlich sein, was einen unmittelbaren sachlichen Zusammenhang zwischen beabsichtigter Datenverwendung und dem Beschäftigungsverhältnis voraussetzt[53]. Der Zweck des Beschäftigungsverhältnisses ist vor allem mit der leistungsgerechten Erbringung der Arbeitskraft durch den Beschäftigten gegen eine adäquate Entlohnung entsprechend dem zugrunde liegenden Arbeitsvertrag, Tarifvertrag oder einer möglichen Betriebsvereinbarungen begründet [Hornung/Steidle 2005, S. 202]. Beispielsweise kann der Arbeitgeber seine Befugnis zum Einsatz eines biometrischen Systems auf eine im Arbeitsvertrag beschriebene Tätigkeit des Arbeitgebers in einem besonders schützenswerten Bereich stützen [Gundermann/Köhntopp 1999, S. 149].

Der Arbeitgeber darf bestimmte Basisdaten und Stammdaten über die Person des Arbeitnehmers verwenden und zur Kontrolle der Arbeitsleistung die Verwendung betrieblicher Arbeitsmittel in gewissem Maße kontrollieren, die für den künftigen Verlauf des Arbeitsverhältnisses von Bedeutung sein können [Hornung/Steidle 2005, S. 202; Welp 2007, S. 85 f.][54]. Es muss eine konkrete und präzise Zweckbestimmung erfolgen. Ferner dürfen die personenbezogenen Daten nur gemäß der Zweckbestimmung für das Beschäftigungsverhältnis in dem dafür erforderlichen Maße vorgenommen werden, beispielsweise in Form einer Leistungserfassung, zum Schutz von Betriebsgeheimnissen, zur Gewährleistung der Datensicherheit einer Datenbank oder zur Kontrolle des Verbots einer Privatnutzung von Internet und von Telefon [Hornung/Steidle 2005, S. 206]. Eine pauschal mit dem Arbeitsverhältnis begründete Zweckbestimmung ist hingegen nicht zulässig [Hornung/Steidle 2005, S. 202][55].

Die Daten müssen dabei zur Erfüllung der Pflichten und zur Wahrnehmung der Rechte aus dem Vertragsverhältnis tatsächlich erforderlich sein [Hornung/Steidle 2005, S. 202]. Der Erforderlichkeitsgrundsatz ist dann gegeben, wenn die Datenerhebung und die Datenverarbeitung ein geeignetes Mittel zur rechtmäßigen Zweck-

---

[53] Simitis § 28 BDSG Rn. 79

[54] Gola/Schomerus/Klug § 28 BDSG Rn. 18

[55] Gola/Schomerus/Klug § 28 BDSG Rn. 13 ff. und Rn. 19

erreichung darstellen, für das keine sinnvolle und zumutbare Alternative existiert, also eine tatsächliche Erforderlichkeit besteht [Hornung/Steidle 2005, S. 202][56].

In der Regel wird sich die Zweckbestimmung des Beschäftigungsverhältnisses, welche die Datenerhebung, die Datenverarbeitung oder die Datennutzung rechtfertigen kann, nicht unmittelbar aus dem Vertragswort des Beschäftigungsverhältnisses ablesen lassen. Dies macht eine Interessensabwägung zwischen den beiden beteiligten Parteien und eine Beachtung des Verhältnismäßigkeitsprinzips erforderlich[57]. Zu welchen Datenverarbeitungen und Datennutzungen der Arbeitgeber im Rahmen des Arbeitsverhältnisses berechtigt ist, gilt es in einer Abwägung zwischen dem sich aus der Zweckbestimmung des Beschäftigungsverhältnisses ergebenden Informationsinteresse des Arbeitgebers und dem Anspruch des Arbeitnehmers auf Persönlichkeitsrechtsschutz gemäß § 75 Abs. 2 BetrVG zu ermitteln[58]. Inwieweit ein solcher Einsatz jedoch der Zweckbestimmung des Beschäftigungsverhältnisses dient und damit den Erforderlichkeitsgrundsatz erfüllt, ist sehr umstritten, mit schwierigen Abwägungsprozessen verbunden und gesetzlich nicht genauer geregelt. Es kann jedoch die allgemeine Regel zum Persönlichkeitsrechtsschutz des Arbeitnehmers im § 75 Abs. 2 BetrVG herangezogen werden [Hornung/Steidle 2005, S. 202 f.; TeleTrusT 2008, S. 24]. Rechtsprechung und Lehre haben Grundsätze entwickelt, die denen in § 6b BDSG zur Videoüberwachung entsprechen und die auch auf andere Formen der Kontrolle Beschäftigter, wie z. B. eine biometrische Zugangskontrolle, übertragbar sind [Hornung/Steidle 2005, S. 205]. Eine Legitimation des betrieblichen Einsatzes biometrischer Systeme mit Hilfe des § 32 Abs. 1 Satz 1 BDSG scheint vor allem mit aus dem Arbeitsvertrag ableitbaren Sicherheitsanforderungen realisierbar, die mit Hilfe des Einsatzes der Biometrie besser zu erfüllen sind als durch wissens- oder besitzbasierte Authentifizierungslösungen. Der Grundsatz der Erforderlichkeit und eine konkrete Zweckbestimmung sind in diesem Zusammenhang von maßgeblicher Bedeutung. Sofern eine Legitimation des betrieblichen Einsatzes biometrischer Anlagen über § 32 Abs. 1 Satz 1 BDSG verfolgt wird, ist es ratsam, entsprechende Rahmenbedingungen im Arbeitsvertrag zu fixieren, um somit eine konkrete Zweckbestimmung unter Berufung auf im Vertrag klar definierte Umfeldbedingungen für die Zwecke des Beschäftigungsverhältnisses vornehmen zu können.

---

[56] Gola/Schomerus/Klug § 28 BDSG Rn. 34
[57] Gola/Schomerus/Klug § 28 BDSG Rn. 16
[58] Gola/Schomerus/Klug § 28 BDSG Rn. 19

Wenn der Betroffene nach Maßgabe des § 4a Abs. 3 BDSG nicht eingewilligt hat, ist gemäß § 28 Abs. 6 BDSG das Erheben, das Verarbeiten und das Nutzen besonderer Arten personenbezogener Daten (§ 3 Abs. 9 BDSG) für eigene Geschäftszwecke nur dann zulässig, wenn dies gemäß § 28 Abs. 6 Satz 1 BDSG zum Schutz lebenswichtiger Interessen des Betroffenen oder eines Dritten erforderlich ist, sofern der Betroffene aus physischen oder rechtlichen Gründen außerstande ist, seine Einwilligung zu geben, oder wenn es sich gemäß § 28 Abs. 6 Satz 2 BDSG um Daten handelt, welche der Betroffene offenkundig öffentlich gemacht hat, oder wenn dies gemäß § 28 Abs. 6 Satz 3 BDSG zur Geltendmachung, zur Ausübung oder zur Verteidigung rechtlicher Ansprüche erforderlich ist und kein Grund zu der Annahme besteht, dass das schutzwürdige Interesse des Betroffenen am Ausschluss der Erhebung, der Verarbeitung oder der Nutzung überwiegt oder wenn dies gemäß § 28 Abs. 6 Satz 4 BDSG zur Durchführung wissenschaftlicher Forschung erforderlich ist, das wissenschaftliche Interesse an der Durchführung des Forschungsvorhabens das Interesse des Betroffenen an dem Ausschluss der Erhebung, der Verarbeitung und der Nutzung erheblich überwiegt und der Zweck der Forschung auf eine andere Art und Weise nicht oder nur mit einem unverhältnismäßigen Aufwand erreicht werden kann.

Treffen all diese Tatbestände nicht zu, so bedarf es immer der Einwilligung des Betroffenen, sofern das biometrische System im Sinne des § 3 Abs. 9 BDSG sensible personenbezogene Daten erhebt oder verarbeitet. Dies ist auch bei der Ableitung einer entsprechenden Legitimation für den betrieblichen Einsatz biometrischer Lösungen zu berücksichtigen.

Inwieweit die Rechtsgrundlage des § 32 Abs. 1 Satz 1 BDSG als Legitimation für den Einsatz biometrischer Anlagen im Unternehmen geeignet ist, hängt sehr stark vom konkreten Anwendungskontext, dem Systemdesign, dem konkreten Datenverarbeitungsprozess und den betrieblichen Rahmenbedingungen ab und ist stets durch eine individuelle Abwägung zu entscheiden [Albrecht 2003, S. 175 f.][59]. Pauschale Aussagen können wegen der besonders exponierten Bedeutung des individuellen Abwägungsprozesses deshalb nicht vorgenommen werden [Albrecht 2003, S. 175 f.; Kühling/Seidel/Sividis 2008, S. 168 f.].

Der Erforderlichkeitsgrundsatz bei der Datenverarbeitung ist stets zu berücksichtigen, was das Speichern, das Nutzen und das Verarbeiten der Daten erlauben kann, jedoch eine Übermittlung an andere Stellen in der Regel ausschließt [Bäumler/Gundermann/Probst 2001, S. 49; Gundermann/Köhntopp 1999, S. 149]. Voraus-

---

[59] Gola/Schomerus/Klug § 28 BDSG Rn. 19

setzung ist, dass die Daten rechtmäßig und nach Treu und Glauben erhoben werden [Bäumler/Gundermann/Probst 2001, S. 49; Gundermann/Köhntopp 1999, S. 149]. Dies schließt eine verdeckte Erhebung sowohl bei der Erstellung des Referenzdatensatzes als auch später bei der Durchführung eines Abgleichs aus [Bäumler/Gundermann/Probst 2001, S. 49; Gundermann/Köhntopp 1999, S. 149].

Des Weiteren untersagt § 28 Abs. 6 BDSG die Verarbeitung im Sinne des § 3 Abs. 9 BDSG sensibler personenbezogener Daten unter Berufung auf die Zweckbestimmung des Arbeitsvertrages ausdrücklich [Hornung/Steidle 2005, S. 206]. Die Verarbeitung derartiger Daten kann nur durch die individuelle Einwilligung des Einzelnen oder durch die kollektive Zustimmung des Betriebsrats in Form einer Betriebsvereinbarung erfolgen [Hornung/Steidle 2005, S. 206]. Eine individuell zu erbringende Einwilligung für die Verarbeitung solcher Daten scheint jedoch im Praxisbetrieb wenig praktikabel zu sein. Biometrische Systeme, deren Daten als personenbezogene Daten unter die Regelung des § 3 Abs. 9 BDSG fallen, sind somit für eine Legitimation über den § 32 Abs. 1 Satz 1 BDSG als wenig geeignet zu erachten, da jeder Arbeitnehmer eine individuelle Einwilligung leisten muss. Biometrische Anlagen, die keine personenbezogenen Daten im Sinne des § 3 Abs. 9 BDSG erheben, verarbeiten und speichern, sind für eine Legitimation des Systemeinsatzes einzig auf der Basis des § 32 Abs. 1 Satz 1 BDSG somit eindeutig besser geeignet. Dagegen scheinen Lösungen, die mit biometrischen Merkmalen arbeiten und im Verdacht stehen, Indikatoren für sensible Informationen zu enthalten, für eine Legitimation der Verwendung unter diesen Voraussetzungen eher ungeeignet. Es hat also stets eine konkrete Zweckbestimmung im Bezug auf das Beschäftigungsverhältnis unter Berücksichtigung des Erforderlichkeitsgrundsatzes zu erfolgen und es ist der Informationsgehalt der biometrischen Daten zu überprüfen.

Eine Einigung mit den Beschäftigten ist in beiden Fällen ausschließlich aus datenschutzrechtlicher Sicht, auch ohne die Existenz eines Betriebsrats, praktisch unverzichtbar [TeleTrusT 2008, S. 24].

4.5 Position und Mitwirken des betrieblichen Datenschutzbeauftragten bei der Einführung biometrischer Systeme

Unterschiedliche Aufsichts- und Kontrollorgane sichern in Deutschland das im Bundesdatenschutzgesetz verankerte Recht auf informationelle Selbstbestimmung ab [Kühling/Seidel/Sivridis 2008, S. 217]. Einerseits besteht eine Fremdkontrolle durch externe, unabhängige Kontrollinstanzen, wie z. B. den Bundesbeauftragten für den Datenschutz und die Informationsfreiheit, die Landesdatenschutzbeauftragten oder in manchen nicht öffentlichen Bereichen auch die Regierungsbezirke

[Kühling/Seidel/Sividris 2008, S. 217 ff.]. Andererseits erfolgt eine rechtliche Regelung der Selbstkontrolle durch entsprechende Meldepflichten, Vorabkontrollen oder den behördlich bzw. den betrieblich bestellten Beauftragten für den Datenschutz [Kühling/Seidel/Sividris 2008, S. 221 f.].

Im Folgenden wird die Rolle des betrieblichen Datenschutzbeauftragten charakterisiert und im betrieblichen Verantwortungskontext verortet. Zudem sind die Aufgaben, welche dem Datenschutzbeauftragten im Zusammenhang mit der Einführung biometrischer Lösungen in Unternehmen zuteilwerden, erörtert und es wird eine Empfehlung gegeben, wie der Datenschutzbeauftragte in den Einführungsprozess einzubinden ist, um eine problemlose und konfliktfreie Installation biometrischer Systeme gewährleisten zu können. Eine derartig tiefgreifende Betrachtung dieser Position ist notwendig, da biometrische Anlagen immer häufiger in großen Unternehmen eingesetzt werden, in welchen der Datenschutzbeauftragte und der Betriebsrats die Einführung und den Betrieb biometrischer Lösungen nachhaltig mitbestimmen und teilweise auch aktiv mitgestalten können. In diesem Zusammenhang ist auch eine Abgrenzung der Rolle des betrieblichen Datenschutzbeauftragten zum Betriebsrat sinnvollerweise vorzunehmen, um die Verantwortlichkeiten hier entsprechend klarzustellen.

4.5.1 Rolle des betrieblichen Datenschutzbeauftragten

Die deutschen Datenschutzgesetze sehen die Bereitstellung behördlicher oder betrieblicher Datenschutzbeauftragter als internes Kontrollinstrumentarium vor [Bizer 2007, S. 356; Pahlen-Brandt 2007, S. 25]. Diese haben entsprechend der EU-Richtlinien, die in nationales Recht der Mitgliedsstaaten umzusetzen sind, eine Übersicht zu Verfahren der automatisierten Verarbeitung der Personendaten, für die eine Meldepflicht besteht, zu führen [Kühling/Seidel/Sividris 2008, S. 226; Pahlen-Brandt 2007, S. 25][60]. Ferner sind sie für die Vorabkontrolle besonders gefahrenträchtiger Verfahren automatisierter Verarbeitung von Personendaten zuständig [Kühling/Seidel/Sividris 2008, S. 226; Pahlen-Brandt 2007, S. 25][61].

Nicht öffentliche Stellen, also Unternehmen, die personenbezogene Daten automatisiert verarbeiten, haben gemäß § 4f Abs. 1 Satz 1 BDSG einen Beauftragten für den Datenschutz schriftlich zu bestellen [Bizer 2007, S. 356, Kühling/Seidel/Sividris 2008, S. 223; Welp 2007, S. 82]. Es besteht eine Bestellungspflicht für den betrieblichen Datenschutzbeauftragten, wenn die verantwortliche Stelle gemäß § 4f

---

[60] Art. 21 Abs. 2 i. V. m. Art 18 EG-Datenschutzrichtlinie
[61] Art. 20 EG-Datenschutzrichtlinie

Abs. 1 Satz 4 BDSG mindestens 10 Personen ständig mit der automatisierten Verarbeitung personenbezogener Daten beschäftigt, gemäß § 4f Abs. 1 Satz 6 BDSG die automatisierte Verarbeitung personenbezogener Daten einer Vorabkontrolle unterliegt oder gemäß § 4f Abs. 1 Satz 6 BDSG personenbezogene Daten geschäftsmäßig zum Zweck der Übermittlung, der anonymisierten Übermittlung oder für Zwecke der Markt- oder Meinungsforschung automatisiert verarbeitet werden [Bizer 2007, S. 356; Kühling/Seidel/Sivridis 2008, S. 223 f.; Welp 2007, S. 82].

Die zentrale Aufgabe des betrieblichen Datenschutzbeauftragten stellt gemäß § 4g Abs. 1 Satz 1 BDSG das Hinwirken auf die Einhaltung des Datenschutzes im Unternehmen vornehmlich durch Überwachungs- und Schulungsmaßnahmen dar [Bizer 2007, S. 356; Kühling/Seidel/Sivridis 2008, S. 225]. Der Datenschutzbeauftragte soll also aktiv auf die Einhaltung der Vorgaben des BDSG und anderer Vorschriften des Datenschutzes hinarbeiten [Welp 2007, S. 82]. Er ist lediglich ein Kontrollorgan, da die Verantwortung für die Einhaltung der Vorschriften beim Unternehmen selbst liegt [Welp 2007, S. 82]. Gemäß § 4g Abs. 1 Satz 4 Nr. 1 BDSG hat er die ordnungsgemäße Anwendung der Datenverarbeitungsprogramme zu überwachen, mit deren Hilfe personenbezogene Daten verarbeitet werden sollen [Bizer 2007, S. 356]. Zu diesem Zweck ist er über die Vorhaben der automatisierten Verarbeitung personenbezogener Daten rechtzeitig zu unterrichten [Bizer 2007, S. 356]. Weiterhin hat er gemäß § 4g Abs. 1 Satz 4 Nr. 2 BDSG die bei der Verarbeitung personenbezogener Daten tätigen Personen durch geeignete Maßnahmen mit den Vorschriften dieses Gesetzes sowie anderen Vorschriften über den Datenschutz und mit den jeweiligen besonderen Erfordernissen des Datenschutzes vertraut zu machen [Bizer 2007, S. 356]. Dafür kann sich der Beauftragte für den Datenschutz gemäß § 4g Abs. 1 Satz 2 BDSG in Zweifelsfällen an die für die Datenschutzkontrolle bei der verantwortlichen Stelle zuständige Aufsichtsbehörde wenden und gemäß § 4g Abs. 1 Satz 3 BDSG entsprechende Beratung in Anspruch nehmen [Bizer 2007, S. 356; Kühling/Seidel/Sivridis 2008, S. 226].

Dem Beauftragten für den Datenschutz ist von der verantwortlichen Stelle gemäß § 4g Abs. 2 Satz 1 BDSG ein Verfahrensverzeichnis zur Verfügung zu stellen und er ist von dieser gemäß § 4f Abs. 5 Satz 1 BDSG bei der Erfüllung seiner Aufgaben zu unterstützen [Bizer 2007, S. 356; Kühling/Seidel/Sivridis 2008, S. 225 f.]. Ihm sind insbesondere, soweit dies zur Erfüllung seiner Aufgaben erforderlich ist, Hilfspersonal sowie Räume, Einrichtungen, Geräte und Mittel zur Verfügung zu stellen [Bizer 2007, S. 356; Kühling/Seidel/Sivridis 2008, S. 225 f.]. Es besteht also eine Unterstützungspflicht seitens der verantwortlichen Stelle. Weiterhin untersagt § 4f Abs. 3 Satz 3 BDSG jede Benachteiligung des Beauftragten aufgrund seiner Tätigkeit [Kühling/Seidel/Sivridis 2008, S. 225; Pahlen-Brandt 2007, S. 25].

Kein deutsches Datenschutzgesetz gewährt den Datenschutzbeauftragten tatsächlich wirksame Einwirkungsbefugnisse [Pahlen-Brandt 2003, S. 637 ff.]. Jedoch räumen die Datenschutzgesetze den Datenschutzbeauftragten eine starke Rechtsstellung ein. So sind diese beispielsweise gemäß § 4f Abs. 3 Satz 2 BDSG bei der Anwendung ihrer Fachkunde auf dem Gebiet des Datenschutzes weisungsfrei und sind gemäß § 4f Abs. 3 Satz 1 BDSG immer unmittelbar dem Leiter der verantwortlichen Stelle unterstellt [Kühling/Seidel/Sivridis 2008, S. 225; Pahlen-Brandt 2007, S. 25; Welp 2007, S. 82]. Sie haben also das Recht, dort immer direkt vorzutragen. Darüber hinaus müssen die datenverarbeitenden Stellen ihren Datenschutzbeauftragten, wie vorab bereits erwähnt, bei seiner Arbeit in einer entsprechenden Art und Weise unterstützen [Kühling/Seidel/Sivridis 2008, S. 225; Pahlen-Brandt 2007, S. 25; Welp 2007, S. 82]. Weiterhin ist dem Datenschutzbeauftragten Zugang zu allen Unterlagen und Einrichtungen zu gewähren, welche die Verarbeitung personenbezogener Daten betreffen. Die Datenschutzbeauftragten dürfen sich ohne die Einhaltung des Dienstweges direkt an die jeweils zuständige Kontrollstelle wenden [Pahlen-Brandt 2007, S. 25].

Aber ungeachtet dieser starken Rechtsposition können Datenschutzbeauftragte keine eigenständigen Maßnahmen ergreifen, sie sind dabei immer auf die Akzeptanz und das Mitwirken der Unternehmensleitung, der Mitarbeitervertretung, der gesetzlichen Kontrollstelle sowie der Mitarbeiter angewiesen [Pahlen-Brandt 2007, S. 25 ff.]. Da der betriebliche Datenschutzbeauftragte in der Regel auch ein Teil der verantwortlichen Stelle ist, hat er diesbezüglich auch die Unternehmensziele zu berücksichtigen und darauf aufbauend auf eine konstruktive Lösung unter Berücksichtigung dieser beiden Seiten hinzuarbeiten [Kühling/Seidel/Sivridis 2008, S. 225]. Häufig treten hier Zielkonflikte zwischen den einzelnen Gruppen auf [Pahlen-Brandt 2007, S. 25 f.]. Im praktischen Betrieb, also im Tagesgeschäft eines Unternehmens, herrschen hier häufig erhebliche Defizite, die eine teilweise Ohnmacht der betrieblichen Datenschutzbeauftragten gegenüber den übrigen Interessensgruppen feststellen lassen [Pahlen-Brandt 2007, S. 26 f.].

4.5.2 Position und Verantwortlichkeit des Datenschutzbeauftragten bei der Einführung biometrischer Systeme im Unternehmen

Bereits vor der Einführung eines biometrischen Systems oder auch im Rahmen eines Pilotprojekts sind sowohl die Mitarbeitervertretung als auch der betriebliche Datenschutzbeauftragte umfassend zu informieren und zu überzeugen, da diese im entsprechenden Rahmen die Möglichkeit haben, eine Einführung zu verhindern

[Albrecht 2007, S. 171 f.; Bromba 2009; TeleTrusT 2008, S. 23]. Sie zu überzeugen gelingt in der Regel nur, wenn es sich um den vertretbaren Einsatz einer datenschutzgerecht gestalteten biometrischen Lösung handelt [TeleTrusT 2008, S. 23].

In der Einführungsphase einer biometrischen Anlage ist es immer sinnvoll, unabhängig von der gesetzlichen Notwendigkeit, eine Betriebsvereinbarung zu definieren, die eine umfassende Information und aktive Einbindung der Arbeitnehmer in den Prozess vorsieht [Albrecht 2007, S. 172]. Deshalb ist es notwendig, dass sowohl die Arbeitnehmervertretung als auch der betriebliche Datenschutzbeauftragte diese Einführung begleiten [Albrecht 2007, S. 172]. Beiden Instanzen müssen vom Arbeitgeber diesbezüglich alle zur umfassenden Beurteilung des biometrischen Systems notwendigen Informationen, vor allem hinsichtlich der Sicherheit der Lösung, beispielsweise in Form eines unabhängigen Expertengutachtens, zur Verfügung gestellt werden [Albrecht 2007, S. 172 f.]. Weiterhin sind sowohl die Belegschaftsvertreter als auch der betriebliche Datenschutzbeauftragte laufend in die Entwicklung der biometrischen Anlage einzubinden und im dafür entsprechenden Maße zu qualifizieren [Albrecht 2007, S. 173]. Zudem hat eine aktive Beteiligung des Datenschutzbeauftragten zu erfolgen, wenn es um die Beurteilung einer rechtmäßigen Anfrage zur Herausgabe biometrischer Daten durch Dritte geht, beispielsweise im Rahmen der Strafverfolgung [Albrecht 2007, S. 174; TeleTrusT 2006, S. 43 f.]. Ebenso ist eine regelmäßige, mindestens jährliche Evaluierung des biometrischen Systems zu empfehlen, um sowohl zu überprüfen, ob die Sicherheitsbedürfnisse des Arbeitgebers als auch die Persönlichkeitsrechte der Arbeitnehmer noch ausreichend gewahrt sind, was wieder unter Einbeziehung der Belegschaftsvertretung und des Datenschutzbeauftragten zu erfolgen hat [Albrecht 2007, S. 175].

4.5.3 Zusammenarbeit mit dem Betriebsrat

Das Verhältnis zwischen dem betrieblichen Datenschutzbeauftragten und der Arbeitnehmervertretung ist grundsätzlich nicht als neutral einzustufen [Iraschko-Luscher 2007, S. 696]. Während der Datenschutzbeauftragte von seiner Funktion und Stellung her der Arbeitgeberseite zuzuordnen ist, beschränkt sich das Wirken des Betriebsrats gänzlich auf die Arbeitnehmerseite [Iraschko-Luscher 2007, S. 696]. Der Betriebsrat besitzt kein Mitbestimmungsrecht bei der Bestellung des Datenschutzbeauftragten durch den Arbeitgeber [AK „Die zukünftige Entwicklung des BDSG in Deutschland" 2007, S. 30; Braun-Lüdicke 2008, S. 78; Iraschko-Luscher 2007, S. 696; Koch et al. 2006, S. 196]. Eine Kontrolle des Betriebsrats durch den betrieblichen Datenschutzbeauftragten ist zudem nicht mit der im Betriebsverfassungsgesetz geforderten Unabhängigkeit des Betriebsrats vereinbar, weil der Datenschutzbeauftragte keine neutrale Position einnimmt [Braun-Lüdicke 2008, S. 82; Iraschko-Luscher 2007, S. 696; Koch et al. 2006, S. 203][62]. Diese garantierte Unabhängigkeit wäre anderenfalls einer Gefährdung ausgesetzt [Koch et al. 2006, S. 203]. Der Betriebsrat untersteht folglich nicht den Kontrollbefugnissen des betrieblichen Datenschutzbeauftragten. Auch in der Neufassung des BDSG hat der Gesetzgeber keine Regelungen getroffen, welche explizit die Zusammenarbeit des Betriebsrats mit dem Datenschutzbeauftragten definieren [Braun-Lüdicke 2008, S. 82; Koch et al. 2006, S. 196].

Damit an dieser Stelle keine Konflikte im Unternehmen in datenschutzrechtlichen Fragen entstehen, könnte der Betriebsrat aus den eigenen Reihen einen Datenschutzkoordinator bestellen, welcher sowohl die Betreuung möglicher datenschutzrechtlich motivierter Fragen der Arbeitnehmer an den Betriebsrat übernimmt als auch die Position eines „Vertreters" des eigentlichen Datenschutzbeauftragten einnimmt und dabei dessen Kontrollbefugnisse im Betriebsrat wahrt sowie die notwendige Abstimmung mit diesem vollzieht [Iraschko-Luscher 2007, S. 696; Koch et al. 2006, S. 204]. Praktisch gestaltet sich eine solche Lösung eher komplex, konfliktbehaftet und kontraproduktiv, weil ein derartiger Ansatz unweigerlich eine Konkurrenzsituation zwischen beiden Parteien schafft [Iraschko-Luscher 2007, S. 697; Koch et al. 2006, S. 204 f.]. Der Datenschutzbeauftragte nimmt ohnehin die Interessen aller Mitarbeiter in Sachen Datenschutz wahr [Iraschko-Luscher 2007, S. 697]. Er sollte sich zudem bei der Betrachtung und Bewertung arbeitnehmerrechtlicher Fragen ausschließlich auf die damit verbundenen datenschutzrechtlichen Aspekte beschränken [Iraschko-Luscher 2007, S. 697].

Grundsätzlich ist immer eine enge Zusammenarbeit und Abstimmung zwischen dem Betriebsrat und dem Datenschutzbeauftragten in den Bereichen ratsam, welche beispielsweise die Privatsphäre oder das Recht auf die informationelle Selbstbestimmung der Mitarbeiter betreffen, da hier die Einwirkungsmöglichkeiten des Betriebsrats auch sehr viel größer sind als die des Datenschutzbeauftragten [AK „Die zukünftige Entwicklung des BDSG in Deutschland" 2007, S. 29; Iraschko-Luscher 2007, S. 697; Koch et al. 2006, S. 200 ff.][63]. Dies ist bei der Einführung und beim Betrieb biometrischer Lösungen im Unternehmen der Fall. Die Arbeit des Betriebsrats und des Datenschutzbeauftragten besitzt eine Reihe von Berührungspunkten, vornehmlich bei Themen, welche sich mit der Überwachung, also Fällen der Leistungs- und Verhaltenskontrolle der Mitarbeiter am Arbeitsplatz, wie

---

[62] Fitting et al. § 83 BetrVG, Rn. 23

[63] Fitting et al. § 80 BetrVG, Rn. 7

beispielsweise durch biometrische Lösungen, beschäftigen [AK „Die zukünftige Entwicklung des BDSG in Deutschland" 2007, S. 29 f.; Iraschko-Luscher 2007, S. 698; Koch et al. 2006, S. 201 f.]. Hier ist ein besonders intensiver und enger Kontakt notwendig, um datenschutzrechtliche Probleme bewusst zu vermeiden, da in diesen Fällen der Betriebsrat gemäß § 87 Abs. 1 Nr. 6 BetrVG ohnehin immer ein entsprechendes Mitbestimmungsrecht hat [Iraschko-Luscher 2007, S. 696; Koch et al. 2006, S. 193 ff.; Wedde 2007, S. 754]. Zur Einführung derartiger Maßnahmen muss also sowohl der betriebliche Datenschutzbeauftragte als auch der Betriebsrat im Rahmen einer Vorabkontrolle Stellung nehmen [Iraschko-Luscher 2007, S. 698]. Wegen des Mangels an einer gesetzlich fundierten Vorgabe scheint es für den praktischen Betrieb sinnvoll, die Zusammenarbeit, die notwendigen Datenschutzanforderungen sowie die Handlungsbereiche des Betriebsrats und des Datenschutzbeauftragten in einer freiwilligen Betriebsvereinbarung abzugrenzen und zu regeln, um so den Arbeitnehmerdatenschutz bei der Verwendung biometrischer Lösungen nachhaltig zu fördern [AK „Die zukünftige Entwicklung des BDSG in Deutschland" 2007, S. 30; Iraschko-Luscher 2007, S. 698; Koch et al. 2006, S. 206 f.].

5 Biometriespezifisches Gefährdungspotenzial und Schutzmaßnahmen

Der Einsatz der Biometrie kann auch eine Reihe an Gefährdungspotenzialen für den Betroffenen, vor allem bezüglich des Datenschutzes und der Datensicherheit, mit sich bringen [Albrecht 2003, S. 50 f.; TeleTrusT 2006, S. 46]. Die aus datenschutzrechtlicher Sicht bedeutendsten Risiken und Bedrohungen, denen biometrische Systeme unterliegen, werden im Folgenden genauer dargestellt und erörtert. Es wird dabei eine Unterscheidung in allgemeine Risiken, welche in Abschnitt 5.1 dargestellt sind, und biometriespezifische Bedrohungen, die Abschnitt 5.2 ausführlich beschreibt, vorgenommen. Die Risiken, welche von der unrechtmäßigen Aneignung einer Nutzeridentität, der missbräuchlichen Verwendung von Zusatzinformationen, der Überwachungseignung biometrischer Systeme und der Bildung von Personenprofilen ausgehen, sind hier ebenso anzuführen wie die Gefahr der lebenslangen Merkmalskompromittierung sowie der Zwang zur Nutzung biometrischer Anlagen. Zudem zeigt die Arbeit Schutzmaßnahmen auf, welche das bestehende Bedrohungspotenzial reduzieren bzw. in gewissem Maße kompensieren können. Eine vollständige Beseitigung der Risiken durch entsprechende Mechanismen ist in der Regel nicht möglich. Maßnahmen, welche dem bestehenden Gefährdungspotenzial direkt entgegenwirken, können einerseits auf technischer und andererseits auf rechtlicher Ebene angesiedelt sein, wie Abschnitt 5.3 ausführlich erläutert. Die technischen Schutzmaßnahmen beschäftigen sich dabei vornehmlich mit der Vermeidung von Diebstahl, der Absicherung der Funktionsfähigkeit des Systems und dem Schutz sowohl gestohlener als auch verlorener biometrischer Daten. Weiterhin gibt es eine Reihe zusätzlicher Maßnahmen, die sich indirekt auf das Bedrohungspotenzial auswirken können, dem biometrische Anlagen unterliegen. Diese Maßnahmen sind weitestgehend organisatorischer Natur, haben vielmehr vertrauensbildenden Charakter und sind folglich datenschutzrechtlich sehr positiv zu beurteilen. Sie erfahren im Rahmen des Abschnittes 5.4 eine genauere Betrachtung. Anzuführen sind hier die Transparenz gegenüber dem Systemnutzer, eine unabhängige Überprüfung und Zertifizierung der Anlage durch Dritte, eine Selbstbeschränkung des Systembetreibers sowie die Freiwilligkeit der Systemnutzung. Sowohl der Bestimmung des Gefährdungspotenzials als auch der Ermittlung geeigneter Schutzmaßnahmen liegt eine umfassende Literaturrecherche zugrunde. Abschnitt 5.5 dieses Kapitels befasst sich abschließend kurz mit der Klärung des Begriffs der Privacy Enhancing Technologies im Kontext von biometrischen Lösungen.

© Springer Fachmedien Wiesbaden GmbH, ein Teil von Springer Nature 2010
F. Dotzler, *Datenschutzrechtliche Aspekte und der Einsatz biometrischer Systeme in Unternehmen*, Edition KWV, https://doi.org/10.1007/978-3-658-24048-6_5

5.1 Allgemeine Risiken für den Einsatz biometrischer Systeme

Der Sensor der biometrischen Anlage ist immer als kritischer Angriffspunkt für die Manipulation bzw. die Überwindung des Systems anzusehen. Erstens ist die direkte Täuschung des Sensors und zweitens ist die Einspielung von Daten unter Umgehung des Sensors als problematisch zu erachten [Adler 2007, S. 385; Meuth 2006, S. 30; TeleTrusT 2006, S. 26]. Die Täuschungsmöglichkeit des Sensors hängt stark vom biometrischen Verfahren und vom Systemdesign ab [Nixon/Aimale/Rowe 2007, S. 404; TeleTrusT 2006, S. 26]. Hier soll auf die Erstellung einer Merkmalskopie verwiesen werden, die im nachfolgenden Abschnitt unter den biometriespezifischen Risiken ausführlich beschrieben wird. Für die Beschaffung der einzuspielenden Daten, also der digitalen Kopien eines Merkmals oder eines biometrischen Datensatzes, existieren mehrere klassische Angriffsszenarien [TeleTrusT 2006, S. 26].

Bei Replay-Angriffen werden Daten aus dem Speicher ausgelesen oder von einer Übertragungsleitung abgehört und anschließend (z. B. abgeändert in einem sog. Hill-climbing-Angriff, bei dem leichte Modifikationen an den biometrischen Daten vorgenommen werden und für den standardisierte Templateformate eher anfällig sind) wieder eingespielt [Albrecht 2003, S. 63; Bolle et al. 2003, S. 219; Daum 2002, S. 190; Hill 2001, S. 1 ff.; Maltoni et al. 2005, S. 308 ff.; Pfitzmann 2008, S. 2; TeleTrusT 2006, S. 26]. Der Angreifer kann hierfür auch einen Sensor in seiner Gewalt nutzen [Adler 2007, S. 385]. Wenn später der Angreifer die Aufzeichnung einspielt erfolgt so eine unberechtigte Authentifizierung unter falscher Identität [Meuth 2006, S. 30]. Replay-Angriffe auf biometrische Systeme sind wegen ihrer Merkmalsabhängigkeit sehr populär und bezeichnend [Bolle et al. 2003, S. 211, 213 f.].

Weiterhin besteht die Gefahr von Daten-Akquisitions-Angriffen [Hornung/Steidle 2005, S. 201]. Der Angreifer eignet sich dabei die öffentlich zugänglichen bzw. leicht verfügbaren Merkmalsausprägungen eines Nutzers an, digitalisiert diese und täuscht damit die biometrische Anlage [TeleTrusT 2006, S. 26]. Auch Insiderattacken, Denial-of-Service-Angriffe, Vandalismus, Angriffe auf die Datenübertragungswege oder Hardwaremanipulationen können in diesem Zusammenhang angeführt werden [Hornung/Steidle 2005, S. 201; Jain/Nandakumar/Nagar 2008, S. 2 f.; Maltoni et al. 2005, S. 284 ff.; Meuth 2006, S. 30; TeleTrusT 2006, S. 26]. Das Hauptziel eines Denial-of-Service-Angriffs liegt in der Regel darin begründet, das biometrische System zu überlasten und somit auszuschalten, damit von Betreiberseite eine herkömmliche Fallback-Lösung eingesetzt wird, die in der Regel leichter zu überwinden ist [Eckert 2008, S. 487; Jain/Nandakumar/Nagar 2008, S. 3; Maltoni et al. 2005, S. 284 ff.].

5.2   Spezielle Risiken für den Einsatz biometrischer Systeme

Mit Hilfe von biometrischen Systemen erhobene Daten können in der Regel sehr lange bis lebenslang mit der entsprechenden Person verknüpft werden, was ihre besondere Eignung zur kontinuierlichen Beobachtung des Individuums und zur Datensammlung bedingt [TeleTrusT 2008, S. 10]. Biometrische Daten enthalten häufig sensible Zusatz- oder (Indikator-)Informationen. In bestimmten Fällen besteht auch die Möglichkeit, sie verdeckt, also ohne das Mitwirken oder Wissen des Betroffenen, zu erheben [TeleTrusT 2008, S. 10]. Diese Eigenheiten resultieren in einer Reihe biometriespezifischer Risiken und Bedrohungen für den Betroffenen. In der Realität weist jede Komponente einer biometrischen Lösung ihre eigenen spezifischen Bedrohungsszenarien mit mehr oder weniger praktischer Relevanz auf [Adler 2007, S. 383 ff.; Bolle et al. 2003, S. 212 ff.]. Auf die wesentlichen Risiken gehen nachfolgende Abschnitte näher ein.

5.2.1   Unrechtmäßige Aneignung der Nutzeridentität

Identitätsdiebstahl im Zusammenhang mit dem Einsatz der Biometrie birgt häufig erhebliche Gefahren [Meinst 2008, S. 10]. Biometrische Charakteristika sind in Form analoger[64] oder digitaler[65] Repräsentationen als Datensatz kopierbar [Albrecht 2003, S. 54 f., 63; Bromba 2009; European Commission Joint Research Centre 2005, S. 91; Jain/Nandakumar/Nagar 2008, S. 4; Koch 2002, S. 23 f.; Meints et al. 2008, S. 1090; TeleTrusT 2008, S. 10; Vielhauer 2005, S. 5 f., 38]. Diese Kopie bildet die Grundvoraussetzung, um eine dem biometrischen Merkmal ähnliche Kopie physikalisch nachzubilden, zu kopieren oder mit ihrer Hilfe das Verhalten des Merkmalsträgers nachzuahmen [Albrecht 2003, S. 51, 55; Daum 2002, S. 190; Dittmann/Mayerhöfer/Vielhauer 2002, S. 198 f.; Fidis 2006, S. 45 ff.; Graevenitz 2006, S. 247; Hornung/Steidle 2005, S. 204; Jain/Nandakumar/ Nagar 2008, S. 4; NSTC 2006a, S. 52; TeleTrusT 2006, S. 26 f.; TeleTrusT 2008, S. 10, 14]. Beispielsweise sind Fingerabdrücke durch Silikonabdrücke, Gelatineabdrücke, digitale Nachbildungen und vieles mehr wegen ihres leicht verdeckten Charakters sehr einfach fälschbar [Fidis 2006, S. 45 ff.]. Als weitere Beispiele sind Nachbildungen des Irismusters, des Gesichts aus Fotos, der Unterschrift mit Hilfe

---

[64] z. B. in Form eines nachgebildeten Silikonfingers
[65] z. B. als Kopie eines biometrischen Rohdatensatzes

von Kopien oder der Handvenen sowie das Mitschneiden der Sprache durch einen Angreifer zu nennen [Bäumler/Gundermann/Meints et al. 2008, S. 1090; Fidis 2006, S. 50 ff.; Probst 2001, S. 32]. Ein potenzieller Angreifer kann nun diese Kopie missbräuchlich verwenden und sich als der eigentliche Merkmalsträger ausgeben [Bromba 2007b, S. 198; Nixon/Aimale/Rowe 2007, S. 404 ff.; TeleTrusT 2008, S. 10, 14; Vielhauer 2006, S. 5 f.]. Ein Identitätsdiebstahl ist dann möglich, wenn der Angreifer sowohl eine digitale als auch eine mechanische Kopie des biometrischen Merkmals erstellt hat und das biometrische System nicht erkennt, dass das Merkmal oder das Sample nicht echt ist [Albrecht 2003, S. 55, 63; Bolle et al. 2003, S. 214 f.; Dittmann/Mayerhöfer/Vielhauer 2002, S. 198 f.; NSTC 2006a, S. 52; TeleTrusT 2008, S. 10 f.]. Spoofing bezeichnet in diesem Zusammenhang den Sachverhalt, dass eine biometrische Anlage nicht über geeignete Maßnahmen für das Erkennen dieser Charakteristikumskopien verfügt und einen Angreifer deshalb fälschlicherweise als berechtigten Nutzer authentifiziert [Bromba 2007b, S. 198; Kindt 2007, S. 168; Nixon/Aimale/Rowe 2007, S. 403; TeleTrusT 2008, S. 11].

Biometrische Daten können von einem Angreifer auf unterschiedliche Art und Weise beschafft werden. So hinterlässt der Träger, abhängig von der Ausspähbarkeit des Merkmals, beispielsweise Spuren der DNA, die Fingerabdrücke, das menschliche Gesicht und die statische Unterschrift häufig unkontrolliert, bewusst oder unbewusst, weshalb ein Angreifer diese Merkmalsausprägungen leicht direkt kopieren kann [Adler 2007, S. 383; Dittmann/Mayerhöfer/Vielhauer 2002, S. 198 f.; Eckert 2008, S. 485; European Commission Joint Research Centre 2005, S. 42; TeleTrusT 2006, S. 24 f.; TeleTrusT 2008, S. 11]. Auch Bildaufnahmen des menschlichen Gesichts, z. B. mittels in öffentlichen Räumen installierter Kameras oder auf unberechtigte Weise erlangte Kopien digitaler Daten, kann ein Angreifer missbräuchlich für einen Identitätsdiebstahl verwenden [Eckert 2008, S. 485]. Notwendigerweise muss er die Kopien in der Regel dem Betroffenen zuordnen können, falls es ein biometrisches System im Verifikationsmodus zu überlisten gilt. Für Angriffe auf große biometrische Anlagen im Identifikationsmodus hingegen kann es ausreichen, mit zufälligen mechanischen Kopien eine Identifikation zu erzielen [TeleTrusT 2008, S. 11]. Im schlechtesten Fall gelingt es, eine zufällige Identifikation durch Ausprobieren zu erreichen und das biometrische System so zu kompromittieren [TeleTrusT 2008, S. 11]. Da der Sensor des biometrischen Systems in der Regel offen zugänglich ist, besitzt diese Schwachstelle eine vornehmliche Bedeutung für die Sicherheitsbeurteilung biometrischer Lösungen [Meints et al. 2008, S. 1089].

Die Missbrauchsmöglichkeiten im Falle einer Charakteristikumskopie sind häufig anwendungsübergreifend [TeleTrusT 2008, S. 11]. So können etwa Fingerabdruckkopien oder Ähnlichkeiten beim Gesichtsbild zur Täuschung verschiedener Systeme verwendet werden [TeleTrusT 2008, S. 11]. Der Merkmalsträger ist bei einem Identitätsdiebstahl aus datenschutzrechtlicher Sichtweise meist der Hauptbetroffene, da er sich in der Regel selbst nicht gegen die Verwendung von Charakteristikumskopien schützen kann [TeleTrusT 2008, S. 11]. Wer jedoch im konkreten Anwendungskontext der Geschädigte ist, also Merkmalsträger oder Systembetreiber, hängt in starkem Maße von den individuellen rechtlichen und vertraglichen Rahmenbedingungen ab [TeleTrusT 2008, S. 11 f.].

5.2.2 Missbräuchliche Verwendung von Zusatzinformationen

Die Auswertung und die missbräuchliche Verwendung der häufig in biometrischen Merkmalen enthaltenen Zusatzinformationen bewertet der Datenschutz als weiteres fundamentales Problem. Viele biometrische Merkmale bzw. die erhobenen Rohdaten enthalten Zusatzinformationen, welche für den Merkmalsträger einen vertraulichen, teilweise auch im Sinne des § 3 Abs. 9 BDSG sensiblen Charakter aufweisen können [Albrecht/Probst 2001, S. 33; Bromba 2009; European Commission Joint Research Centre 2005, S. 50 ff.; Graevenitz 2006, S. 6; Kindt/Müller 2007, S. 83 ff.; Matyáš/Říha 2002; Meints 2008, S. 10 ff.; Meints et al. 2008, S. 1090; NSTC 2006a, S. 51 f.; Pfitzmann 2006, S. 355; Pfitzmann 2008, S. 4; Probst 2002, S. 118 f.; TeleTrusT 2008, S. 12]. Es besteht oftmals die Möglichkeit, aus biometrischen Merkmalen und deren Ausprägungen direkt oder mit gewissen Wahrscheinlichkeiten Rückschlüsse auf Krankheiten zu ziehen [Bleumer 1999, S. 158; Bromba 2009; Busch 2006, S. 50 f.; Eckert 2008, S. 485; European Commission Joint Research Centre 2005, S. 50 ff., 91; Graevenitz 2006, S. 6; NSTC 2006a, S. 51 f.; TeleTrusT 2008, S. 12 f.]. Versicherer oder Arbeitgeber können etwa biometrische Daten bzw. die enthaltenen Zusatzinformationen dazu missbrauchen, mögliche gesundheitliche Beeinträchtigungen oder Risiken festzustellen bzw. zu prognostizieren, um somit beispielsweise Personalmaßnahmen, die Berechnung der Versicherungsprämien oder die Ablehnung bestimmter Versicherungsleistungen unter Berücksichtigung dieser sensiblen persönlichen Informationen zu Ungunsten des Merkmalsträgers vornehmen zu können [Eckert 2008, S. 485; Graevenitz 2006, S. 247 f.; Krause 2005, S. 248].

Der Merkmalsträger muss dem Betreiber glauben, dass keine über die Authentifizierung hinausgehende Auswertung zusätzlicher Informationen erfolgt und dass der Sensor nur diejenigen biometrischen Merkmale erfasst, von denen er dies behauptet [Borking/Verhaar 1999, S. 139; Bromba 2009; Nanavati/Thieme/Nanavati 2002, S. 242]. Je weniger und je unkritischere Zusatzinformationen im biometrischen Merkmal enthalten sind, desto weniger Vertrauen muss der Merkmalsträgers dem Systembetreiber entgegenbringen und desto weniger kritisch ist dieser Tatbestand aus datenschutzrechtlicher Sicht zu erachten [European Commission Joint Research Centre 2005, S. 91; Roßnagel 2006, S. 62; TeleTrusT 2008, S. 13].

5.2.3 Gefahr der lebenslangen Merkmalskompromittierung

Biometrische Daten sind häufig nicht nur personenbezogen, sondern auch bis zu einem gewissen Grad personengebunden [Bolle et al. 2003, S. 224; Bromba 2009; Graevenitz 2006, S. 6; Hornung 2006, S. 5; Hornung/Steidle 2005, S. 201]. Abhängig von der Varianz des biometrischen Merkmals sind viele biometrische Charakteristika sehr lange bis lebenslang mit dem Träger verknüpfbar [Albrecht/ Probst 2001, S. 32; Bromba 2009]. Deshalb sind die biometrischen Daten dieser Merkmale datenschutzrechtlich als besonders kritisch zu bewerten, da dem Missbrauchsschutz hier eine erhebliche Bedeutung beizumessen ist [Adler 2007, S. 383; Bromba 2009]. Vor allem die Möglichkeiten der modernen Technik machen im Missbrauchsfall oftmals eine beliebige Vervielfältigung und Verbreitung unumkehrbar [Bromba 2009]. Die sehr langfristige bis lebenslange Personenbindung mancher biometrischer Daten besitzt also eine hohe Brisanz, da eine Änderung der Daten oftmals nur schwer bis gar nicht möglich ist [Albrecht 2003, S. 50 f.; Bolle et al. 2003, S. 224; Graevenitz 2006, S. 6].

Im Falle einer Kompromittierung der biometrischen Referenzdaten[66] oder sogar des Merkmals[67] selbst kann dieses Merkmal langfristig bis dauerhaft nicht mehr verwendet werden. Beispielhaft zu nennen wäre hier ein menschlicher Fingerabdruck oder noch schlimmer der genetische Fingerabdruck, die DNA, da diese nur sehr schwer bis gar nicht geändert werden können [Adler 2007, S. 383; Bolle et al. 2003, S. 224; Eckert 2008, S. 486; Graevenitz 2006, S. 246 f.; Hornung/Steidle 2005, S. 201; Schneier 1999, S. 136]. Der Anwender kann eine PIN oder ein Passwort im Kompromittierungsfall hingegen schnell ändern. Diese sind somit weniger problematisch als biometrische Merkmale, die in der Regel im Vergleich zu diesen wissensbasierten Merkmalen nur in begrenzter Anzahl zur Verfügung stehen [Graevenitz 2006, S. 246 f.; Schneier 1998, S. 51]. Die Möglichkeit zur Verände-

---

[66] Die öffentlich gewordenen Referenz- oder Rohdaten sind nicht länger geheim und somit zur Überwindung des biometrischen Systems verwendbar [Graevenitz 2006, S. 247].

[67] Kompromittierte Merkmale können nicht mehr verwendet werden, so dass betroffene Personen das System unter Umständen nicht mehr nutzen können [Rach 2004, S. 53].

rung des Merkmals ist also häufig nur in einem sehr begrenzten Umfang möglich, wie beispielsweise durch die Verwendung eines anderen Fingers, was dazu führt, dass bei einer Kompromittierung meist erheblicher Schaden für den Merkmalsträger auftritt [Bolle et al. 2003, S. 224; Graevenitz 2006, S. 247; Hornung 2006, S. 5]. Eine Nichtnutzungsmöglichkeit von biometrischen Systemen am Arbeitsplatz oder im öffentlichen Leben, z. B. in Form einer beschränkten Geldautomatennutzung, ist dabei als sehr problematisch anzusehen [Eckert 2008, S. 486]. Es können ebenso haftungsrechtliche Probleme auftreten, da sich der Nachweis eines Missbrauchs schwierig gestaltet [Hornung 2006, S. 5]. Diese Eigenheiten biometrischer Merkmale können das Recht des Einzelnen auf informationelle Selbstbestimmung erheblich beeinflussen, weil der Merkmalsträger im Falle einer Kompromittierung seiner biometrischen Daten keine bzw. sehr geringe Einwirkungsmöglichkeiten mehr auf die spätere Verwendung und Verbreitung dieser personenbezogenen Daten hat. Zudem sind die biometrischen Daten durch diese teilweise sehr lange bis lebenslange Personenbindung auch nicht mehr durch den Betroffenen kontrollierbar, was letztendlich in einer Erstellung von Personenprofilen sowie der totalen Registrierung und der Katalogisierung des Individuums derzeit oder auch in Zukunft gipfeln kann. Wie Abschnitt 4.1 ausführlich zeigt, soll dies ja gerade durch das Recht auf informationelle Selbstbestimmung verhindert werden. Welche Risiken die zukünftigen Entwicklungen im Bereich der modernen Datenverarbeitung hier noch mit sich bringen, ist heutzutage ebenso noch nicht absehbar. Deshalb sind diese Charakteristika biometrischer Merkmale, welche sich im Betrieb entsprechender Systeme wiederspiegeln, auch im Datenschutz besonders zu berücksichtigen, um derartige Bedrohungen zu vermeiden bzw. um diesen bewusst entgegenzuwirken.

5.2.4 Überwachungseignung biometrischer Systeme

Biometrische Systeme eigenen sich oftmals sehr gut für den Einsatz als verdeckte Überwachungslösung, was aus Sicht des Datenschutzes als sehr kritisch zu bewerten ist. Die fortschreitenden technischen Entwicklungen im Bereich biometrischer Verfahren und Systeme und die sich stark verändernden rechtlichen Rahmenbedingungen erhöhen die Gefahr, die Biometrie für Überwachung zu missbrauchen [Bromba 2009; Gundermann/Köhntopp 1999, S. 144; Meints 2008, S. 10; Meints et al. 2008, S. 1089, 1091; NSTC 2006a, S. 28; NSTC 2006b, S. 11; Pfitzmann 2008, S. 3; Probst 2002, S. 120; TeleTrusT 2008, S. 9, 14 f.]. Auch diese Missbrauchsbedrohung durch Unbefugte und die bewusste oder unbewusste Mitüberwachung unbeteiligter Personen sind in diesem Zusammenhang als sehr kritisch einzustufen. Entsprechende Maßnahmen wirken dieser Gefahr entgegen [European

Commission Joint Research Centre 2005, S. 116; Gundermann/Köhntopp 1999, S. 144; NSTC 2006a, S. 51; Probst 2002, S. 120].

Einige biometrische Merkmale, wie z. B. die Gesichtsgeometrie, eignen sich besonders für eine ungefragte und unbewusste Authentifizierung des Nutzers, da sie sehr einfach ohne das Wissen und das Mitwirken des Merkmalsträgers zu erfassen sind [Borking/Verhaar 1999, S. 139; European Commission Joint Research Centre 2005, S. 42; Nanavati/Thieme/Nanavati 2002, S. 241 f.]. Verknüpfungsmöglichkeiten der biometrischen, meist personenbezogenen Daten, die also teilweise sehr leicht unbemerkt erhoben werden können, mit Orts-, Zeit-, Verhaltens- oder Kommunikationsangaben des Merkmalsträgers, erlauben die Erstellung von Bewegungsprofilen und eine Überwachung [Bolle et al. 2003, S. 223; Bromba 2009; Eckert 2008, S. 485; Hornung 2006, S. 5; Hornung/Steidle 2005, S. 201; Meints et al. 2008, S. 1090 f.; Nanavati/Thieme/Nanavati 2002, S. 238, 241; NSTC 2006a; Pfitzmann 2008, S. 4; Probst 2002, S. 120; TeleTrusT 2008, S. 14]. Datenschutzrechtliche Vorschriften lassen diesen Überwachungseinsatz nur unter sehr restriktiven Rahmenbedingungen zu und eine missbräuchliche Verwendung gilt es unter allen Umständen zu verhindern. Das mit biometrischen Technologien verbundene erhebliche Überwachungspotenzial stellt bezüglich des Datenschutzes auch eines der zentralen Probleme beim Einsatz biometrischer Lösungen dar [Meints et al. 2008, S. 1090; Probst 2002, S. 120; TeleTrusT 2008, S. 14].

5.2.5 Bildung von Personenprofilen

Das Erstellen von Personenprofilen, welche den Charakter einer Personenkennziffer aufweisen können, ist ein zusätzlicher datenschutzrechtlich kritischer Aspekt im Zusammenhang mit dem Einsatz biometrischer Systeme. Biometrische Merkmale bzw. die aus diesen gewinnbaren Daten zeichnen sich häufig durch ein hohes Maß an Einmaligkeit aus [Albrecht/Probst 2001, S. 32; Bromba 2009; Hornung 2006, S. 5; Meints et al. 2008, S. 1089; TeleTrusT 2008, S. 13]. Aufgrund dieser Eigenschaft besteht die besondere Eignung und somit auch die Gefahr, dass biometrische Merkmale zur Erstellung von Personenkennzeichen verwendet werden. Dies gilt als verfassungsrechtlich problematisch, weil es den Einzelnen in seiner ganzen Persönlichkeit registrieren, katalogisieren und somit in seinem Recht auf informationelle Selbstbestimmung ungerechtfertigt einschränken würde [Albrecht 2003, S. 177 ff.; Albrecht/Probst 2001, S. 32; Bleumer 1999, S. 158; European Commission Joint Research Centre 2005, S. 116; Matyáš/Říha 2002; Meints 2008, S. 10; Nanavati/Thieme/Nanavati 2002, S. 238, 240; NSTC 2006a, S. 51; Wirtz 1999, S. 133].

Erfolgt eine Verwendung biometrischer Merkmalsdaten desselben biometrischen Charakteristikums in unterschiedlichen biometrischen Lösungen und für verschiedene biometrische Anwendungen, so besteht die Gefahr, dass ein Angreifer oder eine Instanz, welche über die entsprechenden Fähigkeiten oder Möglichkeiten verfügt, die biometrischen Referenzdaten vergleicht und die Profile verknüpft. Somit erlangt er evtl. weitere persönliche Informationen über den Merkmalsträger, was bis hin zur unzulässigen Erstellung von Persönlichkeitsprofilen führen kann [Adler 2007, S. 383; Bleumer 1999, S. 158; Bolle et al. 2003, S. 223; Borking/Verhaar 1999, S. 138 f.; Bromba 2007b, S. 198; Matyáš/Říha 2002; Nanavati/Thieme/Nanavati 2002, S. 238, 241][68]. Auch ein legitimer Wechsel der Identität ist somit nicht mehr möglich [Hornung 2006, S. 5]. Der Datenschutz stellt sehr hohe Anforderungen an die Verwendung biometrischer Charakteristika, die als allgemeine Personenkennzeichen Verwendung finden können, da diese Form der Datenverknüpfung das grundgesetzlich motivierte Recht auf informationelle Selbstbestimmung der Merkmalsträger in hohem Maß beeinträchtigen kann, wie bereits Abschnitt 4.4.1.2 erläutert [Kindt 2007, S. 167; NSTC 2006a, S. 34 f.; Probst 2002, S. 120; TeleTrusT 2008, S. 13]. Zentrale Aufgabe des Bundesdatenschutzgesetzes ist es ja gerade, dieses Recht zu schützen. Die unmittelbare Gefahr für den betrieblichen Einsatz der Biometrie ist jedoch als eher gering einzustufen.

5.2.6 Zwang zur Nutzung biometrischer Systeme

Auch der Zwang, bestimmte biometrische Systeme ohne eine entsprechende Ausweichmöglichkeit benutzen zu müssen, tangiert das Recht auf informationelle Selbstbestimmung negativ und besitzt somit aus Sicht des Datenschutzes besondere Relevanz [Albrecht 2003, S. 164 ff.; Bromba 2009; Meints 2008, S. 10; Meints et al. 2008, S. 1089]. Ein biometrisches Authentifizierungssystem muss, falls es alle Individuen teilnehmen lässt, sowohl aus technischen als auch aus biologischen Gründen bestimmte Alternativverfahren anbieten [Bromba 2009; European Commission Joint Research Centre 2005, S. 78 f.; TeleTrusT 2008, S. 13]. Der technische Entwicklungsstand erlaubt es derzeit beispielsweise Fingerabdruckscannern nicht, sehr kleine Finger sauber zu erkennen. Unzulängliche Ausprägungen eines biometrischen Merkmals, z. B. durch das Fehlen von Händen oder eine krankheitsbedingte Missbildung, können auch die Nutzung eines biometrischen Systems für bestimmte Personen temporär oder permanent unmöglich machen [European Commission Joint Research Centre 2005, S. 78 f.; TeleTrusT 2006, S. 34, 49 f.]. Diese Nichtnutzungsmöglichkeit in Verbindung mit einem eventuel-

---

[68] Gola/Schomerus/Klug § 4 BDSG Rn. 6

len Benutzungszwang ohne entsprechender Rechtfertigung, z. B. für alle Arbeitnehmer einer Firma, birgt ebenfalls die Gefahr den verfassungsrechtlich verankerten Gleichheitssatz zu verletzen, welcher fordert, dass eine Ungleichbehandlung auch jeweils entsprechend sachlich zu rechtfertigen ist. Da es immer wieder vorkommen kann, dass Individuuen aus technischen, gesundheitlichen oder ethischen Gründen die biometrischen Lösungen nicht nutzen können, ist dieser Aspekt auch hier zu berücksichtigen.

5.3 Schutzmaßnahmen gegen das bestehende Gefährdungspotenzial

Wegen des besonders kritischen Charakters biometrischer Daten und den damit verbundenen Risiken und Missbrauchsmöglichkeiten sind geeignete Sicherungsmaßnahmen zu ergreifen, welche das bestehende Bedrohungspotenzial nachhaltig bzw. zumindest auf ein vertretbares Maß reduzieren. Mögliche Schutzvorkehrungen lassen sich kategorisieren in technische, gesetzliche und vertragliche Maßnahmen [TeleTrusT 2008, S. 17 ff.]. Nachfolgend wird auf jeden Maßnahmenbereich detailliert eingegangen. Dabei erfolgt eine ausführliche Erörterung ausgewählter Schutzmechanismen für die besonderen Bedrohungsszenarien, denen biometrische Systeme unterliegen.

5.3.1 Technische Schutzmaßnahmen

Von vornehmlichem Interesse sind einerseits geeignete Mechanismen für den Schutz biometrischer Daten gegen Diebstahl und andererseits zur Absicherung der Funktionsfähigkeit des Systems [TeleTrusT 2008, S. 17 f.]. Die Sicherheit biometrischer Anlagen hängt also besonders vom Schutz der Referenzdaten und der Vergleichsmechanismen ab [Köhntopp 1999, S. 180]. Da sich Missbrauch bzw. Sicherheitslücken in der Regel nie vollständig vermeiden lassen und die biometrischen Daten teilweise sehr kritisch für den Merkmalsträger sind, gilt es auch Ansätzen zum Schutz gestohlener biometrischer Daten besondere Aufmerksamkeit zu schenken und diese detailliert zu betrachten [TeleTrusT 2008, S. 19 f.].

5.3.1.1 Schutzmaßnahmen gegen den Datendiebstahl

Klassische technische und organisatorische Datensicherheitsmaßnahmen, wie beispielsweise der Aufbau eines Datenschutz- und Datensicherheitsmanagements nach ISO/IEC 27001 oder gemäß der Vorgaben des Bundesamts für Sicherheit in der Informationstechnik (BSI), können einer unerlaubten Entwendung biometrischer Daten vorbeugen [Bromba 2009; TeleTrusT 2008, S. 18]. Weiterhin ist es möglich, durch die Wahl einer geeigneten Systemarchitektur dieses Risiko zu reduzieren bzw. teilweise sogar vollständig zu beseitigen [Bromba 2009; TeleTrusT 2008, S. 18]. Grundsätzlich sind Maßnahmen zu ergreifen, welche den Diebstahl von biometrischen Daten vermeiden bzw. zumindest nachhaltig erschweren [Meints et al. 2008, S. 1091].

Die biometrische Lösung kann als geschlossenes System mit eingeschränkter Verbindung zum Systemumfeld realisiert sein. Die Gefahr eines netzwerkbasierten Angriffs auf Softwarefehler oder Konfigurationsfehler reduziert sich dadurch erheblich [Albrecht 2003, S. 57 f.; Bromba 2009; Meints et al. 2008, S. 1092; Reid 2004, S. 155 ff.; TeleTrusT 2008, S. 18]. Kommunizieren einzelne Bestandteile des biometrischen Systems bzw. das System selbst über unsichere externe Kommunikationswege, so sind diese Kommunikationswege durch passende Schutzvorkehrungen abzusichern, wie beispielsweise durch den Einsatz von Verschlüsselungsalgorithmen und Authentizitätsprüfungen [Adler 2007, S. 388; Matyáš/Říha 2002; Reid 2004, S. 155 ff., 161 f.].

Ferner kann eine dezentrale Speicherung der Referenzdaten auf einer Chipkarte oder einem beliebig gestalteten Token in der Verfügungsgewalt des Merkmalsträgers umgesetzt sein, was ebenso die Gefahr des Datendiebstahls verringert [Albrecht 2003, S. 57 f.; Bolle et al. 2003, S. 218; Bromba 2009; Busch 2006, S. 47; Busch 2007, S. 164; Meints 2008, S. 35; Jain/Nandakumar/Nagar 2008, S. 4; Nanavati/Thieme/Nanavati 2002, S. 253 f.; Probst 2002, S. 119, 121; Reid 2004, S. 48; TeleTrusT 2008, S. 18]. Eine zusätzliche Verschlüsselung der so abgelegten Daten bietet hier auch im Falle eines Tokenverlusts eine weitere Absicherung gegen einen nicht autorisierten Zugriff auf das Token und somit auf die biometrischen Daten des Nutzers [Albrecht 2003, S. 56; Bromba 2009; European Commission Joint Research Centre 2005, S. 97; Jain/Nandakumar/Nagar 2008, S. 4; Meints et al. 2008, S. 1091; TeleTrusT 2008, S. 18; Vielhauer 2006, S. 5 f.]. Eine dezentrale und somit auf die einzelnen Nutzer verteilte Speicherung biometrischer Datensätze verringert auch das Diebstahlsinteresse selbst [Meints et al. 2008, S. 1091; Probst 2002, S. 119]. Ebenso ist eine Kombination der beiden erstgenannten Varianten möglich. In diesem Falle sind dann der Sensor, der Matchingprozess und die Speicherung der Referenzdaten in einem Gerät untergebracht, normalerweise in der Verfügung des Merkmalsträgers [Bergman 2007, S. 407 ff.; Meints 2008, S. 35]. Es handelt sich dabei um eine sog. Zwei-Faktor-Authentifizierungslösung, bestehend aus Karte (Besitz) und Biometrie (Verhaltens- oder Körpermerkmal) [Bergman 2007, S. 410 f.].

Als dritte Möglichkeit kann eine verteilte Referenzdatenspeicherung im Systemdesign angedacht sein. Der Referenzdatensatz wird dabei in mehrere Teile aufgespalten. Jeder dieser Teile ist getrennt gespeichert und somit alleine für den Prozess der Authentifizierung unbrauchbar [Bromba 2009; TeleTrusT 2008, S. 18]. Eine Kombination der separaten Teile erfolgt nur zum Zweck der Authentifizierung durch das System. Die Zuordnungstabelle, welche eine fehlerlose Kombination der entsprechenden Datensätze ermöglicht, ist zudem unabhängig von den eigentlichen Daten zu speichern und zu verschlüsseln, um die Gefahr einer missbräuchlichen Nutzung weiter zu verringern [Bolle et al. 2003, S. 219; TeleTrusT 2008, S. 18]. Die vorab angeführten Schutzmechanismen helfen, den unbefugten Zugriff auf biometrische Daten einzuschränken bzw. ganz zu vermeiden. Nachfolgend gilt es Schutzmaßnahmen näher zu betrachten, welche die Funktionsfähigkeit der Anlage gewährleisten.

Standardverschlüsselungsmechanismen, wie beispielsweise RSA und AES, scheinen weniger geeignet zu sein, um biometrische Templates nachhaltig abzusichern, da während eines Authentifizierungsprozesses die Templatedaten für den Vergleich mit der gegenwärtigen Merkmalsprobe entschlüsselt werden müssen und somit ein neuer Angriffspunkt entsteht [Jain/Nandakumar/Nagar 2008, S. 6]. Grundsätzlich existieren zwei Arten von Mechanismen, die Templates schützen. Erstens die sog. merkmaltransformierenden Verfahren und zweitens biometrische Kryptosysteme, die auch als hilfsdatenbasierende Verfahren bezeichnet werden [Jain/Nandakumar/Nagar 2008, S. 6 ff.]. Merkmaltransformierende Ansätze wenden eine Transformationsfunktion auf das Template an und legen nur das so veränderte Template in der Datenbank ab [Jain/Nandakumar/Nagar 2008, S. 6 ff.]. Die merkmaltransformierenden Verfahren lassen sich wiederum in umkehrbare und unumkehrbare Verfahren unterscheiden. Bei Salting- oder Biohashing-Ansätzen handelt es sich um umkehrbare, bei robusten Einweg-Hashverfahren um sehr schwer bzw. unumkehrbare Transformationen [Jain/Nandakumar/Nagar 2008, S. 6 ff.]. Beiden Verfahrenstypen ist gemein, dass es sich um eine passwortabhängige Transformation der Merkmale handelt, mit dem Unterschied, dass die Geheimhaltung des nutzerspezifischen Schlüssels die Sicherheit umkehrbarer Verfahren, wie beispielsweise des Saltings, bestimmt [Jain/Nandakumar/Nagar 2008, S. 6 ff.]. Dies ist bei unumkehrbaren Transformationen so nicht der Fall.

Biometrische Kryptosysteme werden hingegen speziell zur Absicherung bzw. Verstärkung eines kryptographischen Schlüssels oder zur Generierung eines entsprechenden Schlüssels aus den biometrischen Daten selbst entwickelt [Cavoukian/ Stoianov 2007, S. 15 ff.; Jain/Nandakumar/Nagar 2008, S. 6 ff.; Uludag et al. 2004, S. 948 ff.]. Diese Verfahren sind ebenso als Mechanismus zur Absicherung eines Templates einsetzbar [Jain/Nandakumar/Nagar 2008, S. 6 ff.]. In biometrischen Kryptosystemen sind nur einige öffentliche, unbedenkliche Informationen, die auch als Hilfsdaten bezeichnet werden, über das biometrische Template gespeichert [Jain/Nandakumar/Nagar 2008, S. 6 ff.]. Da die abgelegten Hilfsdaten keine signifikanten Informationen über das ursprüngliche Template bzw. die biometrischen Rohdaten enthalten, muss während dem Matchingprozess immer ein neuer kryptographischer Schlüssel aus den biometrischen Merkmalsdaten abgeleitet werden, der dann zur indirekten Verifizierung der Merkmalsauthentizität dient [Jain/Nandakumar/Nagar 2008, S. 6 ff.]. Es bedarf hier fehlerkorrigierender Codes bzw. geeigneter Mechanismen, welche die natürliche Varianz biometrischer Merkmale berücksichtigen. Die sogenannte „key-binding"-Variante dieser Verfahren erzeugt die zu speichernden Hilfsdaten dadurch, dass ein Schlüssel, der unabhängig von den biometrischen Daten ist, mit den Templatedaten verknüpft wird [Jain/Nandakumar/Nagar 2008, S. 6 ff.]. Beim Matching erfolgt wieder eine Ableitung dieses Schlüssels durch Verknüpfung der neu erhobenen Merkmalsdaten mit den Hilfsdaten [Jain/Nandakumar/Nagar 2008, S. 7 ff.]. Die gespeicherten Hilfsdaten enthalten dadurch keine verwertbaren biometrischen Informationen mehr. Sie haben vielmehr den Charakter von fehlerkorrigierenden Codes. Vielversprechende Ansätze für eine Reihe biometrischer Merkmale in diesem Bereich, wie den Fingerabdruck, das Gesicht, die Iris und die Unterschrift gehen auf das Verfahren von Juels und Sudan zurück [Jain/Nandakumar/Nagar 2008, S. 10; Juels/Sudan 2006, S. 237 ff.].

Bei der „key-generating"-Variante hingegen wird der kryptographische Schlüssel direkt aus den Hilfsdaten, die aus den Merkmalsdaten abgeleitet werden, gewonnen und beim Matching entsprechend mit einem neuen, aus den derzeitigen Messdaten direkt abgeleiteten Schlüssel verglichen [Jain/Nandakumar/Nagar 2008, S. 7 ff.]. Hier existieren neuere, erfolgversprechende Forschungsansätze, die jedoch noch mit einer Reihe von Problemen behaftet sind [Jain/Nandakumar/Nagar 2008, S. 7 ff.]. Zudem gibt es hybride Ansätze, die eine oder mehrere dieser Verfahren kombinieren und somit einen verstärkten Schutz biometrischer Templatedaten bieten [Jain/Nandakumar/Nagar 2008, S. 7 ff.]. Die Eignung der unterschiedlichen Verfahren zur Templateabsicherung hängt stark von den Eigenschaften des jeweiligen biometrischen Merkmals ab. Teilweise sind die Verfahren noch sehr schwer zu implementieren, hinsichtlich des mit ihnen erzielbaren Sicherheitsgewinns noch nicht ausreichend untersucht und mit weiteren Unzulänglichkeiten behaftet, die intensiverer Forschungsbestrebungen bedürfen, bevor eine tatsächliche praktische Verwendung erfolgen kann [Jain/Nandakumar/Nagar 2008, S. 13 f.]. Grundsätzlich sind alle diese Ansätze als sehr positiv zu erachten, da sie auf jeden Fall das Sicherheitsniveau erhöhen und Angriffe erschweren. Des Weiteren sind unumkehrbare Transformationen besser, da diese die Gefahr einer nachträglichen Umkehr für einen eventuellen Missbrauch reduzieren.

5.3.1.2 Absicherung der Funktionsfähigkeit des Systems

Das biometrische System ist gegen die mögliche Einschleusung fremder biometrischer Daten abzusichern, beispielsweise durch ein Signieren des Referenzdatensatzes oder das Einbetten eines Watermarks [Albrecht 2003, S. 56; Meints et al. 2008, S. 1090; TeleTrusT 2006, S. 26; TeleTrusT 2008, S. 17]. Auch die Erkennung von Charakteristikumskopien, also von künstlichen Nachbildungen eines biometrischen Merkmals, das sogenannte Anti-Spoofing, ist von zentraler Bedeutung für die Gewährleistung der Systemsicherheit [Albrecht 2003, S. 55; Bolle et al. 2003, S. 214 f.; Maltoni et al. 2005, S. 281 ff.; Meints et al. 2008, S. 1090; Nixon/Aimale/Probst 2002, S. 123; TeleTrusT 2008, S. 17]. Die wichtigste Methode des Anti-Spoofings ist die sogenannte Lebenderkennung, die manchmal auch als Synonym für den Begriff an sich fungiert [Albrecht 2003, S. 55; Bolle et al. 2003, S. 214 f.; Busch 2006, S. 41 ff.; European Commission Joint Research Centre 2005, S. 43; Jain/Nandakumar/Nagar 2008, S. 2 f.; Krause 2005, S. 201 f.; Meuth 2006, S. 30; Nixon/Aimale/Rowe 2007, S. 405; NSTC 2006b, S. 52; Probst 2002, S. 123; TeleTrusT 2008, S. 17; Vielhauer 2002, S. 38 f.]. Anti-Spoofing-Verfahren können entweder nur die ohnehin erhobenen biometrischen Daten für ihre Analyse verwenden oder weitere zusätzliche Informationen erheben bzw. sogar additiv weitere Hardware- und Softwarekomponenten einsetzen, um Merkmalskopien zu identifizieren [Nixon/Aimale/Rowe 2007, S. 405; Vielhauer 2006, S. 39]. Manche biometrische Verfahren, wie etwa die Spracherkennung, lösen durch die Implementierung eines Challenge-Response-Verfahrens eine Lebenderkennung algorithmisch, während es beispielsweise im Bereich der Gesichtserkennung eines speziellen Sensors hierfür bedarf [Krause 2005, S. 202 f.; Wirtz 1999, S. 130 f.]. Aber auch die Kombination mehrerer biometrischer Verfahren, eine zufällige Wahl der für die Verifikation benötigten biometrischen Proben, z. B. ein zufällig gewählter Finger, und der gemeinsame Einsatz der Biometrie mit Wissens- oder Besitzmerkmalen in einem Authentifizierungssystem können helfen, Lebenderkennungsmechanismen zu gestalten [Bengs/Grudzien 2007, S. 158; Vielhauer 2006, S. 39]. So werden etwa die Reaktionen der Pupillen bei Lichtschwankungen bei einem Irisscan, die Bewegungen des Gesichts bei Gesichtserkennungssystemen oder die menschliche Körpertemperatur, die Schweißdrüsenaktivität, der Blutsauerstoffgehalt, die Körperspannung oder der Pulsschlag beim Fingerabdruckscanner in diesen Verfahren herangezogen, um zu überprüfen, ob es sich um einen lebenden Merkmalsträger oder eine technische Nachbildung des Charakteristikums handelt [Bolle et al. 2003, S. 214; Dittmann/Mayerhöfer/Vielhauer 2002, S. 192, 197; European Commission Joint Research Centre 2005, S. 43; Nixon/Aimale/Rowe 2007, S. 406 ff., 410 f.; Probst 2002, S. 123; TeleTrusT 2008, S. 17]. Einzelne Mechanismen zur Lebenderkennung können Angreifer häufig auch überlisten, wohingegen eine Kombination verschiedener Maßnahmen eine wesentliche Erhöhung des Sicherheitsniveaus verspricht [Albrecht 2003, S. 55; Bromba 2007a, S. 36; Matyáš/Říha 2002; Probst 2002, S. 123].

Aus datenschutzrechtlicher Sicht besitzen solche zusätzlichen Schutzvorkehrungen evtl. weitere Probleme, da etwa eine verlangsamte Pupillenreaktion auch als Indikator für Drogen- oder Alkoholkonsum sowie eine Temperaturveränderung der Haut, wenn Fragen gestellt werden, als Indikator für ein Lügen des Merkmalsträgers dienen können und die hier verarbeiteten biometrischen Daten unter Umständen wieder in den Schutzbereich der gemäß § 3 Abs. 9 BDSG sensiblen personenbezogenen Daten fallen [Meints et al. 2008, S. 1090]. Eine derartige missbräuchliche Verwendung der Merkmalsinformationen verstößt klar gegen die im Bundesdatenschutzgesetz manifestierten Grundsätze [Meints et al. 2008, S. 1090]. Die zu etablierenden Sicherheitsmechanismen können also auch zu einer Beeinflussung des Rechts auf informationelle Selbstbestimmung führen [Meints et al. 2008, S. 1090]. Diese zusätzlich erhobenen Informationen widersprechen ebenso dem datenschutzrechtlich begründeten Postulat, so wenig wie möglich zusätzliche, zweckfremde und kritische Informationen zu erheben [Meints et al. 2008, S. 1090; TeleTrusT 2008, S. 17].

Eine Lebenderkennung reduziert weiterhin das Risiko, dass sich Angreifer mit brutaler Gewalt Körpermerkmale aneignen, beispielsweise durch Abschneiden von Fingern oder Händen, und dadurch dem Merkmalsträger Schaden zufügen [Bolle et al. 2003, S. 214; Eckert 2008, S. 486; NSTC 2006b, S. 52; Reid 2004, S. 88]. Zur Abwehr einer erpresserisch herbeigeführten Merkmalsabgabe können ebenso Vorkehrungen getroffen werden. So ist es beispielsweise möglich, bei der Fingerabdruckerkennung einen speziellen Finger für ein solches Szenario zu vereinbaren oder bei der Stimmerkennung ein bestimmtes Wort festzulegen, welches der Nutzer im Falle einer Bedrohung verwendet, und somit einen stillen Alarm auslöst [Borking/Verhaar 1999, S. 141; Eckert 2008, S. 486]. Die Forderung nach der Umsetzung einer Lebenderkennung in biometrischen Anlagen ist auch stark abhängig vom Anwendungskontext und vom Systemumfeld. Unter kontrollierten, d. h. überwachten Bedingungen, z. B. zur Identifikation bei einem Notar, einer öffentlichen Behörde wie der Polizei, einer Grenzkontrolle oder ähnlichem, kann in der Regel auf diese Eigenschaft auch verzichtet werden [Krause 2005, S. 203;

Vielhauer 2006, S. 39]. In einem nicht überwachten Anwendungskontext sind Mechanismen der Lebenderkennung jedoch ein wichtiges Instrumentarium, um Missbrauch zu verringern und das Sicherheitsniveau nachhaltig zu erhöhen [Vielhauer 2006, S. 39].

Eine Verschlüsselung der Übertragungsstrecken, ein Signieren der übertragenen Daten, beispielsweise durch Message Authentication Codes, die mechanische Absicherung der Übertragungswege oder die Kombination der biometrischen Daten mit Timestamps, die beim Aufzeichnen vom Angreifer nicht mit identifiziert werden können, reduzieren das Risiko von Replay-Angriffen [Albrecht 2003, S. 56; Albrecht/Probst 2001, S. 37; Dittmann/Mayerhöfer/Vielhauer 2002, S. 192, 196; European Commission Joint Research Centre 2005, S. 43; Probst 2002, S. 123; Probst/Köhntopp 1999, S. 1]. Ebenso sind Zugriffs-, Zugangs- und Zutrittskontrollen für das biometrische System und dessen Datenverbindungen umzusetzen [Nanavati/Thieme/Nanavati 2002, S. 265 ff.; NSTC 2006b, S. 42; TeleTrusT 2008, S. 17]. Ein eingeschränkter Zugriff, Zugang und Zutritt zu kritischen Bereichen des Systems auf wenige Berechtigte, beispielsweise zur Datenbank in welcher die biometrischen Daten gespeichert sind, ermöglichen einen zusätzlichen Schutz gegen das Einschleusen fremder biometrischer Daten und reduzieren das Missbrauchspotenzial somit entscheidend [Meints et al. 2008, S. 1091; NSTC 2006b, S. 42]. Diese Maßnahmen werden ohnehin in der Regel bereits im Rahmen eines möglichen Datenschutz- und Datensicherheitsmanagements abgedeckt.

Auch die Gewährleistung der Authentizität der Enrolmentdaten eines Nutzers ist als zusätzliche Absicherung von entscheidender Bedeutung. Ein Enrolment unter der Aufsicht einer vertrauenswürdigen Instanz gewährleistet, dass die Merkmalsdaten tatsächlich von der entsprechenden Person stammen, was eine mögliche Manipulationswahrscheinlichkeit an dieser Stelle verringert [European Commission Joint Research Centre 2005, S. 43; Meints et al. 2008, S. 1091; TeleTrusT 2008, S. 17]. Nur in dem Fall, in welchem nämlich die biometrischen Daten von der angegebenen Person stammen, also deren Identität authentisch ist, kann ein derartiger Missbrauch ausgeschlossen werden [European Commission Joint Research Centre 2005, S. 43; TeleTrusT 2008, S. 17]. Ist ein erfolgreiches Enrolment unter falscher Identität vollzogen, so kann das biometrische System diese falsche Identität nicht mehr aufspüren und der Angreifer hat sich somit auf diesem Weg eine neue, falsche Identität verschafft [European Commission Joint Research Centre 2005, S. 43]. Eine Protokollierung aller wichtigen Aktionen und Transaktionen sowie die regelmäßige Auswertung der Protokolldaten ist ebenfalls bedeutsam bei der Vorbeugung von Missbrauch und der Beseitigung von Sicherheitslücken [NSTC 2006b, S. 42, 47 f.; Probst/Köhntopp 1999, S. 1; Reid 2004, S. 50; TeleTrusT

2008, S. 17]. Dadurch kann eine unberechtigte und missbräuchliche Verwendung der Anlage und der biometrischen Daten festgestellt und dagegen vorgegangen werden [NSTC 2006b, S. 42, 47 f.].

Ein Mitwirken von Interessenvertretern, wie z. B. Betriebs- und Personalrat, betrieblicher Datenschutzbeauftragter oder Verbänden, kann auch helfen, Sicherheitslücken im Betrieb biometrischer Lösungen zu identifizieren und zu schließen [Meints et al. 2008, S. 1091; TeleTrusT 2008, S. 17]. Die Funktionsfähigkeit des biometrischen Systems und die Einhaltung möglicher Vorschriften gilt es regelmäßig zu kontrollieren und zu zertifizieren, nach Möglichkeit durch unabhängige Institutionen, wie das Bundesamt für Sicherheit in der Informationstechnik oder unabhängige Datenschutzbeauftragte [Albrecht/Probst 2001, S. 51; Matyáš/Říha 2002; Meints et al. 2008, S. 1091; Nanavati/Thieme/Nanavati 2002, S. 265, 269; NSTC 2006b, S. 42, 47 f.; TeleTrusT 2008, S. 17]. Dazu zählt auch eine saubere Dokumentation der Sicherheitsmaßnahmen und Zuständigkeiten [NSTC 2006b, S. 43, 45]. Beide letztgenannten organisatorischen Ansätze fallen jedoch auch in den Bereich vertrauensbildender Maßnahmen beim Betrieb biometrischer Systeme.

5.3.1.3 Absicherung gestohlener oder verlorener biometrischer Daten

Wegen der besonderen biometriespezifischen Risiken, vor allem der Gefahr einer lebenslangen Kompromittierung des Merkmals, sind die biometrischen Daten auch für die Fälle eines Verlustes oder eines Diebstahls durch entsprechende Mechanismen besonders abzusichern [Bromba 2009; TeleTrusT 2008, S. 19]. Eine Verschlüsselung der gespeicherten Referenzdaten durch den Erkennungsalgorithmus, die nur temporär für die Authentifizierung aufgehoben wird, sowie das Signieren dieser Daten helfen einem solchen Risiko erfolgreich zu begegnen [Adler 2007, S. 387 f., 393; Borking/Verhaar 1999, S. 141; Bromba 2009; Eckert 2008, S. 486; European Commission Joint Research Centre 2005, S. 43; Probst/Köhntopp 1999, S. 1; TeleTrusT 2008, S. 19]. In diesem Zusammenhang ist auch das Konzept der templatefreien Verfahren zu erwähnen, bei dem statt des Speicherns biometrischer Samples oder Templates ein Geheimnis mit Hilfe eines aus dem Charakteristikum abgeleiteten Schlüssels transformiert wird und somit keine biometrischen Daten zu speichern sind [Adler 2007, S. 395 ff.; Albrecht 2003, S. 56 f.; Albrecht/Probst 2001, S. 39 f.; Meuth 2006, S. 24; Probst 2002, S. 124 f.; TeleTrusT 2008, S. 19]. Jedoch ist hierbei zu erwähnen, dass sich diese Verfahren oftmals noch in der Entwicklung befinden und in naher Zukunft auch nicht für einen Praxiseinsatz geeignet zu sein scheinen [Adler 2007, S. 395 ff.; European Commission Joint Research Centre 2005, S. 40]. Deshalb ist eine detaillierte datenschutzrechtliche Bewertung entsprechender Ansätze noch nicht möglich [TeleTrusT 2008, S. 19 f.]. Gemäß neuester wissenschaftlicher Erkenntnisse können diese Verfahren, obwohl sie abhängig vom zugrunde liegenden biometrischen Merkmal noch häufig mit Sicherheitsproblemen behaftet sind, in manchen Anwendungsfällen auch zu einer Verbesserung des Sicherheitsniveaus maßgeblich beitragen [Adler 2007, S. 395 ff.; Dodis/Reyzin/Smith 2003, S. 1 ff.; Juels/Sudan 2006, S. 237 ff.].

Ein weiterer Ansatz zum Schutz der biometrischen Rohdaten ist ebenfalls in diesem Kontext anzusprechen, das Konzept der sogenannten Revocable bzw. Cancellable oder Encrypted Biometrics [Adler 2007, S. 393 ff.; Cavoukian/Stoianov 2007, S. 15 ff.]. Hier werden durch spezielle Filter oder Algorithmen, die entweder mit oder auch ohne ein Geheimnis arbeiten können, beliebig viele Permutationen des biometrischen Samples erstellt, bevor der eigentliche Verfahrensalgorithmus das Template auf Basis einer dieser veränderten Varianten des Originals erzeugt [Adler 2007, S. 393 ff.; Bolle et al. 2003, S. 224 ff.; Cavoukian/Stoianov 2007, S. 15 ff.; Zhou et al. 2007, S. 3 ff.]. Wird das biometrische Template kompromittiert, so ist nicht notwendigerweise das gesamte Merkmal betroffen sondern nur eine abgeänderte, erneuerbare Ausprägung, eine Art Pseudoidentität [Adler 2007, S. 393 ff.; Cavoukian/Stoianov 2007, S. 16 ff.; Meints et al. 2008, S. 1092]. Eine andere Transformationsausprägung desselben Merkmals kann weiterhin verwendet werden [Bolle et al. 2003, S. 224 ff.]. Dieser Transformationsansatz muss gewährleisten, dass bei jedem Abgleich die vom Merkmalsträger erneut abgegebene Probe exakt in derselben Weise transformiert wird, wie die ursprünglich für das Enrolment verwendete Ausprägung [Adler 2007, S. 393 ff.; Bolle et al. 2003, S. 224 ff.]. Die Transformation darf dabei nicht umkehrbar sein, da sonst das Merkmal wieder mit Hilfe einer einzigen Probe Gefahr läuft, missbraucht zu werden [Adler 2007, S. 393 ff.; Bolle et al. 2003, S. 224 ff.]. Ratha, Connell, Bolle und Chikkerur sowie Savvides, Kumar und Koshla haben beispielsweise für die bildgebenden biometrischen Verfahren der Gesichts- und der Fingerabdruckerkennung hierfür Ansätze entwickelt [Ratha/Connell/Bolle 2000; Ratha/Connell/Bolle 2001; Ratha et al. 2006; Savvides/Kumar/Koshla 2004]. Diese Verfahren stehen jedoch erst am Anfang ihrer technischen Entwicklung und weisen oftmals noch erhebliche qualitative Mängel und Probleme auf [Adler 2007, S. 394 f.]. Weiterhin fehlt noch eine ausreichende Untersuchung der Sicherheit dieser Ansätze, was deren Praxistauglichkeit widerspricht [Adler 2007, S. 395].

Eine Erschwerung der Möglichkeit zur Herstellung des Personenbezugs durch geeignete Mechanismen reduziert zudem das Missbrauchsrisiko für gestohlene biometrische Daten [NSTC 2006b, S. 48; TeleTrusT 2008, S. 20]. So sollten den biometrischen Daten keine weiteren Daten zugefügt sein, die eine direkte Zuordnung zur Person ermöglichen [Bleumer 1999, S. 163 ff.; TeleTrusT 2008, S. 20]. Nicht biometrische personenbezogene Daten sollten immer getrennt von den biometrischen Daten gespeichert sein, was einerseits das Gefährdungspotenzial reduziert und andererseits dem im Bundesdatenschutzgesetz manifestierten Trennungsgebot entspricht, das eine zweckbestimmte Verarbeitung personenbezogener Daten auch technisch sicherstellen soll [Meints et al. 2008, S. 1092][69]. Durch Maßnahmen der Anonymisierung und der Pseudonymisierung, wie beispielsweise die Speicherung der Referenzdaten nur unter einer fortlaufenden Nummerierung und einer getrennten, verschlüsselten Ablage der zugehörigen Zuordnungstabelle, kann dies erreicht werden [Bromba 2009; Eckert 2008, S. 486; TeleTrusT 2008, S. 20]. Es sollte also eine klare, logische und physische Trennung zwischen biometrischen und nicht biometrischen Daten umgesetzt sein. In manchen Fällen kann der Angreifer die gestohlenen biometrischen Daten so ohne die Kenntnisse über die Identität des Merkmalsträgers nur schwer bis gar nicht verwenden [Bromba 2009; TeleTrusT 2008, S. 20].

Des Weiteren ist auf die Nutzung standardisierter Referenzdaten- und Templateformate zu verzichten [Bromba 2009; Meints et al. 2008, S. 1092; Nanavati/ Thieme/Nanavati 2002, S. 246; TeleTrusT 2008, S. 20]. Von Nachteil bei der Verwendung dieser Formate ist, dass sie mit jedem biometrischen System kombinierbar sind, dem derselbe Erkennungsalgorithmus zugrunde liegt. Somit sind auch die Angriffe, die eine Rekonstruktion der Bilddaten zum Ziel haben, leichter möglich [Bromba 2009; Meints et al. 2008, S. 1092; TeleTrusT 2008, S. 20]. Schließlich ist anzuführen, dass auf eine Speicherung der biometrischen Erfassungs-Samples, also der Rohdaten, nach Möglichkeit ebenfalls zu verzichten ist [Bromba 2009; Nanavati/Thieme/Nanavati 2002, S. 255; Probst/Köhntopp 1999, S. 1; TeleTrusT 2008, S. 20]. Obwohl aus biometrischen Templates auch in manchen Fällen mit entsprechenden mathematischen Methoden die Referenzdaten teilweise bzw. vollständig wiederherstellbar sind und damit auch evtl. die ursprünglich eliminierten, sensiblen Daten wieder vorliegen bzw. die Referenzdaten zumindest soweit rekonstruiert werden können, damit mit dieser Rekonstruktion eine Täuschung der Anlage möglich ist, so erhöht diese Maßnahme doch zumindest das Sicherheitsniveau dadurch, dass sie Angriffe erschwert [Adler 2003, S. 1 ff.; Adler 2007, S. 387, 389 ff.; Bromba 2007a, S. 36; Meints et al. 2008, S. 1090, 1092; TeleTrusT 2008, S. 20].

---

[69] Gola/Schomerus/Klug § 9 BDSG Rn. 29

5.3.2 Gesetzliche Schutzmaßnahmen

Eine Reihe von gesetzlichen Maßnahmen können eine missbrauchsfreie und legitime betriebliche Verwendung biometrischer Systeme und deren Gestaltung gewährleisten [Albrecht 2002b, S. 97 ff.; TeleTrusT 2008, S. 18, 20 f.]. So greifen eine Vielzahl von Rechtsvorschriften beim Einsatz solcher Anlagen in Unternehmen [TeleTrusT 2008, S. 18, 20]. Vornehmlich datenschutz- und arbeitsrechtlichen Gesetzen und Rechtvorschriften, wie z. B. dem § 32 BDSG oder den §§ 75 und 87 BetrVG, ist in diesem Zusammenhang eine entscheidende Bedeutung beizumessen [Albrecht 2002b, S. 98 ff., 109 f., 114; Albrecht 2003, S. 152 ff., 195 ff.; Amberg/Fischer/Rößler 2003, S. 52 f.; Bäumler/Gundermann/Probst 2001, S. 48 ff.; Gundermann/Köhntopp 1999, S. 145 ff.; Hornung 2006, S. 6 ff.; Hornung/Steidle 2005, S. 201 ff.; Kindt 2007, S. 166 ff.; Petermann/Sauter 2002, S. 85 ff.; Probst 2002, S. 115 ff.; TeleTrusT 2006, S. 41; TeleTrusT 2008, S. 20]. Die Vorschriften definieren sowohl rechtliche Rahmenbedingungen als auch technische Zielvorgaben, wie sie z. B. der Anlage von § 9 Satz 1 BDSG zu entnehmen sind, denen auch Design und Einsatz biometrischer Lösungen zu entsprechen haben [Probst 2002, S. 116; TeleTrusT 2008, S. 20]. Rechtliche Vorschriften für die technische Gestaltung von Datenverarbeitungsanlagen regeln beispielsweise wie Kontrollen von Zugriffen, Veränderungen oder Eingaben vorzunehmen sind, aber auch wie eine ordnungsgemäße Funktionsfähigkeit sicherzustellen ist [Probst 2002, S. 116]. Sie ermöglichen also die Herstellung eines minimalen Schutzstandards für den Umgang mit biometrischen und somit in der Regel auch personenbezogenen Daten [Bromba 2009].

Gegenstand all dieser Vorgaben ist die Absicherung der als besonders schützenswert geltenden personenbezogenen biometrischen Daten. Dadurch soll der Schutz der Rechte der von der Nutzung solcher Systeme Betroffenen gewährleistet werden [TeleTrusT 2008, S. 20]. Der Gesetzgeber ermöglicht zudem eine Abschreckung potenziellen Missbrauchs durch eine Reihe von Bußgeld- und Strafvorschriften, wie sie in den §§ 43 und 44 BDSG zu finden sind [TeleTrusT 2008, S. 18]. Diese Vorschriften ergänzen des Weiteren die technischen und organisatorischen Schutzmaßnahmen an den Grenzen ihrer Wirksamkeit [TeleTrusT 2008, S. 20]. Technische Maßnahmen können sehr oft faktisch mit dem entsprechenden Aufwand und einer geeigneten Positionierung des Angreifers überwunden werden. Diese Lücke abzusichern, obliegt diesen rechtlich fundierten Normen [Albrecht 2002b, S. 114; TeleTrusT 2008, S. 20]. Den im Datenschutzrecht verankerten Bußgeld- und Strafvorschriften kann in diesem Zusammenhang eine abschreckende Wirkung bescheinigt werden [TeleTrusT 2008, S. 21].

5.3.3 Vertragliche Schutzmaßnahmen

Neben den gesetzlichen Maßnahmen besteht auch die Möglichkeit den Betrieb biometrischer Lösungen durch vertragliche Maßnahmen weiter abzusichern, welche die gesetzlich manifestierten Vorschriften ergänzen bzw. erweitern [TeleTrusT 2008, S. 18]. Die an der Systemnutzung beteiligten Parteien können sich so gegenseitig Rechte zusichern, welche die ohnehin bestehenden gesetzlichen Anforderungen erweitern, konkretisieren oder verschärfen [TeleTrusT 2008, S. 18]. Durch vertragliche Regelungen können beispielsweise über die gesetzlichen Vorschriften hinausgehende strengere Restriktionen für den Systembetrieb festgelegt oder bestehende Sanktionen noch verschärft werden. Der Systembetreiber kann sich z. B. gegenüber dem Betroffen freiwillig verpflichten, zusätzliche konkrete Schutzmaßnahmen für dessen biometrische Daten zu ergreifen bzw. sich einer über die gesetzlichen Vorschriften hinausgehenden Nutzungsbeschränkung zu unterwerfen [Bromba 2009; TeleTrusT 2008, S. 21].

Geeignete Mechanismen hierfür stellen Betriebsvereinbarungen bzw. Einzelvereinbarungen mit den Mitarbeitern im betrieblichen Einsatzkontext sowie die Allgemeinen Geschäftsbedingungen (AGB) im Kundenkontext dar [Albrecht 2002b, S. 110 ff.; Albrecht 2007, S. 171 ff.; Bromba 2009; TeleTrusT 2006, S. 46; TeleTrusT 2008, S. 21]. Eine kundenfreundliche Ausgestaltung der AGB mit einer gleichmäßigen Verteilung der Verantwortlichkeiten und der Haftungsrisiken zwischen dem Systembetreiber und dem Kunden kann auch als vertrauensbildende Maßnahme angesehen werden [Albrecht 2002b, S. 110 ff.; TeleTrusT 2006, S. 44, 46].

Mit Hilfe dieser vertraglichen Regelungen kann also eine über die gesetzlichen Vorschriften hinausgehende, differenziertere, u. U. strengere und anwendungsfallbezogene Verwendung biometrischer Daten geregelt sein [Albrecht 2002b, S. 114; TeleTrusT 2008, S. 21]. Auch bieten diese Instrumentarien die Möglichkeit, die Folgen potenziellen Fehlverhaltens im Umgang mit den biometrischen Daten konkreter zu bewerten und die sich daraus ergebenden Konsequenzen präziser zu regeln sowie zusätzlich zu sanktionieren, beispielsweise durch entsprechende Vertragsstrafen [TeleTrusT 2008, S. 21]. Ebenfalls ist es denkbar, zusätzliche vertragliche Vereinbarungen zur Einhaltung der gesetzlichen Regelungen bei einer Auftragsdatenverarbeitung zu treffen [TeleTrusT 2008, S. 18]. Weiterhin ist anzumerken, dass vertragliche Vereinbarungen jedoch nie so geschlossen werden dürfen, dass sie zu den gesetzlichen Vorschriften im Widerspruch stehen [TeleTrusT 2008, S. 21]. Dies ist als rechtlich unzulässig einzustufen.

5.4 Vertrauensbildende Maßnahmen als datenschutzförderliches Instrumentarium

Das Vertrauen der beteiligten Parteien in die biometrische Lösung beeinflusst neben der Systemsicherheit und den gesetzlich definierten Rahmenbedingungen auch maßgeblich den Geschäftserfolg sowie eine datenschutzrechtliche Beurteilung biometrischer Anlagen [Albrecht 2002b, S. 110, Albrecht 2002c, S. 133 ff.; Albrecht 2003, S. 59; Meints et al. 2008, S. 1092; Probst/Köhntopp 1999, S. 9; TeleTrusT 2006, S. 51 f.; TeleTrusT 2008, S. 21]. Sowohl die Hersteller als auch die Systembetreiber können eine Reihe von vertrauensfördernden Maßnahmen ergreifen, welche diesem Erfolgsfaktor dienlich sind [TeleTrusT 2008, S. 21]. Der Endnutzer muss nicht nur dem System, sondern auch dem Betreiber und dessen Handeln Vertrauen schenken [TeleTrusT 2008, S. 21].

5.4.1 Transparenz gegenüber den Systemnutzern

Da der Einsatz biometrischer Systeme aufgrund der zum Teil als sehr sensibel empfunden Datengenerierung aus biometrischen Merkmalen Bedenken und Befürchtungen, beispielsweise wegen vermuteter gesundheitlicher Gefahren, hygienischer Bedenken der Systemnutzung oder aus Furcht um die physische Unversehrtheit, hervorrufen kann, ist auf eine Reihe von vertrauenskritischen Punkten zu achten [Albrecht 2002a, S. 93 ff.; Amberg/Fischer/Rößler 2003, S. 55; Breitenstein 2002, S. 40; Eckert 2008, S. 486; European Commission Joint Research Centre 2005, S. 18, 165 ff.; Krause 2005, S. 233; TeleTrusT 2006, S. 51 f.]. Die Verwendung körpereigener Merkmale im Rahmen eines Authentifizierungsprozesses führt im Gegensatz zur künstlich generierten PIN oftmals zu einer Vielzahl an subjektiven Befürchtungen [Eckert 2008, S. 486; Graevenitz 2006, S. 248; TeleTrusT 2006, S. 51]. Eine sachliche Erläuterung der Funktionsweise und des Systems, aber auch eine transparente und nachvollziehbare Gestaltung der Anwendergeräte, hilft diese Bedenken, die weiterhin auch religiös oder kulturell motiviert sein können, abzubauen und Vertrauen beim Nutzer zu schaffen [TeleTrusT 2006, S. 51]. Maßnahmen gegen kriminelle Handlungen Dritter, gegen Datenmissbrauch und auch gegen eine mit Gewalt erzwungene Nutzung, wie sie aus der Anlage zu § 9 Satz 1 BDSG hervorgehen, sind im Systemdesign und im Systemumfeld zu berücksichtigen [Eckert 2008, S. 486; Graevenitz 2006, S. 248; TeleTrusT 2006, S. 52][70].

Diese Maßnahmen sollten teilweise auch aktiv mit Nutzungshinweisen kommuniziert werden, um somit Bedenken abzubauen und Vertrauen beim Anwender zu

---

[70] Gola/Schomerus/Klug § 9 BDSG Rn. 22 ff.

schaffen [TeleTrusT 2006, S. 52]. Ein Transparenznachweis für die biometrischen Anlagen leistet einen entscheidenden Beitrag, das Vertrauen der Nutzer und des Systembetreibers in die biometrische Lösung zu bekräftigen [Albrecht 2002c, S. 138 f.; Amberg/Fischer/Rößler 2003, S. 55; Bromba 2009; Hornung/Steidle 2005, S. 207; TeleTrusT 2008, S. 21]. Der Systemhersteller sollte diesbezüglich Informationen zur Qualität des Verfahrens, wie beispielsweise die statistischen Fehlerraten Equal Error Rate, Failure to Acquire Rate, Failure to Enrol Rate, False Accept Rate und False Rejection Rate, zur Verfügung stellen sowie diese bewusst aktiv kommunizieren [Albrecht 2007, S. 173; Bolle et al. 2003, S. 61 ff., 105 ff.; Meints et al. 2008, S. 1092; Reid 2004, S. 41 ff.; TeleTrusT 2008, S. 22]. Wichtig in diesem Zusammenhang ist es, eine detaillierte Versuchs- und Testprobenbeschreibung vorzunehmen, die vor allem dem Betreiber aber auch dem Benutzer das Zustandekommen der entsprechenden Fehlerraten klar verdeutlicht und den Qualitätsnachweis somit zudem bekräftigt [Bolle et al. 2003, S. 105 ff., 329; Reid 2004, S. 152 ff.; TeleTrusT 2006, S. 23 f.]. Anzudenken ist auch eine standardisierte Evaluation des Systems bzw. seiner Komponenten nach allgemeingültigen Normen, wie etwa der ISO/IEC 19794 für die Standardisierung der Referenzdaten, der ISO/IEC 19784 für die Standardisierung der Programmierschnittstellen des Erkennungsalgorithmus oder der ISO/IEC 19795 für die Durchführung standardisierter Tests zur Ermittlung der entsprechenden Fehlerraten [Bromba 2007, S. 198].

Weiterhin ist dem Nutzer die allgemeine Funktionsweise der biometrischen Anlage klar und verständlich aufzuzeigen. Hierzu sind neben einer Beschreibung der Grundfunktionen einer biometrischen Anlage, der Erläuterung der zentralen Prozesse Enrolment, Verifikation und Identifikation auch Informationen über Ort und Umfang der Datenspeicherung bzw. der Templateverwaltung zur Verfügung zu stellen [Albrecht 2007, S. 172 f.; Bromba 2009; Meints et al. 2008, S. 1092; Nanavati/Thieme/Nanavati 2002, S. 270, 272; TeleTrusT 2006, S. 48]. Umfassende Transparenz wird nur geschaffen, wenn Informationen zu den Chancen und Risiken bei der Verwendung biometrischer Lösungen vorhanden sind [Albrecht 2002c, S. 143; Amberg/Fischer/Rößler 2003, S. 55]. Die Einstellung, die Funktionsweise und die Bedeutung der Toleranzschwelle und das damit erreichbare Sicherheitsniveau sind weiterhin klar zu verdeutlichen [Albrecht 2002c, S. 141 f.; Amberg/Fischer/Rößler 2003, S. 55; TeleTrusT 2006, S. 48]. Ebenfalls muss der Nutzer genau in den Umgang mit dem System eingewiesen werden [Albrecht 2007, S. 172 f.]. Eine schriftliche Kurzanleitung für das Gerät mit den wichtigsten Verhaltensregeln und ein permanenter Ansprechpartner für Fragen und Probleme ist verfügbar zu machen [Albrecht 2002c, S. 139 f.; Albrecht 2007, S. 173;

Hornung/Steidle 2005, S. 207; TeleTrusT 2006, S. 49]. Beispielhaft hierfür sind ein FAQ-Dokument und eine Telefonhotline bzw. ein Helpdesk zu nennen [Albrecht 2002c, S. 140; Albrecht 2007, S. 173; Hornung/Steidle 2005, S. 207; TeleTrusT 2006, S. 49].

Ebenso sind Informationen zur Datensicherheit, beispielsweise in Form der Beschreibung der Zugriffs-, der Zugangs- und der Zutrittskontrollen oder von umgesetzten Verschlüsselungsmaßnahmen, zu veröffentlichen [Albrecht 2007, S. 173, 175; Amberg/Fischer/Rößler 2003, S. 55; TeleTrusT 2006, S. 48, 52; TeleTrusT 2008, S. 22]. Eine genaue Aufarbeitung und eine transparente Kommunikation datenschutzrechtlicher Aspekte des Systemeinsatzes schaffen nachhaltig Vertrauen beim Systembetreiber und bei den Systemnutzern [Albrecht 2002c, S. 138; Amberg/Fischer/Rößler 2003, S. 55; TeleTrusT 2008, S. 21]. Die Bewertung des Verfahrens unter dem Gesichtspunkt überschießender Informationen in dem eingesetzten Referenzdatenformat oder bezüglich der in dem biometrischen Rohdatensatz selbst enthaltenen sensiblen Informationen können hier als Beispiele angeführt werden [Amberg/Fischer/Rößler 2003, S. 55; TeleTrusT 2008, S. 21].

Der Nutzer sollte sich ständig über all diese Punkte informieren können und es ist ihm ein entsprechender Ansprechpartner zur Verfügung zu stellen, um die Transparenz zu erhöhen [Albrecht 2007, S. 173; Meints et al. 2008, S. 1092]. Eine Überprüfung und Bestätigung dieser Aussagen durch Prüfberichte und Zertifikate von unabhängigen Dritten ermöglicht einen zusätzlichen Vertrauensgewinn [Albrecht 2003, S. 59; Albrecht 2007, S. 173; Meints et al. 2008, S. 1091; TeleTrusT 2008, S. 21]. Diese sind dem Nutzer gegenüber entsprechend zu publizieren [Nanavati/Thieme/Nanavati 2002, S. 270]. Zudem hat der Systembetreiber dem Anwender klar die Art und Weise der Datenverwendung seinerseits zu vermitteln bzw. auch vorhandene Schutzvorkehrungen zu kommunizieren, die einem Datenmissbrauch durch Dritte vorbeugen [Bromba 2009; TeleTrusT 2008, S. 22]. Aufklärung sowie ein entsprechendes Systemdesign helfen, die Ängste des Benutzers vor Datenmissbrauch oder vor Überwachung zu reduzieren und schaffen nachhaltig Vertrauen und Akzeptanz für den Betrieb biometrischer Anlagen [Albrecht 2002c, S. 138 f.; European Commission Joint Research Centre 2005, S. 116; Graevenitz 2006, S. 254, 267].

5.4.2 Überprüfung und Zertifizierung durch unabhängige Dritte

Die unabhängige Überprüfung der Sicherheitsanforderungen an biometrische Systeme ist als eine der entscheidenden vertrauensbildenden Maßnahmen anzusehen [Albrecht 2003, S. 63]. Eine permanente Überprüfung und Zertifizierung des biometrischen Verfahrens bzw. des biometrischen Systems durch unabhängige Dritte, wie etwa das Bundesamt für Sicherheit in der Informationstechnik, sind unweigerlich die bedeutungsvollsten vertrauensbildenden Maßnahmen und gelten zunehmend als unverzichtbar für einen Praxiseinsatz [Albrecht 2002c, S. 134 f.; Albrecht 2003, S. 59, 61 f.; Albrecht 2007, S. 175; Bromba 2009; Hornung/Steidle 2005, S. 207; Krause 2005, S. 214 ff.; Meints et al. 2008, S. 1091; Nanavati/Thieme/ Nanavati 2002, S. 265, 269; Petermann/Sauter 2002, S. 77 f.; Probst/Köhntopp 1999, S. 8 f.; TeleTrusT 2006, S. 66; TeleTrusT 2008, S. 21]. Hierzu ist eine regelmäßige Kontrolle des biometrischen Systems durch einen Datenschutzbeauftragten anzuraten [Albrecht 2002c, S. 134; Hornung/Steidle 2005, S. 207; TeleTrusT 2008, S. 22]. Ebenso denkbar ist ein freiwilliges Datenschutzaudit [Albrecht 2007, S. 174]. Dieses umfasst üblicherweise die Prüfung und die Bewertung des Datenschutzkonzeptes sowie der technischen Einrichtungen durch einen unabhängigen Gutachter [Albrecht 2007, S. 174].

Für den Nachweis einer datensicherheits- und datenschutzrechtlichen Eignung des Systems sind Zertifikate nach den Common Criteria for Information Technology Security Evaluation des ISO/IEC 15408 und Gütesiegel unabhängiger Datenschutzorganisationen anzuraten, wie etwa das Datenschutz-Gütesiegel des Landes Schleswig-Holstein [Albrecht 2002c, S. 135 f.; Albrecht 2003, S. 59, 62; Bromba 2009; Krause 2005, S. 214 ff.; Meints et al. 2008, S. 1090, 1092; Probst/Köhntopp 1999, S. 8 f.; TeleTrusT 2006, S. 66; TeleTrusT 2008, S. 21; Weghaus 2002, S. 173 ff.]. Auch eine unabhängige Zertifizierung des Informationssicherheitsmanagements für das biometrische System, beispielsweise nach ISO/IEC 27001, schafft Vertrauen [Meints et al. 2008, S. 1092]. Ein solches Zertifikat oder Gütesiegel kann als Indikator für die Gewährleistung von Grundfunktionalitäten gegen Angriffe oder als Nachweis für eine Mindestqualität des Systems bzw. des Erzielens eines Mindestsicherheitsniveaus herangezogen werden [Albrecht 2002c, S. 134 f.; Albrecht 2003, S. 59; Giesecke/Kalo/Laßmann 2002, S. 378 ff., 386 f.]. Evaluierungen gemäß den Grundsätzen der Common Criteria dürfen nur akkreditierte Prüf- und Zertifizierungsstellen durchführen [TeleTrusT 2006, S. 66]. Das allgemeine Vertrauen in den entsprechenden Nachweis bzw. in die vergebende Instanz transferiert sich somit in ein Vertrauen in das biometrische System selbst durch Systemnutzer und Systembetreiber.

Die Common Criteria stellen einerseits einen international anerkannten Katalog von Kriterien zur Verfügung, um IT-Sicherheitsmaßnahmen festzulegen, und liefern andererseits Vorgaben für die Prüfung und die Bewertung von Sicherheitsanforderungen [TeleTrusT 2006, S. 66]. Für biometrische Anlagen bestehen im

Rahmen der Common Criteria durch die Biometrics Evaluation Methodology (BEM) spezielle Prüfkriterien zur Untersuchung und Bewertung der Sicherheit biometrischer Systeme [Albrecht 2003, S. 62; TeleTrusT 2006, S. 66 f.; TeleTrusT 2008, S. 21; Weghaus 2002, S. 173 ff.]. Es gibt hier spezielle Schutzprofile, die sog. Protection Profiles (PP), in denen Sicherheitsvorgaben für einen bestimmten Kontext definiert werden und die in diesem Zusammenhang Verwendung finden. Das Schutzprofil PP-0023 für Videoüberwachungsanlagen, die Schutzprofile PP-0007 und PP-0008 für eine benutzerbestimmbare Informationsflusskontrolle und vor allem das Profil PP-0016 zur Bewertung biometrischer Verifikationsmechanismen sind hier exemplarisch zu nennen [TeleTrusT 2008, S. 21]. Die ISO arbeitet derzeit im Rahmen des Standards ISO/IEC CD3 19792 an einem zusätzlichen Standard für die Evaluation biometrischer Systeme vornehmlich unter Datensicherheits- und Datenschutzaspekten, dessen Publikation jedoch erst für Mitte des Jahres 2010 angestrebt ist [TeleTrusT 2008, S. 21].

5.4.3 Selbstbeschränkung des Systembetreibers

Neben der Konsultierung unabhängiger Dritter kann sich der Betreiber der biometrischen Lösung einer Selbstbeschränkung unterwerfen [Bromba 2009; Hornung/ Steidle 2005, S. 207; TeleTrusT 2008, S. 22]. Biometrische Anlagen und die mit ihnen erhobenen Daten lassen sich in der Regel vielfältig verwenden und weisen ein erhebliches Missbrauchspotenzial auf [TeleTrusT 2008, S. 22]. Der Systembetreiber hat die Möglichkeit mit Hilfe einer additiven, freiwilligen Selbstbeschränkung, welche den Systemeinsatz, die Datenerhebung, die Datenverarbeitung, die Datenverwendung und die Datenspeicherung über die gesetzlichen Vorgaben hinaus regelt, zusätzliches Vertrauen beim Systemnutzer zu schaffen [Bromba 2009; TeleTrusT 2008, S. 22]. Im Vergleich zu den vertraglichen Schutzmaßnahmen ist die Selbstbeschränkung einseitig auf den Betreiber der biometrischen Lösung ausgerichtet.

Beispielsweise beinhaltet eine solche Vereinbarung, dass keine auch gesetzlich zulässige Weitergabe biometrischer Daten an Dritte erfolgt, dass keine Auswertung und Speicherung von im Merkmal enthaltenen Zusatzinformationen vorgenommen wird, dass dem Nutzer eine überprüfbare Löschung der biometrischen Daten innerhalb einer festgesetzten Löschfrist zusteht, z. B. nach dem letztmaligen Gebrauch des Systems, oder auch dass eine ausdrückliche, eindeutige und bereichsspezifische Zweckbindung der biometrischen Daten erfolgt [Bromba 2009; Hornung/ Steidle 2005, S. 207; TeleTrusT 2008, S. 22]. Die Selbstbeschränkung dient also ebenfalls dazu, die ohnehin bestehenden gesetzlichen Vorschriften weiter zu begrenzen oder zu konkretisieren. Im Vergleich zu vertraglichen Maßnahmen geschieht dies jedoch auf einer stark einseitig geprägten, freiwilligen Basis seitens des Systembetreibers.

5.4.4 Freiwilligkeit der Systemnutzung

Die freiwillige Nutzungsmöglichkeit des Systems für den Merkmalsträger stellt eine weitere Möglichkeit dar, um bei diesem Vertrauen zu schaffen [Albrecht 2002a, S. 94; Bromba 2009; Meints et al. 2008, S. 1092; Nanavati/Thieme/Nanavati 2002, S. 248 f., 267 f.; Petermann/Sauter 2002. S. 79; TeleTrusT 2006, S. 46 f., 49; TeleTrusT 2008, S. 22]. Dem Betroffenen sollte also nicht nur ein diskriminierungsfreies Ersatzverfahren in den Fällen zur Verfügung gestellt werden, in denen die Biometrie als solche versagt [Bromba 2009; TeleTrusT 2006, S. 49; TeleTrusT 2008, S. 22]. Auch einem faktischen Benutzerzwang für wichtige alltägliche Anwendungen, dem eine Person unterliegt, wenn herkömmliche Authentifizierungsverfahren durch biometrische Lösungen ersetzt werden, ist so vorzubeugen [Nanavati/Thieme/Nanavati 2002, S. 248 f.; TeleTrusT 2006, S. 47]. Als Beispiele können die Nutzung von Onlinebanking oder der Zugang zu geschützten Bereichen, wie dem Flugverkehr, dienen. Betreiber sollten immer eine Ersatzlösung anbieten, so dass sich der Betroffene jederzeit ohne die Angabe von Gründen für oder gegen eine Nutzung des biometrischen Systems entscheiden kann [Bromba 2009; Meints et al. 2008, S. 1092; TeleTrusT 2006, S. 49, TeleTrusT 2008, S. 22]. Der Einsatz biometrischer Anlagen gegen den Willen des Anwenders kämpft meist mit hohen Fehlerraten. Zudem ist häufig nicht erkennbar, ob diese Tatsache auf die mangelnde Kooperationsbereitschaft des Nutzers, auf Leistungsdefizite der biometrischen Lösung oder auf die biologischen Einschränkungen beim Anwender zurückzuführen sind [Bromba 2009; TeleTrusT 2008, S. 22]. In diesem Kontext spielen auch moralische Bedenken mancher Nutzer eine Rolle, die meist religiös motiviert sind [TeleTrusT 2006, S. 51]. Einige religiöse Gruppen lehnen die Verwendung körperlicher Merkmal ab, da dies nicht mit ihrem Glauben vereinbar ist [Albrecht 2002a, S. 94]. Ein weiteres Bespiel stellt das Problem von verschleierten moslemischen Frauen und der öffentlichen Nutzung von Gesichtserkennungsverfahren dar. Um nachhaltig eine breite Vertrauensbasis zu schaffen, müssen auch solche kulturelle und religiöse Gegebenheiten bestimmter Nutzergruppen berücksichtigt werden [TeleTrusT 2006, S. 51]. Eine Freistellung der Verwendung des Systems ist diesem Aspekt sehr zuträglich [TeleTrusT 2006, S. 51].

5.5 Biometrie und Privacy Enhancing Technology (PET)

Privacy Enhancing Technologies beschreiben ein zusammenhängendes Ganzes an informations- und kommunikationstechnologischen Maßnahmen, welche die Privatsphäre des Individuums schützen, indem sie personenbezogene Daten eliminieren, vermindern oder die unnötige bzw. die unerwünschte Verarbeitung personenbezogener Daten ohne einen Verlust der Funktionsfähigkeit des Informationssystems verhindern [Borking 2001, S. 607 ff., 610; Probst/Köhntopp 1999, S. 5]. Die Philosophie der PET fasst eine Reihe unterschiedlicher technischer Maßnahmen zusammen. Aber auch die eingesetzten Verfahren und Wege der Datenerhebung, der Datenverarbeitung und der Datenübermittlung sowie deren transparente Gestaltung für den Benutzer, so dass er sein Recht auf informationelle Selbstbestimmung entsprechend ausüben kann, umfassen diesen Begriff der PET [Bromba 2009; Dunstone/Yager 2009, S. 23; Hes/Hooghiemstra/Borking 1999, S. 49; Probst/Köhntopp 1999, S. 5]. Das Konzept der Privacy Enhancing Technologies kann einerseits auf die Gestaltung biometrischer Systeme selbst angewendet werden [Albrecht 2003, S. 52; Köhntopp/Fox 1999, S. 126; NSTC 2006b, S. 52 f.]. Andererseits sind biometrische Anlagen bei entsprechender Gestaltung dazu geeignet, zur Realisierungshilfe und somit zu einem wichtigen Baustein für PET zu werden [Albrecht 2003, S. 52; Köhntopp/Fox 1999, S. 126; NSTC 2006b, S. 52 f.].

Die sehr starke Personenbindung biometrischer Merkmale an ihren Träger und die daraus resultierende Beseitigung bzw. Reduktion von Sicherheitslücken herkömmlicher Authentifizierungslösungen auf der Basis von Wissen oder Besitz beinhalten das Potenzial für PET durch entsprechende Gestaltung bei biometrischen Systemen [Boult/Woodworth 2007, S. 427 ff.; Bromba 2009; Nanavati/Thieme/Nanavati 2002, S. 239; NSTC 2006b, S. 53]. Die systemtechnischen Maßnahmen der dezentralen Vergleichsdatenspeicherung und des Matchings auf einem gegen Manipulation von außen geschützten Token in der Verfügungsgewalt des Nutzers, die sichere Verschlüsselung von Referenzdatensätzen, die Nutzung verschiedener biometrischer Merkmale für unterschiedliche Lösungen, der Einsatz biometrischer Kryptographie und die Einführung von Pseudoidentitäten sind exemplarisch als Maßnahmen dafür zu nennen, wie Biometrie als PET gestaltbar und einsetzbar ist [Borking/Verhaar 1999, S. 140 f.; Dunstone/Yager 2009, S. 23; Prabhakar/Sharath/Jain 2003, S. 42; Probst/Köhntopp 1999, S. 5 ff.; Zorkadis/Donos 2004, S. 135 ff.]. Die Biometrie bietet also ein entsprechendes Potenzial für die Realisierung von PET-Lösungen [Probst/Köhntopp 1999, S. 7 f.]. Sie ist aber, wie vorab bereits ausführlich erläutert, immer mit gewissen Risiken verbunden, die es bei der Umsetzung derartiger Anlagen zu reduzieren bzw. zu beseitigen gilt [Probst/Köhntopp 1999, S. 7 f.].

Im Rahmen weiterführender Analysen würde es sich anbieten, zu untersuchen, welche Anforderung ein biometrisches Verfahren bzw. darauf aufbauend ein biometrisches System erfüllen muss, damit es als Privacy Enhancing Technology zu klassifizieren ist. Weiterhin wäre eine logische Klassifikation und Einordnung unterschiedlicher Privacy Enhancing Technology Ansätze im Bereich der Biometrie wünschenswert. Eine konsequente Begriffsabgrenzung der Privacy Enhancing Technologies im Kontext der Biometrie ist als Ausgangsbasis dafür unerlässlich. Diese Betrachtung würde aber im Rahmen der Arbeit zu weit führen. Deshalb wird auch darauf verzichtet.

6 Bewertungskriterien für eine datenschutzrechtliche Evaluation

Eine differenzierte datenschutzrechtliche Betrachtung und Bewertung der Biometrie kann nur durch eine klare Abgrenzung vom biometrischen Merkmal zum biometrischen System erfolgen. Aus den in den letzten Kapiteln ermittelten Grundlagen, Vorschriften und Konzepten resultiert eine Reihe von Anforderungen an jeden dieser Bereiche. Da es im Zusammenhang mit dem Einsatz biometrischer Systeme in Unternehmen aktuell an einer spezifischen Gesetzgebung und an einer geeigneten Rechtsprechung in Deutschland mangelt, können nur Wertungskriterien abgeleitet werden, welche einen Rahmen für eine derartige Analyse biometrischer Anlagen aufspannen [TeleTrusT 2008, S. 25 ff.]. Die konkrete Beurteilung der entsprechenden Aspekte bei einzelnen Lösungen hat darauf aufbauend immer in Form von mehr oder weniger umfassenden Abwägungsprozessen zu erfolgen.

Es ist in diesem Zusammenhang sinnvoll, ein Ebenenmodell für die verschiedenen Anforderungsbereiche zu entwickeln, um diese besser voneinander abgrenzen zu können. So ergeben sich sehr unterschiedliche und teilweise aufeinander aufbauende bzw. voneinander abhängige datenschutzrechtlich motivierte Forderungen sowohl an das biometrische Merkmal als auch an das biometrische System. Ein zweistufiges pyramidales Modell, wie das in der folgenden Abbildung dargestellte, kann hierfür gewählt werden. Jede Stufe zeichnet sich durch eigene, spezifische Anforderungen aus. Die Merkmalsebene bildet zugleich die Ausgangsbasis für die Systemebene und deren Wertungskriterien. Datenschutzrechtliche Schwächen auf der tieferen Ebene müssen auf der höheren Ebene durch ein entsprechendes Verfahrens- bzw. Systemdesign ausgeglichen werden. Stärken auf der tieferliegenden Ebene können umgekehrt zu abgeschwächten Anforderungen auf der höheren Ebene führen.

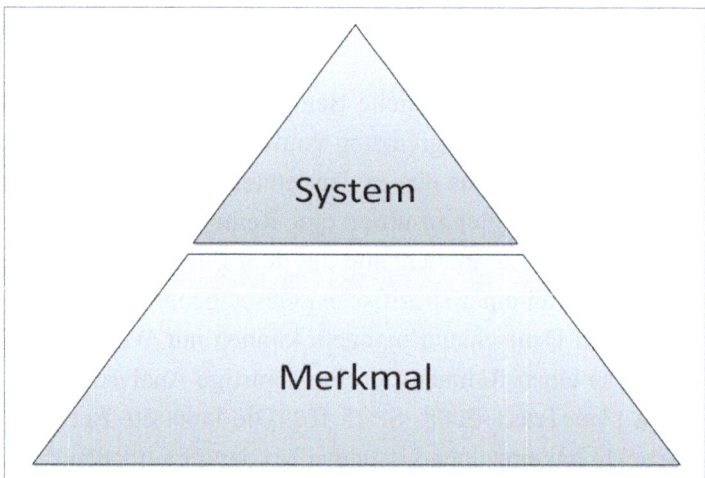

Abbildung 14: **Ebenenmodell der datenschutzrechtlichen Bewertung**
eigener Entwurf

Als Grundlage für eine Betrachtung und eine Bewertung biometrischer Verfahren bzw. deren konkreter Umsetzung in einem biometrischen System ist also einführend immer eine Untersuchung der Merkmalsebene vorzunehmen.

Abschnitt 6.1 beschäftigt sich mit der Ableitung von Prüfkriterien für eine Bewertung biometrischer Merkmale. Der Informationsgehalt, die zeitliche Variabilität, die Ausspähbarkeit und die willentliche Beeinflussbarkeit des biometrischen Merkmals sind dabei für eine datenschutzrechtlich motivierte Untersuchung biometrischer Merkmale von entscheidender Bedeutung. Anschließend werden in Abschnitt 6.2 dieses Kapitels Wertungskriterien identifiziert, welche aufbauend auf den im vorhergehenden Abschnitt ermittelten Anforderungen eine Analyse biometrischer Systeme aus Sicht des Datenschutzes ermöglichen. Die Begründung der Notwendigkeit des Systemeinsatzes, die Berücksichtigung des vorab zu definierenden Verwendungszwecks im späteren Systemdesign, die Beachtung des Grundsatzes der Erforderlichkeit in der Systemarchitektur und der Betriebsmodus der Anlage sind hier ebenso bedeutsam wie der Verzicht auf die Schaffung einer zentralen Referenzdatenbank, die Umsetzung eines datenschutzfreundlichen Speicherkonzepts und die Reduktion des Personenbezugs bei den biometrischen Daten. Weiterhin sind die technische Sicherheit und die Zuverlässigkeit des Systems, der Umgang mit sensiblen Daten durch das System, die Transparenz der Anlage und der umgesetzten Sicherheitsmaßnahmen, die Gewährleistung hinreichender Mechanismen für die technische und die organisatorische Sicherheit sowie das Angebot effektiver Alternativverfahren hier für eine positive Beurteilung biometrischer Lösungen aus datenschutzrechtlicher Sicht von maßgeblicher Bedeutung.

6.1 Prüfkriterien für eine Bewertung biometrischer Merkmale

Zunächst sind Wertungskriterien für eine Evaluation biometrischer Merkmale aus den Vorschriften und Anforderungen des Bundesdatenschutzgesetzes und den weiteren datenschutzrechtlich relevanten Vorgaben und Konzepten abzuleiten, bevor eine erste Analyse auf der Basis dieser Kriterien durchgeführt werden kann.

6.1.1 Informationsgehalt des biometrischen Merkmals

Der Informationsgehalt eines biometrischen Merkmals bezeichnet die Tiefe der aus den vorliegenden biometrischen Daten gewinnbaren Informationen. Je größer der Informationsgehalt des biometrischen Merkmals ist, umso größer ist die Gefahr einer Verletzung des Grundsatzes der Datenvermeidung und der Datensparsamkeit schon bei der Merkmalserhebung durch ein biometrisches System. Neben der Bedrohung, dass auf diese Art und Weise über den definierten Verwendungszweck hinausgehende Informationen erhoben, gespeichert und evtl. sogar zweckfremd verarbeitet werden, besteht die Möglichkeit, dass diese (Zusatz-)Informationen gemäß § 3 Abs. 9 BDSG sensible personenbezogene Daten darstellen. Diese Daten sind gesondert schützend zu behandeln. Je weniger und je unkritischere Informationen das biometrische Merkmal enthält, desto förderlicher für den Datenschutz ist eine Verwendung dieses Merkmals und seiner Ausprägungen in einem biometrischen Verfahren. Die Nutzung derartig konstituierter Merkmale reduziert auch die Gefahr eines Missbrauchs, z. B. durch den Arbeitgeber oder ein Versicherungsunternehmen. Es könnten hier unrechtmäßige Rückschlüsse aus den zusätzlich enthaltenen sensiblen Informationen auf mögliche Krankheiten oder Veranlagungen gezogen werden, die bei einer missbräuchlichen Verwendung für den Merkmalsträger mit negativen Konsequenzen behaftet sind [Eckert 2008, S. 485; Hornung 2008, S. 13; Kindt 2007, S. 168; TeleTrusT 2008, S. 15]. Zudem besteht die Möglichkeit, die Entstehungsart des biometrischen Merkmals hierbei als Indikator für die Kritikalität und teilweise auch den Umfang der enthaltenen Informationen heranzuziehen [Amberg/Fischer/Rößler 2003, S. 11 ff.; Bäumler/Gundermann/Probst 2001, S. 9; Behrens/Roth 2001, S. 4; Bromba 2009; Petermann/Sauter 2002, S. 17 ff.; Platanista 2001].

Vornehmlich auf physiologisch geprägten Merkmalen arbeitende biometrische Verfahren verwenden Merkmale wie das menschliche Gesicht, das Irismuster, das Retinamuster, den Fingerabdruck oder die DNA des Merkmalsträgers, die einen erhöhten Informationsgehalt aufweisen und so leichter Indikatoren für Rückschlüsse auf sensible personenbezogene Daten wie den Gesundheitszustand oder die Rasse des Merkmalsträgers liefern können. Konditionierte Merkmale hingegen enthalten weniger bis keine zusätzlichen, teilweise im Sinne des § 3 Abs. 9 BDSG sensiblen (Indikator-)Informationen. Eine starke verhaltensbasierte Prägung bzw. Konditionierung des biometrischen Merkmals kann aufgrund dieser Eigenschaft als Hinweis für einen datenschutzfreundlichen Charakter dienen. Weitere Ausführungen zur Klassifizierung biometrischer Merkmale sind auch Abschnitt 2.1 zu entnehmen. [Albrecht 2003, S. 35; Doddington et al. 2000, S. 226; European Commission Joint Research Centre 2005, S. 51 ff.; Graevenitz 2006, S. 84, 98, 114; Gundermann/Köhntopp 1999, S. 143 ff., 150; Hall/Kimura 1994, S. 1203 ff.; Hecker 1993, S. 10 ff.; Hein 1999, S. 107; Jain/Ross/Prabhakar 2004, S. 10; Meints 2008, S. 12 ff.; Petermann/Sauter 2002, S. 88; Woodward 1997, S. 97 ff., 115 f.; Zahour/Taconet/Faure 1992, S. 289]

6.1.2 Zeitliche Variabilität des biometrischen Merkmals

Alle biometrischen Merkmale weisen eine unterschiedlich stark ausgeprägte zeitliche Variabilität auf [Albrecht 2003, S. 35; Eckert 2008, S. 486; Graevenitz 2006, S. 22, 41; Kindt 2007, S. 168]. Sie können sich durch Alterung, Abnutzung, Wachstum, Verschmutzung oder durch den Gesundheitszustand verändern [Albrecht 2003, S. 36; Graevenitz 2006, S. 41; Kindt 2007, S. 168; Rukhin 2004, S. 30; TeleTrusT 2006, S. 6]. Eine hohe zeitliche Variabilität des biometrischen Merkmals führt zu dem Effekt des sog. Template-agings, d. h. der Referenzdatensatz altert, stimmt mit den gegenwärtigen Merkmalsausprägungen immer weniger überein und wird somit mit zunehmendem Alter unbrauchbar [Graevenitz 2006, S. 41; Kindt 2007, S. 168]. Adaptive biometrische Verfahren, welche bei jedem Abgleich die Referenzdaten aktualisieren, können diesem Effekt entgegenwirken [Albrecht 2003, S. 37; Breitenstein 2000, S. 95; Graevenitz 2006, S. 41].

Jedes biometrische Merkmal zeichnet sich also durch seine individuelle zeitliche Persistenz aus, die jedoch sehr unterschiedlich ausfallen kann [Behrens/Roth 2001, S. 12 ff.; Graevenitz 2006, S. 41, 89 ff.; Kindt 2007, S. 168; Petermann/Sauter 2002, S. 18, 21, 39 f.]. Passive biometrische Merkmale haben im Vergleich zu aktiven biometrischen Merkmalen eine geringere zeitliche Variabilität [Amberg/Fischer/Rößler 2003, S. 51; Graevenitz 2006, S. 58 ff.; Petermann/Sauter 2002, S. 39 f.]. Je schwächer sich die zeitliche Variabilität eines Merkmals gestaltet, desto länger ist auch die Bindungsdauer des Merkmalsträgers an die entsprechenden, aus dem Merkmal einmal gewonnenen biometrischen Daten. Es besteht also eine längere Personenbindung zwischen dem Datensatz und dem Merkmalsträger über die Zeit hinweg. Eine hohe Variabilität des biometrischen Merkmals resultiert demgegenüber in einer schwächeren und teilweise sogar löslichen Bindung zwischen Merkmalsträger und „veralteten" Merkmalsausprägungen bzw. vielmehr den einmal daraus gewonnenen biometrischen Daten [Hornung/Steidle 2005, S. 6; Nanavati/Thieme/Nanavati 2002, S. 254; Petermann/Sauter 2002, S. 40]. Aktive, sich stärker verändernde biometrische Merkmale, wie z. B. die Unterschrift, werden also im schlimmsten Fall nicht dauerhaft kompromittiert, sondern können durch den zeitlich begrenzten Personenbezug allenfalls temporär missbraucht werden [Petermann/Sauter 2002, S. 40]. Demgegenüber steht das Problem der langfristigen, unlöslichen Bindung vornehmlich aus passiven Merkmalen gewonnener biometrischer Datensätze [Hornung/Steidle 2006, S. 6].

Ein Erlöschen des Personenbezugs bzw. ein durch die Eigenschaften des Merkmals temporär befristeter Personenbezug biometrischer Daten schwächt deren kritischen Charakter nachhaltig ab und ist folglich als datenschutzfreundlich anzusehen. Es sind also aus Sicht des Datenschutzes immer biometrische Merkmale vorzuziehen, die keinen langfristigen bis lebenslangen Personenbezug und damit entsprechend kritische Daten und ein erhöhtes Missbrauchspotenzial mit sich bringen [Bromba 2009; Probst/Köhntopp 1999, S. 1; TeleTrusT 2006, S. 37]. Verhaltensbezogene biometrische Merkmale mindern durch die Notwendigkeit eines häufigen Re-Enrolments die Gefahr eines Missbrauchs personenbezogener Daten im Falle einer Kompromittierung des Systems ab und geben auch dem Merkmalsträger die Möglichkeit durch die Vermeidung eines Re-Enrolments seine personenbezogenen Daten bewusst, also wissentlich und willentlich, „veraltern" und somit wertlos werden zu lassen.

6.1.3 Ausspähbarkeit des biometrischen Merkmals

Auch die Ausspähbarkeit des biometrischen Merkmals ist im Rahmen einer datenschutzrechtlichen Bewertung zu berücksichtigen [Bromba 2009; TeleTrusT 2006, S. 25]. Je nachdem ob ein biometrisches Merkmal offen liegt, d. h. ohne ausdrückliche Initiative, also Beteiligung des Merkmalsträgers am Erfassungsprozess, erhoben werden kann oder verdeckt auftritt, gestaltet sich dessen Ausspähbarkeit unterschiedlich [Graevenitz 2006, S. 22; Krause 2005, S. 101; TeleTrusT 2006, S. 24 f.]. Offene biometrische Merkmale, wie z. B. das menschliche Gesicht, können dabei von Dritten ohne die Verwendung weiterer Hilfsmittel beobachtet werden. Das Ausspähen verdeckter Merkmale hingegen bedarf weiterer Hilfsmittel und ist zudem differenzierter zu beurteilen. Es kann eine Unterscheidung in leicht verdeckte, verdeckte und schwer verdeckte Merkmale vorgenommen werden [TeleTrusT 2006, S. 25]. Leicht verdeckte Merkmale, wie z. B. der menschliche Fingerabdruck, sind von einem Nebenstehenden einfach zu beobachten und mit simplen Hilfsmitteln (Graphitpulver, Tesafilm und Pinsel) erfassbar. Der Merkmalsträger hinterlässt diese oft unbeabsichtigt, unwillentlich und unwissentlich. Im Gegensatz dazu können verdeckte Merkmale nur mit Hilfe eines bestimmten Sensors oder Detektors erfasst werden und bedürfen schon eines Mitwirkens, also der bewussten Kooperation durch den Merkmalsträger, wie z. B. bei der Erfassung des Retina-Musters durch den Blick des Trägers in die Spezialkamera. Schwer verdeckte oder auch diskrete Merkmale sind nicht direkt beobachtbar, sondern das Ergebnis einer (geheimen) Funktion, welche das Personenverhalten analysiert. Ein einfaches Ausspähen von Messdaten ohne Kenntnis der Funktion bringt für den Angreifer keine auswertbaren Informationen über die Eigenschaften des biometrischen Merkmals [European Commission Joint Research Centre 2005, S. 69; TeleTrusT 2006, S. 24 f.].

Je offener ein biometrisches Merkmal auftritt, desto leichter ist es also ohne Beteiligung des Merkmalsträgers zu erfassen. Passive biometrische Merkmale liegen meistens offen, leicht verdeckt oder höchstens verdeckt und sind damit auch leichter ausspähbar [Petermann/Sauter 2002, S. 40]. Aktive Merkmale sind demgegenüber allgemein verdeckt bis stark verdeckt und somit schwieriger unbemerkt zu erheben [Petermann/Sauter 2002, S. 40]. Bei schwer verdeckten biometrischen Merkmalen muss der Träger bei der Erfassung bewusst aktiv werden, also wissentlich und teilweise auch willentlich mitwirken. Dies ist dem im Bundesdatenschutzgesetz verankerten Transparenzgrundsatz, dem Grundsatz der offenen Erhebung und dem Grundsatz der Direkterhebung zuträglich, weil die Merkmale generell nicht einfach unbemerkt ohne eine bewusste kooperative Aktion des Trägers erhoben werden können [Probst/Köhntopp 1999, S. 1; TeleTrusT 2006, S. 36]. Der hohe Grad an merkmalsbedingter Mitwirkung beeinflusst folglich die Eingriffsintensität des auf einem solchen Merkmal aufbauenden biometrischen Systems positiv. Die biometrische Anlage, welche sich des entsprechenden biometrischen Merkmals bedient, hat dann auch zu gewährleisten, dass keine unbeobachtete Erhebung von Informationen über aktive biometrische Merkmale bzw. deren Ausprägungen mit Hilfe der Anlage selbst möglich ist [Bäumler/Gundermann/Probst 2001, S. 22 f.]. Ein entsprechendes Systemdesign kann weiterhin ebenso den merkmalsbedingten Schwächen einer verdeckten Erhebungsmöglichkeit entgegenwirken [Albrecht 2003, S. 169].

6.1.4 Willentliche Beeinflussbarkeit des biometrischen Merkmals

Auch die willentliche Beeinflussbarkeit des Merkmals bzw. der Merkmalsausprägungen durch den Träger selbst gilt es im Zusammenhang mit einer datenschutzrechtlichen Untersuchung der Biometrie zu betrachten. Vornehmlich konditionierte, aktive biometrische Merkmale ermöglichen es dem Träger, die Preisgabe seiner

Merkmalsausprägungen willentlich zu beeinflussen. So verstellt der Merkmalsträger beispielsweise bei der Spracherkennung seine Stimme bis zu einem gewissen Grad oder verändert bewusst seine Unterschrift. Er nimmt so willentlich auf seine Merkmalsausprägungen Einfluss und lässt auch eine mögliche ungewollte Merkmalsabgabe und eine damit verbundene Authentifizierung fehlschlagen. [Bäumler/Gundermann/Probst 2001, S. 9; Graevenitz 2006, S. 37, 44; Nanavati/Thieme/Nanavati 2002, S. 254; TeleTrusT 2006, S. 7]

Diese Eigenschaft ist förderlich für die datenschutzrechtlichen Vorgaben, da der Merkmalsträger bis zu einem gewissen Maß auf die Abgabe, die Verarbeitung und die Speicherung seiner personenbezogenen Daten einwirken kann und ein hoher Grad an Beteiligung seinerseits für die Erfassung seiner Merkmalsausprägungen vorliegen muss. Die Eingriffsintensität wird also abgeschwächt, was sich positiv auf den Schutz und die freie Verfügbarkeit der biometrischen Daten für den Merkmalsträger auswirkt [Bromba 2009; Nanavati/Thieme/Nanavati 2002, S. 254; Petermann/Sauter 2002, S. 10, 92]. Der Vorteil der willentlichen Beeinflussbarkeit des Merkmals und dessen Ausprägungen durch seinen Träger kann später auch beim Verfahrens- und Systemdesign genutzt werden, was zu einer datenschutzfreundlicheren Systemgestaltung beiträgt [Bäumler/Gundermann/Probst 2001, S. 9; TeleTrusT 2006, S. 7].

6.2 Prüfkriterien für eine Bewertung biometrischer Systeme

Nach der Ermittlung datenschutzrechtlicher Bewertungskriterien für verschiedene biometrische Merkmale gilt es nun auf der Grundlage dieser Resultate Anforderungen an biometrische Systeme zu definieren, welche sich dieser Merkmale bedienen. Auch hierfür ergeben sich aus den Vorgaben des Bundesdatenschutzgesetzes, aus datenschutzrechtlich motivierten Ansätzen und Konzepten und aus den weiteren relevanten Rechtsgrundlagen eine Reihe von Kriterien und Richtlinien, welche eine derartige Analyse berücksichtigen muss. Im Folgenden werden die entsprechenden Anforderungen zunächst abgeleitet und detailliert beschrieben, bevor anschließend am praktischen Beispiel biometrischer Systeme, welche mit dem Merkmal Tippverhalten arbeiten, nochmals eine Überprüfung der Aussagekraft der Wertungskriterien erfolgt.

6.2.1 Notwendigkeit des Systemeinsatzes

Für den Einsatz eines biometrischen Systems ist stets die tatsächliche Notwendigkeit zu prüfen und auch entsprechend zu rechtfertigen. Alternative Absicherungs- bzw. im speziellen Fall Authentifizierungsmöglichkeiten sind dabei bei gleicher

Güte, d. h. bei gleichem erzielbarem Sicherheitsniveau, vorzuziehen, da sich biometrische Verfahren in der Regel eingriffsintensiver in die Persönlichkeitsrechte der Betroffenen gestalten [Hornung/Steidle 2005, S. 205; Hornung 2008, S. 13]. Diese generalistische Aussage gilt aber nicht unter allen Umständen und muss somit einzelfallbezogen, abhängig vom verwendeten biometrischen Merkmal, von der realisierten Systemarchitektur sowie dem entsprechenden Einsatzkontext untersucht und infolgedessen negiert oder bestätigt werden. Der Systembetreiber hat bei einer Verwendung biometrischer Anlagen konkret das Bedürfnis bzw. die Notwendigkeit im Sinne der Erforderlichkeit des Einsatzes der biometrischen Anlage zu rechtfertigen, um diesen somit zu legitimieren [Albrecht 2007, S. 172]. Die Notwendigkeit des Systemeinsatzes lässt sich vornehmlich durch eine damit einhergehende Erhöhung des Sicherheitsniveaus oder auch durch die Beseitigung bestehender Sicherheitslücken als verfolgte Ziele begründen [Albrecht 2007, S. 172]. Hier ist konkret zu argumentieren, warum die Einführung einer biometrischen Lösung im entsprechenden Anwendungskontext das Sicherheitsniveau nachhaltig verbessert. Beispielsweise kann angeführt werden, dass Beschäftigte ihre Authentifizierungstokens weitergegeben oder getauscht haben, vermehrt Fälle von Passwortmissbrauch aufgetreten sind oder das bisherige Sicherheitssystem anderweitig umgangen wurde [Albrecht 2007, S. 172]. Dies ist vor allem für die Legitimation im betrieblichen Einsatzkontext von entscheidender Bedeutung. Auch eine mögliche notwendige Zustimmung durch den Betriebsrat ist so leichter zu erlangen.

6.2.2 Berücksichtigung des vorab zu definierenden Verwendungszwecks im Systemdesign

Gemäß dem im Bundesdatenschutzgesetz manifestierten Grundsatz der Zweckbindung haben die Art der verwendeten Daten, der Umfang, die Art und Weise der Erhebung und die Spezifika ihrer Verarbeitung immer im Einklang mit dem vorab definierten Zweck zu stehen bzw. dieser bestehenden Zweckbindung zu entsprechen [Albrecht 2007, S. 172; Bäumler/Gundermann/Probst 2001, S. 50 f.; Hornung 2008, S. 13, Petermann/Sauter 2002, S. 86, 92; TeleTrusT 2006, S. 35, 39]. Eine den definierten Zweck überschreitende Datenerhebung und vor allem eine zweckwidrige Verwendung der biometrischen Daten sind durch entsprechende Vorkehrungen zu vermeiden oder auszuschließen [Albrecht 2007, S. 173; Hornung 2006, S. 14; TeleTrusT 2006, S. 35]. Es ist also von maßgeblicher Bedeutung vor dem Einsatz eines biometrischen Systems immer eine präzise anwendungsfallbezogene Zweckbestimmung vorzunehmen. Bei der Erhebung biometrischer Daten ist ein hoher Grad an Mitwirkung seitens des Merkmalsträgers anzustreben, also eine auf Kooperation beruhende Merkmalsabgabe, was auch ein entsprechendes Systemdesign erreicht [Petermann/Sauter 2002, S. 92]. Die biometrischen Daten dürfen somit nach den gesetzlichen Vorgaben lediglich gemäß dem Zweckbindungsgrundsatz erhoben, verarbeitet und gespeichert werden, was sowohl beim Systemdesign als auch bei der Systemauswahl und beim Systemeinsatz zu beachten ist [Albrecht 2003, S. 166 ff., 191; Albrecht 2007, S. 173 f.; Hornung/Steidle 2005, S. 206; TeleTrusT 2006, S. 35, 38]. Weiterhin darf im Regelfall keine Weitergabe der biometrischen, personenbezogenen Daten an Dritte in nicht anonymisierter Form erfolgen und es darf auch keine Leistungs- oder Verhaltenskontrolle unter Verwendung der erhobenen biometrischen Daten vorgenommen werden, was bereits bei der Festlegung des Verwendungszwecks zu berücksichtigen ist [Albrecht 2007, S. 172, 174].

6.2.3 Berücksichtigung der Erforderlichkeit im Systemdesign

Der Grundsatz der Erforderlichkeit repräsentiert einen der wesentlichen Grundsätze im Bundesdatenschutzgesetz und findet sich in einer Reihe von Paragraphen wieder, wie z. B. in den §§ 13, 14 und 28 BDSG. Er spielt folglich bei der Beurteilung des datenschutzfreundlichen Charakters einer biometrischen Anlage eine ausschlaggebende Rolle. Die Preisgabe möglicher Zusatzinformationen erfordert beim Einsatz biometrischer Lösungen immer eine Beachtung [Albrecht 2007, S. 174; Bäumler/Gundermann/Probst 2001, S. 18 ff.; TeleTrusT 2006, S. 35 f.]. Dabei ist stets der Grundsatz der Erforderlichkeit unter Berücksichtigung des Grundsatzes der Zweckbindung sowohl beim Verfahrensdesign als auch beim Systemdesign und beim Systemeinsatz zu berücksichtigen [Albrecht 2007, S. 74; Bäumler/Gundermann/Probst 2001, S. 49; Nanavati/Thieme/Nanavati 2002, S. 242; Petermann/Sauter 2002, S. 92; TeleTrusT 2006, S. 35 f.]. Auf die Erhebung und die Verarbeitung von über den Verwendungszweck der Authentifizierung hinausgehenden Zusatzinformationen ist zu verzichten bzw. es sollten diese, falls sie bei der Erhebung des biometrischen Merkmals, z. B. in Form eines Fotos der Hand oder des Gesichts des Merkmalsträgers, notwendigerweise anfallen, für die weitere Verarbeitung entsprechend eliminiert werden [Albrecht 2007, S. 174; Bäumler/Gundermann/Probst 2001, S. 18 ff.]. Die erhobenen und verarbeiteten personenbezogenen Daten sind also im Verfahrens- bzw. im Systemdesign auf ein für die Zweckerfüllung unbedingt erforderliches Minimum zu reduzieren [Albrecht 2007, S. 174].

6.2.4 Betriebsart des Systems: Identifikation versus Verifikation

Biometrische Systeme können in den beiden Betriebsmodi Verifikation und Identifikation arbeiten [Albrecht 2003, S. 37 f.; Bäumler/Gundermann/Probst 2001, S. 9 f.; Bolle et al. 2003, S. 11 ff.; Kindt 2007, S. 166 f.; Krause 2005, S. 228 ff.]. Es ergeben sich für den Datenschutz aus den beiden verschiedenen Betriebsmodi biometrischer Anlagen grundsätzliche Unterschiede, die es bei einer Wertung entsprechend zu berücksichtigen gilt [Bäumler/Gundermann/Probst 2001, S. 9 f.; Kindt 2007, S. 166 f.; Krause 2005, S. 227]. Für den Betrieb im Identifikationsmodus werden in der Regel sehr große zentrale Datenbestände benötigt, da das System hier bei der Durchführung der Identifikation das gegenwärtige Template bzw. den gegenwärtig erhobenen Datensatz mit allen im System verfügbaren Referenzdatensätzen vergleichen muss, um die Identität des Merkmalsträgers feststellen zu können [Albrecht 2003, S. 38; Bolle et al. 2003, S. 5, 11 f.; Nanavati/Thieme/Nanavati 2002, S. 249 f.]. Der Betrieb im Identifikationsmodus bedarf folglich auch immer einer zentralen Referenzdatenbank. Diese Datenbestände können üblicherweise auch ohne das Wissen und die Beteiligung des Nutzers ausgewertet werden, was unter Umständen dessen Recht auf informationelle Selbstbestimmung beschränkt und somit auch eine erhebliche Gefahr für den Datenschutz darstellt [Behrens/Roth 2001, S. 17; Kindt 2007, S. 167; Nanavati/Thieme/Nanavati 2002, S. 249 f.]. Problematisch sind hierbei auch die Art der Speicherung der biometrischen Daten und die Festlegung geeigneter Zugriffsrechte [Kindt 2007, S. 167; Krause 2005, S. 227].

Für den Betrieb im Verifikationsmodus sind die benötigten Datenbestände in der Regel weitaus geringer bzw. sogar auf ein unbedingt notwendiges Minimum reduzierbar [Krause 2005, S. 227 f.]. Hier ist ebenso ein Systemdesign möglich, das eine dezentrale Speicherung der biometrischen Daten umsetzt, beispielsweise auf einer Chipkarte in der Verfügungsgewalt des Merkmalsträgers. Der derzeit erhobene Datensatz muss in diesem Falle nur mit einem bestimmten, vorgegebenen Datensatz verglichen werden, um eine angegebene Identität zu verifizieren, was aus datenschutzrechtlicher Sicht positiver zu beurteilen ist, da sich die personenbezogenen Daten in der alleinigen Verfügungsgewalt des Merkmalsträgers befinden [Albrecht 2003, S. 38; Albrecht 2007, S. 174; Bolle et al. 2003, S. 5, 13; Hornung 2008, S. 13; Krause 2005, S. 228; Meints et al. 2008, S. 1091; Nanavati/Thieme/Nanavati 2002, S. 247, 249 f., 253 f.]. Auch diese Lösung ist mit Problemen und Schwachstellen behaftet. Grundsätzlich bedürfen Systemlösungen für einen Verifikationsbetrieb weitaus geringerer Datenbestände, wohingegen klassische Identifikationssysteme auf ausgedehnte Überwachungsszenarien für größere Menschenmengen angelegt sind.

6.2.5 Verzicht auf die Anlage einer zentralen Referenzdatenbank

Das latente Missbrauchsrisiko bei einer zentralen Datenablage in der Systemarchitektur stellt aus datenschutzrechtlicher Sichtweise vor allem mit einer zunehmenden Nutzerzahl ein Problem dar [Albrecht 2007, S. 174; Commission Nationale de l'Informatique et des Libertés 2002, S. 167; Hornung 2006, S. 12; Hornung 2008, S. 13; Kindt 2007, S. 169; TeleTrusT 2006, S. 36]. In diesem Zusammenhang ist jedoch viel weniger von Bedeutung, wie die Daten gespeichert sind, sondern vielmehr, wer über welche Daten die Kontrolle ausübt bzw. wer dazu in der Lage ist [Meints et al. 2008, S. 1089]. Auch eine verteilte Speicherung der Referenzdaten, die in der Gewalt des Systembetreibers ist, kann als ebenso kritisch angesehen werden [Meints et al. 2008, S. 1089]. Die zentrale Datenhaltung ermöglicht eine sehr einfache, über die Identifizierung hinausgehende Erstellung von Bewegungsprofilen [Bizer 2002, S. 44; Borking/Verhaar 1999, S. 140 f.; TeleTrusT 2006, S. 36]. Auch die Verknüpfungsmöglichkeiten verschiedener biometrischer Verfahren und Systeme und der darin anfallenden personenbezogenen Datensätze erhöhen die Gefahr der Schaffung einer zentralen biometrischen Datenbank und können Begehrlichkeiten zur zweckfremden Verwendung der biometrischen Daten wecken sowie das Angriffsrisiko für das System erhöhen. Dies würde einen erheblichen Eingriff in das Recht auf informationelle Selbstbestimmung des Betroffenen darstellen und ist somit aus der Sicht des Datenschutzes sehr kritisch [Albrecht 2003, S. 162 f.; Hornung 2006, S. 12; Hornung/Steidle 2005, S. 206; Probst/Köhntopp 1999, S. 1; TeleTrusT 2006, S. 36; TeleTrusT 2008, S. 8]. Es stellt sich dabei auch immer die Frage, welche Informationen an zentraler Stelle hinterlegt sind. Je weniger und je unkritischere personenbezogene Daten hier gespeichert sind, als desto weniger gefährlich ist dieses Szenario zu erachten.

Eine dezentrale Datenspeicherung mit verteilten Verfügungsrechten über die biometrischen Daten nur durch die Merkmalsträger selbst entspricht hingegen in einem hohen Maß dem Grundsatz der Datensparsamkeit und der Datenvermeidung [Commission Nationale de l'Informatique et des Libertés 2002, S. 168 f.; Meints 2008, S. 35]. Sie schließt automatisch eine unzulässige Speicherung oder zweckfremde Nutzung der personenbezogenen Daten ohne eine Beteiligung des Betroffenen aus [Commission Nationale de l'Informatique et des Libertés 2002, S. 168 f.; Meints 2008, S. 35]. Eine dezentrale Lösung ist auch hinsichtlich datensicherheitstechnischer Anforderungen weniger problematisch [Albrecht 2007, S. 174; Bizer

2002, S. 44; Borking/Verhaar 1999, S. 140; TeleTrusT 2008, S. 7 f.]. Kann nach sorgfältiger Abwägung dennoch auf eine zentrale Speicherung der Referenzdaten nicht verzichtet werden, so müssen sowohl die Zweckbindung als auch die technisch-organisatorischen Maßnahmen zur Gewährleistung der Vorschriften des Bundesdatenschutzgesetzes und seiner Anlage, wie beispielsweise die Festlegung der Zugriffsrechte auf die personenbezogenen Daten, besonders restriktiv und sorgfältig definiert, strukturiert und eingehalten werden [Albrecht 2007, S. 174; Borking/Verhaar 1999, S. 141; TeleTrusT 2006, S. 36].

6.2.6   Umsetzung eines datenschutzfreundlichen Speicherkonzepts

Es ist nicht nur von Bedeutung, ob die personenbezogenen Daten zentral oder dezentral gespeichert werden. Auch die Art und Weise, in welcher die Ablage der Referenzdaten dort erfolgt, hat für eine datenschutzrechtliche Bewertung maßgebliche Relevanz. So stellt sich die Frage, ob biometrische Rohdaten, also unveränderte vom Sensor erhobene Messdaten, oder speziell bereinigte und aufbereitete Datensätze in Form oftmals herstellerspezifischer Templates gespeichert sind [Meints et al. 2008, S. 1089]. Die datensparsameren Templates sind häufig um die den Zweck der Authentifizierung überschreitenden Zusatzinformationen bereinigt oder können auch weniger bis keine sensiblen Zusatzinformationen enthalten. Es sind also datensparsame Templates zu verwenden bzw. zumindest aus den Rohdatensätzen alle für die Authentifizierung nicht notwendigen Informationen zu entfernen [Hornung 2008, S. 13]. Die Beseitigung sensibler personenbezogener Daten sollte dabei immer im Vordergrund stehen.

6.2.7   Reduktion des Personenbezugs bei den biometrischen Daten

Bei der Auswahl und der Gestaltung des biometrischen Systems ist gemäß dem Grundsatz der Datenvermeidung und der Datensparsamkeit darauf zu achten, dass möglichst wenige personenbezogene Daten erhoben, verarbeitet und gespeichert werden [Petermann/Sauter 2002, S. 92]. Biometrische Anlagen, die mit Templates anstelle von Rohdaten arbeiten oder sogar templatefreie Lösungen umsetzen, erschweren die Zuordenbarkeit der biometrischen Daten zu bestimmten Personen, also die Herstellung des Personenbezugs, wenn die biometrischen Daten im Kompromittierungsfall in die Verfügungsgewalt von Unberechtigten gelangen [Bäumler/Gundermann/Probst 2001, S. 7, 10 ff.; Hornung 2004, S. 430 f.; Hornung/Steidle 2005, S. 206; Meints 2008, S. 35; Nanavati/Thieme/Nanavati 2002, S. 247, 255; Petermann/Sauter 2002, S. 87, 92; Probst/Köhntopp 1999, S. 1; TeleTrusT 2006, S. 37]. Das Herstellen des Personenbezugs wird durch die Verwendung derartiger Konzepte schwieriger und ist in der Regel nur noch mit dem entsprechenden mehr oder weniger umfassenden Zusatzwissen möglich, über das im Idealfall nur die legitimierte Zuordnungsinstanz in der erforderlichen Form verfügt [Hornung 2004, S. 430 f.; Petermann/Sauter 2002, S. 87; TeleTrusT 2008, S. 16].

Anonymisierungs- und Pseudonymisierungsmaßnahmen helfen ebenfalls, den Personenbezug zu reduzieren bzw. teilweise sogar ganz zu vermeiden [Albrecht 2003, S. 154; Albrecht 2007, S. 174; Hornung 2008, S. 13; Hornung/Steidle 2005, S. 206; Petermann/Sauter 2002, S. 92]. Die Reduktion des Personenbezugs durch Maßnahmen der Anonymisierung und der Pseudonymisierung ist vor allem auch unter der Berücksichtigung eines diskriminierungsfreien Einsatzes biometrischer Anlagen in Arbeitsverhältnissen von besonderer Bedeutung [Roßnagel 2006, S. 71]. Templates unterschiedlicher Herkunft lassen sich in der Regel auch nicht einfach bzw. nur sehr schwierig vergleichen oder zusammenführen und verringern weiterhin die Kritikalität des Personenbezugs [Petermann/Sauter 2002, S. 87]. Ein Verzicht auf standardisierte Templateformate in verschiedenen biometrischen Lösungen muss unter dem Gesichtspunkt, dass dadurch die Bildung von Bewegungsprofilen erschwert oder ganz vermieden wird, folglich positiv gewertet werden. Auch die dezentrale Ablage biometrischer Daten ermöglicht weiterhin eine Entschärfung der Problematik personenbezogener Daten [Petermann/Sauter 2002, S. 93]. Es ist also empfehlenswert, Maßnahmen umzusetzen, die es Unberechtigten erschweren, den Personenbezug zwischen den unrechtmäßig erlangten biometrischen Daten und den zugehörigen Merkmalsträgern ohne das entsprechende Zusatzwissen herzustellen.

6.2.8 Technische Sicherheit und Zuverlässigkeit des Systems

Weiterhin muss das biometrische System sowohl zuverlässig als auch technisch sicher sein, um ihm eine datenschutzrechtliche Unbedenklichkeit bescheinigen zu können. Es hat hinreichend geringe Fehlerraten aufzuweisen sowie eine zuverlässige und robuste Performance zu erbringen [Bäumler/Gundermann/Probst 2001, S. 29 ff., Hornung/Steidle 2005, S. 205; Petermann/Sauter 2002, S. 86]. Nur ein hinreichend zuverlässiges biometrisches System mit einer guten Erkennungsleistung ist als sicher und folglich datenschutzrechtlich unbedenklich einzustufen. Hier stellt sich die Frage nach der Abgrenzung, welche Performancekennzahlen ein biometrisches System aufweisen muss, damit es als zuverlässig gilt. Im Rahmen der „Untersuchung der Leistungsfähigkeit von biometrischen Verifikationssystemen BioP II" des Bundesamts für Sicherheit in der Informationstechnik wurde einem biometrischen System mit einer FAR von 0,1% ein akzeptables Sicherheitsniveau für ein realistisches Einsatzszenario bescheinigt [BSI 2005a, S. 149, 151]. Eine derartige Entscheidung ist immer in Abhängigkeit von den mit dem Systemeinsatz verfolgten Zielen zu treffen. Ebenso sind für Anwendungsfälle im Hochsicherheitsbereich entsprechend niedrigere Falschakzeptanzwerte anzusetzen. Die in dieser Studie vertretene Auffassung kann jedoch hierbei als geeignete Richtlinie herangezogen werden. Ein sauberer Vergleich der Falschakzeptanz-, der Falschrückweisungsraten und weiterer entscheidender Performancekennzahlen verschiedener biometrischer Lösungen ist nur möglich, wenn deren Werte in einem transparent strukturierten und repräsentativen Testszenario, beispielsweise nach ISO/IEC, ermittelt werden [Bromba 2007a, S. 38]. Auf die Problematik, welcher derartige Tests immer unterliegen, wird bereits ausführlich in Abschnitt 2.3.5 eingegangen. Die Frage nach der Zuverlässigkeit der Erkennungsleistung, also der Systemsicherheit, hängt folglich immer vom konkreten Einsatzkontext und vom verfolgten Verwendungszweck eines biometrischen Systems ab.

Neben der Forderung, dass biometrische Systeme hinreichend geringe Fehlerraten aufweisen, also zuverlässig, robust und somit sicher sein müssen, gilt es auch die Architektur des biometrischen Systems selbst gegen Angriffe und Manipulation mit entsprechenden Mechanismen abzusichern [Bäumler/Gundermann/Probst 2001, S. 29 ff., Hornung/Steidle 2005, S. 205; Petermann/Sauter 2002, S. 86]. Diese muss die biometrische Anlage realisieren, um ein akzeptables Sicherheitsniveau zu erhalten, das den Schutz personenbezogener Daten gewährleistet und somit dem Datenschutz dient [Bäumler/Gundermann/Probst 2001, S. 32 ff.; Bolle et al. 2003, S. 14 f.; Hornung/Steidle 2005, S. 205]. Mögliche Angriffsszenarien, denen sich biometrische Systeme gegenüber sehen, aber auch Maßnahmen, die eine Beseitigung bzw. zumindest eine Abschwächung dieser Bedrohungen ermöglichen, finden sich im Kapitel 5.

Sowohl die Zuverlässigkeit der Erkennungsleistung selbst als auch die Sicherheitsmechanismen, die Angriffen auf das Gesamtsystem begegnen, sind für die Bewertung der Sicherheit einer biometrischen Anlage zu betrachten [Bromba 2007a, S. 36]. Das postulierte Sicherheitsniveau und auch die geforderte Erkennungsleistung der biometrischen Anlage gilt es also stets in Abhängigkeit von der Systemarchitektur und den Rahmenbedingungen des Systemeinsatzes zu definieren.

6.2.9 Umgang mit sensiblen Daten im biometrischen System

Die in § 3 Abs. 9 BDSG definierten, besonders schützenswerten sensiblen personenbezogenen Daten dürfen nur in Ausnahmefällen erhoben, verarbeitet und genutzt werden und stehen somit unter einem erhöhten gesetzlichen Schutz [Albrecht 2003, S. 171 ff.; Bäumler/Gundermann/Probst 2001, S. 19 f., 49; Hornung/Steidle 2005, S. 206; Petermann/Sauter 2002, S. 88]. Bestimmte personenbezogene Daten, die biometrische Verfahren bzw. biometrische Systeme erheben, verarbeiten bzw. nutzen, können dabei notwendigerweise einen Informationsgehalt aufweisen, der in diesen besonderen Schutzbereich fällt. So sind z. B. in den Rohdaten für ein Gesichtserkennungsverfahren unvermeidbar Informationen über die Rasse des Merkmalträgers oder bestimmte, das Gesichtsbild eines Menschen prägende Erkrankungen, wie z. B. das Down-Sydrom, unweigerlich enthalten [Albrecht 2003, S. 172 f.; Bromba 2007a, S. 36; Hornung/Steidle 2005, S. 206; Petermann/Sauter 2002, S. 88].

Mit diesen Daten ist im Rahmen der Erfassung, der Verarbeitung und der Speicherung durch biometrische Systeme gesondert umzugehen. Aus datenschutzrechtlicher Sicht gilt es Verfahrens- bzw. Systemansätze vorzuziehen, welche durch die Verwendung entsprechender biometrischer Merkmale erst gar keine derartigen Daten erheben müssen. Besteht dennoch die Notwendigkeit, dass der Sensor solche sensiblen Daten erhebt und anschließend das System diese verarbeitet oder speichert, so muss ein entsprechendes Verfahrens- bzw. Systemdesign diese so weit wie möglich reduzieren. Im betrieblichen, nicht öffentlichen Einsatzbereich regelt das Gesetz die Ausnahmen, welche ein Erheben, ein Verarbeiten und ein Nutzen der sensiblen Daten für eigene Geschäftszwecke erlauben, soweit nicht der Betroffene nach Maßgabe des § 4a Abs. 3 BDSG explizit eingewilligt hat, in § 28 Abs. 6 Nr. 1-4 BDSG [Hornung/Steidle 2005, S. 206; Petermann/Sauter 2002, S. 88]. Die Ableitung der entsprechenden Legitimationsgrundlage für den Einsatz des biometrischen Systems, das notwendigerweise derartiger Daten bedarf, muss diese Tatbestände auch berücksichtigen.

6.2.10 Transparenz des Systems und der Sicherheitsmechanismen

Der Grundsatz der Transparenz, der Direkterhebung und der offenen Erhebung fordert eine Erfassung biometrischer Daten unter Mitwirkung des Betroffenen [Hornung 2008, S. 13; Hornung/Steidle 2005, S. 206; Petermann/Sauter 2002, S. 92]. So sind biometrische Systeme, die einen hohen Grad an Mitwirkung bei der Erfassung der Rohdaten verlangen, solchen vorzuziehen, welche den Merkmalsträger weniger beteiligen oder ihn gar unbemerkt erfassen können [Büllingen/ Hillebrand 2000, S. 339 ff.; Hornung/Steidle 2005, S. 206; Nanavati/Thieme/ Nanavati 2002, S. 247; Petermann/Sauter 2002, S. 92]. Primär beeinflusst die Art des Sensors maßgeblich den Grad an notwendiger Mitwirkung durch den Nutzer

[Meuth 2006, S. 31]. Das biometrische System muss so gestaltet und eingesetzt werden, dass der Nutzer sowohl bei der Referenzdatenerfassung als auch bei allen späteren Authentifizierungen wissentlich und willentlich mitwirkt, also keine verdeckte unbemerkte Erhebung und Verarbeitung der personenbezogenen Daten erfolgt [Albrecht 2007, S. 173; Bäumler/Gundermann/Probst 2001, S. 22 f.; TeleTrusT 2006, S. 35].

Die Einwilligung des Betroffenen hat gemäß § 4a BDSG informiert[71], freiwillig[72] und bestimmt[73] zu sein. Deshalb ist der Betroffene auch ausreichend über die Funktionsweise, die Datenverwendung und auch die Einsatzziele der biometrischen Anlage zu informieren. Er muss also die Tragweite seiner Entscheidungen bei der Verwendung der biometrischen Lösung absehen können [TeleTrusT 2006, S. 38]. Praktisch stellt dies sicherlich ein Problem dar, da nicht jedem Nutzer vor allem bei einem breiten Einsatz biometrischer Lösungen die Funktionsweise und der Aufbau der teilweise sehr komplexen Anlagen so einfach und verständlich vermittelt werden kann, dass dieser wirklich die vollständige Tragweite seiner Systemnutzung in allen Aspekten umfassend absehen und beurteilen kann. Gerade deshalb sind das System, seine Funktionsweise, die Datenerhebung, die Datenverarbeitung und die Datenspeicherung dem Nutzer verständlich und unkompliziert zu verdeutlichen [Albrecht 2007, S. 173; TeleTrusT 2006, S. 38; TeleTrusT 2008, S. 21 f.]. Eine umfassende Aufklärung der Anwender schafft Transparenz und erhöht zudem die Nutzerakzeptanz [TeleTrusT 2006, S. 38]. Auch eine spätere Überprüfung bzw. Verarbeitung der biometrischen Daten ist für den Nutzer erkennbar zu gestalten. Er muss sich also jederzeit über die oben genannten Punkte informieren können, was die Einrichtung einer Aufklärungs- oder Anlaufstelle für die Anwender im betrieblichen Einsatzkontext nahelegt [Albrecht 2007, S. 173; Bäumler/Gundermann/Probst 2001, S. 22 f.; TeleTrusT 2006, S. 36]. Bestimmte biometrische Merkmale, wie z. B. das menschliche Gesicht, das Tippverhalten oder auch die Stimme, erlauben die Gestaltung eines Systems, das so in das Lebensumfeld der Anwender integrierbar ist, dass eine Person identifiziert werden kann, ohne dass sie es bemerkt, also wirklich bewusst wissentlich und willentlich das biometrische System nutzt. Dies widerspricht dem Grundsatz der Transparenz und der offenen Erhebung in einem hohen Maß und ist somit durch ein geeignetes Systemdesign und auch durch aufklärende Maßnahmen für den Nutzer aus datenschutzrechtlicher Sicht zu vermeiden [Borking/Verhaar 1999, S. 139].

---

[71] Gola/Schomerus/Klug § 4a BDSG Rn. 10 ff.
[72] Gola/Schomerus/Klug § 4a BDSG Rn. 6 ff.
[73] Gola/Schomerus/Klug § 4a BDSG Rn. 2 ff.

6.2.11 Gewährleistung hinreichender Mechanismen für die technische und die organisatorische Sicherheit

Der Einsatz biometrischer Systeme muss immer im Rahmen hinreichender Mechanismen für die technische und organisatorische Sicherheit erfolgen. Die biometrische Anlage sollte diesbezüglich in ein umfassendes Information Security Management System eingebunden sein, um ein kontrolliertes, mess-, steuer- und regelbares sowie ein nachhaltiges Sicherheitsniveau im Unternehmen zu erreichen [Meints 2007, S. 189]. Notwendig ist des Weiteren ein aufeinander abgestimmtes Technik- und IT-Sicherheitskonzept, welches das biometrische System entsprechend berücksichtigt [Meints 2007, S. 189 f.]. Das IT-Sicherheitskonzept betrachtet dabei die technischen und organisatorischen Aspekte aller Komponenten der biometrischen Lösung über alle Phasen des Lebenszyklus hinweg [Meints 2007, S. 190].

Die Gewährleistung eines angemessenen IT-Sicherheits- bzw. Datenschutz- und Datensicherheitskonzepts beinhaltet gemäß § 9 Satz 1 BDSG und dessen Anlage unterschiedliche technische und organisatorische Maßnahmen. Hierunter fallen beispielsweise ein Trennungsgebot, aber auch Zutritts-, Zugangs-, Zugriffs-, Weitergabe-, Eingabe-, Auftrags- und Verfügbarkeitskontrollen, die erforderlich sind, um die Ausführung der Vorschriften des Bundesdatenschutzgesetzes sicherzustellen [Albrecht 2007, S. 175; Bäumler/Gundermann/Probst 2001, S. 49; Gruner 2005, S. 188 f.; Hornung/Steidle 2005, S. 206 f.; Meints 2007, S. 189 f.; TeleTrusT 2006, S. 35; TeleTrusT 2008, S. 17]. Sowohl die Maßnahmen als auch die entsprechenden Messgrößen, die notwendig sind, um Sicherheit auch kontrollierbar zu machen, sind beispielsweise auf Basis der ISO/IEC 2700x Standards zu etablieren [Meints et al. 2008, S. 1091]. Personenbezogene Daten und die damit arbeitenden biometrischen Systeme müssen grundsätzlich durch entsprechende Maßnahmen vor dem Zugriff Unbefugter geschützt werden [Gundermann/Köhntopp 1999, S. 148; Hornung/Steidle 2005, S. 206 f.; Probst/Köhntopp 1999, S. 1]. Weiterhin kann durch den Gebrauch geeigneter Anonymisierungs- und Pseudonymisierungsmechanismen die technische Datensicherheit zusätzlich erhöht werden [Petermann/Sauter 2002, S. 92].

Eine Reihe direkter Anforderungen an das Systemdesign lassen sich aus der Anlage des § 9 Satz 1 BDSG ableiten.

Eine Zugangskontrolle soll eine unbefugte Nutzung des Datenverarbeitungssystems verhindern[74]. Diese Forderung kann z. B. durch die Passwortvergabe und die Protokollierung der Passwortnutzung abgesichert sein[75]. Eine Zugriffskontrolle soll gewährleisten, dass die zur Benutzung eines Datenverarbeitungssystems Berechtigten ausschließlich auf die ihrer Zugriffsberechtigung unterliegenden Daten zugreifen können und dass personenbezogene Daten bei der Verarbeitung, der Nutzung und nach der Speicherung nicht unbefugt gelesen, kopiert, verändert oder entfernt werden können[76]. Aus Systemsicht sind hier etwa eine automatische Prüfung der Zugriffsberechtigung und eine Protokollierung der Systemnutzung und eine Protokollauswertung, ausschließlich einer Menüsteuerung, anzudenken[77]. Zudem sollen Eingabekontrollen gewährleisten, dass nachträglich überprüf- und feststellbar ist, welche personenbezogenen Daten zu welcher Zeit von welcher Person in das Datenverarbeitungssystem eingegeben oder verändert, d. h. auch gelöscht und entfernt wurden[78]. Auch diese Kontrollmaßnahme hat die Nachprüfbarkeit eines Verarbeitungsvorgangs zum Ziel, bei dem der Urheber, der Inhalt und der Zeitpunkt der Datenspeicherung auch im Nachhinein ermittelt werden können[79]. Beispielsweise durch die Einbindung der Protokollierungsmöglichkeiten eingegebener Daten und durch die Erstellungsmöglichkeiten von Verarbeitungsprotokollen kann diesem Postulat im Systemdesign entsprochen werden[80]. Der geforderten Verfügbarkeitskontrolle entspricht z. B. eine Auslagerung von Sicherungskopien in der Systemarchitektur[81]. Das ebenfalls verlangte Trennungsgebot will eine zweckbestimmte Verarbeitung auch technisch gewährleisten[82]. Das Trennungsgebot fordert keine hardwareseitige Trennung, sondern es reicht, Maßnahmen wie Mandantentrennung, Dateiseparierung im Datenbankprinzip, Trennung über Zugriffsrechte oder eine Trennung zwischen Test- und Routineprogrammen im System zu etablieren[83]. Die Zutritts-, die Weitergabe- und die Auftragskontrolle fallen hingegen vielmehr in den Bereich organisatorischer Maßnahmen, welche der Systembetrei-

---

[74] Gola/Schomerus/Klug § 9 BDSG Rn. 23
[75] Gola/Schomerus/Klug § 9 BDSG Rn. 23
[76] Gola/Schomerus/Klug § 9 BDSG Rn. 24
[77] Gola/Schomerus/Klug § 9 BDSG Rn. 24
[78] Gola/Schomerus/Klug § 9 BDSG Rn. 26
[79] Gola/Schomerus/Klug § 9 BDSG Rn. 26
[80] Gola/Schomerus/Klug § 9 BDSG Rn. 26
[81] Gola/Schomerus/Klug § 9 BDSG Rn. 28
[82] Gola/Schomerus/Klug § 9 BDSG Rn. 29
[83] Gola/Schomerus/Klug § 9 BDSG Rn. 29

ber zu ergreifen hat und die sich so nicht direkt in der Systemarchitektur wiederfinden, sondern im Umfeld der Anlage zu verorten sind. [Welp 2007, S. 86 f.]

6.2.12 Angebot effektiver Alternativverfahren

Beim Einsatz biometrischer Systeme in Unternehmen sollte den Nutzern auch immer ein effektives Alternativverfahren zur Verfügung gestellt werden. Ein Betroffener kann durch den Einsatz der biometrischen Lösung nämlich dadurch eine Diskriminierung erfahren, dass er wegen eines fehlenden oder nicht hinreichend ausgeprägten Merkmals für die Nutzung dieses Systems nicht die somit nötigen Voraussetzungen aufweist [Albrecht 2003, S. 164]. Die fehlende Ausprägung des biometrischen Merkmals kann dabei genetisch, durch einen Unfall oder eine Krankheit bedingt sein[84], durch mangelnde Kenntnisse[85] oder auch aus starker körperlicher Beanspruchung[86] resultieren [Bengs/Grudzien 2007, S. 158; TeleTrusT 2006, S. 49; TeleTrusT 2008, S. 13]. Die auf diese Art und Weise verursachte Unfähigkeit zur Nutzung kann eine Reihe negativer Folgen für den Merkmalsträger nach sich ziehen, wie z. B. eine Ausgrenzung oder eine Benachteiligung für den Merkmalsträger durch seine Kollegen [Albrecht 2003, S. 164 f.; Albrecht 2007, S. 173; TeleTrusT 2006, S. 49]. Deshalb muss eine Organisation vor der Einführung einer biometrischen Anlage stets prüfen, ob diese Probleme auftreten können und gesetzt dem Falle eines negativen Ergebnisses ist eine Alternativlösung für den betroffenen Personenkreis umzusetzen, welche den diskriminierungsfreien Betrieb für alle potenziellen Anwender gewährleistet [TeleTrusT 2006, S. 34, 49 f.; TeleTrusT 2008, S. 5, 13]. Im betrieblichen Einsatz hat der Arbeitgeber sicherzustellen, dass dem Betroffenen aus einer fehlenden Nutzungsmöglichkeit, sei es aus technischen, medizinischen oder auch ethischen[87] Gründen, keine Nachteile entstehen und dementsprechend Alternativverfahren bereitstellen [Albrecht 2007, S. 173; Hornung/ Steidle 2005, S. 205; Meints et al. 2008, S. 1090]. Bei diesen handelt es sich um Lösungen, die mit Wissen, mit Besitz oder erneut mit Biometrie arbeiten, wobei letztere auf einem weiteren biometrischen Merkmal aufsetzen.

---

[84] z. B. Blindheit, Taubheit, Stummheit, fehlende Extremitäten
[85] z. B. Analphabetismus
[86] z. B. Abnutzung des Fingerbildes durch starke körperliche Arbeit
[87] z. B. Verschleierung des weiblichen Gesichts bei Musliminen

7 Evaluation ausgewählter Tippverhalten basierender Systeme

Nachdem in den vorhergehenden Kapiteln die Grundlagen für eine datenschutzrechtlich motivierte Bewertung biometrischer Systeme geschaffen wurden, soll im nachfolgenden Abschnitt 7.1 zunächst eine Analyse des biometrischen Merkmals Tippverhalten in Relation zu anderen ausgewählten biometrischen Merkmalen erfolgen. Diese dient dann als Ausgangsbasis der weiteren Untersuchung. Es zeigt sich dabei, dass sich das biometrische Merkmal Tippverhalten wegen seines geringen Informationsgehalts, seiner tendenziell hohen zeitlichen Variabilität, seines stark verdeckten Charakters und seiner guten willentlichen Beeinflussbarkeit aus datenschutzrechtlicher Sicht sehr gut für das Design einer biometrischen Anlage eignet. Abschnitt 7.2 unterstreicht diese Erkenntnisse anschließend durch eine umfangreiche Gegenüberstellung der ermittelten Resultate mit weiteren bedeutenden biometrischen Merkmalen.

Bei der Evaluation entsprechender Systemansätze liegt der Fokus der Betrachtung nur auf biometrischen Lösungen, die mit dem menschlichen Tippverhalten arbeiten. Ein detaillierter Vergleich mit anderen biometrischen Lösungen ist wegen der Komplexität und der Vielfältigkeit der einzelnen Systemansätze sowie des damit verbundenen Umfanges der Analyse nur schwer möglich. Die in der vorliegenden Abhandlung ermittelten generischen Bewertungskriterien sind auch dazu geeignet, jedes andere biometrische System im jeweiligen Einsatzkontext hinsichtlich der datenschutzrechtlich manifestierten Vorgaben zu untersuchen und zu bewerten. Weiterhin ist anzumerken, dass es sich bei einer datenschutzrechtlichen Untersuchung immer um einen Abwägungsprozess handelt. Diesem Problem unterliegen alle rechtlich geprägten Entscheidungsfindungsprozesse in mehr oder weniger starkem Maße. Aussagen im Sinne einer eindeutigen Ja/Nein-Entscheidung sind oft sehr schwer bis gar nicht möglich und teilweise auch nicht zutreffend. Vielmehr gilt es in vielen Fällen unter Berücksichtigung der Verhältnismäßigkeit aller Aspekte eines Bewertungskriteriums eine abwägende Entscheidung zu treffen.

Die fehlende gesetzliche Regelung des Einsatzes biometrischer Systeme in Verbindung mit dem Mangel an geeigneter Rechtsprechung in diesem Bereich unterstreicht die Notwendigkeit eines derartigen Vorgehens nachhaltig. Die im Rahmen dieses Kapitels vorgenommenen Wertungen sind alle vor diesem Hintergrund zu betrachten und zu beurteilen. Ungeachtet dessen unternimmt die Arbeit den Versuch einer Konkretisierung der Evaluationsergebnisse in dem dafür möglichen Rahmen. Abschnitt 7.3 beschäftigt sich dabei mit der Analyse textgebundener Authentifizierungssysteme. Hierbei zeigt sich, dass textgebundene Authentifizierungssysteme aus datenschutzrechtlicher Sicht absolut unbedenklich sind und die gestellten Anforderungen durchweg erfüllen. Die Untersuchung des Praxisbeispiels unterstreicht diese Erkenntnis zudem. Die in Abschnitt 7.4 vorgenommene Evaluation biometrischer Lösungen auf der Basis eines textungebundenen Erkennungsverfahrens ist differenzierter zu führen. Hier divergieren die Resultate der Untersuchung erheblich. Während klassische Authentifizierungslösungen, z. B. für den Zugriffsschutz auf IT-Systeme, bei entsprechendem Design auch mit textungebundenen Erkennungsverfahren als unproblematisch angesehen werden können, so kann hingegen die Realisation und der Betrieb einer Anlage zur Intrusion Detection mit erheblichen datenschutzrechtlichen Problemen behaftet sein bzw. ist deren Einsatz u. U. als sehr kritisch zu beurteilen.

7.1   Detaillierte Evaluation des Merkmals Tippverhalten

Nachfolgender Abschnitt beinhaltet eine Untersuchung des biometrischen Merkmals Tippverhalten bezüglich der in Abschnitt 6.1 ermittelten Anforderungen. Das Ergebnis dieser Analyse dient als Ausgangspunkt für einen Intermerkmalsvergleich bezüglich des Erfüllungsgrades der ermittelten datenschutzrechtlich manifestierten Bewertungskriterien. Ebenso bildet es die Grundlage für die weitere Evaluation der Systemebene im Hinblick auf die ermittelten Vorgaben.

7.1.1   Informationsgehalt des Tippverhaltens

Das Tippverhalten oder auch die Tastenschlagdynamik stellt ein stark konditioniert geprägtes biometrisches Merkmal dar [Bromba 2009; Graevenitz 2006, S. 150]. Es besitzt keine bzw. sehr geringe geno- oder phänotypische Entstehungsbestandteile, was zu einer datenschutzrechtlich unkritischen Einstufung der enthaltenen Informationen führt [Bromba 2009; Nanavati/Thieme/Nanavati 2002, S. 133]. Das biometrische Merkmal Tippverhalten beinhaltet zudem auch keine bzw. sehr wenige Zusatzinformationen [Gunetti/Picardi/Ruffo 2005, S. 133 ff.]. Es werden keine gemäß § 3 Abs. 9 BDSG sensiblen Daten erfasst. Die im Tippverhalten vorhandenen Informationen lassen keine Rückschlüsse auf die rassische oder ethnische Herkunft, die politischen Meinungen, die religiöse oder die philosophische Überzeugung, die Gewerkschaftszugehörigkeit, die Gesundheit oder das Sexualleben des Trägers zu. Der Charakter der Merkmalsausprägungen bedingt vornehmlich diese Eigenschaft des Tippverhaltens. So handelt es sich beim Tippverhalten schließlich um spezielle Tastaturereignisse, also Tastenereignisse, Halte- und Übergangsdauern mit hochkomplexen Abhängigkeiten und nicht um ein direktes Abbild eines stark physiologisch geprägten Merkmals [Bakdi 2007, S. 49 ff.]. Im Gegensatz dazu lässt das Gesichtsbild eines Menschen beispielsweise in einem gewissen Maß unweigerlich einen Rückschluss auf die Rasse des Merkmalsträgers zu. Die vorhandenen Informationen sind ausschließlich zur Authentifizierung des Merkmalsträgers verwendbar. Sie entsprechen insoweit in einem hohen Maß dem im Bundesdatenschutzgesetz postulierten Grundsatz der Erforderlichkeit, weil das biometrische System zur Tippverhaltenserkennung so auch keine unnötigen, den definierten Zweck überschreitenden, zusätzlichen Informationen erhebt. Weiterhin sind die erhobenen Daten als unkritisch einzustufen. Der im Tippverhalten enthaltene Informationsgehalt ist somit sehr datenschutzfreundlich und vor allem unkritisch.

7.1.2 Zeitliche Variabilität des Tippverhaltens

Das Tippverhalten als verhaltensbasiertes biometrisches Merkmal entwickelt sich ständig dadurch weiter, dass der Nutzer lernt und sein eigenes einzigartiges Tippverhalten prägt [Breu 2002, S. 36 f.; Vacca 2007, S. 181]. Es weist eine hohe zeitliche Variabilität auf [Bakdi 2007, S. 23; Bergando/Gunetti/Picardi 2002, S. 367 ff.; Bromba 2009; Checco 2003, S. 3; Nanavati/Thieme/Nanavati 2002, S. 258]. Falls ein Nutzer längere Zeit seine Referenzdaten nicht aktualisiert, also den fortschreitenden Lernprozess nicht in den biometrischen Datensatz einfließen lässt, so altern diese stark und verlieren sogar ihren gesamten Wert, weil das System die Daten dem Nutzer nicht mehr eindeutig zuordnen kann [Breu 2002, S. 36 f.; Vacca 2007, S. 184]. Der Personenbezug der biometrischen Daten ist also beim Tippverhalten zeitlich sehr stark beschränkt bzw. hinsichtlich seiner Bindungsdauer an den Merkmalsträger schwach ausgeprägt. Es besteht keine langfristige oder sogar lebenslange Bindung zwischen den einmal erhobenen biometrischen Daten und dem Merkmalsträger, wie dies bei stark geno- und phänoptypisch geprägten Merkmalen häufig der Fall ist. Fingerabdrücke des Menschen beispielsweise verändern sich hingegen nur sehr schwach bis gar nicht über die Jahre hinweg. Die datenschutzrechtliche Sicht muss die Tatsache der temporär stark eingeschränkten Personenbeziehbarkeit bzw. den zeitlich stark beschränkten Personenbezug der einmal erhobenen Tippverhaltensdaten als sehr positiv beurteilen. Dies mindert zudem die Gefahr der Bildung von Bewegungsprofilen.

7.1.3 Ausspähbarkeit des Tippverhaltens

Generell handelt es sich beim Tippverhalten um ein schwer verdecktes biometrisches Merkmal. Sein stark verhaltensbasierter Charakter bedingt diese Eigenschaft nachhaltig. Das Merkmal ergibt sich erst als Ergebnis einer (geheimen) Funktion. Das reine Ausspähen der Messdaten liefert keine bzw. sehr wenig verwertbare Informationen für einen Angreifer, der Informationen über die Struktur des individuellen Tippverhaltens erlangen will. Nichtsdestotrotz eignet sich das Tippverhalten sehr gut dazu, biometrische Systeme zu realisieren, mit deren Hilfe es möglich ist, verdeckt Mitarbeiter zu beobachten und zu überwachen, wenn sich das Erkennungsverfahren und darauf aufbauend die Lösung derart gestaltet, dass der Merkmalsträger unabhängig vom getippten Text zu erkennen ist [Bakdi 2007, S. 17; Henderson et al. 1998, S. 143 ff.]. Dies ist aus datenschutzrechtlicher Sicht gemäß § 4 Abs. 2 BDSG unzulässig [Bakdi 2007, S. 17; TeleTrusT 2006, S. 36; TeleTrusT 2008, S. 4, 14]. Diese Verwendungsmöglichkeit oder unter Umständen auch Missbrauchsmöglichkeit des Tippverhaltens in biometrischen Systemen hat primär jedoch nichts mit dem grundsätzlich schwer verdeckten Charakter des Merkmals an sich zu tun.

Um diese Überwachung realisieren zu können, bedarf es wieder einer entsprechenden (geheimen) Funktion, welche es ermöglicht, die Merkmalsdaten zu erheben und entsprechend auszuwerten. Die (geheime) Funktion, mit deren Hilfe die Messdaten analysiert werden können, ist als ein komplexes Hilfsmittel anzusehen, das sich der Angreifer in der Regel, wenn überhaupt, nur mit sehr hohem Aufwand beschaffen kann. Vielmehr das Verfahrens- oder das Systemdesign als die rudimentären Merkmalseigenschaften verursachen also hier diese „Ausspähbarkeit". Es obliegt also dem Systementwickler bzw. dem Systemanwender, diesem Problem durch geeignete technische oder organisatorische Maßnahmen auf Verfahrens- oder Systemebene zu begegnen [Albrecht 2003, S. 169 ff.; Bakdi 2007, S. 17]. Den menschlichen Fingerabdruck, welchen der Träger oft unbewusst und unwillentlich hinterlässt, kann sich ein Angreifer beispielsweise mit sehr viel einfacheren Hilfsmitteln aneignen und damit die darin enthaltenen Merkmalsinformationen missbrauchen. Deshalb ist beispielsweise im Vergleich dazu der Fingerabdruck nur ein leicht verdecktes Merkmal, das bezüglich dieser datenschutzrechtlich motivierten Vorgaben als kritischer zu erachten ist. Auch DNA-Spuren sind wegen ihres leicht verdeckten Charakters in diesem Zusammenhang als sehr problematisch zu beurteilen. Das Merkmal Tippverhalten ist singulär betrachtet wegen seines schwer verdeckten Charakters, der eine Ausspähbarkeit der Merkmalsausprägung, nicht jedoch der Messdaten, für mögliche Angreifer sehr schwierig macht, als datenschutzfreundlich zu bewerten.

7.1.4 Willentliche Beeinflussbarkeit des Tippverhaltens

Jeder Benutzer kann sein eigenes Tippverhalten nach Belieben ändern bzw. verstellen, indem er unkonzentriert oder bewusst anders tippt. Die Ausprägungen des Tippverhaltens, welches als stark verhaltensgeprägtes biometrisches Merkmal psychometrischen Charakter aufweist, liegen nicht offen vor, sondern sind vielmehr in der durch die Psyche des Menschen beeinflussten Motorik einer Person verankert [Bartmann/Breu 2001, S. 46 f.; Bromba 2009]. Der Träger kann also bis zu einem gewissen Maß die Merkmalserhebung, die Verarbeitung und die Speicherung der gewonnenen biometrischen Daten beeinflussen und dadurch sogar ungewollte Authentifizierungen fehlschlagen lassen [Breu 2002, S. 37]. Diese Beeinflussungsmöglichkeit ist z. B. bei der menschlichen DNA oder dem Retinamuster, also bei vornehmlich geno- und phänotypisch geprägten Merkmalen, hingegen nicht möglich. Der Träger muss somit aktiv wissentlich und willentlich an der Merkmalsabgabe mitwirken [Nanavati/Thieme/Nanavati 2002, S. 258]. Die Eingriffsintensität, welche bei der Erhebung der Merkmalsausprägungen des Tippverhaltens nötig ist, kann somit als schwach eingestuft werden. Die Beeinflussbarkeit der Merkmalsabgabe bzw. der abgegebenen Merkmalsausprägungen an sich ist somit als datenschutzfreundlich zu erachten.

7.1.5 Zusammenfassung der Evaluationsergebnisse des biometrischen Merkmals Tippverhalten

Die folgende Tabelle verdeutlicht nochmals die Evaluation des biometrischen Merkmals Tippverhalten nach den vorab definierten Kriterien. Es kann somit festgestellt werden, dass das Tippverhalten die Anforderungen in hohem Maße erfüllt und somit im Bezug auf datenschutzrechtliche Notwendigkeiten für das Design eines biometrischen Authentifizierungsverfahrens bzw. Authentifizierungssystems grundsätzlich sehr gut geeignet ist. Die sehr geringen Schwächen, vor allem im Bezug auf den im biometrischen Merkmal enthaltenen Informationsgehalt auf Merkmalsebene, bedürfen auf Systemebene weniger starke Mechanismen der Entschärfung. Die verhältnismäßig hohe zeitliche Variabilität, die gute willentliche Beeinflussbarkeit und die grundsätzlich schlechte Ausspähbarkeit der Merkmalsausprägungen tragen weiterhin zu der durchweg sehr positiven Bewertung des biometrischen Merkmals Tippverhalten bei.

Biometrisches Merkmal Tippverhalten[88]	
Informationsgehalt	+
Zeitliche Variabilität	+
Willentliche Beeinflussbarkeit	+
Ausspähbarkeit	+

Tabelle 6: Datenschutzrechtlich motivierte Bewertung des Tippverhaltens
eigener Entwurf

7.2 Vergleichende Gegenüberstellung mit weiteren Merkmalen

Nachdem zuvor eine Wertung des konditionierten biometrischen Merkmals Tippverhalten vorgenommen wurde, erfolgt nun eine vergleichende Evaluation mit anderen bedeutenden biometrischen Merkmalen hinsichtlich der definierten Anforderungen. Eine umfassende Untersuchung liefert die in der nachfolgenden Tabelle zusammengefassten Ergebnisse. Es werden die physiologischen Merkmale Fingerabdruck, Gesicht, Irismuster, Retinamuster, Handgeometrie, Handvenenmuster und DNA betrachtet. Aus der Gruppe der verhaltensbasierten Merkmale erfolgt eine Analyse der Stimme, des Ganges und der Unterschrift. Deren Auswahl und Untersuchung liegt eine umfangreiche Literaturrecherche zugrunde. Die betrachteten Vergleichsmerkmale wurden wegen ihrer tendenziell hohen praktischen Bedeutung im Bereich der Biometrie gewählt. Kein anderes der hier betrachteten biometrischen Merkmale, sowohl konditioniert als auch physiologisch, erfüllt die bezüglich der Datenschutzfreundlichkeit definierten Anforderungen in so hohem Maße wie das Tippverhalten.

Alle anderen untersuchten Merkmale enthalten normalerweise zusätzliche, teilweise kritische Informationen. Diese Informationen lassen oftmals direkte Rückschlüsse auf die Rasse, das Geschlecht oder auch bestimmte Krankheiten zu bzw.

---

[88] „+" bedeutet, dass das untersuchte biometrische Merkmal den gestellten Anforderungen in einem hohen Maße entspricht, was hinsichtlich datenschutzrechtlicher Anforderungen sehr positiv zu werten ist; „+/-" bedeutet, dass das untersuchte Merkmal die gestellten Anforderungen nur teilweise erfüllt, was aber aus datenschutzrechtlicher Sicht noch als weitestgehend unkritisch angesehen werden kann; „-" bedeutet, dass das Merkmal die gestellten Anforderungen nicht erfüllt, was als eher kritisch bezüglich der datenschutzrechtlichen Anforderungen zu werten ist

können Indikatoren für solche sein. Deshalb ist nur der Informationsgehalt des Tippverhaltens als absolut unkritisch einzustufen, da aus diesen Daten keinerlei derartige Rückschlüsse gezogen werden können. Die Tippverhaltensdaten liefern nur Hinweise darauf, ob ein geübter oder ein ungeübter Nutzer tippt. Sie lassen aber keine Schlussfolgerungen auf mögliche Ursachen für die Ungeübtheit zu.

Die Anforderung der zeitlichen Variabilität erfüllen die Merkmale wieder unterschiedlich gut. So zeichnen sich die Stimme, der Gang und die Unterschrift durch eine hohe bis sehr hohe zeitliche Variabilität aus, was aus datenschutzrechtlicher Sicht sehr positiv zu erachten ist. Auch das menschliche Gesicht und die Handgeometrie unterliegen durch die Alterung bedingt teilweise starken Veränderungen. Das Retinamuster, das Irismuster, der menschliche Fingerabdruck, die DNA und das Handvenenmuster weisen eine sehr hohe Permanenz, teilweise sogar eine lebenslange Invariabilität auf. Der Personenbezug zwischen den biometrischen Daten und dem Merkmalsträger wird dadurch noch verstärkt. Dies ist aus Sicht des Datenschutzes eher negativ zu beurteilen.

Die Ausspähbarkeit des biometrischen Merkmals fällt ebenso sehr unterschiedlich aus. Die verdeckten Merkmale Irismuster, Retinamuster, Handgeometrie oder auch die Handvenen sind dabei schwieriger auszuspähen als z. B. Teile der Unterschrift, da spezielle Geräte oder Funktionen und in der Regel auch das Mitwirken des Merkmalsträgers hierfür nötig sind. Demgegenüber eignen sich die offenen biometrischen Merkmale Gang und Gesicht sehr gut zur verdeckten Erhebung ohne die Beteiligung des Individuums. Die leicht verdeckten Merkmale DNA und Fingerabdruck können auch sehr einfach ausgespäht werden, da der Merkmalsträger diese ungewollt, unbewusst und unkontrollierbar in seiner Umgebung hinterlässt. Ebenso ist die Stimme teilweise sehr leicht ausspähbar.

Die willentliche Beeinflussbarkeit der Merkmalsausprägungen ist stark vom Entstehungscharakter des biometrischen Merkmals abhängig. Physiologische Merkmale bzw. deren Merkmalsausprägungen sind in der Regel nicht durch den Träger beeinflussbar. Einzig das Gesicht kann der Träger durch Bart- oder Haarwuchs leicht verändern. Veränderungen der Merkmalsausprägungen, die durch Verletzungen bewusst herbeigeführt werden, beispielsweise in Form von Brandwunden, die Fingerabdrücke unkenntlich machen, fließen an dieser Stelle nicht in eine Wertung ein. Der Merkmalsträger hat hingegen die Möglichkeit, konditionierte Merkmale willentlich zu beeinflussen, was für den Datenschutz vorteilhaft ist.

Die Untersuchungsergebnisse lassen den Schluss zu, dass konditionierte Merkmale tendenziell datenschutzfreundlicher sind. Das Tippverhalten weißt hierbei einen erheblichen Vorteil auf, da es keine für die Authentifizierung unnötigen oder sogar kritischen Zusatzinformationen enthält. Dies ist durch die Eigenheiten des Tippverhaltens bedingt. Die Messdaten des Tippverhaltens zeichnen sich im Vergleich zu vornehmlich physiologisch geprägten biometrischen Merkmalen durch eine viel geringere Informationsbreite und Informationstiefe aus. Das Tippverhalten erfüllt die ermittelten Anforderungen in einem sehr hohen Maß, was sich positiv auf die folgende Bewertung der Systemebene auswirkt.

[89/90]	Finger-abdruck	Gesicht	Irismuster	Retina-muster	Hand-geometrie
Informationsgehalt	-	-	-	-	-
Zeitliche Variabilität	-	+/-	-	-	+/-
Ausspähbarkeit	-	-	+	+	+
Willentliche Beeinflussbarkeit	-	+	-	-	-

Tabelle 7: Intermerkmalsvergleich Teil I
eigener Entwurf

---

[89] [Albrecht/Probst 2001, S. 33; Bäumler/Gundermann/Probst 2001, S. 40; Bazen/Gerez 2002, S. 24, 31; Beel/Gipp 2005, S. 37, 42; Behrens 2001, S. 65 ff.; Behrens/Roth 2001, S. 13; Bolle et al. 2003, S. 31, 36, 39, 43 f., 48, 53, 146 f.; Breitenstein 2002, S. 62; Bromba 2009; Chen 2002, S. 101; European Commission Joint Research Center 2005, S. 63 f.; Gao/Shan 2002, S. 340; Graevenitz 2006, S. 22, 46 f., 48, 84 ff., 89, 99 f., 105, 117, 121 ff., 127 ff., 135 ff., 142, 147; Jain/Hong/Pankanti 2000, S. 90 ff.; Krause 2005, S. 126; Lu/Zhang 2002, S. 245, 248; Maltoni/Cappelli 2007, S. 23, Meints 2008, S. 12, 16, 18, 21, 28; Nanavati/Thieme/Nanavati 2002, S. 30, 45, 63, 68, 74 f., 77, 84; Ortega-Garcia et al. 2004, S. 52; Petermann/Sauter 2002, S. 26 f., 30, 38 f.; Ratha/Connell/Bolle 2002, S. 270; Reid 2004, S. 34, 36, 106 ff., 110, 114 f.; Samal/Iyengar 1992, S. 66; Sarkar/Liu 2007, S. 110; Savvides/Heo/Park 2007, S. 43; Schaumann/Alter 1976, S. 83; Senior/Bolle 2002, S. 84 ff.; Shoniregun/Crosier 2008, S. 33, 43, 51, 53, 55 f.; Zhang 2000, S. 230, 277 f.; Zhou/Chellappa/Zhao 2006, S. 111]

[90] „+" bedeutet, dass das untersuchte biometrische Merkmal den gestellten Anforderungen in einem hohen Maße entspricht, was hinsichtlich datenschutzrechtlicher Anforderungen sehr positiv zu werten ist; „+/-" bedeutet, dass das untersuchte Merkmal die gestellten Anforderungen nur teilweise erfüllt, was aber aus datenschutzrechtlicher Sicht noch als weitestgehend unkritisch angesehen werden kann; „-" bedeutet, dass das Merkmal die gestellten Anforderungen nicht erfüllt, was als eher kritisch bezüglich der datenschutzrechtlichen Anforderungen zu werten ist.

91/92	DNA	Handvenenmuster	Stimme	Gang	Unterschrift
Informationsgehalt	-	-	-	-	-
Zeitliche Variabilität	-	-	+	+	+
Ausspähbarkeit	-	+	+/-	-	+/-
Willentliche Beeinflussbarkeit	-	-	+/-	+/-	+

Tabelle 8:   Intermerkmalsvergleich Teil II
eigener Entwurf

---

[91] [Albrecht/Probst 2001, S. 33; Bäumler/Gundermann/Probst 2001, S. 40; Bazen/Gerez 2002, S. 24, 31; Beel/Gipp 2005, S. 37, 42; Behrens 2001, S. 65 ff.; Behrens/Roth 2001, S. 13; Bolle et al. 2003, S. 31, 36, 39, 43 f., 48, 53, 146 f.; Breitenstein 2002, S. 62; Bromba 2009; Chen 2002, S. 101; European Commission Joint Research Center 2005, S. 63 f.; Gao/Shan 2002, S. 340; Graevenitz 2006, S. 22, 46 f., 48, 84 ff., 89, 99 f., 105, 117, 121 ff., 127 ff., 135 ff., 142, 147; Jain/Hong/Pankanti 2000, S. 90 ff.; Krause 2005, S. 126; Lu/Zhang 2002, S. 245, 248; Maltoni/Cappelli 2007, S. 23, Meints 2008, S. 12, 16, 18, 21, 28; Nanavati/Thieme/Nanavati 2002, S. 30, 45, 63, 68, 74 f., 77, 84; Ortega-Garcia et al. 2004, S. 52; Petermann/Sauter 2002, S. 26 f., 30, 38 f.; Ratha/Connell/Bolle 2002, S. 270; Reid 2004, S. 34, 36, 106 ff., 110, 114 f.; Samal/Iyengar 1992, S. 66; Sarkar/Liu 2007, S. 110; Savvides/Heo/Park 2007, S. 43; Schaumann/Alter 1976, S. 83; Senior/Bolle 2002, S. 84 ff.; Shonirengun/Crosier 2008, S. 33, 43, 51, 53, 55 f.; Zhang 2000, S. 230, 277 f.; Zhou/Chellappa/Zhao 2006, S. 111]

[92] „+" bedeutet, dass das untersuchte biometrische Merkmal den gestellten Anforderungen in einem hohen Maße entspricht, was hinsichtlich datenschutzrechtlicher Anforderungen sehr positiv zu werten ist; „+/-" bedeutet, dass das untersuchte Merkmal die gestellten Anforderungen nur teilweise erfüllt, was aber aus datenschutzrechtlicher Sicht noch als weitestgehend unkritisch angesehen werden kann; „-" bedeutet, dass das Merkmal die gestellten Anforderungen nicht erfüllt, was als eher kritisch bezüglich der datenschutzrechtlichen Anforderungen zu werten ist.

7.3 Evaluation textgebundener Authentifizierungssysteme

Im Folgenden wird eine Bewertung tippverhaltensbasierter biometrischer Systemansätze vorgenommen, die mit einem textgebundenen Erkennungsverfahren arbeiten. Das mit dem textgebundenen Verfahren der Psylock GmbH realisierte Kernsystem ermöglicht die Abdeckung der vorab erwähnten Anwendungsbereiche für satzgebundene biometrische Anlagen und bildet den Ausgangspunkt für die praktische Untersuchung der entsprechenden Anforderungen aus Abschnitt 6.2.8.

7.3.1 Notwendigkeit des Systemeinsatzes

Die Authentifizierung über Wissen, also vornehmlich Passwörter, zieht eine Reihe massiver Probleme nach sich [Krause 2005, S. 70 ff.; Maus 2008, S. 537]. Passwörter sind häufig sehr unsicher, weil die Nutzer aus Bequemlichkeit oftmals nur sehr schwache Passwörter wählen, welche Angreifer jedoch einfach erraten bzw. kompromittieren können, oder die Passwörter auch mehrfach verwenden [Krause 2005, S. 76 ff.; Maus 2008, S. 537]. Häufig notieren die Nutzer ihre Passwörter oder geben diese sogar weiter (das sog. Password-Sharing), was ein weiteres erhebliches Sicherheitsrisiko vor allem im betrieblichen Einsatzkontext darstellt [Krause 2005, S. 80 ff.; Maus 2008, S. 537]. Passwörter können beim sog. Shoulder-Surfing durch direktes Beobachten der Passworteingabe seitens des Angreifers auch leicht optisch ausgespäht werden, im Besonderen bei der Anwendung in öffentlichen Bereichen [Krause 2005, S. 85 ff.; Maus 2008, S. 537]. Phishing[93] und Social Engineering[94] stellen zwei zusätzliche Gefahren mit wachsender Bedeutung dar, denen eine Authentifizierungslösung mittels Passwörtern unterliegen kann [Maus 2008, S. 537]. Dies zeigt, dass die Authentifizierung über Wissen alleine oder auch in vielen Fällen durch eine Kombination von Wissen und Besitz mit erheblichen Problemen und Sicherheitsrisiken behaftet ist. Speziell im betrieblichen Einsatz führt die Weitergabe von Passwörtern, deren leichte Ausspähbarkeit und deren missbräuchliche Benutzung zu erheblichen Problemen und Sicherheitsrisiken. Diesen Unzulänglichkeiten ist mit wirksameren Lösungen zu begegnen.

---

[93] Beim sog. Phishing handelt es sich um spezielle Angriffe auf der Basis von E-Mail oder Browser, die versuchen den Benutzer durch gezielte Täuschung dazu zu verleiten, sein Passwort preiszugeben [Eckert 2008, S. 21].

[94] Beim sog. Social Engineering handelt es sich um Angriffe nicht technischer Natur, bei welchen der Angreifer versucht, den Nutzer dazu zu bringen (z. B. über einen Telefonanruf unter falscher Identität als Systemadministrator), absichtlich oder unabsichtlich im guten Glauben sensible Informationen, wie beispielsweise sein Passwort, über sich preiszugeben [Eckert 2008, S. 23].

Auf dem Tippverhalten arbeitende Authentifizierungslösungen können durch die natürliche Bindung des biometrischen Merkmals an den Träger dazu verwendet werden, vorab beschriebene Probleme klassischer Authentifizierungsansätze, wie z. B. die Passwortweitergabe, zu reduzieren bzw. ganz zu vermeiden. Der Einsatz der biometrischen Lösung darf auch keine neuen Sicherheitsrisiken schaffen. Um die Notwendigkeit des Systemeinsatzes zu rechtfertigen, muss auch immer ein Sicherheitsnachweis für die biometrische Anlage an sich erbracht werden. Im Falle der exemplarisch betrachteten biometrischen Lösungen auf der Grundlage des textgebundenen Verfahrensansatzes der Psylock GmbH erfolgt ein dafür notwendiger detaillierter Leistungs- und Sicherheitsnachweis ausführlich in Abschnitt 7.3.8.

Der Betrieb biometrischer Systeme, welche mit dem menschlichen Tippverhalten arbeiten, reduziert bzw. beseitigt gänzlich bestehende Probleme und Sicherheitsmängel klassischer Authentifizierungslösungen, was zu einer erheblichen Verbesserung des Sicherheitsniveaus führen kann. Authentifizierungssysteme, die mit Wissen und Besitz arbeiten, können die Weitergabe und den Diebstahl des Authentifizierungsgegenstandes nicht oder nur sehr schwer unterbinden. Die natürliche Personenbindung stellt hier eine der wesentlichen Stärken biometrischer Lösungen dar und hilft diese Schwächen zu reduzieren bzw. teilweise ganz zu beseitigen. Die Sicherheitsprobleme, die aus einem Passwort- oder Tokendiebstahl bzw. aus einer Passwort- oder Tokenweitergabe resultieren, können somit massiv eingeschränkt oder auch ganz unterbunden werden. Der Einsatz tippverhaltensbasierter biometrischer Lösungen verbessert also den Zugriffsschutz auf Computernetzwerke, Arbeitsplatzrechner und auch Webapplikationen nachhaltig.

Dem Problem der Mehrfachnutzung von bestimmten Onlinediensten kann ebenfalls begegnet werden. Zudem gewährleistet die Personenbindung, dass beispielsweise Jugendliche keinen unerlaubten Zugriff auf Onlinedienste erlangen können, welche einer Altersbeschränkung unterliegen, wie beispielsweise im Erwachsenen- oder im Glücksspielbereich. Auch dieses Problem kann der Einsatz einer derartigen Authentifizierungslösung stark einschränken bzw. gänzlich verhindern. Ebenso reduziert ein Systemeinsatz einen möglichen Missbrauch im Bereich der virtuellen Anwesenheitskontrolle von Telearbeitsplätzen. Im Falle einer Verwendung als Password Reset Lösung kann der Personenbezug des biometrischen Merkmals Tippverhalten gegenüber einfachen Lösungen auf Social Knowledge Basis und auf der Grundlage automatischer Protokolle ebenso das Sicherheitsniveau erhöhen.

Oftmals gestalten sich biometrische Authentifizierungssysteme zwar eingriffsintensiver im Hinblick auf die Persönlichkeitsrechte des Betroffenen. Der Einsatz der

Biometrie kann jedoch auch dazu beitragen, das Sicherheitsniveau nachhaltig zu erhöhen. Im Falle der auf dem Tippverhalten arbeitenden biometrischen Anlagen hängt die Frage nach der Eingriffsintensität stark von der Art des realisierten Verfahrens ab. Grundsätzlich muss hier jedoch zunächst der datenschutzunkritische Charakter des biometrischen Merkmals Tippverhalten angeführt werden, der sich primär positiv auf die Bewertung der Eingriffsintensität der biometrischen Anlage auswirkt. Die Intensität des Eingriffs satzgebundener Systeme ist sehr begrenzt und auf den entsprechenden Anwendungskontext fokussiert. Satzgebunde Lösungen können nicht dazu genutzt werden, den Anwender zu überwachen oder um mehr Informationen über ihn zu sammeln, die nicht auch bei klassischen, auf Wissen oder Besitz basierenden Authentifizierungssystemen anfallen würden. Die Persönlichkeitsrechte des Betroffenen erfahren folglich keine stärkere Beeinflussung als bei klassischen Authentifizierungsansätzen. Das Sicherheitsniveau kann jedoch erhöht und bestehende Probleme können reduziert bzw. vollständig beseitigt werden.

Die Notwendigkeit des Einsatzes textgebundener Authentifizierungslösungen auf der Grundlage des Tippverhaltens ist somit durch die Erhöhung des damit erzielbaren Sicherheitsniveaus begründbar, wenn im entsprechenden Einsatzkontext bestehende Sicherheitsprobleme, wie beispielsweise die Passwortweitergabe, die Gefahr welche der Missbrauch verlorener Authentifizierungstokens mit sich bringt oder auch die Gefahr des Passwortdiebstahls, beseitigt oder zumindest signifikant reduziert werden. Des Weiteren ist anzumerken, dass durch den Betrieb derartiger biometrischer Lösungsansätze auch keine zusätzliche Gefahr für die Persönlichkeitsrechte der Betroffenen besteht.

7.3.2 Berücksichtigung des vorab zu definierenden Verwendungszwecks im Systemdesign

Systemansätze, welche mit einem textabhängigen Verfahren arbeiten, erheben, verarbeiten und speichern Tippverhaltensdaten nur, um eine Authentifizierung der Systemnutzer zu ermöglichen. Der datenschutzfreundliche Charakter des vornehmlich konditioniert geprägten biometrischen Merkmals Tippverhalten ist einer solchen zweckgebunden Datenerhebung, Datenverarbeitung und Datenspeicherung sehr zuträglich. Die im Tippverhalten enthaltenen Informationen können ausschließlich zur Authentifizierung des Merkmalsträgers genutzt werden und beugen somit einer zweckfremden Verwendung durch ihre Charakteristika selbst schon in einem gewissen Maße vor.

Die in der textgebundenen Variante erhobenen, verarbeiteten und gespeicherten biometrischen Daten sind an den fest vorgegebenen Satz geknüpft. Sie können nur für die Authentifizierung anhand des vorgegebenen Satzes verwendet werden. Eine zweckfremde Nutzung der Daten ist dadurch weitestgehend ausgeschlossen. Sowohl die Wahl des biometrischen Merkmals als auch das Verfahrens- und das Systemdesign verhindern folglich eine zweckfremde Verwendung oder Nutzung der einmal erhobenen biometrischen Daten. Derartige biometrische Authentifizierungssysteme ermöglichen also keine verdeckte Überwachung und auch keine Erstellung von Verhaltens-, Bewegungs- oder Leistungsprofilen des Anwenders. Die auf einem satzgebundenen Verfahren arbeitenden Authentifizierungslösungen entsprechen also durch die Wahl des biometrischen Merkmals und durch das Design des Verfahrens in einem hohen Maß dem Grundsatz der Zweckbindung, was aus datenschutzrechtlicher Sicht wiederum sehr positiv zu sehen ist. Weiterhin ist die daraus resultierende Beschränkung der Verwendungsmöglichkeiten auf einen transparenten, offenen und den Nutzer beteiligenden Systemeinsatz ebenso dem Zweckbindungsgrundsatz zuträglich.

7.3.3 Berücksichtigung des Grundsatzes der Erforderlichkeit im Systemdesign

Das Verfahrens- und das Systemdesign entsprechen dem Erforderlichkeitsgrundsatz. Die Anlage erhebt, verarbeitet und speichert nur für den Zweck der Authentifizierung des Nutzers erforderliche biometrische Daten. Die Daten werden also lediglich in dem für die Durchführung der Authentifizierung notwendigem Maße erhoben. Da im Tippverhalten ohnehin sehr wenige bis gar keine Zusatzinformationen enthalten sind, eignet sich dieses aus datenschutzrechtlicher Sicht besonders dafür, dem Grundsatz der Erforderlichkeit beim Design eines textgebundenen biometrischen Verfahrens bzw. Systems zu entsprechen. Die erhobenen, verarbeiteten und gespeicherten textgebundenen biometrischen Daten sind also in derartigen Systemen auf ein für die rechtmäßige Zweckerreichung unbedingt erforderliches Minimum reduziert.

Dem Grundsatz der Datenvermeidung und der Datensparsamkeit entspricht bereits die Nichtexistenz von über den Zweck der Authentifizierung hinausgehenden oder gar sensiblen Merkmalsinformationen. Verfahrens- und Systemdesign müssen folglich auch keine weiteren Maßnahmen ergreifen.

7.3.4 Betriebsart textgebundener Systemansätze

Mit satzgebundenen Erkennungsverfahren arbeitende Authentifizierungslösungen können grundsätzlich, abhängig vom Systemdesign und vom realisierten Speicherkonzept der biometrischen Daten, sowohl im Identifikations- als auch im Verifikationsmodus betrieben werden. Allgemein betrachtet ist der Betriebsmodus der Identifikation hinsichtlich der datenschutzrechtlichen Anforderungen als kritischer zu erachten, da sich notwendigerweise große Datenbestände in der Verfügungsgewalt des Systembetreibers befinden und damit einhergehend ein erhebliches Missbrauchspotenzial sowie die Gefahr einer unbemerkten Überwachung des Anwenders bestehen. Diese Probleme treten jedoch nicht generell auf, sondern sind systemspezifisch und anwendungsfallbezogen zu untersuchen. Sie können im konkreten Fall aber bis zu einem gewissen Maße relativiert und sogar ganz entkräftet werden.

Die in der satzgebundenen Verfahrensversion erhobenen biometrischen Daten sind immer an den fest vorgegebenen Satz geknüpft. Dadurch wird das Problem einer verdeckten Überwachung und die Möglichkeit, Verhaltens-, Leistungs- und Bewegungsprofile ohne das Wissen des Anwenders zu erstellen, welche der Betrieb im Identifikationsmodus in der Regel mit sich bringt, stark eingeschränkt bzw. gänzlich ausgeschlossen.

Durch die Satzbindung eignet sich das Tippverhalten weiterhin auch beim Betrieb der biometrischen Lösung im Identifikationsmodus nicht dazu, einen Nutzer unwissentlich und unwillentlich zu überwachen. Sobald der Merkmalsträger den von ihm erlernten Satz tippt, nimmt er die Authentifizierungsmöglichkeit, welche mit der Abgabe seiner Tippprobe verbunden ist, auch bewusst wissentlich und willentlich wahr. Dies wirkt ebenfalls der Bedrohung einer unwissentlichen und unwillentlichen Identifikation des Anwenders sowie der Gefahr der Erstellung von Leistungs-, Verhaltens- oder Bewegungsprofilen durch den Systembetreiber entgegen.

Der im Systemdesign realisierte Identifikationsansatz kann folglich einzig bei Bedarf dazu verwendet werden, auf die Angabe eines Nutzerpseudonyms durch den Anwender zu verzichten, was folglich in diesem Fall als eher datenschutzrechtlich unbedenklich einzustufen ist. Die Satzbindung der biometrischen Daten reduziert bzw. unterbindet also die Probleme, welche die zur Identifikation geeigneten biometrischen Lösungen für den Datenschutz mit sich bringen.

7.3.5 Verzicht auf eine zentrale Referenzdatenbank

Auf eine zentrale Referenzdatenbank zur Speicherung der biometrischen Daten verzichtet das Systemdesign derartiger Authentifizierungslösungen meist nicht. Es wäre möglich, die Roh- und die Templatedaten durch die Speicherung auf einem entsprechenden Token in der Verfügungsgewalt des Merkmalsträgers zu belassen. Dieser könnte dann seine Referenzdaten bei Bedarf preisgeben [Bolle et al. 2003,

S. 220 f.]. Die Durchführung der Datenerfassung, der Datenverarbeitung und der Datenspeicherung vollständig auf einer Karte im Verfügungsraum des Merkmalsträgers gestalten sich indes wegen der Tastaturnotwendigkeit zur Erhebung der Merkmalsdaten als impraktikabel.

Jedoch sind mit dezentral gespeicherten Referenzdatensätzen auf Tokens auch wieder neue Problemen verbunden, wie beispielsweise die Notwendigkeit der physischen Absicherung so gespeicherter Datensätze oder auch die Absicherung der Übertragung der biometrischen Daten. Wird keine vollständige Match-on-the-Card-Lösung eingesetzt, so besteht immer noch die Gefahr, dass der Systembetreiber die gegebenen biometrischen Datensätze einfach unerlaubt verdeckt protokolliert und speichert. Entsprechende Pseudonymisierungsmaßnahmen verhindern bis zu einem gewissen Maß dieses Problem, was aber die Einsatzmöglichkeiten des Systems dann wiederum einschränkt, da solche Maßnahmen das Problem der Zurechenbarkeit der Probe zur Nutzeridentität nur verlagern bzw. durch eine zusätzliche Schicht erschweren. Dem Systembetreiber muss auch hier bis zu einem gewissen Maße immer Vertrauen entgegengebracht werden.

Es scheint aus mehreren Gründen deshalb wenig sinnvoll, einen solchen Ansatz im Rahmen einer praktikablen Systemlösung unbedingt zu verfolgen. Die biometrischen Daten der Anlage sind aufgrund ihres stark begrenzten sowie unkritischen Informationsgehaltes und ihrer eingeschränkten Verwendbarkeit durch die Bindung an den fest vorgegebenen Satz sowieso datenschutzrechtlich unbedenklich. Die zentrale Stelle kann diese ohnehin nur sehr begrenzt bis gar nicht für die Identifikation und somit die Überwachung, also die Erstellung von Verhaltens-, Leistungs-, oder Bewegungsprofilen des Nutzers, einsetzen. Dies lässt eine zentrale Speicherung folglich wenig kritisch erscheinen. Da keine sensiblen, missbräuchlich verwendbaren Informationen in den Datensätzen enthalten sind, kann der Systembetreiber oder ein unberechtigter Dritter keine derartigen Informationen gewinnen und missbräuchlich nutzen. Die Verwendungsmöglichkeit der im Kompromittierungsfall von einem Angreifer erbeuteten Datenbasis wird des Weiteren durch die Bindung an den fest vorgegebenen Satz beschränkt. Dieser kann die so erbeuteten Daten nicht dazu verwenden, ein weiteres System anzugreifen, da dort in der Regel ein anderer Satz für die biometrische Authentifizierung Anwendung findet. Ebenso kann im Kompromittierungsfall einfach der verwendete Satz getauscht werden, was die erbeuteten biometrischen Daten gänzlich entwertet.

Vor allem für die Absicherung von Webanwendungen scheint es oftmals auch wenig sinnvoll, dezentrale Lösungen zu realisieren. Hier will der Systembetreiber die Hoheit über die Benutzerprofile meist zentral bei sich wissen, um einem möglichen externen Missbrauch so besser vorzubeugen. Der Einsatz der biometrischen Anlage zur Regelung einer Authentifizierung über das Medium Internet lässt eine mögliche dezentrale kartenbasierte Lösung wenig sinnvoll bzw. sogar impraktikabel erscheinen. Dies liegt im Besonderen daran, dass der zentrale Speicherungsansatz hier auch keine nennenswerten Risiken mit sich bringt. Weiterhin erscheint eine dezentrale Lösung zur einfachen Absicherung von Webanwendungen auch aus Kosten-Nutzen-Überlegungen von eher geringem Nutzen zu sein. Der unkritische Charakter der biometrischen Tippverhaltensdaten und deren sehr beschränkte Einsatzmöglichkeit führen zu dem Schluss, dass für derartige Systemansätze ein Verzicht auf eine zentrale Datenspeicherung nicht notwendig erscheint, weil das damit verbundene Missbrauchspotenzial als sehr gering zu erachten ist.

In Password Reset Lösungen auf der Basis eines satzgebundenen Verfahrens ist deshalb auch sinnvollerweise eine zentrale Datenspeicherung zu etablieren. Der Systembetreiber verfügt hier ohnehin über die Zuordnungsinformation zwischen der NutzerID und dem biometrischen Datensatz, da in Firmen verwendete Verzeichnisdienste in der Regel neben der Authentifizierung auch die Autorisierung der Anwender für bestimmte Daten, Applikationen und ähnliches gewährleisten und somit die Identität des Nutzers dabei zweifelsfrei zu bestimmen ist. Eine reine Zugangslösung, also die Bestimmung, ob ein Nutzer zu einer berechtigten Gruppe gehört, reicht hier in der Regel nicht aus. Die zweifelsfreie Zuordnung der biometrischen Daten zur NutzerID ist vielmehr notwendig, da an die NutzerID in den meisten Fällen auch besondere Zugriffsrechte gekoppelt sind, was in diesem Zusammenhang eine dezentrale Speicherung impraktikabel und umständlich erscheinen lässt. Auch bei Onlineanwendungen, z. B. im Erwachsenen- oder im Glücksspielbereich, oder zur Absicherung der Onlinebanking-Applikation bedarf es einer zweifelsfreien Identitätsbestimmung, welche diese Zuordnung nötig macht.

Ungeachtet dessen müssen die Systembetreiber entsprechende technische und organisatorische Maßnahmen ergreifen, welche die Vorschriften des Bundesdatenschutzgesetzes und seiner Anlage erfüllen und das System in einen entsprechend sicheren Anwendungskontext bringen. Der Zugriff auf die biometrischen Daten an zentraler Stelle sollte trotzdem dementsprechend restriktiv gestaltet sein, was dann wiederum die datenschutzrechtliche Sicht positiv beurteilt.

7.3.6 Umsetzung eines datenschutzfreundlichen Speicherkonzepts

Im Rahmen dieses Abschnitts ist zu der Art und Weise der Datenspeicherung Stellung zu nehmen. Da sich das Tippverhalten tendenziell schnell verändert und weiterentwickelt, altert der biometrische Referenzdatensatz auch tendenziell schnell.

Die Merkmalsausprägungen bleiben nicht über Jahre, Jahrzehnte oder sogar lebenslang konstant und unverändert. Dem Alterungsprozess der verhaltensbezogenen Merkmalsdaten, dem Effekt des sog. Template-agings, muss das Systemdesign mit Hilfe adaptiver Mechanismen entgegenwirken, damit die Funktionsfähigkeit des Systems gewährleistet wird. Hierzu sind im Falle des satzgebundenen Verfahrens der Psylock GmbH neben dem Template weitere Rohdatensätze notwendig. Das System muss also neben dem Template auch eine Reihe biometrischer Rohdatensätze speichern. Bei vielen anderen biometrischen Merkmalen, vornehmlich bei solchen, die einen hohen Grad an physiologischer Prägung aufweisen, wie z. B. dem menschlichen Gesicht, dem Abbild der Hand oder auch einem Retinabild, wäre eine derartige Notwendigkeit als sehr kritisch anzusehen, da diese Merkmale bzw. deren digitalisierte Ausprägungen eine hohe Informationstiefe verbunden mit enthaltenen sensiblen personenbezogenen Daten aufweisen. Eine Speicherung dieser Rohdaten ohne eine Beseitigung der zusätzlichen und vor allem auch der sensiblen personenbezogenen Informationen ist aus datenschutzrechtlicher Sicht sehr problematisch.

Da es sich aber bei den Rohdaten des Tippverhaltens lediglich um Tastaturereignisse, Haltedauern und Übergangsdauern handelt, ist die vorgenommene zusätzliche Speicherung der Rohdaten als unkritisch zu bewerten. In den Messdaten des Tippverhaltens sind, wie vorab bereits ausführlich erläutert, keine zusätzlichen, den Zweck der Authentifizierung überschreitenden Daten und auch keine im Sinne des § 3 Abs. 9 BDSG sensiblen Daten enthalten. Eine Reduktion der ursprünglich erhobenen Rohdaten auf ein datensparsames Templateformat ist folglich auch nicht notwendig. Durch die Satzbindung werden bei der Erfassung des Tippverhaltens zudem keine weiteren Informationen erhoben, die einer kritischen Prüfung zu unterziehen wären. Anders ist dieser Sachverhalt bei einem satzungebundenen Systemdesign zu sehen, da in diesem Fall bei den abgegebenen Tippproben, abhängig vom Inhalt des Textes, den der Merkmalsträger tippt, und dem Erfassungskontext zusätzliche, den Zweck der Authentifizierung überschreitende, personenbezogene Daten entstehen könnten. Diese müssten dann auf das für die Authentifizierung notwendige Maße reduziert werden. Alleine die Möglichkeit, dass solche zusätzlichen personenbezogenen Daten entstehen können, ist jedoch als problematisch zu erachten. Die Festtextvariante eines biometrischen Systems auf der Grundlage des Merkmals Tippverhalten ist diesbezüglich aber als unkritisch einzustufen. Auch die Speicherung derartiger Rohdaten ist aus der Sicht des Datenschutzes unbedenklich.

7.3.7 Reduktion des Personenbezugs bei den Tippverhaltensdaten

Satzgebundene biometrische Verfahren zur Tippverhaltenserkennung erheben, verarbeiten und speichern nur für den Zweck der Authentifizierung benötigte biometrische Daten. Verfahrens- oder Systemdesign setzen Maßnahmen zur Reduktion des Personenbezugs nicht direkt um. Das System speichert und verarbeitet, wie vorab bereits erwähnt, sowohl Rohdaten als auch Templatedaten. Die Rohdaten sind notwendig, damit das Verfahren die temporären Verhaltensveränderungen im Tippverhalten des Nutzers erkennen und einarbeiten bzw. im Referenzdatensatz adaptieren kann. Beim Festtextverfahren von Psylock handelt es sich um ein adaptives biometrisches Verfahren. Ständige Lernprozesse erfassen die fortlaufenden Veränderungen und die teilweise starken Schwankungen im menschlichen Tippverhalten, um eine Verwendung dieses biometrischen Merkmals für ein Authentifizierungsverfahren nutzbar zu machen [Bakdi 2007, S. 7, 16, 151 ff.; Breitenstein 2000, S. 19]. Zur Realisation dieser Prozesse sind auch immer Rohdaten notwendig, welche somit in dieser Form auch im System gespeichert sein müssen. Grundsätzlich ist das Herstellen des Personenbezugs aus den Tippverhaltensdaten ohne ein entsprechendes Zusatzwissen ohnehin nur sehr schwer möglich, da alleine aus den Tastaturereignissen, den Halte- und den Übergangsdauern nicht auf die Identität des Merkmalsträgers rückgeschlossen werden kann.

Es erfolgt primär keine Anonymisierung oder Pseudonymisierung der gespeicherten biometrischen Daten im System. Abhängig vom Einsatzkontext kann dies jedoch auf der Datenbankebene durch die Vergabe von Nutzerpseudonymen und der getrennten Datenspeicherung sehr einfach bei Bedarf realisiert werden. Zudem erfolgt ein bewusster Verzicht auf die Verwendung standardisierter Templateformate. Ergänzend ist anzumerken, dass im Bereich von biometrischen Systemen zur Tippverhaltenserkennung ohnehin keine Templatestandards etabliert sind, was die Bildung von Bewegungsprofilen nachhaltig reduziert bzw. systemübergreifend ohnehin unmöglich macht.

Für den Fall, dass die Authentifizierungslösung nur zur Zugangssicherung eingesetzt wird, also z. B. für die Überprüfung der Ja/Nein-Entscheidung, ob ein Nutzer zu einem bestimmten Raum oder auch Rechner Zugang hat, kann auch eine vollständige Anonymisierung der biometrischen Daten erfolgen. Der Betrieb der Systemlösung wäre dann entsprechend der Identifikationsmodus. Die biometrische Anlage prüft nur, ob der Nutzer Mitglied einer berechtigten Gruppe ist. Abhängig vom jeweiligen Anwendungsfall sind also auch solche Lösungen auf Datenbankebene realisierbar.

Der Einsatz eines dezentralen Speicherkonzeptes würde die Problematik des Personenbezugs noch weiter senken. Dies ist derzeit nicht umgesetzt, kann aber etabliert werden. Der Einsatz einer satzgebundenen Authentifizierungslösung für Webanwendungen lässt diese Systemarchitektur in der Regel als nicht notwendig erscheinen. Eine dezentrale Speicherung der biometrischen Daten auf einem Token in der Verfügungsgewalt des Merkmalsträgers scheint hingegen eher zur Absicherung eines Firmennetzwerks geeignet.

Da sich der Personenbezug der biometrischen Tippverhaltensdaten weitestgehend unkritisch gestaltet, ist es auch nicht sinnvoll, alle möglichen Schutzmaßnahmen zur Reduktion des Personenbezugs pauschal zu realisieren, unabhängig vom jeweiligen Einsatzszenario. Grundsätzlich sind wegen des unkritischen Charakters der Tippverhaltensdaten an sich und der Satzbindung der biometrischen Probe derartig umfangreiche Systemarchitekturansätze zur Reduktion des ohnehin schwach ausgeprägten Personenbezugs nicht notwendig.

Der in der Festtextvariante öffentlich bekannte Satz beinhaltet auch keine Daten, welche als personenbezogene Aussagen bzw. Daten klassifiziert werden könnten. Es sind deshalb also auch keine Maßnahmen zu ergreifen, die diesen Personenbezug verringern. Im Extremfall der Kompromittierung des Systems kann der Personenbezug der biometrischen Daten dadurch entwertet werden, dass der zu tippende Satz einfach gewechselt wird und die gestohlenen biometrischen Daten somit unbrauchbar werden. Die Summe dieser Faktoren führt zu der Erkenntnis, dass der Bezug zur Person bei den erfassten biometrischen Daten aus datenschutzrechtlicher Sicht als unproblematisch zu erachten ist. Eine derartige satzgebundene Authentifizierungslösungen lässt sich folglich als datenschutzrechtlich unbedenklich einstufen.

7.3.8 Technische Sicherheit und Zuverlässigkeit textgebundener Authentifizierungssysteme

Nur biometrische Anlagen mit hinreichend guten Erkennungsleistungen und geeigneten Performancekennzahlen erachtet die datenschutzrechtliche Sicht als unbedenklich. Die Feststellung der Leistungsfähigkeit ist jedoch, wie vorab bereits detailliert beschrieben, ein nicht unerhebliches Problem. Eine Ermittlung aussagekräftiger und vor allem auch vergleichbarer Leistungskennzahlen in einer entsprechenden Testumgebung ist eine zentrale Schwierigkeit, der sich alle biometrischen Systeme gegenüber zu sehen haben. Umfassende und aussagekräftige Performancetests gelten wegen der vielfältigen und vor allem wechselseitigen Abhängigkeiten sowohl im Systemdesign als auch im Einsatzkontext biometrischer Lösungen häufig als sehr zeitintensiv, teuer sowie auch schwer plan- und umsetzbar. Eine weitere Unzulänglichkeit sind die fehlenden allgemeingültigen und akzeptierten Teststandards.

Im Folgenden sollen kurz die Eckdaten des Performancetests beschrieben werden, auf Grundlage derer eine Bewertung der Erkennungsleistung des satzgebundenen Psylock-Verfahrens bzw. -Kernsystems erfolgt. Der Test wurde in Zusammenarbeit mit der Psylock GmbH im Rahmen dieser Arbeit durchgeführt. Dieser Nachweis ist notwendig, um eine datenschutzrechtliche Unbedenklichkeit bescheinigen zu können, da der Betrieb biometrischer Lösungen ja nicht neue Sicherheitsrisiken schaffen soll. Die Besonderheit, dass biometrische Systeme auf Basis des Tippverhaltens, ungeachtet des Sensors Tastatur, ausschließlich softwarebasiert sind, führt dazu, dass die Performance unterschiedlicher Systemansätze auf Basis desselben Verfahrens nicht variiert, weil sie durch das weitere Systemdesign nicht beeinflusst wird. Die Erkennungsleistung des biometrischen Kernsystems, aufbauend auf dem satzgebundenen Verfahren, unabhängig vom gewählten Architekturansatz und vom jeweiligen Einsatzkontext, bleibt also bei allen hierauf basierenden Softwarelösungen identisch. Dies führt dazu, dass der einmal erbrachte Leistungsnachweis für die Erkennungsleistung des Kernsystems auf alle Architekturansätze übertragen werden kann und keine erneute Analyse erforderlich ist.

7.3.8.1   Aufbau des Testszenarios und Beschreibung der Testdatenbasis

Bevor die aus dem Test resultierenden Erkenntnisse bewertet werden, ist der grundsätzliche Testaufbau genau zu spezifizieren. Der im Rahmen dieser Abhandlung beschriebene Test ist als Feldtest einzustufen. Die Sammlung der Tippproben für den Performancetest wurde in Zusammenarbeit mit den Marktforschungsunternehmen ODC Services GmbH und der Psyma GmbH durchgeführt, um eine hinreichend große und aussagekräftige Testdatenbasis zu erhalten. Die Marktforschungsunternehmen wählten von Dezember 2006 bis Januar 2007 insgesamt 5.396 Panel-Teilnehmer zufällig aus und forderten sie per E-Mail zur Mithilfe bzw. zur Teilnahme an einer Onlineumfrage auf, welche auch eine Komponente zur Aufzeichnung von Tippproben enthielt. Die Umfrage wurde im Zeitraum vom 21.12.2006 bis 31.12.2006 durchgeführt. Jeder Teilnehmer sollte dazu über ein im Internet bereitgestelltes Formular am eigenen PC mindestens 30 Tippproben des Satzes „Ich bin der Meinung, die richtige Antwort lautet:" abgeben. Die so gewonnenen Tippproben wurden zum Zweck der späteren Offline-Auswertung in einer Datenbank der Psylock GmbH gespeichert und bilden die Grundlage für die Ermittlung der Performancekennzahlen in dieser Arbeit.

Von den 5.396 angeschriebenen Teilnehmern nahmen 3.007 tatsächlich an der Sammlung der Tippproben teil. 1.034 Teilnehmer haben das Verfahren komplett abschlossen, also die 30 geforderten Tippproben abgegeben und 1.860 haben die Tippprobenerhebung unvollständig abgebrochen, also weniger als die geforderten 30 Tippproben geleistet. Insgesamt wurden so 50.075 verwendbare Tippproben gesammelt. Für den Enrolmentprozess werden vom Psylock-Verfahren mindestens neun Tippproben benötigt, um einen Referenzdatensatz erzeugen zu können. Für diesen Versuch wurden zwölf Proben für das Enrolment verwendet. Auf eine Simulation künstlicher Testdatensätze durch Hochrechnungen oder durch Interpolationen, welche die Testresultate nachhaltig verfälscht, verzichtet das Testszenario. Nur echte Messwerte finden folglich Verwendung. Zur Motivation der Probanden, also der Kooperationsbereitschaft der Merkmalsabgabe, kann folgendes angemerkt werden. Nach der Einleitungsseite der Umfrage haben lediglich 3,8% der Starter die Identifizierung des Tippverhaltens verweigert, also sich bewusst antikooperativ gezeigt. Zu der hohen Abbruchquote ist zu sagen, dass für den realen Enrolmentprozess in der Regel nur neun Tippproben notwendig sind. Es ist zudem zu berücksichtigen, dass sich die unangekündigte Abgabe von 30 Tippproben für die Teilnehmer als relativ aufwändig erwiesen hat und entgegen den Gewohnheiten in einem Onlinepanel nicht durch entsprechende Anreize honoriert wurde. Wie kooperativ die Abgabe der Tippproben erfolgte, kann deshalb nicht näher beurteilt werden.

Um den Prozess der Tippdatenerfassung abwechslungsreicher zu gestalten, wurde ein Quiz eingebaut. Auf eine Quizfrage mit vier Antwortmöglichkeiten sollten die Teilnehmer den Satz "Ich bin der Meinung, die richtige Antwort lautet:" abtippen und dann den Buchstaben der Antwortmöglichkeit (A, B, C oder D) anhängen. Um eine repräsentative Verteilung der Testgruppe zu erhalten, wurde die Grundgesamtheit der angeschriebenen Testteilnehmer dabei als Internetnutzer definiert in der Zusammensetzung nach Alter und Geschlecht gem. der AGOF[95] internet facts 2006-II[96]. Die Testpopulation spiegelt also PC-affine Nutzer mit einem entsprechend ausgeprägten Tippverhalten wieder. Die Testpopulation setzt sich folglich so zusammen, dass sie die reale Nutzergruppe biometrischer Systeme auf der Grund-

---

[95] Die Arbeitsgemeinschaft Online Forschung (AGOF) ist ein Zusammenschluss führender Onlinevermarkter in Deutschland, deren Ziel es ist, durch eine umfassende Datensammlung und Datenauswertung rund um die Onlinenutzung das Internet zum transparenten und planbaren Werbeträger zu avancieren. www.agof.de

[96] Die Studie AGOF internet facts ist eine quartalsweise erscheinende Markt-Media-Studie, welche Reichweiten- und Strukturdaten zur Schaffung einer umfassenden und beschreibenden Datenbasis für den Onlinewerbemarkt sammelt.

lage des Tippverhaltens repräsentiert und demographisch aussagekräftig ist. Der Test stellt somit eine Form der Operational Evaluation, also eine Analyse im Realweltkontext dar, die wegen der unterschiedlichen und nicht abbildbaren Rahmenbedingungen auch nicht wiederholbar ist.

Eine weitere überwachte Durchführung des Tests, welche die Motivation der Probanden detaillierter abbildet, ist sicherlich wünschenswert, da so eine noch aussagekräftigere Bewertung der Leistungsfähigkeit des Systems möglich wäre. Dies konnte jedoch im Hinblick auf den angestrebten Umfang der Testpopulation im derart gestalteten Testszenario so nicht realisiert werden. Auch die Tatsache, dass sich kein einheitlich akzeptiertes Testvorgehen für biometrische Anlagen bis heute etabliert hat, bekräftigte die Entscheidung für eine so strukturierte Testausgestaltung in Zusammenarbeit mit den oben angeführten Unternehmen. Es wurde also zu Gunsten der durch dieses Versuchsdesign erzielbaren großen Testdatenbasis auf noch detailliertere Testerkenntnisse hinsichtlich des Kontextes verzichtet, in welchem die Probanden ihre Tippproben abgegeben haben, und mit deren Hilfe weitere Aussagen über die Testpopulation und das Testumfeld möglich wären. Eine große Testdatenbasis zu gewinnen, die dementsprechend signifikante Performancekennzahlen ableiten lässt, war somit vorrangiges Ziel beim Design des Testszenarios. Fehler bei der Erhebung der Testdaten, die vornehmlich auf den unsachgemäßen Umgang mit dem biometrischen System zurückzuführen sind, können durch das verwendete Versuchsdesign leider nicht festgestellt werden. Da das Tippen auf einer handelsüblichen Computertastatur jedoch für die ausgewählten Panelteilnehmer keiner Einweisung oder Schulung bedarf, also derartige Fehler nahezu vollständig auszuschließen sind, ist dieses Problem zu vernachlässigen. Das gewählte Testdesign gilt diesbezüglich als unbedenklich.

Ungeachtet dem Verzicht auf weitere Einwirkungsmöglichkeiten im Testverlauf sind die Resultate vor allem wegen der Größe der Datenbasis, der Heterogenität und der Repräsentanz der Umfrageteilnehmer sowie der äußerst realitätsnahen Merkmalsdatenerhebung an unterschiedlich gestalteten Nutzerarbeitsplätzen, unterschiedlichen Betriebssystemen und verschiedenen Browserumgebungen als realistisch und auch dementsprechend vergleichbar zu erachten.

7.3.8.2 Ergebnisse des Performancetests

Zur Auswertung der Testdaten im Testszenario können folgende Punkte angemerkt werden. Die Ermittlung der Performancekennzahlen erfolgt in einem Offline-Verfahren nach dem Abschluss des Feldtests. Das System kann mit den von den Probanden abgegebenen, biometrischen Messdaten für 1.384 Teilnehmer ein biometrisches Template erzeugen und somit ein erfolgreiches Enrolment durchführen. Für den Enrolmentvorgang im Rahmen dieses Tests werden zwölf Tippproben veranschlagt. Der Threshold des Systems ist auf 85% gesetzt. Zur Bestimmung der FRR werden bei denjenigen Testfällen, für die erfolgreich ein Template erstellbar ist, die restlichen Tippproben dazu verwendet, um diese gegen das Template zu vergleichen. So erfolgt eine Simulation berechtigter Authentifizierungsversuche in der Offline-Testumgebung. Nach der Erstellung des Referenzdatensatzes bleiben für die erfolgreich registrierten Nutzer im Durchschnitt 15,6 Tippproben unbenutzt, welche für die Ermittlung der FRR verwendet werden können.

Das realisierte Testdesign ermöglicht nur sehr rudimentäre Erkenntnisse über die Kooperationsbereitschaft der Nutzer bei der Tippdatenabgabe für die Erstellung eines Referenzdatensatzes. Ein Hinweis auf die Notwendigkeit der konzentrierten Abgabe der für das praktische Enrolment notwendigen neun bzw. im Testfall der zwölf Samples wurde im Testszenario nicht vorgenommen. Der Nutzer hat folglich kein realitätsnahes Enrolmentszenario wahrgenommen. Im praktischen Anwendungskontext erfolgt zunächst eine kurze Einführung, ein Hinweis auf die Notwendigkeit der konzentrierten Abgabe der neun bzw. im Testfall der zwölf für das Enrolment entscheidenden Tippproben und eine grafische Aufbereitung des Enrolmentvorganges sowie des Fortschritts im Enrolmentprozess. Diese Faktoren in Kombination mit der bewussten Wahrnehmung nur neun bzw. zwölf Mal eine Tippprobe abgeben zu müssen, legen den Schluss nahe, dass eine sinnvolle Beurteilung der Failure to Enrol Rate im Rahmen dieses Testszenarios nicht möglich ist. Deshalb wird auch darauf verzichtet. Eine realistische Abschätzung unter Einbeziehung dieser Rahmenbedingungen ist also leider nicht möglich. Zudem kann auch keine Aussage über die Failure to Acquire Rate getroffen werden, da keine detaillierte Beobachtung und Bewertung späterer Authentifizierungsversuche im Testdesign vorgesehen war.

Auch die Bestimmung der FAR auf der Grundlage der zur Verfügung stehenden Datenbasis gilt es genauer zu betrachten. Für die Ermittlung der FAR werden für jeden erfolgreich registrierten Teilnehmer, also für jedes erstellbare Template, jeweils zufällig 2.092 Tippproben aus dem gesamten Probenpool mit 50.075 Tippproben, ausschließlich der eigenen Tippproben, gezogen und gegen das jeweilige Template verglichen. Auf diese Art und Weise kann eine Simulation von Authentifizierungsversuchen unberechtigter Nutzer, also von Angriffen, erfolgen, welche für die Ermittlung der FAR notwendig sind. Bei jedem Matchingprozess wird zudem der erzielte Vergleichswert der beiden Proben ermittelt und in der Testdatenbank gespeichert. Dadurch ist es möglich, die zusammengehörigen FAR/FRR-

Wertepaare bei unterschiedlichen Schwellenwerten zu bestimmen und in Form einer DET-Kurve oder einer ROC-Kurve grafisch aufzubereiten.

Beim derzeitigen im satzgebundenen Verfahren der Psylock GmbH voreingestellten Schwellenwert von 85% ergeben sich für das System eine FAR von etwa 0,08% bei einer FRR von etwa 3,7% und einer EER von 0,88%. Die folgende Abbildung 15 beschreibt einen idealtypischen, bauchförmigen Verlauf der FAR- und der FRR-Kurve mit relativ großen ±Δ-Bereichen um die EER, für welche die Bedingungen FAR<EER±Δ und FRR<EER±Δ gleichzeitig erfüllt sind. Dies unterstreicht, dass das Verfahren nicht auf einen EER-Wert hin optimiert wurde.

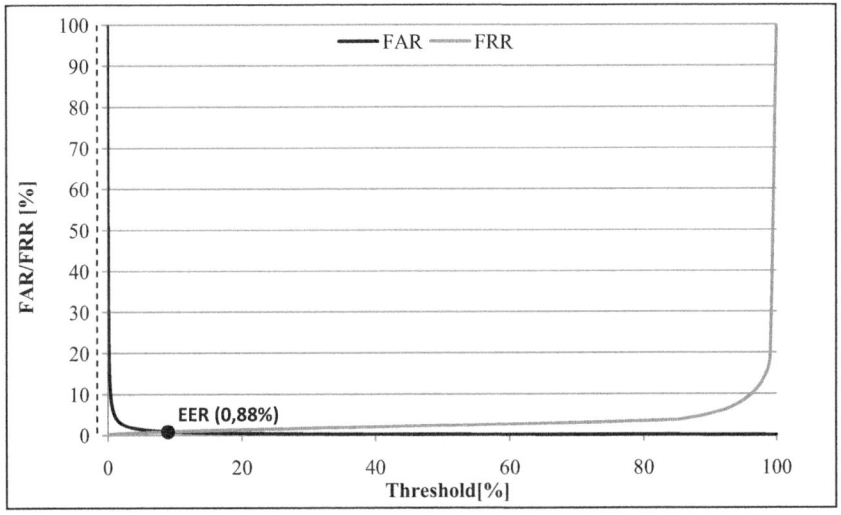

Abbildung 15:   FAR- und FRR-Kurve des Psylock-Kernsystems
eigener Entwurf

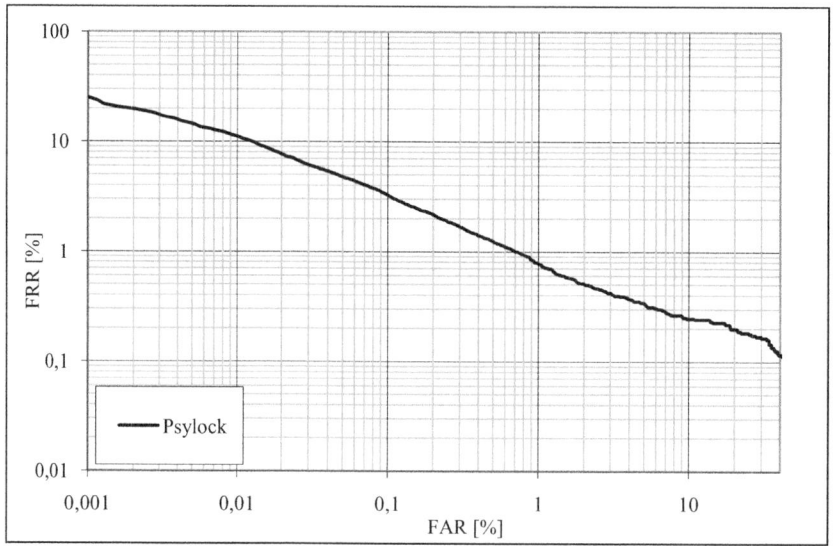

Abbildung 16: **DET-Kurve des Psylock-Kernsystems**
eigener Entwurf

Für einen direkten Vergleich mit weiteren biometrischen Systemen, welche idealerweise in einem ähnlichen Testszenario analysiert werden, aber auch für die singuläre Betrachtung der Leistungsfähigkeit einer biometrischen Lösung gilt es einen FAR-Arbeitspunkt zu wählen und abhängig davon eine Beurteilung der zugehörigen FRR-Werte vorzunehmen. Es erscheint sinnvoll ebenso wie in der BioP II Studie den FAR-Arbeitspunkt 0,1% zu wählen und diesem ein akzeptables Sicherheitsniveau für ein realistisches Einsatzszenario zu bescheinigen [BSI 2005a, S. 149]. Die Common Criteria Biometric Evaluation Methodology Working Group klassifiziert eine maximale FAR von 1% (ein erfolgreicher Angriff pro 100 Zugriffsversuche) als Basissicherheitsniveau, eine maximale FAR von 0,01% (ein erfolgreicher Angriff pro 10.000 Zugriffsversuche) als mittleres und eine maximale FAR von 0,0001% (ein erfolgreicher Angriff pro 1.000.000 Zugriffsversuche) als hohes Sicherheitsniveau [BSI 2005c, S. 60; Common Criteria Biometric Evaluation Methodology Working Group 2002, S. 18].

Auch aus diesem Grund gestaltet es sinnvoll, den zwischen beiden Sicherheitsstufen nach Common Criteria liegenden Arbeitspunkt aus der BioP II Studie für eine Betrachtung des Sicherheitsniveaus zu verwenden. Weiterhin ist es angebracht, dem gesteigerten praktischen Sicherheitsbedürfnis Folge zu leisten und zusätzlich den FAR-Arbeitspunkt 0,01% aufzunehmen. Ebenso ist anzumerken, dass es sich bei der im Rahmen dieses Tests ermittelten FAR nicht um die maximale FAR des Verfahrens handelt. Diese liegt weit höher, wenn der Nutzer mehr und vor allem längere Tippproben abgibt. Das Sicherheitsniveau ist also skalierbar. An dieser Stelle soll jedoch nur auf die Basisvariante eingegangen werden, die in diesem Test mit zwölf kurzen Samples für das Enrolment und einem Sample für die Authentifizierung arbeitet.

Insgesamt ist bei der DET-Kurve immer ein flacher Kurvenverlauf nahe an den Koordinatenachsen wünschenswert, weil das System dann bei einer niedrigen FAR auch eine niedrige FRR aufweist und folglich das Verfahrens- bzw. das Systemdesign das Leistungsoptimierungsziel der gleichzeitigen Reduktion beider Fehlerraten verfolgt.

Folgende Tabelle ermöglicht einen Vergleich an den entsprechenden FAR-Arbeitspunkten. Die EER ist hingegen nur unter Vorbehalt vergleichbar, da sie immer von der gesetzten Akzeptanzschwelle abhängig ist. Die Akzeptanzschwellen verschiedener biometrischer Verfahren und darauf aufbauend der entsprechenden Anlagen können in der Regel nicht direkt gegenübergestellt werden, weil sie durch algorithmen- oder auch verfahrensspezifische Eigenheiten determiniert sein können.

	FAR = 0,1%	FAR = 0,01%
Psylock-Kernsystem	FRR = 3,27%	FRR = 11,0%

Tabelle 9: **Arbeitspunkte für den Vergleich der Erkennungsleistung**
eigener Entwurf

Weiterhin sind die Konfidenzintervalle für die im obigen Test erzielten Resultate der FAR und der FRR genauer zu betrachten, um so die Aussagekraft bzw. die Genauigkeit dieser Ergebnisse beurteilen zu können. Es ist also eine Bewertung der Performancekennzahlen bezüglich ihrer Signifikanzniveaus vorzunehmen. Dazu werden die in Abschnitt 2.3.4 erläuterten Ansätze herangezogen. Wegen der vielfältigen und teilweise wechselseitigen Abhängigkeiten, denen die Performancebewertung biometrischer Verfahren und besonders auch biometrischer Systeme unterliegt, ist es auch schwierig, die Schätzung von Konfidenzintervallen in geeigneten Schätzverfahren zu formalisieren. Hier besteht ebenfalls nicht die Möglichkeit, ein einheitliches und allgemeingültiges Verfahren zu finden und anzuwenden. Diesem Problem soll durch die praktische Betrachtung einer Reihe unterschiedlicher derartiger Schätzverfahren im aktuellen Anwendungsfall begegnet werden. Im Folgenden kommen also die gängigen in Abschnitt 2.3.4 beschriebenen Verfahren zur Konfidenzintervallschätzung zum Einsatz, um einen aussagekräftigen Vergleich der Ergebnisse zu ermöglichen. Die Größe des Testdatensatzes gestaltet es jedoch relativ einfach, die Variationen der Fehlerraten zu formalisieren, weil die unterschiedlichen Verfahren so sehr ähnliche Schätzresultate liefern.

Nach der sog. „Rule of 30" kann mit einem 10%-Signifikanzniveau davon ausgegangen werden, dass die FAR im Intervall [0,059; 0,109]% und die FRR im Intervall von [2,601; 4,830]% liegt. Die Konfidenzintervallschätzung nach der in Abschnitt 2.3.4 beschriebenen einfachen Formel nach Mansfield und Wayman führt zu Intervallen von [0,071; 0,096]% für die FAR und [3,511; 3,921]% für die FRR auf einem 5%-Signifikanzniveau. Für den Beta-binomial-Ansatz ergeben sich Intervalle von [0,073; 0,094]% für die FAR und [3,225; 4,206]% für die FRR und für den Logit-beta-binomial-Ansatz Intervalle von [0,074; 0,095]% für die FAR und [3,242; 4,255]% für die FRR ebenfalls auf einem 5%-Signifikanzniveau. Für die detailliertere Abschätzung der Konfidenzintervalle der FRR eignen sich alle vier in Abschnitt 2.3.4 beschriebenen Verfahren, da die entsprechenden, ebenso in Abschnitt 2.3.4 erläuterten Anwendungsbedingungen für gute bis sehr gute Schätzergebnisse erfüllt sind. Für die detaillierte Abschätzung des FAR-Konfidenzintervalls trifft dies mit Ausnahme der Regel von Doddington ebenfalls zu. Der Überdeckungsgrad der ermittelten Resultate bestätigt dies nochmals. Der sehr große Testprobenumfang trägt vor allem also dazu bei, dass die teilweise sehr unterschiedlichen Schätzverfahrensansätze sehr ähnliche Resultate liefern. Aufgrund der sehr großen Testdatenbasis ist somit insgesamt festzustellen, dass sich die Fehlerraten in sehr engen Intervallen bewegen, was von einer hohen Validität der ermittelten Testergebnisse zeugt. Nachfolgende Tabelle fasst diese Ausführungen nochmals zusammen.

	Konfidenzintervall FAR	Anwendungsbedingung für die FAR	Konfidenzintervall FRR	Anwendungsbedingung für die FRR
Doddingtons „Rule of 30"	[0,059; 0,109]%	nicht erfüllt	[2,601; 4,830]%	erfüllt
Best-Practice-Ansatz nach Mansfield und Wayman	[0,071; 0,096]%	erfüllt	[3,511; 3,921]%	erfüllt
Beta-binomial-Ansatz nach Schuckers	[0,073; 0,094]%	erfüllt	[3,225; 4,206]%	erfüllt
Logit-beta-binomial-Ansatz nach Schuckers	[0,074; 0,095]%	erfüllt	[3,242; 4,255]%	erfüllt

Tabelle 10: Konfidenzintervallschätzungen
eigener Entwurf

Die Sicherheit der Erkennungsleistung des mit dem biometrischen Verfahren realisierten Systems kann also mit Hilfe der Falschakzeptanz- und der Falschrückweisungsraten belegt werden. Beide Kennzahlen stellen ein anerkanntes Gütekriterium für die Performancebewertung biometrischer Algorithmen, Verfahren und Systeme dar. Den auf der satzgebundenen Methode der Psylock GmbH basierenden Anlagen ist also auf der Grundlage der vorab erbrachten Resultate eine hohe Erkennungsleistung bzw. Verfahrensstärke zu bescheinigen. Zusätzlich kann das Verfahren das Sicherheitsniveau durch eine Verlängerung des zu tippenden Satzes je nach Bedarf weiter erhöhen. Je mehr der Nutzer tippt, desto mehr Information steht auch dem Verfahren für den Vergleich zur Verfügung und desto trennschärfer kann folglich dieser vollzogen werden. Das Sicherheitsniveau ist also skalierbar. Das Tippen eines längeren Satzes wirkt sich negativ auf die Bedienfreundlichkeit des Systems aus. Für die Sicherheitsbewertung der Anlage ist dieser Sachverhalt jedoch sehr positiv. Die Performanceeigenschaften erbringen folglich den Nachweis, dass die Verfahrenssicherheit gegeben ist.

7.3.8.3 Vergleich mit weiteren marktgängigen biometrischen Systemen

Das Bundesamt für Sicherheit in der Informationstechnik hat im Jahr 2005 eine Studie zur Untersuchung der Leistungsfähigkeit von biometrischen Verifikationssystemen (BioP II) publiziert. Da die dort erzielten Testresultate auf einer vergleichbar großen Testdatenbasis erbracht worden sind und diesem Testszenario ein transparentes und objektiv nachvollziehbares Testdesign zugrunde liegt, scheint es sinnvoll, diese Ergebnisse für einen Vergleich des Psylock-Kernsystems mit anderen marktgängigen biometrischen Lösungen heranzuziehen. Die nachfolgenden Vergleichskurven werden also der Studie BioP II entnommen. Die Untersuchung biometrischer Verifikationsverfahren im Rahmen der Studie BioP II diente dazu, die Leistungsfähigkeit von zum gegenwärtigen Zeitpunkt auf dem Markt verfügbaren Systemen zur Gesichts-, Fingerabdruck- und Iriserkennung bezüglich verschiedener Aspekte zu analysieren und aus diesen Erkenntnissen Aussagen für eine erfolgreiche Verwendung der Biometrie im Zusammenhang mit Personaldokumenten zu entwickeln. Die Ergebnisse der BioP II Studie sollten zudem Hilfestellung für die Art und Weise der Einführung der neuen ePässe geben.

Abbildung 17 stellt die Testresultate des Psylock-Kernsystems ausgewählten Ergebnissen der BioP II Studie gegenüber. Für den Vergleich werden ein Gesichtserkennungssystem, ein Fingerabdruckscanner und eine biometrische Lösung zur Iriserkennung gewählt. Dem Psylock-Kernsystem ist ein, wie Abbildung 17 zu entnehmen ist, vergleichbar hohes Sicherheitsniveau wie anderen, mit vornehmlich physiologisch geprägten Merkmalen arbeitenden, biometrischen Systemen zu bescheinigen. Gleichzeitig erbringt das Psylock-Kernsystem beim Arbeitspunkt 0,1% FAR dieselben niedrigen FRR-Werte wie die Fingerabdrucklösung und ist folglich hier besser als der Irisscanner und das System zur Gesichtserkennung. Beim Arbeitspunkt 0,01% FAR, also bei einem zunehmenden Sicherheitsniveau, ist das Psylock-Kernsystem hinsichtlich der Benutzerfreundlichkeit immer noch besser als die biometrische Lösung zur Gesichtserkennung und weist zum Irisscanner vergleichbare Resultate auf. Die im Rahmen der BioP II Studie erzielten Testresultate bekräftigen also die Leistungsfähigkeit des Psylock-Kernsystems in Relation zu weiteren marktgängigen biometrischen Lösungen [BSI 2005a, S. 96 ff.].

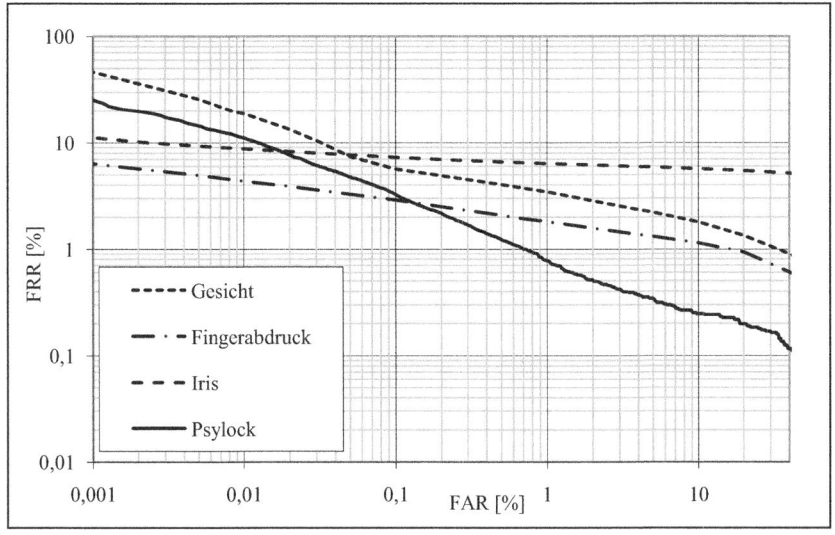

Abbildung 17: DET-Kurven weiterer ausgewählter biometrischer Systeme in Anlehnung an [BSI 2005a, S. 95 ff.]

7.3.8.4 Bewertung der Sicherheit der Systemarchitektur

Neben dem Nachweis der Verfahrensleistungsfähigkeit sind in der Systemarchitektur weitere Mechanismen zu integrieren, welche das System gegen anderweitige Manipulationen und Missbrauch absichern und somit dem Schutz personenbezogener Daten dienen. Der Sensor ist dabei einer der Hauptangriffspunkte in biometrischen Anlagen.

Ein klassisches Sicherheitsproblem stellen die, in Abschnitt 5.1 erwähnten, Replay-Angriffe dar, also das erneute Einspielen von aus dem Speicher ausgelesenen oder von der Übertragungsleitung abgehörten Samples. Das Tippverhalten eines Nutzers ändert sich andauernd, was dazu führt, dass ein Nutzer auch nie denselben Satz in derselben Art und Weise absolut identisch tippt. Deshalb kann eine einfache Überprüfung, ob die Probe bereits einmal für einen Authentifizierungsvorgang verwendet wurde, dieser Gefahr begegnen. Die Bedrohung durch Daten-Akquisitions-Angriffe ist sehr gering. Das biometrische Merkmal Tippverhalten ist stark verdeckt. Es kann sich also nicht leicht ohne entsprechende technische Hilfsmittel angeeignet, digitalisiert und dann eingespielt werden. Eine unberechtigte Aneignung von Tippverhaltensdaten am Sensor oder am Rechner, beispielsweise durch einen vom Angreifer installierten Keylogger, ist zwar nicht auszuschließen, das unveränderte Wiedereinspielen der so gewonnen Tippverhaltensdaten ist jedoch wieder leicht zu erkennen.

Es besteht bei biometrischen Lösungen auf der Grundlage des Tippverhaltens sowie bei allen anderen biometrischen Systemansätzen immer die Gefahr, dass der Angreifer einen dem biometrischen Merkmal bzw. der Merkmalausprägung ähnlichen Repräsentanten nachbildet oder nachahmt. Im Falle des Tippverhaltens konkretisiert sich diese Gefahr in Form eines abgefangenen Samples, beispielsweise wieder mit Hilfe eines Keyloggers, welches der Angreifer dann so manipuliert, dass das System glaubt, es handle sich um ein authentisches, vom Nutzer noch nicht abgegebenes Sample. Der Angreifer kann das so manipulierte Sample dann dazu verwenden, sich als der berechtigte Nutzer auszugeben. Verfügt die biometrische Lösung nicht über geeignete Mechanismen, derartige Charakteristikumskopien zu erkennen, so handelt es sich in diesem Fall um das sog. Spoofing. Das textgebundene Kernsystem von Psylock begegnet diesem Problem durch die Einbindung spezieller Filter, die in der Lage sind, eine derartige Verhaltensnachahmung festzustellen, also die Charakteristikumskopie zu erkennen und auszuschließen. Es ist also ein Anti-Spoofing-Verfahren implementiert.

Einem anwendungsübergreifenden Missbrauch beugt weiterhin die Satzbindung der biometrischen Probe vor. Diese verhindert beispielsweise das Wiedereinspielen biometrischer Rohdaten in System B, die bei System A illegal beschafft werden, wenn ein Nutzer in den beiden Systemen registriert ist. Vorauszusetzen ist dabei, dass die biometrischen Systeme mit unterschiedlichen Sätzen arbeiten. Ein so beschaffter Merkmalsdatensatz ist für diesen Anwendungsfall als wertlos zu erachten. Notwendigerweise muss ein Angreifer zudem über das Wissen verfügen, diese erlangten Kopien dem Merkmalsträger zuordnen zu können. Der satzgebundenen Authentifizierungslösung ist weiterhin die Eignung zur verdeckten Nutzerüberwachung abzusprechen, welche ein zentrales biometriespezifisches Problem darstellt. Das Verfahren bzw. darauf aufbauend das System ist so entworfen, dass es sich nicht dazu eignet, den Nutzer verdeckt, unwissentlich und unwillentlich zu überwachen, da er sich bei der Abgabe der Tippprobe in Form des bekannten Satzes immer des damit verbundenen Authentifizierungsvorganges bewusst ist.

Angriffen auf der Übertragungsstrecke, von denen besonders Authentifizierungslösungen für Webapplikationen betroffen sind, begegnet der Einsatz entsprechender Verschlüsselungsalgorithmen. Auch die in der Datenbank abgelegten biometrischen Daten können bei Bedarf entsprechend passwortabhängig transformiert werden, um den Zugriff auf sie weiter zu begrenzen und abzusichern. Die Anlage entschlüsselt die Daten dann nur temporär für den Erkennungsvorgang. Zudem können derartige Systemlösungen durch das Signieren des Referenzdatensatzes oder durch das Einbetten eines Watermarks gegen die unberechtigte Einschleusung fremder biometrischer Daten geschützt werden. Die Realisierung biometrischer

Kryptosysteme ist mit dem satzgebundenen Erkennungsverfahren nicht möglich. Eine Zertifizierung der Basisarchitektur nach Common Criteria EAL[97] soll den Nachweis für ein angemessenes Sicherheitsniveau der Systemansätze auf der Grundlage des textgebundenen Verfahrens erbringen.

7.3.8.5 Abschließende Beurteilung des Sicherheitsniveaus

Sowohl die Erkennungsleistung als auch die Sicherheit der Systemarchitektur sind für einen Sicherheitsnachweis von entscheidender Bedeutung. Auf dem Tippverhalten arbeitende Systeme sind wie alle biometrischen Anlagen und auch alle anderen Lösungen zur Authentizitätsprüfung mit entsprechenden Problemen behaftet. Es gilt dabei immer den Bedrohungen durch geeignete Maßnahmen zu begegnen. Im Falle biometrischer Systeme ist die Verfahrensstärke zudem von entscheidender Bedeutung für eine Bewertung. Eine Evaluation des Sicherheitsniveaus erfolgt auch immer unter der Berücksichtigung des Anwendungskontextes. Allgemein weisen die analysierten biometrischen Lösungsansätze, welche auf dem satzgebundenen Verfahren aufbauen, eine sehr gute Erkennungsleistung auf. Besonders positiv ist die Möglichkeit zu sehen, dass die Gefahr unberechtigter Authentifizierungen durch Variationen der Satzlänge weiter nachhaltig reduziert werden kann. Ebenso ist aus datenschutzrechtlicher Sicht positiv anzumerken, dass Mechanismen, die sowohl biometriespezifischen Problemen als auch klassischen Angriffsszenarien begegnen, umgesetzt sind bzw. im entsprechenden Einsatzkontext realisiert werden können.

7.3.9 Umgang mit sensiblen Daten in textgebundenen Authentifizierungssystemen

Biometrische Tippverhaltensdaten enthalten keine im Sinne des § 3 Abs. 9 BDSG sensiblen Daten. Die Daten sind, wie in Abschnitt 7.1.1 bereits ausführlich erläutert, beispielsweise nicht geeignet, Rückschlüsse auf den Gesundheitszustand einer Person zu ziehen. Veränderungen im Tippverhalten sind wegen der stark auf Verhalten basierenden Prägung sehr einfach zu identifizieren. Jedoch können die Ursachen dieser Veränderungen sehr unterschiedlich motiviert sein. Sie reichen von Ablenkung, über Müdigkeit, bis hin zu Stress, einer Erkrankung des zentralen Nervensystems oder auch nur einer einfachen lernbedingten Verbesserung des Tippverhaltens.

---

[97] Evaluation Assurance Level

Die Veränderungen kann das Verfahren zwar erfassen, sie lassen jedoch keinen direkten Schluss auf ihre Ursache zu. Beim Enrolmentvorgang hingegen ist gar keine Unterscheidung zwischen ungeübtem Tippen und z. B. einer krankheitsbedingten Prägung des Tippens möglich. Dies führt dazu, dass satzgebundene biometrische Systeme frei von der Problematik im Sinne des § 3 Abs. 9 BDSG sensibler personenbezogener Daten sind. Es bedarf also keiner speziellen Rechtfertigung für die Erhebung, die Verarbeitung und die Speicherung dieser Daten und es müssen folglich auch keine besonderen Maßnahmen im Verfahrens- oder Systemdesign zum Schutz dieser ergriffen werden. Aus datenschutzrechtlicher Sicht sind somit textgebundene biometrische Anlagen vorzuziehen, da hier das Problem mit dem Umgang derartiger Daten nicht existiert und somit auch nicht durch geeignete Sicherungsmechanismen zu reduzieren bzw. abzusichern ist.

7.3.10 Transparenz textgebundener Authentifizierungssysteme und deren Sicherheitsmechanismen

Der Einsatz einer Anlage zur Tippverhaltenserkennung sollte sich für den Benutzer möglichst transparent gestalten, da der Datenschutz ein biometrisches System sehr kritisch sieht, welches das Tippverhalten gerade bei entsprechendem Design im Hintergrund aufzeichnen kann, ohne dass der Benutzer etwas davon erfährt [Bakdi 2007, S. 17]. So ist der Benutzer im betrieblichen Einsatz stets darüber zu informieren, wenn sein Tippverhalten zum Zweck einer Authentifizierung analysiert wird [Bakdi 2007, S. 17]. Auf dem aktiven biometrischen Merkmal Tippverhalten arbeitende Verfahren und Systeme sind dabei jedoch weiter differenziert zu betrachten und unterliegen diesbezüglich keinem pauschalen Urteil. Abhängig davon, ob ein textabhängiges oder eine textunabhängiges Verfahrensdesign umgesetzt ist, ergeben sich für diese Anforderung Konsequenzen. [Meuth 2006, S. 21]

Bei einem satzgebundenen Verfahrensdesign sind sowohl das Enrolment als auch alle später angestoßenen Authentifizierungsprozesse an den fest vorgegebenen speziellen Text gebunden. Bei einer satzgebundenen Authentifizierung wirkt der betroffene Nutzer nicht nur wissentlich, sondern auch willentlich mit. Organisatorische Maßnahmen verdeutlichen ihm nicht nur, dass ein biometrisches System gerade sein Tippverhalten zum Zweck einer Authentifizierung erfasst, sondern er nimmt auch aktiv an diesem Prozess dadurch Teil, dass er den fest vorgegebenen, ihm durch den Enrolmentprozess bekannten Satz tippt.

Die Eingabe des erlernten Satzes verbindet der Nutzer immer bewusst mit der aktuell vollzogenen Authentifizierung, ähnlich der Abgabe seines Passwortes. Zudem lösen entsprechende Anlagen die Erfassung, die Verarbeitung und die Speicherung der biometrischen Daten durch die Gestaltung spezieller Eingabemasken sehr transparent und mit einer hohen Nutzerbeteiligung. Auch während des Enrolments visualisiert das System dem Benutzer, was gerade von ihm verlangt wird und weshalb er sich diesem Procedere zu unterziehen hat.

Weiterhin obliegt es dem Systembetreiber, die Benutzer durch zusätzliche technische und organisatorische Maßnahmen über die biometrische Lösung, deren Einsatzziele und deren Funktionsweise aufzuklären, um somit mehr Transparenz zu schaffen. Darauf hat die Systemarchitektur jedoch keine weitere direkte Einflussmöglichkeit. Grundsätzlich sind textgebundene biometrische Systeme vorzuziehen, da die technischen und organisatorischen Maßnahmen, welche der Betreiber zu ergreifen hat, um eine verdeckte Überwachung auszuschließen, hier eher als sekundär angesehen werden können. Dem Grundsatz der Transparenz, der Direkterhebung und vor allem der offenen Datenerhebung entspricht also folglich ein biometrisches System auf der Basis eines textgebundenen Verfahrens. Aus datenschutzrechtlicher Sicht kann so gestalteten biometrischen Verfahren und den damit arbeitenden Systemansätzen ein hoher Grad an Nutzerbeteiligung bei jeder Erhebung und jeder Verarbeitung eines biometrischen Datensatzes bescheinigt werden. Dies ist datenschutzrechtlich sehr vorteilhaft. Gleichzeitig schließt die Anlage dabei eine verdeckte Überwachungsmöglichkeit aus. Diese beteiligt also den Merkmalsträger wissentlich und willentlich.

7.3.11 Gewährleistung hinreichender Mechanismen für die technische und die organisatorische Sicherheit

Weitere technische und organisatorische Maßnahmen sind zu ergreifen, um den Betrieb der biometrischen Anlage in ein angemessenes Datenschutz- und Datensicherungskonzepts einzubinden. Die Systemarchitektur hat auf diese Anforderung nur bedingt und indirekt Einfluss. Ein umfassendes IT-Sicherheitskonzept muss die entsprechenden Rahmenbedingungen für den Systembetrieb gewährleisten. Da aber derartige Maßnahmen, beispielsweise auf der Grundlage der Anlage des § 9 Satz 1 BDSG, i. d. R. keine direkten Bestandteile der eigentlichen biometrischen Lösung sind, können sie auch immer nur im Falle eines konkreten betrieblichen Systemeinsatzes gewertet werden. Es hat also immer eine individuelle und umfassende Betrachtung des entsprechenden Einsatzkontexts zu erfolgen. Da hier keine von dem Kontext unabhängigen wertenden Aussagen möglich sind, kann auch keine nur auf das System fokussierte Bewertung erfolgen. Vielmehr sind die in Abschnitt 6.2.11 getroffenen Aussagen als Richtline dafür zu sehen, wie der praktische betriebliche Einsatz biometrischer Systeme in ein entsprechendes unternehmensweites und auch alle Phasen des Systemlebenszyklus umfassendes IT-Sicherheitskonzept einzubinden ist.

7.3.12 Angebot effektiver Alternativverfahren

Mit dem Tippverhalten arbeitende biometrische Anlagen lassen sich auch mit anderen Authentifizierungslösungen kombinieren. Vor allem die Tatsache, dass es sich um eine reine Softwarelösung handelt und der Sensor in Form der Tastatur ohnehin existent ist, begünstigt diese Möglichkeit [Bakdi 2007, S. 21 f.]. Häufig wird eine Tippverhaltenserkennung mit einem Wissensmerkmal, also einem Passwort, zu einer Zwei-Faktor-Authentifizierungslösung kombiniert [Bakdi 2007, S. 21; Bartmann/Wimmer 2007, S. 199 ff.; Sheng/Phoha/Rovnyak 2005, S. 826 ff.]. Dies unterstreicht die einfache Vereinbarkeit beider Verfahren. Auch so gestaltete Fallback-Lösungen sind sehr leicht umzusetzen. Auf diese Weise kann der Betreiber sicherstellen, dass das System einen diskriminierungsfreien Einsatz für diejenigen Nutzer gewährleistet, die aus welchen Gründen auch immer nicht Tippen können oder wollen. Die Bereitstellung von Alternativlösungen ist insbesondere im betrieblichen Umfeld von herausragender Bedeutung. Die einfache Kombinierbarkeit biometrischer Anlagen auf der Basis des Tippverhaltens vornehmlich mit klassischen Authentifizierungsansätzen ist positiv zu werten. Auch biometrische Alternativsysteme, z. B. Fingerprintlösungen, sind für eine Kombination denkbar.

7.3.13 Zusammenfassung der Evaluationsergebnisse textgebunder Systemansätze

Die nachfolgende Tabelle fasst die vorab ermittelten Ergebnisse der Untersuchung textgebunder biometrischer Authentifizierungssysteme auf der Basis des biometrischen Merkmals Tippverhalten zusammen. Die Resultate unterstreichen die datenschutzrechtliche Unbedenklichkeit von Authentifizierungslösungen auf der Basis eines textgebundenen Erkennungsverfahrens. Aus Sicht des Datenschutzes ist ein betrieblicher Einsatz derartiger Systeme somit als unproblematisch zu erachten.

Textgebundene Authentifizierungssysteme[98]	
Notwendigkeit des Systemeinsatzes	+
Präzise Zweckbestimmung und Berücksichtigung des Verwendungszwecks im Systemdesign	+
Berücksichtigung des Grundsatzes der Erforderlichkeit bei der Erhebung und der Verarbeitung der Tippverhaltensdaten	+
Betriebsart textgebundener Authentifizierungssysteme	+
Verzicht auf eine zentrale Referenzdatenbank	+/-
Umsetzung eines datenschutzfreundlichen Speicherkonzepts	+
Reduktion des Personenbezugs bei den Tippverhaltensdaten	+
Technische Sicherheit und Zuverlässigkeit textgebundener Authentifizierungssysteme	+
Umgang mit sensiblen Daten im textgebundenen Authentifizierungssystem	+
Transparenz textgebundener Authentifizierungssysteme und deren Sicherheitsmechanismen	+
Gewährleistung hinreichender Mechanismen für die technische und organisatorische Sicherheit	0
Angebot effektiver Alternativverfahren	+

Tabelle 11: Bewertung textgebundener Authentifizierungssysteme
eigener Entwurf

---

[98] „+" bedeutet, dass das untersuchte System die gestellten Anforderungen in einem hohen Maße erfüllt, was hinsichtlich datenschutzrechtlicher Anforderungen sehr positiv zu werten ist; „+/-" bedeutet, dass das untersuchte System die gestellten Anforderungen nur teilweise erfüllt, was aber aus datenschutzrechtlicher Sicht noch als weitestgehend unkritisch angesehen werden kann; „-" bedeutet, dass das System die gestellten Anforderungen nicht erfüllt, was als eher kritisch bezüglich der datenschutzrechtlichen Anforderungen zu sehen ist; „0" bedeutet, dass keine aussagekräftige Bewertung vorgenommen werden kann.

7.4 Evaluation textungebundener Authentifizierungssysteme

Nach der in Abschnitt 7.3 vorgenommenen, datenschutzrechtlich motivierten Analyse von Systemansätzen auf der Basis eines satzgebunden Erkennungsverfahrens sind nun textungebundene Verfahren und die damit realisierbaren Lösungen sowie deren Einsatzmöglichkeiten genauer zu untersuchen. Ein praxistaugliches Kernsystem, welches mit einem textungebundenen Verfahren arbeitet, konnte nicht ermittelt werden. Betrachtung und Bewertung derartiger Systemansätze aus der datenschutzrechtlichen Sichtweise erfolgen somit auf einer konzeptionellen Ebene.

7.4.1 Notwendigkeit des Systemeinsatzes

Auch der Einsatz biometrischer Authentifizierungslösungen, welche auf einer Freitextvariante zur Erkennung des Tippverhaltens arbeiten, ist mit der Notwendigkeit begründbar, dass mit ihrer Hilfe viele Probleme, die klassische Authentifizierungsansätze auf der Grundlage von Wissen oder Besitz aufweisen, beseitigt werden. Sie tragen folglich zu einer nachhaltigen Erhöhung des Sicherheitsniveaus im Unternehmen bei. Eine derartige Rechtfertigung gestaltet sich jedoch weitaus schwieriger als bei textgebundenen Systemansätzen. Um den Großteil dieser Sicherheitsrisiken und Probleme zu vermeiden bzw. nachhaltig zu reduzieren, reicht es bereits aus, ein satzgebundenes Verfahren zur Tippverhaltenserkennung einzusetzen, das sich als datenschutzrechtlich unbedenklich erweist, wie Abschnitt 7.3 detailliert begründet. Lösungen, die mit einer Freitextvariante zur Tippverhaltenserkennung arbeiten, sind wegen ihrer Überwachungseignung in der Regel teilweise eingriffsintensiver in die Persönlichkeitsrechte des Betroffenen und folglich dementsprechend zu behandeln. Ihre Einsatznotwendigkeit ist auch nur mit einem höheren Sicherheitsgewinn bzw. Sicherheitsbedürfnis seitens des Systembetreibers zu rechtfertigen. In Konsequenz daraus sind dann restriktivere Vorgaben für das Systemdesign und den Systemeinsatz notwendig.

Da solche Erkennungsverfahren unabhängig vom zu erfassenden Text arbeiten, sind sie bei entsprechender Systemgestaltung dazu verwendbar, jegliche Tastatureingaben des Anwenders für eine offene oder auch eine verdeckte Identifikation des Nutzers zu verwenden. Ebenso weisen derartige Softwarelösungen, vornehmlich im Betrieb als Intrusion Detection System oder bei der Verwendung als Nutzer-Tracking-Lösung, die Eigenschaften eines Keyloggers auf, welcher alle an der Tastatur gemachten Eingaben mitschneidet und auswertet. Das biometrische Verfahren zur Authentifizierung bedarf jedoch wieder nur der Tastaturereignisse, der Halte- und der Übergangsdauern. Der getippte Text fällt aber als Nebenprodukt der Merkmalserfassung an. Die darin enthaltenen Informationen sind unter Umständen auch mit einer Missbrauchsmöglichkeit verbunden, besonders weil diese Daten durch die parallel ablaufende biometrische Authentifizierung mit einer sehr hohen Wahrscheinlichkeit einem Nutzer zurechenbar sind. Dies wertet die datenschutzrechtliche Sicht als sehr kritisch, da durch die so erhobenen Daten weitere, teilweise sensible personenbezogene Daten für den Anwender entstehen können, über welche der Systembetreiber oder ein Angreifer möglicherweise dann missbräuchlich verfügt.

Für den pauschalen Einsatz von Intrusion Detection Lösungen besteht sicherlich immer, unabhängig von der gewählten Systemarchitektur, in den Unternehmensbereichen, welche eines hohen bis sehr hohen Sicherheitsniveaus bedürfen, eine Einsatzrechtfertigung. Um also sicherzustellen, dass nur berechtigte Nutzer an Rechnern arbeiten, die beispielsweise im Kontext von militärischen Einrichtungen, von Atomkraftwerken oder speziellen Forschungsabteilungen, die sich mit kritischen Aufgaben befassen, betrieben werden, ist die Notwendigkeit des Einsatzes dieser Systemansätze sicherlich immer zu begründen. Hier überwiegt in vielen Fällen dieser Sicherheitsbedarf die Beeinflussung der Persönlichkeitsrechte. Aber auch eine breitere betriebliche Verwendung des Freitexterkennungsverfahrens als Intrusion Detection Lösung ist denkbar und verbessert die Sicherheit im gesamten Unternehmen nachhaltig. Die Begründung der Notwendigkeit einer derartigen Anwendung hängt aber immer stark vom individuellen Systemdesign und den ergriffenen Sicherheitsmechanismen und Sicherheitsmaßnahmen ab, die einem möglichen Missbrauch vorbeugen bzw. diesen gänzlich verhindern. Alternative Intrusion Detection Ansätze können kein so hohes Sicherheitsniveau bieten und müssen deshalb auch nicht bevorzugt eingesetzt werden, weil sie sich vielleicht weniger eingriffsintensiv für die Persönlichkeitsrechte der Anwender gestalten. Infolgedessen besteht die Möglichkeit unter Umständen auch einen Einsatz bei einer entsprechend vertretbaren und beschränkten Eingriffsintensität des Systems in die Persönlichkeitsrechte der Betroffenen zu rechtfertigen.

Dies gilt ebenso für den unternehmensweiten Betrieb von biometrischen Anlagen zur einfachen Nutzerauthentifizierung mit Hilfe eines textungebundenen Erkennungsverfahrens. Eine pauschale Rechtfertigung der Einsatznotwendigkeit mit der Reduktion von Problemen, welche mit klassischen Authentifizierungslösungen verbunden sind, reicht sicherlich nicht aus, um alle denkbaren Systemansätze für ein Freitextverfahren in jeglichem Einsatzkontext begründen zu können. Es ist dabei vielmehr immer ein kontextbezogener, strenger Nachweis zu führen, dass die so realisierte Systemarchitektur die verdeckte Überwachung des Nutzers gegen seinen Willen und ohne sein Wissen ausschließt. Weiterhin soll die Anlage keine zusätzlichen und vor allem sensiblen personenbezogenen Daten erheben, verarbeiten und speichern. Kann eine Erhebung dieser Daten hingegen nicht ausgeschlossen werden, so sind zumindest gesicherte Maßnahmen in der Systemarchitektur zu ergreifen, welche dann die für den Zweck der Authentifizierung nicht erforderlichen Daten beseitigen. Nur unter diesen Voraussetzungen rechtfertigt der zusätzliche Sicherheitsgewinn den Einsatz so gestalteter Anlagen, weil das Recht auf informationelle Selbstbestimmung der Nutzer so keine unverhältnismäßige Einschränkung erfährt.

User-Tracking-Systeme für das pauschale Mitschneiden aller Anwendereingaben, sofern Unternehmen diese einsetzen, betrachtet die datenschutzrechtliche Sicht sehr kritisch, da sie in der Regel keinen entsprechenden Sicherheitsgewinn liefern, welcher die damit verbundene Überwachung bzw. potenzielle Überwachungseignung rechtfertigt. Rein wirtschaftliche Aspekte reichen nicht aus für eine Legitimation der Verwendung. Eine rechtlich abgesicherte Begründung der Einsatznotwendigkeit ist hier somit sehr fraglich.

7.4.2 Berücksichtigung des vorab zu definierenden Verwendungszwecks im Systemdesign

Biometrische Systeme, die mit einem textungebundenen Mustererkennungsverfahren arbeiten, bergen das Potenzial, wie in Abschnitt 7.4.1 ausführlich begründet, über den grundlegenden Einsatzzweck hinausgehend für die verdeckte Überwachung des Nutzers missbraucht zu werden. Sie können so umgesetzt und eingesetzt sein, dass sie die Erstellung von Verhaltens-, Bewegungs- und Überwachungsprofilen ermöglichen. Deshalb ist es von entscheidender Bedeutung, präzise den Zweck des Systemeinsatzes vorab zu definieren. Dieser Zweck ist dann angemessen bei der Datenerhebung, der Datenverarbeitung sowie der Datenspeicherung, also dem Systemdesign, und dem Einsatzkontext der biometrischen Anlage zu berücksichtigen.

Eine einfache Authentifizierungslösung auf der Basis des textungebundenen Erkennungsverfahrens kann das Risiko von Replay-Attacken oder auch von Man-in-the-Middle-Angriffen im Vergleich zu satzgebundenen Verfahrensansätzen weiter reduzieren. Zweck einer solchen Lösung ist einzig die Authentifizierung des Nutzers bei Bedarf mit wissentlicher und willentlicher Beteiligung durch den Anwender zu leisten, ohne weitere evtl. sogar sensible personenbezogene Daten zu erheben, zu verarbeiten oder zu speichern. Diese Anforderungen erfüllt eine Systemlösung, die dem Anwender ständig wechselnde und zufällig erzeugte Textvorgaben in Form von Sätzen anzeigt, z. B. in einem speziell dafür geschaffenen

CAPTCHA[99], welche der Anwender dann entsprechend abtippen muss, um sich gegenüber dem System zu authentifizieren. Der Vorgang der Authentifizierung beschränkt sich dabei vornehmlich auf den bewusst angestoßenen Authentifizierungsprozess. Das System schafft keine weiteren personenbezogenen Daten, da es dem Anwender die abzugebenden Textproben in Form der zu tippenden Sätze vorgibt. Eine derartige Lösung, die ein textungebundenes Mustererkennungsverfahren beinhaltet, beschränkt sich also in ihrem Design auf den vorab präzisierten Einsatzzweck der transparent zu gestaltenden, wissentlich und willentlich beteiligenden Nutzerauthentifizierung in der Notwendigkeit, das Sicherheitsniveau zu erhöhen.

Intrusion Detection Systeme verfolgen primär das Ziel der Feststellung, ob sich ein Angreifer unberechtigter Weise Zugang verschafft hat zu Systemen, zu Netzwerken oder auch zu Diensten. Dazu reicht es zu überprüfen, ob die derzeit getätigten Tastatureingaben zum angegebenen Referenzdatensatz authentisch sind. Dieser Prozess erfolgt logischerweise im Hintergrund. Eine Identifikation ist nicht unbedingt notwendig, kann aber ebenfalls vorgenommen werden, um zu ermitteln, wer der Angreifer ist, unter der Bedingung, dass er aus einer bekannten Nutzergruppe stammt. Ersteres kann als dezentrale Lösung, beispielsweise im betrieblichen Einsatz auf dem Rechner des Anwenders umgesetzt sein. Zweiteres bedarf einer zentralen Datenhaltung der verschiedenen Referenzdatensätze. Beide Lösungen dürfen die biometrischen Daten ausschließlich zum Zweck der Authentifizierung erheben, verarbeiten und speichern. Die Definition des Einsatzzweckes bedingt hier maßgebliche Unterschiede in der Systemarchitektur der zwei angesprochenen Lösungsansätze und ist deshalb vorab zu erbringen.

Eine weitere, den Zweck der Authentifizierung überschreitende Erhebung, Verarbeitung sowie Speicherung zusätzlicher personenbezogener Daten ist auszuschließen. Die Verfahrens- und die Systemarchitektur sind folglich so zu gestalten, dass sie eine zweckfremde Erhebung, Verarbeitung und Speicherung personenbezogener Daten unterbinden. Einer zweckfremden Verarbeitung personenbezogener Daten durch den Systembetreiber oder einen Angreifer ist also entsprechend zu begegnen. Ebenfalls sind Maßnahmen zu ergreifen, welche verhindern, dass Leis-

---

[99] Completely Automated Public Turing test to tell Computers and Humans Apart (CAPCHA). Bei einem CAPTCHA handelt sich um ein Programm, welches Webseiten vor automatisierten Programmen dadurch schützt, dass es spezielle Tests generiert und mit deren Hilfe prüft, ob es sich um die Eingabe eines Menschen oder eines Computerprogramms handelt. Beispielsweise können Menschen verzerrte Texte lesen aber derzeitige Computerprogramme nur sehr schwer bis gar nicht.

tungs- oder Verhaltenskontrollen unter der Verwendung der erhobenen biometrischen Daten vorgenommen werden. Diese überschreiten immer den postulierten Grundsatz der Zweckbindung. Das Verfahren und das System sind also so zu gestalten, dass die erhobenen personenbezogenen Daten nur für den vorab definierten Authentifizierungszweck verwendet werden können.

7.4.3 Berücksichtigung des Grundsatzes der Erforderlichkeit im Systemdesign

Beide Systemansätze sind aus Sicht des Grundsatzes der Erforderlichkeit unterschiedlich zu beurteilen. Im biometrischen Merkmal sind keine den Zweck der Authentifizierung überschreitende, nicht erforderliche personenbezogene Daten enthalten, was den Grundsatz sehr begünstigt. Authentifizierungssysteme, welche einen zufällig zu tippenden Text vorgeben, entsprechen in einem hohen Maß dem Erforderlichkeitsgrundsatz, weil sie nur die für die Authentifizierung erforderlichen sowie zweckgebundenen Daten erheben, verarbeiten und speichern.

Anders ist dieser Sachverhalt bei Intrusion Detection Lösungen zu beurteilen. Hier können, abhängig vom getippten Text, den Zweck der Authentifizierung überschreitende, zusätzliche und evtl. sensible personenbezogene Daten geschaffen werden, die im Sinne des Bundesdatenschutzgesetzes als nicht erforderlich anzusehen sind. Da eine Erfassung dieser Daten in einem derartigen Systemansatz nicht zu vermeiden ist, also notwendigerweise erfolgt, müssen in Konsequenz daraus entsprechende Maßnahmen bei der Verarbeitung und der Speicherung getroffen sein. Dies bedeutet, dass textungebundene biometrische Rohdaten, welche für den Zweck der Authentifizierung notwendigerweise zu erheben und zu verarbeiten sind, weil sie durch die ständige Überwachung des Tippverhaltens anfallen, nicht anderweitig verarbeitet oder gespeichert werden dürfen. Eine Speicherung der so ermittelten Rohdaten ist wegen ihrem möglichen Inhalt und dem damit verbundenen Missbrauchspotenzial aus datenschutzrechtlicher Sicht sehr kritisch zu beurteilen. Die so geschaffenen personenbezogenen Daten würden nämlich die Erforderlichkeit für den reinen Zweck der Authentifizierung überschreiten, was datenschutzrechtlich sehr problematisch ist. Hier gilt es die biometrischen Daten sofort nach der vollzogenen Authentifizierung unwiderruflich zu löschen und während der Verarbeitung diese Daten vor den Zweck der Authentifizierung überschreitendem Zugriff abzusichern.

Da erstgenannter Systemansatz ausschließlich für den Zweck der Authentifizierung erforderliche personenbezogene Daten erhebt, verarbeitet und speichert, ist er, wie auch die auf einem satzgebundenen Verfahren aufbauenden Systeme, aus datenschutzrechtlicher Sicht als sehr positiv zu erachten. Bei Intrusion Detection Lösungen auf der Grundlage der Freitextvariante eines Erkennungsverfahrens werden unter Umständen den Zweck der Authentifizierung überschreitende, zusätzliche, nicht erforderliche und eventuell sogar sensible personenbezogene Daten erhoben. Dies führt dazu, dass derartige Anlagen aus datenschutzrechtlicher Sicht kritisch zu betrachten sind. Einzig eine entsprechend gesicherte Verarbeitung und sofortige Elimination dieser Daten nach der Authentifizierung können diese Wertung abschwächen. Der grundsätzliche Verzicht durch eine Anlage diese Daten überhaupt zu erfassen, ist auch bezüglich des Grundsatzes der Datenvermeidung und der Datensparsamkeit positiver zu sehen als anschließend Maßnahmen zu ergreifen, welche erst nach der Erhebung entsprechend entgegenwirken. Die verarbeiteten personenbezogenen Daten sind vom Systemdesign hier nicht auf das für die rechtmäßige Zweckerreichung der Authentifizierung erforderliche Maß reduziert, was datenschutzrechtliche Probleme aufweist.

7.4.4 Betriebsart textungebundener Systemansätze

Die Realisationen einfacher Authentifizierungssysteme, welche den Zugriff zu Rechnern, zu Netzwerken und zu Diensten absichern, erheben, verarbeiten und speichern durch die zufällige systeminduzierte Vorgabe des zu tippenden Textes nur datenschutzrechtlich unbedenkliche, personenbezogene biometrische Daten. Derartige Systeme erheben, verarbeiten oder speichern durch die Vorgabe des zu tippenden Textes auch keine zusätzlichen, unter Umständen sogar sensiblen personenbezogenen Daten. Da bei einem derartigen Verfahrensdesign jedoch keine notwendige Satzbindung mehr existiert, besteht die Gefahr, dass die für den Betriebsmodus der Identifikation zentral gespeicherten Daten unterschiedlicher Systeme kombiniert oder anderweitig dazu genutzt werden, den Anwender zu überwachen.

Der Anwendungskontext einer solchen Anlage, also die bewusste Abgabe einer Tippprobe in Form des entsprechend vorgegebenen, zufällig generierten Textes, schließt die Gefahr einer verdeckten Überwachung auch beim Betrieb im Identifikationsmodus aus, da der Anwender mit dem zu tippen vorgegebenen Text immer den Vorgang der Authentifizierung bewusst verbindet.

Intrusion Detection Lösungen können im Verifikations- oder auch im Identifikationsmodus betrieben werden. Ein Betrieb im Verifikationsmodus als Standalone-Lösung auf dem Rechner des Betroffenen ist hier aus datenschutzrechtlicher Sicht vorzuziehen, weil dadurch die Probleme, welche der Identifikationsmodus und die damit verbundene zentrale Datenhaltung mit sich bringen, ausgeschlossen werden. Der Betrieb im Identifikationsmodus, beispielsweise in Firmennetzwerken, ist datenschutzrechtlich als weitaus kritischer zu erachten, einerseits wegen der verdeckten Überwachungseignung und andererseits, weil durch die andauernde Protokollierung der Tastatureingaben zusätzliche personenbezogende Daten geschaffen werden können, die erhebliches Missbrauchspotenzial mit sich bringen. Vom zentralen Betrieb eines Intrusion Detection Systems im Identifikationsmodus geht eine nicht unerhebliche Überwachungsgefahr aus, die sicher nur bei einer sehr restriktiven Systemarchitektur, welche den Zugriff auf die erhobenen personenbezogenen Daten stark einschränkt und sich auch für den Betroffenen transparent gestaltet, zu legitimieren ist. Einzig in den Bereichen, die eine derartige Abwehr der Angreifer rechtfertigen, lässt sich hier die Einsatznotwendigkeit begründen. Für den pauschalen, firmenweiten Einsatz sind diese Lösungen aus datenschutzrechtlicher Sicht als sehr kritisch zu sehen. Der Identifikationsmodus ist in diesem Fall folglich als datenschutzrechtlich problematisch zu bewerten.

7.4.5 Verzicht auf eine zentrale Referenzdatenbank

Da mit biometrischen Systemen zur Tippverhaltenserkennung, welche auf der Grundlage eines textungebundenen Verfahrens arbeiten, immer eine erhebliche Überwachungseignung und ein entsprechendes Missbrauchspotenzial verbunden sind, ist eine zentrale Datenspeicherung als problematisch zu beurteilen. Je größer die zentrale Datenbasis ist, umso höher ist auch dieses Missbrauchs- bzw. Angriffsrisiko. Ein Abgleich verschiedener Referenzdatensätze ist hier denkbar. Die Speicherung des Referenzdatensatzes auf einem entsprechenden Token in der Verfügungsgewalt des Merkmalsträgers ist somit empfehlenswert, um diese Missbrauchsmöglichkeit nachhaltig reduzieren zu können.

Ungeachtet dessen sind jedoch die hier erfassten, verarbeiteten und evtl. gespeicherten biometrischen Rohdaten als datenschutzrechtlich unkritisch zu erachten. Einerseits, da auch hier im biometrischen Merkmal Tippverhalten keine zusätzlichen oder gar sensiblen personenbezogenen Daten enthalten sind und andererseits, weil ein zufällig erzeugter Satz, der bei jedem Authentifizierungsvorgang neu generiert wird, die Gefahr eines Wiedereinspielens der Rohdaten an einer anderen Stelle nahezu ausschließt.

Jedoch ist mit textungebundenen Systemansätzen auf der Grundlage einer zentralen Referenzdatenspeicherung immer die Gefahr verbunden, dass der Systembetreiber verdeckt Tippproben mitschneidet, das System manipuliert und diese gegen die Referenzdatenbasis abgleicht, um festzustellen, welche Person, welchen Text, zu welcher Zeit und an welchem Ort tippt. Diese Manipulationsmöglichkeit kann bei einem biometrischen System, das mit einem textungebundenen Erkennungsverfahren arbeitet, nie vollständig ausgeschlossen werden. Dieser Gefahr ist sehr schwer zu begegnen. Dem Systembetreiber ist also ein entsprechendes Vertrauen entgegenzubringen, auch wenn die Anlage bei einer zentralen Datenspeicherung nur im Verifikationsmodus arbeitet.

Ein Vergleich von Templates mit dem Ziel festzustellen, welcher Nutzer in welchem System registriert ist, setzt einen entsprechend mächtigen Angreifer voraus. Systembetreiber, die zusammenarbeiten, um einen Nutzer zu überwachen, verfügen ohnehin über das dafür notwendige Wissen. Sie können derartige Aktionen auch bei Authentifizierungslösungen durchführen, die mit Wissen oder Besitz arbeiten. Eine Anlage auf der Basis der Biometrie ist in diesem Falle nicht besser, aber auch nicht schlechter. Die von einfachen Authentifizierungslösungen erhobenen, extern induzierten Tippproben in Form des vorgegebenen Textes sind bei einem entsprechenden Systemdesign dabei weniger gefährlich. Systemansätze, die jegliche abgegebene Tippprobe verarbeiten können, wie dies etwa bei Intrusion Detection Ansätzen der Fall ist, sollten aus datenschutzrechtlicher Sicht auf eine zentrale Referenzdatenspeicherung verzichten, einerseits wegen dem möglichen kritischen Charakter eventuell gespeicherter Daten und andererseits wegen der sehr einfachen Möglichkeit, Verhaltens-, Leistungs- und Bewegungsprofile für die Anwender ohne deren Wissen erstellen zu können.

Hier ist, sofern der Anwendungskontext nicht derartiger spezieller restriktiver Sicherheitsmaßnahmen bedarf, auf die Schaffung einer zentralen Referenzdatenbank aus datenschutzrechtlicher Sicht bewusst zu verzichten. Standalone-Lösungen mit einer dezentralen Ablage der biometrischen Daten in der Verfügungsgewalt des Nutzers und entsprechenden Mechanismen, welche den Zugriff auf diese Daten stark einschränken oder sogar gänzlich verhindern, sind hier aus Sicht des Datenschutzes vorzuziehen. Kann auf eine zentrale Referenzdatenspeicherung dennoch nicht verzichtet werden, so sind technische und organisatorische Maßnahmen zu ergreifen, die sowohl den Zugriff auf die Anlage als auch auf den Datenbestand restriktiv und sorgfältig beschränken und auch eine transparente Überwachung des Systembetriebs zulassen. Ebenso sind Systeme, die eine einfache Authentifizierung leisten sollen, gegen das Einspielen jeglicher, nicht von der Anlage vorgegebener Tippproben abzusichern, damit hier bei zentraler Datenhaltung sowohl vom Systembetreiber als auch von möglichen Angreifern kein Missbrauch betrieben werden kann. Ungeachtet dessen muss der Anwender dem Systembetreiber bei textunabhängigen Anlagen mit zentraler Referenzdatenbank immer mehr Vertrauen entgegenbringen als bei Lösungen auf der Basis textgebundener Verfahren zur Tippverhaltenserkennung.

7.4.6 Umsetzung eines datenschutzfreundlichen Speicherkonzepts

Bei Systemen auf der Grundlage textungebundener Erkennungsverfahren gewinnt auch die Umsetzung datenschutzfreundlicher Speicherkonzepte für die biometrischen Daten an Bedeutung. Wie vorab bereits erwähnt, ist nach Möglichkeit auf die Anlage einer zentralen Referenzdatenbank zu verzichten. Ungeachtet dessen spielt die Art und Weise der Erhebung sowie die Form und die Art der Referenzdatenspeicherung im System eine entscheidende Rolle. Die biometrischen Tippproben, die an einen zufällig wechselnden, vom System vorgegebenen Satz gebunden sind, können auch ohne Bedenken gespeichert werden, da ihr Missbrauchspotenzial, wie in Abschnitt 7.3 erläutert, stark beschränkt ist. Eine Speicherung zur Umsetzung adaptiver Mechanismen, welche die Veränderungen im Tippverhalten erkennen und erlernen, ist bedenkenlos umsetzbar.

Auf eine Ablage der erfassten Rohdaten, die im Betrieb von Intrusion Detection Systemen anfallen, ist aus Sicht des Datenschutzes unbedingt zu verzichten. Einerseits können hier zusätzliche und auch sensible personenbezogene Daten erfasst werden, die datenschutzrechtlich als besonders kritisch zu erachten sind. Eine Bereinigung der Rohdaten um diese personenbezogenen Daten, welche den Zweck der Authentifizierung und den Grundsatz der Erforderlichkeit überschreiten, können technische Maßnahmen in der Regel nicht leisten. Andererseits sind diese Daten für das Wiedereinspielen geeignet, um ein textungebundenes Authentifizierungssystem bewusst zu täuschen. Für die Realisation adaptiver Mechanismen ist eine Speicherung derartiger Daten auch nicht notwendig, da Intrusion Detection Systeme durch die ständige Aufzeichnung des Tippverhaltens die Veränderungen ohnehin in einem andauernd währenden Prozess erkennen und erlernen. Eine Speicherung dieser biometrischen Rohdaten ist folglich auch technisch nicht gerechtfertigt. Ebenfalls ist auch hier wieder auf die Verwendung standardisierter Templateformate zu verzichten. Die Berücksichtigung eines datenschutzfreundlichen Speicherkonzeptes ist also vor allem für textungebundene Tippverhaltensdaten sehr wichtig.

7.4.7 Reduktion des Personenbezugs bei den Tippverhaltensdaten

Die Reduktion des Personenbezugs ist bei textungebundenen biometrischen Systemen von besonderer Bedeutung. Falls im Zusammenhang mit der Umsetzung adaptiver Mechanismen im Verfahrens- bzw. im Systemdesign auch die Speicherung von Rohdaten notwendig ist, so ist bewusst darauf zu achten, dass dabei keine weiteren, über den Zweck der Authentifizierung hinausgehenden, nicht erforderlichen oder sogar sensiblen personenbezogenen Daten entstehen. Falls das System den zu tippenden Text zufällig vorgibt, entstehen derartige Daten ohnehin nicht. Im Falle einer Kompromittierung der Anlage und eines Diebstahls der biometrischen Daten ist der Personenbezug auch hier durch die Verknüpfung mit dem zufällig erzeugten Satz entwertet. Aus den gestohlenen biometrischen Daten kann nichts über den Merkmalsträger in Erfahrung gebracht werden. Weiterhin ist die so strukturierte Tippprobe für ein Wiedereinspielen wertlos. Es entstehen durch die Vorgabe des zu tippenden Satzes auch im Falle eines textungebundenen Erkennungsverfahrens keine sensiblen personenbezogenen Daten und in der Regel verfügt nur die Zuordnungsinstanz über das entsprechende Wissen, um den Personenbezug herzustellen. Ein Systemdesign, das den Personenbezug der erhobenen, verarbeiteten oder gespeicherten biometrischen Daten aktiv reduziert, ist vorteilhaft für den Datenschutz.

Einzig bei Intrusion Detection Lösungen können den Zweck der Authentifizierung überschreitende, nicht erforderliche personenbezogene Daten entstehen, was nicht bereits durch geeignete Maßnahmen bei der Erfassung zu verhindern ist. Hier besteht die Möglichkeit, dass durch die fortlaufende Aufzeichnung des Tippverhaltens, abhängig von den Inhalten, welche der Verfasser tippt, weitere und vor allem auch sensible personenbezogene Daten geschaffen werden. Notwendig ist die Erfassung dieser Daten in einem derartigen Systemansatz. Jedoch ist das Verfahren bzw. das System dann so zu gestalten, dass eine die Authentifizierung überschreitende Verarbeitung und Speicherung dieser Daten verhindert bzw. nachhaltig reduziert wird. Aus diesen Rohdaten könnte ein Angreifer unter Umständen sehr leicht den Personenbezug zum Merkmalsträger herstellen und anschließend die Probe zur Kompromittierung weiterer Systeme verwenden oder die so erlangten personenbezogenen Daten anderweitig auswerten und missbräuchlich nutzen.

Die biometrischen Daten sind also unmittelbar nach der Authentifizierung zu löschen und nur in der Form eines um diese Daten bereinigten Templates als Referenzdatensatz zu speichern. Das Verfahren bzw. das System ist so zu strukturieren, dass keine Weiterverarbeitung und Speicherung dieser Rohdaten sowohl nötig als auch möglich ist. Es ist anzumerken, dass es wegen der ständigen Überwachung, also der fortlaufenden Erfassung und Verarbeitung biometrischer Rohdaten, auch im Rahmen der Adaption keiner zusätzlichen Speicherung derartiger Daten bedarf. Die Speicherung des Referenzdatensatzes in der Form eines Templates reduziert den Personenbezug der biometrischen Daten ebenfalls und erschwert die Zuordenbarkeit dieser personenbezogenen Daten zum Merkmalsträger ohne entsprechendes Zusatzwissen nachhaltig.

Ein Verzicht auf standardisierte Templateformate, die Realisierung eines dezentralen Speicherkonzepts für die biometrischen Daten und eine Umsetzung von Anonymisierungs- und Pseudonymisierungsmaßnahmen sind abhängig vom Einsatzziel und vom Einsatzkontext der biometrischen Lösung weiterhin zu empfehlen, um die Probleme nachhaltig zu reduzieren, die personenbezogene biometrische Daten mit sich bringen können.

7.4.8 Technische Sicherheit und Zuverlässigkeit textungebundener Authentifizierungssysteme

Es steht für diese Arbeit leider kein praxistaugliches Verfahren zur Verfügung, wie etwa das satzgebundene Erkennungsverfahren der Psylock GmbH, das im Rahmen einer detaillierten Analyse hinsichtlich seiner Leistungsfähigkeit genauer beurteilt werden kann. Deshalb verzichtet diese Abhandlung auf eine Analyse der Sicherheit eines konkreten Verfahrens, wie sie Abschnitt 7.3.8 durchführt. Weiterhin sind auch keine spezifischen anwendungsfallbezogenen Aussagen zur Absicherung der Systemsicherheit möglich. Deshalb sollen im Folgenden nur allgemeine Empfehlungen für Maßnahmen gegeben werden, welche die Systemsicherheit derartiger Authentifizierungslösungen nachhaltig verbessern.

Das Problem der Replay-Angriffe ist bei Systemen in der vorab erläuterten Form, also mit zufälliger Vorgabe des zu tippenden Textes durch das System, sowieso sehr stark begrenzt bzw. gänzlich ausgeschlossen. Auf diese Art und Weise gestaltete Anlagen ermöglichen also einen wirksamen Schutz gegen dieses Sicherheitsrisiko. Von Daten-Akquisitions-Angriffen ist vornehmlich der Sensor, also die Tastatur, betroffen. Hier kann sich ein Angreifer zwar durch Keylogger Tippverhaltensproben für ein späteres Wiedereinspielen beschaffen. Diese sind jedoch in der Regel wegen der zufälligen Vorgabe des zu tippenden Satzes als wertlos zu erachten. Biometrische Systeme, die mit einem satzungebundenen Erkennungsverfahren arbeiten, sehen sich folglich auch dieser Bedrohung nicht gegenüber.

Die Gefahr unrechtmäßig eingespielter Charakteristikumskopien, also die Bedrohung durch eine Spoofing-Attacke, ist durch einen so gestalteten Ansatz ebenfalls nicht gegeben, weil das System hier immer der bewussten Interaktion des Nutzers bedarf. Dieser muss im Rahmen einer Authentifizierung immer den zufällig vorgegeben Text abtippen. Das Systemdesign wirkt so auch der Bedrohung einer verdeckten Überwachung entgegen. Wird dieser zu tippende Text in einem entsprechend gestalteten CAPTCHA präsentiert, dann reduziert sich das Angriffsrisiko nachhaltig. Entsprechend sind in der Systemarchitektur auch Maßnahmen zu ergreifen, die darüber hinausgehende Authentifizierungsversuche ausschließen. Beispielsweise darf es dem Systembetreiber oder sogar einem Angreifer nicht möglich sein, die zufällige Satzvorgabe des Systems auszuschalten, um so anderweitig beschaffte Tippproben verdeckt, ohne das Wissen und gegen den Willen des Nutzers, einspielen zu können. Die zufällig generierte Satzvorgabe begegnet ebenso einem anwendungsübergreifenden Missbrauch. Es ist so sehr schwer bis gar nicht möglich (abhängig vom gewählten Zufallsgenerator), die Tippproben, die ein Nutzer bei System A erbracht hat, dazu zu verwenden, um durch Einspielen derselben, sein Profil in System B zu kompromittieren.

Weiterführende Maßnahmen zur Absicherung der Übertragungsstrecke und der Datenspeicherung sind auch bei textungebundenen Authentifizierungssystemen analog zum Abschnitt 7.3.8 zu ergreifen. Ebenso ist mit textungebundenen Erkennungsverfahren die Möglichkeit verbunden, biometrische Kryptosystemansätze zu realisieren. Hierauf soll an dieser Stelle jedoch nicht weiter eingegangen werden, da es sich dabei um ein Forschungsgebiet handelt, das noch weit entfernt von praktischer Einsatzfähigkeit scheint. Intrusion Detection Lösungen sind ohnehin frei von der Gefahr eines Replay-Angriffs, eines Daten-Akquisitions-Angriffs oder einer Spoofing-Attacke. Intrusion Detection Anlagen auf der Basis einer textungebundenen Tippverhaltenserkennung müssen in ihrer Systemarchitektur einzig bestimmte Mechanismen etablieren, die eine Manipulation des Systems ausschließen, welche es dem Nutzer oder einem Angreifer ermöglicht, die Überwachung auszuschalten.

7.4.9 Umgang mit sensiblen Daten in textungebundenen Authentifizierungssystemen

Wie den Abschnitten 7.1.1 und 7.3.9 zu entnehmen ist, enthalten die Tippverhaltensdaten grundsätzlich keine im Sinne des § 3 Abs. 9 BDSG sensiblen personenbezogenen Daten. Hier gilt es jedoch genauer zu betrachten, welche Daten bzw. Informationen der Merkmalsträger bei der Erfassung seiner Merkmalsausprägungen zudem von sich preisgibt. Während in satzgebunden Tippverhaltensdaten nie sensible personenbezogene Daten für den Merkmalsträger enthalten sind, können textungebundene Tippproben hingegen, abhängig von der Art und Weise ihrer Erhebung, schon im Sinne des § 3 Abs. 9 BDSG sensible personenbezogene Daten enthalten.

Die zufällige Vorgabe des zu tippenden Textes durch das System schließt auch bei einer Freitextvariante des Erkennungsverfahrens die Entstehung derartiger personenbezogener Daten aus. Eine Erfassung beliebiger Tippproben, vornehmlich durch eine im Hintergrund arbeitende, verdeckt und dauerhaft ablaufende Erfassung des Tippverhaltens kann, abhängig von den Inhalten, welche der Merkmalsträger tippt, dazu führen, dass sensible personenbezogene Daten über ihn erhoben werden. Einige Systeme, wie beispielsweise die Realisation einer Intrusion Detection Lösung, machen eine so gestaltete Erfassung unabdingbar. Anderenfalls sollte nach Möglichkeit aus datenschutzrechtlicher Sicht auf Verfahrens- und Systemansätze zurückgegriffen werden, die sensible personenbezogene Daten gar nicht erst erfassen bzw. deren Verarbeitung und Speicherung nicht notwendig machen.

Mit diesen Daten ist wegen ihres besonders schützenswerten Charakters dann jedoch bei der Erfassung, bei der Verarbeitung und bei der Speicherung gesondert umzugehen. Da die so geschaffenen sensiblen personenbezogenen Daten für die Durchführung der Authentifizierung nicht erforderlich sind und den Zweck der Authentifizierung überschreiten, sind sie demensprechend zu reduzieren bzw. zu beseitigen. Da eine Reduktion bzw. Beseitigung dieser zusätzlichen, sensiblen personenbezogenen Daten aus den biometrischen Rohdaten nicht möglich ist, muss nach der Authentifizierung auf eine weiterführende Verarbeitung und Speicherung der gesamten Rohdaten ausnahmslos verzichtet werden. Die Rohdaten sind also nach der Verwendung durch entsprechende Konzepte unwiderruflich zu beseitigen. Das biometrische System ist so zu gestalten, dass die Speicherung des Referenzdatensatzes nur in Form eines Templates erfolgt, das keine Rückschlüsse mehr auf diese Rohdaten zulässt. Weiterhin sind Mechanismen notwendig, welche den Zugriff auf diese Rohdaten aufgrund ihrer möglichen Sensibilität sehr restriktiv beschränken oder unter Umständen sogar ganz verhindern.

7.4.10 Transparenz textungebundener Authentifizierungssysteme und deren Sicherheitsmechanismen

Textunabhängige Erkennungsverfahren ermöglichen, wie die Idee der Intrusion Detection zeigt, die Realisation von Systemen, welche dazu geeignet sind, den Nutzer zu überwachen. Aus datenschutzrechtlicher Sicht gilt es jedoch die Erfassung der personenbezogenen biometrischen Daten und die damit vollzogene anschließende Authentifizierung dem Nutzer gegenüber transparent zu gestalten und mit seiner Beteiligung zu lösen. Einfache Authentifizierungssysteme, welche dem Nutzer einen zufällig generierten zu tippenden Text vorgeben, entsprechen diesem im Bundesdatenschutzgesetz manifestiertem Grundsatz der Transparenz, der Direkterhebung und der offenen Erhebung. Sie sind trotz der Verwendung eines textungebundenen Erkennungsverfahrens so gestaltet, dass sie der Kooperation und der Beteiligung des Merkmalsträgers in einem hohen Maße bedürfen. Der Nutzer nimmt die so arbeitende Erfassung seines Tippverhaltens durch das Tippen des vom System zufällig vorgegebenen Textes in der entsprechenden Umgebung bewusst war. Er wirkt also wissentlich und willentlich am Erfassungsvorgang mit. Weiterhin ist sich der Nutzer damit auch immer des so angestoßenen Authentifizierungsprozesses bewusst. Dieses Systemdesign schließt zudem eine spätere, verdeckte und missbräuchliche Verwendung der gespeicherten biometrischen Rohdaten wegen der zufällig künstlich geschaffenen Satzbindung aus. Ein derart gestaltetes Authentifizierungssystem, das mit der Freitextvariante des Erkennungsverfahrens arbeitet, zeichnet sich folglich durch einen hohen Grad an Nutzerbeteiligung und Transparenz gegenüber dem Anwender aus. Dies ist aus Sicht des Datenschutzes als sehr vorteilhaft zu beurteilen.

Problematisch ist hingegen die Erfüllung dieses Grundsatzes für das Design und den Betrieb einer Intrusion Detection Lösung. Derartige Systeme verlangen nämlich nur eine sehr geringe bis gar keine Mitwirkung des Nutzers bei der Erfassung seiner biometrischen Daten, da sie das Tippverhalten kontinuierlich im Hintergrund, also verdeckt, erheben. Eine umfassende Aufklärung des Nutzers über die Struktur, die Arbeitsweise und die Funktionen der Anlage ist hier unbedingt notwendig, um Transparenz zu schaffen. Der Nutzer muss sich der Tragweite seines Handelns beim Betrieb der Anlage bewusst sein. Ebenso ist hier darauf zu achten, dass dem Anwender gegenüber die Erfassung, die Verarbeitung und die Speicherung seiner personenbezogenen Daten verständlich und transparent kommuniziert werden. Aufklärung und ständiger Hinweis der Nutzer auf den Systembetrieb scheinen in diesem Fall aus der Sicht des Transparenzgrundsatzes sehr wichtig.

Ungeachtet dessen widersprechen sowohl die Architektur als auch der Betrieb einer derartigen Systemlösung immer bis zu einem gewissen Grad der offenen Erhebung, welche die datenschutzrechtliche Sicht als sehr wichtig ansieht. Dies führt zu dem Schluss, dass Intrusion Detection Lösungen bezüglich des Grundsatzes der Transparenz und der offenen Datenerhebung eher als bedenklich einzustufen sind. Gerade deshalb sind hier weitere technische und organisatorische Maßnahmen, welche den Nutzer auf die Erfassung, die Verarbeitung und die Speicherung seiner personenbezogenen Daten hinweisen und ihn über diesen Prozess transparent informieren, von entscheidender Bedeutung, wenn der Einsatz eines Intrusion Detection Systems als notwendig, zweckgebunden und somit gerechtfertigt anzusehen ist.

7.4.11 Gewährleistung hinreichender Mechanismen für die technische und die organisatorische Sicherheit

Den in Abschnitt 7.3.11 getroffenen Aussagen zur notwendigen Etablierung technischer und organisatorischer Sicherheitsmaßnahmen im Kontext eines entsprechenden biometrischen IT-Sicherheitssystems ist sich hier ebenfalls anzuschließen. Wegen des ungleich höheren Missbrauchspotenzials, das biometrische Authentifizierungssysteme auf der Basis eines Freitextverfahrens zur Tippverhaltenserkennung mit sich bringen können, sind derartige Maßnahmen jedoch restriktiver und umfassender zu wählen und zu etablieren. Ebenso schafft das System eine weitere Transparenz, besonders gegenüber dem Anwender. Hierzu können z. B. entsprechende Protokollierungsansätze herangezogen werden. Zutritts-, Zugangs-, Zugriffs-, Weitergabe,- Eingabe-, Auftrags- und Verfügbarkeitskontrollen und das Trennungsgebot sind strenger zu handhaben, da der Betrieb der Anlagen teilweise als datenschutzrechtlich kritischer einzustufen ist.

7.4.12 Angebot effektiver Alternativverfahren

Authentifizierungslösungen, die mit einer Freitextvariante des Erkennungsverfahrens arbeiten, müssen ebenfalls geeignete Alternativverfahren für diejenigen Nutzer anbieten, welche das System aus technischen, medizinischen oder ethischen Gründen nicht nutzen können. So ist auch diesem Nutzerkreis eine diskriminierungsfreie Authentifizierungsmöglichkeit zu bieten. Die in Abschnitt 7.3.12 erläuterten Gegebenheiten und Lösungsansätze sind ebenso auf textungebundene Authentifizierungssysteme portierbar. Die einfache Kombinierbarkeit der, mit Ausnahme des ohnehin existenten Sensors Tastatur, reinen Softwarelösung eines biometrischen Systems auf der Basis des Merkmals Tippverhalten begünstigt die Integration der Alternativlösungen entscheidend. Aus datenschutzrechtlicher Sicht ist dieser Sachverhalt als sehr vorteilhaft zu erachten. Auch Intrusion Detection Anlagen sind leicht mit anderen Sicherheitsapplikationen kombinierbar. Echte Alternativlösungen mit ähnlicher Funktionalität gibt es in diesem Bereich jedoch keine, was sich eher negativ auf die Bewertung dieser Anforderung auswirkt. Die einfache Kombinierbarkeit mit anderen Intrusion Detection Mechanismen ist hingegen gegeben.

7.4.13 Zusammenfassung der Evaluationsergebnisse textungebundener Systemansätze

Die nachfolgenden Tabellen fassen die vorab ermittelten Ergebnisse der Untersuchung textunabhängiger Authentifizierungssysteme auf der Basis des biometrischen Merkmals Tippverhalten zusammen. Dabei wird eine Unterscheidung in die drei hauptsächlichen Systemansätze, zentral gestaltete Intrusion Detection Lösung, dezentral gestaltete Intrusion Detection Lösung und klassisches Authentifizierungssystem getroffen, da diese Ansätze unterschiedlich zu beurteilen sind. Die Resultate unterstreichen, dass abhängig vom verfolgten Einsatzzweck und der entsprechenden Systemgestaltung die Lösungen von datenschutzrechtlich weitestgehend unbedenklich bis eher kritisch zu sehen sind. Klassische Authentifizierungsanlagen können bei entsprechendem Systemdesign mit den datenschutzrechtlich motivierten Vorgaben im Einklang stehen. Intrusion Detection Lösungen hingegen weisen, abhängig von der realisierten Systemarchitektur, mehr oder weniger umfassende Defizite bezüglich der ermittelten Evaluationskriterien auf. Eine Umsetzung und ein Betrieb derartiger Anlagen beurteilt der Datenschutz entsprechend kritisch. Besonders ein zentral betriebenes Intrusion Detection System ist hier als sehr problematisch einzustufen. Mit diesen Anlagen ist in der Regel immer ein erhebliches Missbrauchspotenzial verbunden, welches eine ungerechtfertigte Beschränkung des Rechts auf informationelle Selbstbestimmung der Nutzer nach sich ziehen kann.

Textungebundene Authentifizierungssysteme[100]			
	Klassisches Authentifizierungssystem	**Dezentrale Intrusion Detection**	**Zentrale Intrusion Detection**
Notwendigkeit des Systemeinsatzes	+	+/-	-
Präzise Zweckbestimmung und Berücksichtigung des Verwendungszwecks im Systemdesign	+	+/-	-
Berücksichtigung des Grundsatzes der Erforderlichkeit bei der Erhebung und der Verarbeitung der Tippverhaltensdaten	+	-	-
Betriebsart textungebundener Authentifizierungssysteme	+/-	+	-
Verzicht auf eine zentrale Referenzdatenbank	+/-	+	-
Umsetzung eines datenschutzfreundlichen Speicherkonzepts	+	+/-	-

Tabelle 12: Bewertung textungebundener Authentifizierungssysteme Teil I
eigener Entwurf

---

[100] „+" bedeutet, dass das untersuchte System die gestellten Anforderungen in einem hohen Maße erfüllt, was hinsichtlich datenschutzrechtlicher Anforderungen sehr positiv zu werten ist; „+/-" bedeutet, dass das untersuchte System die gestellten Anforderungen nur teilweise erfüllt, was aber aus datenschutzrechtlicher Sicht noch als weitestgehend unkritisch angesehen werden kann; „-" bedeutet, dass das System die gestellten Anforderungen nicht erfüllt, was als eher kritisch bezüglich der datenschutzrechtlichen Anforderungen zu sehen ist; „0" bedeutet, dass keine aussagekräftige Bewertung vorgenommen werden kann.

Textungebundene Authentifizierungssysteme[101]			
	Klassisches Authentifizierungssystem	Dezentrale Intrusion Detection	Zentrale Intrusion Detection
Reduktion des Personenbezugs bei den Tippverhaltensdaten	+	+/-	-
Technische Sicherheit und Zuverlässigkeit textungebundener Authentifizierungssysteme	0	0	0
Umgang mit sensiblen Daten im textungebundenen Authentifizierungssystem	+	+/-	-
Transparenz textungebundener Authentifizierungssysteme und deren Sicherheitsmechanismen	+	-	-
Gewährleistung hinreichender Mechanismen für die technische und organisatorische Sicherheit	0	0	0
Angebot effektiver Alternativverfahren	+	+/-	+/-

Tabelle 13: Bewertung textungebundener Authentifizierungssysteme Teil II
eigener Entwurf

---

[101] „+" bedeutet, dass das untersuchte System die gestellten Anforderungen in einem hohen Maße erfüllt, was hinsichtlich datenschutzrechtlicher Anforderungen sehr positiv zu werten ist; „+/-" bedeutet, dass das untersuchte System die gestellten Anforderungen nur teilweise erfüllt, was aber aus datenschutzrechtlicher Sicht noch als weitestgehend unkritisch angesehen werden kann; „-" bedeutet, dass das System die gestellten Anforderungen nicht erfüllt, was als eher kritisch bezüglich der datenschutzrechtlichen Anforderungen zu sehen ist; „0" bedeutet, dass keine aussagekräftige Bewertung vorgenommen werden kann.

8 Legitimationsgrundlage für den Systemeinsatz im Unternehmen

Wie in Abschnitt 4.4.2.1 ausführlich erläutert, ist das Recht auf informationelle Selbstbestimmung des Arbeitnehmers im Arbeitsverhältnis in einer besonders gefährdeten Lage, wenn durch den Betrieb biometrischer Systeme personenbezogene Daten des Arbeitnehmers erhoben, verarbeitet und gespeichert werden. Auch die Überprüfung der Existenz einer geeigneten Legitimationsgrundlage für den Einsatz derartiger Anlagen in Unternehmen ist wieder mit umfassenden Abwägungsprozessen verbunden, die unter Berücksichtigung des Grundsatzes der Verhältnismäßigkeit zu erfolgen haben, weshalb es auch hier wieder schwierig ist, absolute Entscheidungen zu treffen.

Greifen die Rechtsvorschriften aus dem Betriebsverfassungsgesetz, so ist in einem ersten Schritt immer zu überprüfen, ob die allgemeine Regelung des § 75 Abs. 2 Satz 1 BetrVG zum Schutz der Persönlichkeitsrechte des Arbeitnehmers erfüllt ist, bevor es in einem zweiten Schritt das Mitbestimmungsrecht des Betriebsrats gemäß § 87 Abs. 1 Satz 6 BetrVG bei der Einführung und beim Betrieb biometrischer Systeme im Unternehmen zu untersuchen gilt. Abschnitt 8.1 betrachtet zunächst den Einsatz von Systemen zur Tippverhaltenserkennung aus Sicht der Vorschriften des § 75 Abs. 2 Satz 1 BetrVG, bevor Abschnitt 8.2 die Mitbestimmung des Betriebsrats gemäß § 87 Abs. 1 Satz 1 BetrVG beim Einsatz derartiger Lösungen genauer untersucht. Abschließend wird in Abschnitt 8.3 auf die Legitimationsmöglichkeiten des § 32 Abs. 1 Satz 1 BDSG nochmals kurz eingegangen.

8.1 Systeme zur Tippverhaltenserkennung und der Schutz der Persönlichkeitsrechte von Betriebsangehörigen

Da der Einsatz biometrischer Anlagen im Unternehmen unzweifelhaft die Persönlichkeitsrechte des betroffenen Arbeitnehmers tangiert, sind Authentifizierungssysteme vorzuziehen, welche weniger in diese Rechte eingreifen. Vor der Einführung und dem Betrieb derartiger Lösungen, die in der Regel die Persönlichkeitsrechte des Arbeitnehmers immer in einem gewissen Maß beeinflussen, hat eine objektive Würdigung der Verhältnismäßigkeit dieses Eingriffs zu erfolgen. Die Notwendigkeit des Systemeinsatzes im Sinne des im Bundesdatenschutzgesetz manifestierten Grundsatzes der Erforderlichkeit ist jedoch praktisch mit Hilfe der Beseitigung von Sicherheitslücken und Missbrauchsmöglichkeiten zu rechtfertigen, die herkömmliche besitz- und wissensbasierte Authentifizierungslösungen aufweisen, welche sich in der Regel weniger eingriffsintensiv gestalten. Da die Beurteilung der Schwere des Eingriffs in die Persönlichkeitsrechte des Arbeitnehmers in einem hohen Maß von der datenschutzrechtlichen Bewertung des Systemdesigns und des Systemeinsatzkontextes abhängt, ist die Notwendigkeit des Systembetriebs umso leichter zu begründen und zu legitimieren, je datenschutzfreundlicher sich biometrische Anlagen gestalten. Bewertet die datenschutzrechtliche Sicht ein biometrisches System als unbedenklich, so sind auch die Anforderungen des § 75 Abs. 2 Satz 1 BetrVG in der Regel als erfüllt anzusehen. Die Einsatznotwendigkeit für die biometrische Lösung und der damit verbundene Eingriff in die Persönlichkeitsrechte der Arbeitnehmer sind also immer in Abhängigkeit des Anwendungskontextes, des Verwendungszwecks und des Systemdesigns zu beurteilen. Der Einsatz muss entsprechend verhältnismäßig sein, also als zweckgebunden, geeignet, erforderlich und angemessen zu erachten sein.

Biometrische Systeme zur Tippverhaltenserkennung auf der Basis eines satzgebundenen Erkennungsverfahrens sind, wie in Abschnitt 7.3 ausführlich nachgewiesen, datenschutzrechtlich unbedenklich. Deshalb ist zu folgern, dass durch deren konkrete Verwendung auch die Persönlichkeitsrechte des Arbeitnehmers nicht unverhältnismäßig tangiert oder sogar ungerechtfertigt eingeschränkt werden. Derartige Anlagen lassen keine Aussagen über den Gemüts- und den Gesundheitszustand oder gar den Charakter des Betroffenen zu, was weiterhin zu dem Schluss führt, dass ihr betrieblicher Einsatz keinen unzulässigen Eingriff in die Persönlichkeitsrechte der betroffenen Arbeitnehmer darstellt. Auch die Erstellung von Persönlichkeitsprofilen und eine heimliche Überwachung des Arbeitnehmers sind durch diese Systemlösungsansätze nicht möglich. Durch die Einführung und den Betrieb so gestalteter biometrischer Anlagen werden also bestehende Sicherheitslücken und Missbrauchspotenziale reduziert bzw. gänzlich beseitigt. Ihr Einsatz ist weiterhin als zweckgebunden, geeignet, erforderlich und angemessen einzustufen. Dies alles führt zu dem Schluss, dass eine betriebliche Verwendung nicht im Widerspruch zu dem in § 75 Abs. 2 Satz 1 BetrVG allgemein manifestierten Schutz der Persönlichkeit des Arbeitnehmers steht und somit als legitim zu erachten ist.

Die Systemlösungen auf der Basis eines textungebundenen Erkennungsverfahrens sind hingegen differenzierter zu bewerten. Biometrische Anlagen, welche bei der Authentifizierung zufällig den zu tippenden Text vorgeben, erweisen sich als ebenso datenschutzrechtlich unbedenklich, wie in Abschnitt 7.4 bereits nachgewiesen. Hier sind folglich auch die sich aus dem § 75 Abs. 2 Satz 1 BetrVG ergebenden Anforderungen erfüllt. Problematisch kann hingegen der Betrieb der beschriebenen Intrusion Detection Lösungen sein, welche mit einem textunabhängigen Erkennungsverfahren arbeiten. Vornehmlich die Systemansätze mit einer zentralen Referenzdatenhaltung weisen hier eine hohe Kritikalität auf. Diesen Systemansätzen ist immer eine gewisse Überwachungseignung zuzusprechen. Die legitime Verwendung einer so gestalteten biometrischen Anlage ist sicher nur in einem sehr begrenzten Kontext denkbar, in welchem die Beseitigung von Sicherheitslücken und Missbrauchspotenzialen durch diese Lösungsansätze tatsächlich als verhältnismäßig zu sehen ist. Da diese Anlagen unter Umständen auch sensible personenbezogene Daten erheben, ist der Eingriff in die Persönlichkeitsrechte des Arbeitnehmers als weitaus umfassender und kritischer zu beurteilen. Deren Legitimation gestaltet sich also entsprechend diffiziler.

Die Frage nach der Verhältnismäßigkeit ist in diesem Falle also ungleich schwerer zu beantworten und hängt sehr stark vom individuellen Einsatzkontext einer derartigen biometrischen Anlage ab. Bei einer fehlenden Absicherung und Begrenzung des Systems auf den originären Einsatzzweck der Intrusion Detection können unter Umständen, abhängig von dem getippten Text des Arbeitnehmers, auch Rückschlüsse auf dessen Gemüts- und Gesundheitszustand oder gar seinen Charakter gezogen werden, was als sehr problematisch bzw. eventuell sogar als unzulässig im Sinne des § 94 BetrVG zu erachten ist. Dies würde nämlich einem Verstoß gegen den in § 94 BetrVG postulierten Grundsatz der Beurteilung des Arbeitnehmers nach sachgerechten Kriterien gleichkommen und folglich sogar einen unzulässigen Eingriff in das Persönlichkeitsrecht des betroffenen Arbeitnehmers darstellen. Ebenso geht mit so strukturierten, zentral betriebenen Intrusion Detection Lösungen die Gefahr einher, dass sie für die Bildung von Persönlichkeitsprofilen und zur heimlichen Überwachung der Arbeitnehmer missbraucht werden. Entsprechende Systemsicherheitsmaßnahmen müssen diese Missbrauchsmöglichkeiten unterbinden, damit ein Systemeinsatz im Sinne des § 75 Abs. 2 Satz 1 BetrVG überhaupt denkbar erscheint. Zweckbindung, Eignung, Erforderlichkeit und Angemessenheit des Designs und des Einsatzes einer solchen Lösung sind dementsprechend sehr restriktiv und begrenzt zu sehen, damit überhaupt dem Verhältnismäßigkeitsgrundsatz entsprochen werden kann.

Dies führt zu dem Schluss, dass die Verwendung derart gestalteter biometrischer Anlagen im Unternehmen unbedingt entsprechend gegen den vorab beschriebenen Missbrauch abzusichern ist und nur in einem sehr restriktiv zu haltenden Einsatzkontext, der einer derartigen Beseitigung von Sicherheitslücken und Missbrauchsmöglichkeiten bedarf, legitimierbar ist im Sinne der Vorgaben zum Schutz der Persönlichkeitsrechte des Arbeitnehmers. Nur so ist ein Einsatz unter Umständen als verhältnismäßig zu bewerten. Generell ist es fraglich, ob der Betrieb derartig gestalteter Intrusion Detection Systeme in der Verfügungsgewalt des Arbeitgebers nicht im Widerspruch zu dem in § 75 Abs. 2 Satz 1 BetrVG manifestierten Persönlichkeitsschutz des Arbeitnehmers steht.

Ein dezentral betriebenes Intrusion Detection System hingegen, vollständig in der Verfügungsgewalt des Arbeitnehmers als Standalone-Lösung auf seinem Rechner, ist als weitestgehend unkritisch einzustufen, da es die vorab beschriebenen Missbrauchsmöglichkeiten nicht bzw. in einem weitaus geringeren und sehr beschränktem Maß bietet. Sein Einsatz steht folglich ebenso mit dem Schutz der allgemeinen Persönlichkeitsrechte des Arbeitnehmers gemäß des § 75 Abs. 2 Satz 1 BetrVG in Einklang.

Nachdem die Verwendung eines biometrischen Systems nach § 75 Abs. 2 Satz 1 BetrVG als verhältnismäßig und legitim zu werten ist, gilt es folgende spezielle Rechtsvorschriften zu überprüfen, in denen sich weitere, die Persönlichkeitsrechte des Arbeitnehmers schützende, kollektive Mitspracherechte der Arbeitnehmervertretung manifestieren.

8.2 Mitbestimmung des Betriebsrats beim Einsatz von Systemen zur Tippverhaltenserkennung

Da der Betriebsrat gemäß § 80 Abs. 1 Satz 1 BetrVG auch über die Einhaltung datenschutzrechtlicher Belange im Zusammenhang mit dem Arbeitsverhältnis zu wachen hat und ein kollektivrechtliches Mitbestimmungs- und Kontrollrecht gemäß § 87 Abs. 1 Satz 1 BetrVG bei der Einführung und der Anwendungen technischer Einrichtungen genießt, die dazu bestimmt sind, das Verhalten oder die Leistung der Arbeitnehmer zu überwachen, ist auch zu analysieren, ob ein derartiges Mitbestimmungsrecht bei der Einführung und beim Betrieb des biometrischen Systems greift. Die Einführung und der Betrieb technischer Einrichtungen und somit auch biometrischer Anlagen, wie in Abschnitt 4.4.2.3 festgestellt, unterliegen bereits dann einem Mitbestimmungsrecht seitens des Betriebsrats, wenn diese aufgrund ihrer technischen Gegebenheiten und ihres konkreten Einsatzes objektiv, unabhängig vom tatsächlich verfolgten Einsatzgedanken des Arbeitgebers, dazu geeignet sind, das Verhalten und die Leistung der Arbeitnehmer zu überwachen.

Sobald durch die technische Anlage personenbezogene Daten erhoben, verarbeitet oder gespeichert werden, die für sich alleine keine Aussagen über das Verhalten und die Leistung des Arbeitnehmers zulassen, welche jedoch mit einer entsprechenden Verknüpfungsmöglichkeit diese Rückschlüsse schon gewähren, ist eine objektive Überwachungseignung der technischen Anlage gemäß § 87 Abs. 1 Satz 6

BetrVG gegeben[102]. Unter verhaltens- oder leistungserhebliche Daten des Arbeitnehmers fallen dann gemäß Fitting, Engels, Schmidt, Trebinger und Linsenmaier § 87 Rn. 223 BetrVG „Beginn und Ende der täglichen Arbeitszeit, seine Gleitzeit, Einzelheiten der Vertragserfüllung, erreichte Arbeitsergebnisse im Rahmen von Zielvereinbarungen, Überstunden, Streikbeteiligung, Fehlzeiten, unabhängig davon, ob es sich um unentschuldigte oder krankheitsbedingte Fehlzeiten handelt, bargeldlose Abrechnung des Kantinen- oder Automatenverzehrs, Benutzung des Werkbusses oder Einkäufe von Betriebserzeugnissen, betriebliche Darlehen oder Pfändungen."

Sowohl textabhängige als auch textunabhängige Authentifizierungssystemansätze, die im Rahmen einer personenabhängigen Zugangs- oder Zutrittskontrolle umgesetzt sind, so dass ein eindeutiger Bezug zur Person hergestellt werden kann, fallen unter dieses Mitbestimmungsrecht. Fitting, Engels, Schmidt, Trebinger und Linsenmaier klassifizieren diese biometrischen Zugangskontrollen als Beispiele technischer Überwachungseinrichtungen, welche einer Mitbestimmung durch den Betriebsrat unterliegen[103].

Einzig biometrische Systeme, die so gestaltet sind, dass kein individualisierter Rückschluss auf die Person gezogen werden kann, wie z. B. der anonyme Nachweis über die Mitgliedschaft in einer berechtigten Nutzergruppe, beispielsweise beim Betrieb eines Systems zur Zugangskontrolle im Verifikationsmodus, ist frei von dieser Mitbestimmung. Im praktischen Einsatz werden biometrische Systeme auf der Grundlage des Tippverhaltens, welche den Zugang zu einem PC in ein betriebsinternes Netz, zu einem Webportal oder einer Applikation absichern, z. B. aus Datensicherungs- oder aus Revisionsgründen, ohnehin protokolliert, was dazu führt, dass in den meisten Fällen durch die so entstehende, technisch bedingte Verknüpfungsmöglichkeit und auch die Verknüpfungsnotwendigkeit eine eindeutige Identitätszuordnung zwischen dem biometrischen Authentifizierungsvorgang und dem Arbeitnehmer gegeben sein muss. Auch die im Sinne der Anlage zu § 9 Satz 1 BDSG einzuführenden Kontroll- und Sicherungsmaßnahmen lassen sich in der Regel nur umsetzen, wenn eine Individualisierung des Nutzers möglich ist[104]. In diesen Fällen ist immer die entsprechende Verknüpfungsmöglichkeit der erhobenen personenbezogenen Daten mit der Identität des Arbeitnehmers möglich.

---

[102] Fitting et al. § 87 BetrVG Rn. 236
[103] Fitting et al. § 87 BetrVG Rn. 71 und Rn. 244
[104] Fitting et al. § 87 BetrVG Rn. 244

Dies führt bei einer entsprechenden Verknüpfung der personenbezogenen Daten fast immer zur Schaffung verhaltens- und leistungserheblicher Daten und in Konsequenz daraus zu einer Überwachungseignung der biometrischen Anlage. Daraus resultiert dann das Mitspracherecht des Betriebsrats gemäß § 87 Abs. 1 Satz 6 BetrVG bei der Einführung und beim Betrieb derart gestalteter Authentifizierungssysteme auf der Grundlage des menschlichen Tippverhaltens.

Zentral betriebene Intrusion Detection Lösungen mit einer Haltung der Referenzdatensätze in der Verfügungsgewalt des Systembetreibers sind immer dazu geeignet, die Leistung oder das Verhalten des Arbeitnehmers in einem gewissen Maß zu überwachen. Sie können dazu genutzt werden, jegliche vom Arbeitnehmer abgegebene und mitgeschnittene Tippproben zu authentifizieren und damit seine Leistung oder sein Verhalten zu überwachen.

Sie erheben teilweise sensible personenbezogene Daten, die bei entsprechender Verknüpfung dazu genutzt werden können, das Verhalten oder die Leistung des Arbeitnehmers zu kontrollieren. Kann ihr Einsatz gemäß § 75 Abs. 2 Satz 1 BetrVG als verhältnismäßig und legitim angesehen werden, so ist folglich auch immer eine Mitbestimmung des Betriebsrats gemäß § 87 Abs. 1 Satz 6 BetrVG notwendig.

Dezentral betriebene Intrusion Detection Lösungen, also Systeme die beispielsweise nur auf dem Rechner des Nutzers ablaufen und nur den Arbeitsplatz des einzelnen Arbeitnehmers absichern und sperren, wenn das Tippverhalten zu stark variiert, sind objektiv auch dazu geeignet, das Verhalten oder die Leistung des Arbeitnehmers zu überwachen. Solche Systeme eignen sich bei einem zentralen Betrieb dazu, wie vorab erläutert, den Anwender zu überwachen. Da diese Überwachungseignung ja nur objektiv, unabhängig vom Anwendungsziel und dem entsprechen den praktischen Einsatzkontext des Arbeitgebers vorhanden sein muss, damit das Mitbestimmungsrecht des Betriebsrats gemäß § 87 Abs. 1 Satz 6 BetrVG greift, ist auch derartigen Systemlösungen eine Mitbestimmung durch den Betriebsrat zu bescheinigen.

Weiterhin erfolgt eine Protokollierung der Verdachtsmomente, bei denen der Arbeitsplatz gesperrt wird, weil das Tippverhalten des Anwenders zu stark variiert, um einen möglichen Missbrauch nachzuweisen. Diese Protokolldaten können wiederum durch eine entsprechende Verknüpfung zu leistungs- oder verhaltensrelevanten Daten werden. Ebenfalls ist der Versand von Statusmeldungen durch die Anlage über den Vorgang der Systemsperrung an einen zentralen Administrator zu beurteilen, welcher auch wieder zu protokollieren ist.

Es können aus diesen Protokolldaten Schlüsse über den Konzentrations- und den Aufmerksamkeitsgrad des Arbeitnehmers gezogen werden, wenn bei einem Anwender sehr oft Verdachtsmomente im Sinne einer Blockierung des Systems auftreten. Der Arbeitgeber kann so unter Umständen folgern, dass der Arbeitnehmer dauernd unkonzentriert und abgelenkt arbeitet, also wenig produktiv tätig ist, was eine Form der Leistungsbewertung darstellt. Auch derartige indirekte Rückschlüsse und Verknüpfungsmöglichkeiten lösen ein Mitbestimmungsrecht durch den Betriebsrat aus[105]. Diese Möglichkeit ist somit wieder einer Überwachungseignung für das Verhalten bzw. die Leistung des Arbeitnehmers gleichzusetzen.

Die objektive Eignungsmöglichkeit des Systems für eine Überwachung in Verbindung mit der bestehenden technischen Verknüpfungsmöglichkeit reicht also bereits aus für eine Klassifikation auch dezentral betriebener Intrusion Detection Lösungen als mitbestimmungspflichtige technische Einrichtung. Die von der technischen Einrichtung ermittelte oder erarbeitete Aussage, wenn sie auch alleine nicht für eine Überwachung ausreicht, löst bereits als Baustein das Mitbestimmungsrecht aus[106]. Eine Mitbestimmung des Betriebsrats ist somit auch in diesem Falle immer notwendig.

Einzig eine biometrische Anlage auf der Basis eines satzgebundenen Erkennungsverfahrens, welches nur dazu geeignet ist, vergessene Passwörter zurückzusetzen, sammelt keine leistungs- oder verhaltensrelevanten Daten im vorab definierten Sinn. Im praktischen Betrieb erfolgt zwar auch eine Protokollierung jedes Passwortrücksetzungsprozesses. Eine Verknüpfung mit weiteren Daten lässt aber in der Regel keine Aussage über die Leistung oder das Verhalten des Arbeitnehmers zu. Eine Überwachung des Arbeitnehmers gemäß § 87 Abs. 1 Satz 6 BetrVG liegt also beim Einsatz dieser biometrischen Lösung nicht vor. Es handelt sich hier nicht um die Einführung und die Anwendung einer technischen Einrichtung, die objektiv dazu geeignet ist, das Verhalten oder die Leistung der Arbeitnehmer in irgendeiner Art und Weise zu überwachen. Somit ist auch keine kollektivrechtliche Mitsprache des Betriebsrats in Form einer Betriebsvereinbarung im Sinne des § 77 BetrVG bei der Einführung und dem Betrieb derartiger Lösungen zur Passwortrücksetzung notwendig.

Der Abschluss einer Betriebsvereinbarung zwischen Arbeitgeber- und Arbeitnehmerseite gemäß § 77 BetrVG ist als Instrumentarium mit einer hohen praktischen Relevanz anzusehen, um dem im § 87 Abs. 1 Satz 6 BetrVG manifestierten Mit-

---

[105] Fitting et al. § 87 BetrVG Rn. 235 und Rn. 236
[106] Fitting et al. § 87 BetrVG Rn. 235

spracherecht des Betriebsrats zu entsprechen und sowohl die Einführung als auch den Betrieb derartiger biometrischer Systeme beiderseits abzusichern sowie zu legitimieren. Dem Schutz der Persönlichkeitsrechte des Arbeitnehmers wird damit ausreichend Rechnung getragen, sofern der Betrieb und der Einsatz der biometrischen Anlage mit der Generalklausel des § 75 Abs. 2 Satz 1 BetrVG im Einklang stehen.

8.3 Systeme zur Tippverhaltenserkennung und die im Bundesdatenschutzgesetz manifestierten Legitimationsgrundlagen

Fällt ein Unternehmen nicht unter die Regelungen des Betriebsverfassungsgesetzes, was die Legitimationsmöglichkeit der Einführung und des Betriebs biometrischer Systeme durch eine Betriebsvereinbarung ausschließt, so ist die Legitimation auf die Zulässigkeitstatbestände des § 32 Abs. 1 Satz 1 BDSG zu stützen. Die damit verbundenen Anforderungen, Probleme und Unzulänglichkeiten sind in Abschnitt 4.4.2.4 ausführlich erörtert. Grundsätzlich ist festzustellen, dass biometrische Systeme, welche die in Kapitel 6 ermittelten Anforderungen an ein datenschutzfreundliches Systemdesign und einen datenschutzrechtlich unbedenklichen Einsatz erfüllen, auch sehr gut dafür geeignet sind, ihre Verwendung über den § 32 Abs. 1 Satz 1 BDSG zu rechtfertigen. Die Generalklausel des § 75 Abs. 2 Satz 1 BetrVG kann ungeachtet der Wirksamkeit betriebsverfassungsrechtlicher Vorschriften als Richtlinie für das Schutzinteresse der allgemeinen Persönlichkeitsrechte des Arbeitnehmers herangezogen werden, wenn es gilt die Verhältnismäßigkeit des Systemeinsatzes auch hier abzuwägen.

Die Einsatzrechtfertigung biometrischer Systeme auf der Basis des Tippverhaltens über die Tatbestände des § 32 Abs. 1 Satz 1 BDSG sollte kein nennenswertes Problem darstellen. Einzig die Legitimation von Intrusion Detection Lösungen ist in gewisser Weise problematisch. Hier erfolgt eine Erhebung unter Umständen gemäß § 3 Abs. 9 BDSG sensibler personenbezogener Daten. § 28 Abs. 6 BDSG schließt eine Verarbeitung derartig sensibler personenbezogener Daten unter Berufung auf die eigenen Geschäftszwecke in der Regel aus. Die Erhebung und die Verarbeitung dieser Daten kann nur durch eine individuelle Einwilligung des Betroffenen oder eine kollektivrechtliche Zustimmung erfolgen, wie etwa durch eine Betriebsvereinbarung. Scheidet letztere Legitimationsmöglichkeit aus, so gestaltet sich die Rechtfertigung praktisch sehr schwierig, da die individuelle Einwilligung von jedem Arbeitnehmer einzeln zu erbringen wäre. Die anderen Systemansätze auf der Basis des biometrischen Merkmals Tippverhalten sind somit eindeutig besser geeignet, ihren Einsatz über den § 32 Abs. 1 Satz 1 BDSG zu rechtfertigen, wenn die Vorschriften des Betriebsverfassungsgesetzes nicht greifen. Es kann also gefolgert werden, je datenschutzfreundlicher das biometrische System gestaltet ist und je unkritischere biometrische Daten erhoben, verarbeitet und gespeichert werden, desto leichter ist der Systemeinsatz auch über den § 32 Abs. 1 Satz 1 BDSG legitimierbar.

9 Abschließende Wertung und Ausblick

Diese Arbeit hat sich mit einer datenschutzrechtlich motivierten Untersuchung des Einsatzes biometrischer Systeme in Unternehmen beschäftigt. Die wachsende Bedeutung der Biometrie als Authentifizierungslösung macht diese rechtliche Betrachtung notwendig. Die betriebliche Anwendung biometrischer Anlagen unterliegt einer Reihe sowohl datenschutzrechtlicher als auch betriebsverfassungsrechtlicher Vorgaben. Aus diesen Vorschriften und Konzepten lassen sich zentrale Anforderungen und Bewertungskriterien für das Design und den Einsatz biometrischer Systeme ableiten. Eine widerspruchslose datenschutzrechtliche Bewertung einzelner biometrischer Systeme setzt neben einem umfassenden rechtlichen Verständnis auch detaillierte technische Kenntnisse voraus. Eine Berücksichtigung der ermittelten Wertungskriterien ermöglicht einen datenschutzrechtlich unbedenklichen praktischen Einsatz der Biometrie.

Der Betrieb biometrischer Anlagen wird heute aus rechtlicher Sicht oftmals noch zu pauschal und zu oberflächlich betrachtet. Die praktische Evaluation verschiedener Systemansätze, welche mit dem biometrischen Merkmal Tippverhalten arbeiten, zeigt dies. So kann die Arbeit die pauschal vorherrschende Meinung widerlegen, dass biometrische Anlagen auf der Grundlage des Tippverhaltens aus datenschutzrechtlicher Sicht immer sehr kritisch zu beurteilen sind, da sie stets dazu geeignet sind, den Nutzer verdeckt zu überwachen. Dieser vorherrschenden Meinung ist abschließend entschieden zu widersprechen.

So zeigt sich im Laufe dieser Abhandlung, dass sich das Merkmal Tippverhalten wie auch andere vornehmlich verhaltensgeprägte biometrische Merkmale durch Eigenschaften charakterisieren, welche aus Sicht des Datenschutzes sogar positiv zu beurteilen sind. Das Tippverhalten zeichnet sich etwa durch seinen geringen Informationsgehalt aus. Es sind primär keine zusätzlichen und vor allem auch keine sensiblen (Indikator-)Informationen enthalten, welche den rechtmäßigen Zweck der Authentifizierung überschreiten und folglich aus Sicht des Datenschutzes entsprechend kritisch zu erachten sind. Weiterhin weist das biometrische Merkmal eine hohe zeitliche Variabilität und eine gute willentliche Beeinflussbarkeit der abzugebenden Merkmalsdaten auf. Der Merkmalsträger kann also die Merkmalserfassung bewusst, willentlich und wissentlich beeinflussen. Da die einmal abgegebenen Datensätze tendenziell schnell altern wird die Gefahr der lebenslangen Merkmalskompromittierung ausgeschlossen. Zudem hat das Tippverhalten stark verdeckten Charakter und liegt nicht offen. Es kann also grundsätzlich nicht leicht mit einfachen Hilfsmitteln erfasst und ausgewertet werden.

Biometrische Lösungen auf der Basis des Tippverhaltens, die mit einem satzgebundenen Erkennungsverfahren arbeiten, sind aus datenschutzrechtlicher Sicht vollkommen unbedenklich und weisen eine Reihe von Vorteilen auf. Die Satzbindung beschränkt dabei einerseits die Verarbeitung und die Nutzung der personenbezogenen Daten auf den Zweck der Authentifizierung und andererseits reduziert sie die Datenerhebung auf das für die Zweckerreichung erforderliche Minimum. Beide Tatsachen sind aus datenschutzrechtlicher Sicht sehr positiv zu erachten. Zudem verhindert die Satzbindung eine verdeckte Überwachung und reduziert die Gefahr einer unbemerkten Erstellung von Leistungs- und Bewegungsprofilen nachhaltig. Textgebundene biometrische Lösungen sind auch nicht vom Problem sensibler personenbezogener Daten betroffen. Die biometrischen Datensätze enthalten keine, den Zweck der Authentifizierung überschreitenden, und vor allem auch keine sensiblen personenbezogenen Daten. Die hohe Transparenz des Authentifizierungsprozesses gegenüber dem Nutzer ist als weiterer positiver Aspekt derartiger Systemansätze hervorzuheben. Durch die wiederholte Abgabe des durch das Enrolmet bekannten Satzes nimmt der Nutzer alle späteren Authentifizierungsvorgänge immer bewusst war und somit auch willentlich und wissentlich an diesen teil. Textgebundene Erkennungsverfahren eignen sich also aus Sicht des Datenschutzes hervorragend für das Design biometrischer Lösungen zur Nutzerauthentifizierung.

Einzig textunabhängige Erkennungsverfahren werfen unter Umständen datenschutzrechtliche Bedenken auf. Aber auch in diesem Fall gilt es nicht zu pauschalisieren, sondern vielmehr das spezifische Systemdesign in Abhängigkeit von dem Einsatzziel und von dem Einsatzkontext der Anlage anhand der ermittelten Wertungskriterien detailliert zu untersuchen. Authentifizierungslösungen zur logischen Absicherung des Zugangs von IT-Systemen können bei entsprechendem Systemdesign auch mit textunabhängiger Erkennung als datenschutzrechtlich unkritisch angesehen werden. Wichtig ist dabei, dass eine künstliche Satzbindung durch die zufällige Vorgabe des zu tippenden Textes geschaffen wird, welche auch auf Systemseite nicht einfach zu umgehen ist. Dann kann diese Lösung ähnlich bewertet werden wie ein derartig realisiertes System auf der Grundlage eines textgebundenen Erkennungsverfahrens.

Das Design und der Einsatz von Intrusion Detection Lösungen hingegen ist aus datenschutzrechtlicher Sicht kritischer zu erachten. Generell ist mit dem Betrieb einer Intrusion Detection Lösung auf der Basis des menschlichen Tippverhaltens einerseits immer eine gewisse Überwachungseignung verbunden und es besteht andererseits stets die Gefahr zur Erstellung von Verhaltens- und Bewegungsprofilen. Zudem kann die ständige Überwachung der Tastatureingaben sensible personenbezogene Daten schaffen, welche im Sinne der gesetzlichen Vorgaben entsprechend zu behandeln sind. Da deren Erhebung durch ein geeignetes Systemdesign hier nicht ausgeschlossen werden kann, diese personenbezogenen Daten den Zweck der Authentifizierung aber überschreiten, müssen sie unmittelbar nach der Verarbeitung, also der Authentifizierung, beseitigt werden. Dementsprechend gestaltet es sich auch schwiewig, die Notwendigkeit ihres Einsatzes durch die pauschale Beseitigung von Sicherheitslücken zu rechtfertigen.

Vor allem zentral betriebene Ansätze weisen hier fundamentale datenschutzrechtliche Probleme auf. Sie bergen das Potenzial zur verdeckten Nutzerüberwachung. Dezentral betriebene Lösungen sind wegen dem Verzicht auf eine zentrale Referenzdatenhaltung als weniger problematisch anzusehen. Das Risiko der unrechtmäßigen Auswertung großer Datenbestände durch den Systembetreiber kann so nicht auftreten bzw. ist grundlegend beschränkt. Die Überwachungsmöglichkeiten werden dadurch auch nachhaltig eingeschränkt, was die datenschutzrechtliche Sicht als positiv einstuft.

Die Frage nach der Unbedenklichkeit eines konkreten Einsatzes biometrischer Anlagen ist also von einer Vielzahl von Faktoren abhängig und muss immer anwendungsfallbezogen untersucht werden. Die ermittelten Prüfkriterien geben folglich einen Leitfaden für die Praxis an die Hand, der eine fundierte und zugleich differenzierte Betrachtung und Bewertung biometrischer Lösungen für den betrieblichen Einsatz ermöglicht.

Weiterführend wäre es interessant zu untersuchen, inwieweit der betriebliche Einsatz biometrischer Systeme im Einklang mit den entsprechenden gesetzlichen Regelungen in den Vereinigten Staaten von Amerika steht, um eine globalere Sichtweise in diesem Bereich zu erlangen. Mit der zunehmenden Globalisierung sind Firmen immer häufiger in vielen verschiedenen Ländern mit Niederlassungen vertreten. Eine einheitliche länderübergreifende Einführung biometrischer Lösungen im gesamten Unternehmen wird deshalb in Zukunft eine global geprägte Untersuchung in diesem Bereich zusehends notwendiger machen.

Die am 24. Oktober 1995 vom Europäischen Parlament und Rat verabschiedete Datenschutzrichtline 95/46/EG bildet die zentrale Rechtsgrundlage für das Datenschutzrecht in der Europäischen Union. Diese Richtlinie wurde im Bundesdatenschutzgesetz in seiner Fassung aus dem Jahre 2003 bereits entsprechend auf nationales Recht übertragen. Die datenschutzrechtlichen Regelungen in Europa sind folglich sehr ähnlich und unterscheiden sich nicht fundamental, was sich auch auf eine datenschutzrechtlich motivierte Bewertung biometrischer Systeme entsprechend auswirkt. Anders gestaltet sich dies jedoch in den Vereinigten Staaten von Amerika. Auch dort ist der Datenschutzbegriff auf die Schutznotwendigkeit des Persönlichkeitsbereichs eines jeden Menschen zurückzuführen. Die hier anzutreffende Begrifflichkeit der „privacy" bezeichnet das Recht auf den Schutz der allgemeinen Persönlichkeitsrechte. Der Begriff kann aber keinesfalls auf ein Einzelrecht, wie etwa den Datenschutz alleine, reduziert werden. Dieser Umstand und die Spezifika des Rechtssystems in den Vereinigten Staaten von Amerika würden eine weiterführende Untersuchung aus Sicht der dort vorherrschenden gesetzlichen Grundlagen interessant gestalten.

Hierzu sollte eine detaillierte Abgrenzung des vorherrschenden „privacy"-Begriffs vom in Deutschland gebräuchlichen Begriff des Datenschutzes, mit dem speziellen Fokus auf die Biometrie, erfolgen. Auf Basis der Vielzahl rechtlicher Ansätze auf bundesstaatlicher und einzelstaatlicher Ebene in den Vereinigten Staaten von Amerika hierfür könnte dann zudem eine trennscharfe Bewertung des Einsatzes biometrischer Anlagen in Unternehmen aus datenschutzrechtlicher Sicht erfolgen, ähnlich der im Rahmen dieser Arbeit praktizierten. So wäre eine detaillierte und vergleichende Analyse des betrieblichen Einsatzes biometrischer Lösungen möglich, welche über die national bzw. europaweit gültigen Vorschriften hinausgeht.

Einen weiteren interessanten Forschungsbereich stellen sicherlich auch die Konzepte der Privacy Enhancing Technologies im Zusammenhang mit biometrischen Verfahren und biometrischen Systemen dar. Hier wäre einerseits die Frage zu klären, ob Biometrie als Privacy Enhancing Technology eingesetzt werden kann, d. h. ob die Biometrie bei geeigneter technischer Gestaltung zu einem besseren Schutz von persönlichen Daten als herkömmliche Methoden auf der Grundlage von Besitz und Wissen führt. Andererseits ist zu klären, ob und wie Biometrie im Zusammenspiel mit anderen Technologien Potenzial als Privacy Enhancing Technology bietet. Eine Aufarbeitung dieser Thematik aus datenschutzrechtlicher Sicht wäre ebenfalls wünschenswert.

Literaturverzeichnis

[Adler 2003]

Adler, Andy: Can images be regenerated from biometric templates? Biometrics Conference, Washington D. C., September 22-24, 2003.

[Adler 2007]

Adler, Andy: Biometric System Security. In: Jain, Anil, K.; Flynn, Patrick; Ross, Arun, A. (Hrsg.): Handbook of Biometrics. New York 2007, S. 381-402.

[AK „Die zukünftige Entwicklung des BDSG in Deutschland" 2007]

Arbeitskreis „Die zukünftige Entwicklung des BDSG in Deutschland" im Berufsverband der Datenschutzbeauftragten Deutschlands e. V. (BvD e. V.): Baudenbach, Helmut; Brandt, Jochen; Deckers, Peter; Deml, Wilhelm; Ehrenschwender, Dieter; Hardelt, Stefan; Henrikus, Gerhard; Kübeck, Horst; Meister, Uwe; Mildner, Dietrich; Neundorf, Lutz; Schwartges, Jürgen; Ziegler, Egon: Das Zusammenwirken von Arbeitnehmervertretungen und Beauftragten für den Datenschutz. In Datenschutz und Datensicherheit (DuD), 31 (2007) 1, S. 29-30.

[Albrecht 2002a]

Albrecht, Astrid: Relevanz biometrischer Verfahren im gesellschaftlichen Kontext. In: Nolde, Veronika; Leger, Lothar (Hrsg.): Biometrische Verfahren. Körpermerkmale als Passwort. Grundlagen, Sicherheit und Einsatzgebiete biometrischer Identifikation. Köln 2002, S. 85-96.

[Albrecht 2002b]

Albrecht, Astrid: Biometrie und Recht. In: Nolde, Veronika; Leger, Lothar (Hrsg.): Biometrische Verfahren. Körpermerkmale als Passwort. Grundlagen, Sicherheit und Einsatzgebiete biometrischer Identifikation. Köln 2002, S. 97-114.

[Albrecht 2002c]

Albrecht, Astrid: Verbraucherpolitische Bedeutung der Biometrie. In: Nolde, Veronika; Leger, Lothar (Hrsg.): Biometrische Verfahren. Körpermerkmale als Passwort. Grundlagen, Sicherheit und Einsatzgebiete biometrischer Identifikation. Köln 2002, S. 129-144.

[Albrecht 2003]

Albrecht, Astrid: Biometrische Verfahren im Spannungsfeld von Authentizität im elektronischen Rechtsverkehr und Persönlichkeitsschutz. Frankfurt am Main 2003.

[Albrecht 2007]

Biometrie am Arbeitsplatz - Konkrete Ausgestaltung der Mitbestimmung. Orientierungshilfe des TeleTrusT e. V. für eine Betriebsvereinbarung beim Einsatz biometrischer Systeme. In: Datenschutz und Datensicherheit (DuD), 31 (2007) 3, S. 171-175.

[Albrecht/Probst 2001]

Albrecht, Astrid; Probst, Thomas: Bedeutung der politischen und rechtlichen Rahmenbedingungen für biometrische Identifikationssysteme. In: Behrens, Michael; Roth, Richard (Hrsg.): Biometrische Identifikation. Grundlagen, Verfahren, Perspektiven. Braunschweig/Wiesbaden 2001, S. 27-54.

[Amberg/Fischer/Rößler 2003]

Amberg, Michael; Fischer, Sonja; Rößler, Jessica: Biometrische Verfahren. Studie zum State of the Art. Erlangen-Nürnberg 2003.

[Atkinson/Schuckers 2004]

Atkinson, Travis, J.; Schuckers, Michael, E.: Approximate Confidence Intervals for Estimation of Matching Error Rates of Biometric Identification Devices. In: Maltoni, Davide; Jain, Anil, K. (Hrsg.): Biometric Authentication: ECCV 2004 International Workshop, BioAW 2004, Prague, Czech Republic, May 15, 2004, Proceedings. Berlin/Heidelberg/New York 2004, S. 184-194.

[Bäumler 1999]

Bäumler, Helmut: Biometrie datenschutzgerecht gestalten. Die Bedeutung von Technikgestaltung für den Datenschutz. In: Datenschutz und Datensicherheit (DuD), 23 (1999) 3, S. 128.

[Bäumler/Gundermann/Probst 2001]

Bäumler, Helmut; Gundermann, Lukas; Probst, Thomas: Stand der nationalen und internationalen Diskussion zum Thema Datenschutz bei biometrischen Systemen. Kiel 2001.

[Bakdi 2007]

Bakdi, Idir: Benutzerauthentifizierung anhand des Tippverhaltens bei Verwendung fester Eingabetexte. Regensburg 2007.

[Bartmann 2000]

Bartmann, Dieter, A.: Benutzerauthentisierung durch Analyse des Tippverhaltens mit Hilfe einer Kombination aus statistischen und neuronalen Verfahren. München 2000.

[Bartmann/Bakdi/Achatz 2007]

Bartmann, Dieter; Bakdi, Idir; Achatz, Michael: On the Design of an Authentication System Based on Keystroke Dynamics Using a Predefined Input Text. In: International Journal of Internet Security and Privacy, 1 (2007) 2, S. 1-12.

[Bartmann/Breu 2001]

Bartmann, Dieter; Breu, Christian: Authentisierung anhand des Tippverhaltens. KES 17 (2001) 4, S. 46-47.

[Bartmann/Breu 2004]

Bartmann, Dieter; Breu, Christian: Eignung des biometrischen Merkmals Tippverhalten zur Benutzerauthentisierung. In: Bartmann, Dieter; Mertens, Peter; Sinz, Elmar, J. (Hrsg.): Überbetriebliche Integration von Anwendungssystemen, FORWIN-Tagung 2004. Aachen 2004, S. 321-341.

[Bartmann/Wimmer 2007]

Bartmann, Dieter; Wimmer, Martin: Kein Problem mehr mit vergessenen Passwörtern. Web-basiertes Password Reset mit dem psychometrischen Merkmal Tippverhalten. In: Datenschutz und Datensicherheit (DuD), 31 (2007) 3, S. 199-202.

[Bazen/Gerez 2002]

Bazen, Asker, M.; Gerez, Sabih, H.: Achievements and challenges in fingerprint recognition. In: Zhang, David, D. (Hrsg.): Biometric Solutions. For Authentication in an E-world. Dordrecht 2002, S. 23-57.

[Beel/Gipp 2005]

Beel, Jöran; Gipp, Béla: ePass - der neue biometrische Reisepass. Eine Analyse der Datensicherheit, des Datenschutzes sowie der Chancen und Risiken. Aachen 2005.

[Behrens 2001]

Behrens, Gloria: Humangenetische Aspekte: Zusammenhang zwischen Biometrik, Körpermerkmalen und Genen. In: Behrens, Michael; Roth, Richard (Hrsg.): Biometrische Identifikation. Grundlagen, Verfahren, Perspektiven. Braunschweig/ Wiesbaden 2001, S. 55-69.

[Behrens/Roth 2000]

Behrens, Michael; Roth, Richard: Sind wir zu vermessen, die PIN zu vergessen? In: Datenschutz und Datensicherheit (DuD), 24 (2000) 6, S. 327-331.

[Behrens/Roth 2001]

Behrens, Michael; Roth, Richard: Grundlagen und Perspektiven der biometrischen Identifikation. In: Behrens, Michael; Roth, Richard (Hrsg.): Biometrische Identifikation. Grundlagen, Verfahren, Perspektiven. Braunschweig/Wiesbaden 2001, S. 8-26.

[Bellmann 1961]

Bellmann, Richard, E.: Adaptive Control Processes: A Guided Tour. Princeton 1961.

[Bengs/Grudzien 2007]

Bengs, Thomas; Grudzien, Waldemar: Biometrie in der Kreditwirtschaft. Warum Biometrie nicht alleine Tresore sichern sollte. In: Datenschutz und Datensicherheit (DuD), 31 (2007) 3, S. 157-159.

[Bergando/Gunetti/Picardi 2002]

Bergando, Francesco; Gunetti, Daniele; Picardi, Claudia: User Authentication through Keystroke Dynamics. In: ACM Transactions on Information and System Security (TISSEC), 5 (2002) 4, S. 367–397.

[Bergando/Gunetti/Picardi 2003]

Bergando, Francesco; Gunetti, Daniele; Picardi, Claudia: Identity Verification through Dynamic Keystroke Analysis. In: Intelligent Data Analysis, 7 (2003) 5, S. 469-496.

[Bergman 2007]

Bergman, Christer: Match-on-Card for Secure and Scalable Biometric Authentication. In: Ratha, Nalini, K.; Govindaraju, Venu (Hrsg.): Advances in Biometrics. Sensors, Algorithms and Systems, New York, S. 407-421.

[Bergmann/Möhrle/Herb 2008]

Bergmann, Lutz; Möhrle, Roland; Herb, Armin: Datenschutzrecht: Handkommentar zum Bundesdatenschutzgesetz, Datenschutzgesetze der Länder und Kirchen, Bereichsspezifischer Datenschutz. Stuttgart 2008.

[Bizer 2002]

Bizer, Johann: Selbstauthentifizierende Ausweiskarte. In: Datenschutz und Datensicherheit (DuD), 26 (2002) 1, S. 44.

[Bizer 2007]

Bizer, Johann: Sieben Goldene Regeln des Datenschutzes. In: Datenschutz und Datensicherheit (DuD), 31 (2007) 5, S. 350-356.

[Bleumer 1999]

Bleumer, Gerrit: Biometric Authentication and Multilateral Security. In: Müller, Günther; Rannenberg, Kai (Hrsg.): Multilateral Security in Communications. Volume 3. Technology. Infrastructure. Economy. München/Reading/Massachusetts 1999, S. 157-172.

[Bolle et al. 2003]

Bolle, Ruud, M.; Connell, Jonathan, H.; Pankanti, Sharath; Ratha, Nalini, K.; Senior, Andrew, W.: Guide to Biometrics. Berlin 2003.

[Borking 2001]

Borking, John, J.: Privacy Enhancing Technologies (PET). In: Datenschutz und Datensicherheit (DuD), 25 (2001) 3, S. 607-615.

[Borking/Verhaar 1999]

Borking, John, J.; Verhaar, Paul: Biometrie und Datenschutz - Bedrohungen und privacy-enhancing technologies. In: Datenschutz und Datensicherheit (DuD), 23 (1999) 3, S. 138-142.

[Boult/Woodworth 2007]

Boult, Terrance, E.; Woodworth, Robert: Privacy and Security Enhancements in Biometrics. In: Ratha, Nalini, K.; Govindaraju, Venu (Hrsg.): Advances in Biometrics. Sensors, Algorithms and Systems, New York 2007, S. 423-445.

[Braun-Lüdicke 2008]

Braun-Lüdicke, Sebastian: Der Konzerndatenschutzbeauftragte. Eine Analyse der rechtlichen und praktischen Bedeutung. Kassel 2008.

[Breitenstein 2000]

Breitenstein, Marco: Biometrische Authentifizierung. Übersicht und Evaluation verschiedener Gesichtserkennungssysteme. Clausthal 2000.

[Breitenstein 2002]

Breitenstein, Marco: Überblick über biometrische Verfahren. In: Nolde, Veronika; Leger, Lothar (Hrsg.): Biometrische Verfahren. Körpermerkmale als Passwort. Grundlagen, Sicherheit und Einsatzgebiete biometrischer Identifikation. Köln 2002, S. 35-82.

[Breu 2002]

Breu, Christian: Evaluation des biometrischen Tipperkennungsverfahrens PSYLock im Kontext automatisierter Authentisierungsverfahren. Regensburg 2002.

[Bromba 2007a]

Bromba, Manfred: Die 14 Märchen der Biometrie. In: Zeitschrift für Sicherheit der Wirtschaft (WIK), 29 (2007) 1, S. 36-38.

[Bromba 2007b]

Bromba, Manfred: Ein biometrisches Bezahlsystem für Kaufhäuser. Herausforderungen für Entwickler und Datenschützer. In: Datenschutz und Datensicherheit (DuD), 31 (2007) 3, S. 194-198.

[Bromba 2009]

Bromba, Manfred: Bioidentifikation. Biometrie. Datenschutz. Fingerprint. Fragen und Antworten. http://www.bromba.com/faq/biofaqd.htm (Abruf: 16.04.2009).

[Brühann 1996]

Brühann, Ulf: EU-Datenschutzrichtlinie - Umsetzung in einem vernetzten Europa. In: Recht der Datenverarbeitung (RDV), 12 (1996) 1, S. 12-17.

[BSI 2003]

Bundesamt für Sicherheit in der Informationstechnik: BioFace. Vergleichende Untersuchung von Gesichtserkennungssystemen. Öffentlicher Abschlussbericht BioFace I & II. Bonn 2003.

[BSI 2004]

Bundesamt für Sicherheit in der Informationstechnik: Evaluierung biometrischer Systeme Fingerabdrucktechnologien - BioFinger. Öffentlicher Abschlussbericht. Bonn 2004.

[BSI 2005a]

Bundesamt für Sicherheit in der Informationstechnik: Untersuchung der Leistungsfähigkeit von biometrischen Verifikationssystemen - BioP II. Öffentlicher Abschlussbericht. Bonn 2005.

[BSI 2005b]

Bundesamt für Sicherheit in der Informationstechnik: Einführung in die Grundlagen der biometrischen Authentisierung. Bonn 2005.

[BSI 2005c]

Bundesamt für Sicherheit in der Informationstechnik: Common Criteria Protection Profile Biometric Verification Mechanisms. BSI-PP-0016 Approved by the Federal Ministry of the Interior. Version 1.04. Bonn 2005.

[Büllingen/Hillebrand 2000]

Büllingen, Franz; Hillebrand, Annette: Biometrie als Teil der Sicherheitsinfrastruktur. In: Datenschutz und Datensicherheit (DuD), 24 (2000) 6, S. 339-343.

[Busch 2002]

Busch, Christoph: Biometrische Systeme, Vortrag auf dem Biometrie-Symposium des Bundesamts für Sicherheit in der Informationstechnik. Darmstadt 2002.

[Busch 2006]

Busch, Christoph: Biometrische Verfahren - Chancen, Stolpersteine und Perspektiven. In: Schaar, Peter (Hrsg.): Biometrie und Datenschutz - Der vermessene Mensch. Bonn 2006, S. 28-53.

[Busch 2007]

Busch, Christoph: Biometrie: Standards und Referenzdaten. Status der Standardisierung und technische Möglichkeiten zum Datenschutz in biometrischen Systemen. In: Datenschutz und Datensicherheit (DuD), 31 (2007) 3, S. 160-165.

[Cavoukian/Stoianov 2007]

Cavoukian, Ann; Stoianov, Alex: Biometric encryption: A Positive Sum Technology That Achieves Strong Authentication, Security AND Privacy. Ontario 2007.

[Chang 2006]

Chang, Woojin: Keystroke Biometric System Using Wavelets. In: Zhang, David; Jain, Anil, K. (Hrsg.): Advances in Biometrics: International Conference, ICB 2006, Hong Kong, China, January 5-7, 2006, Proceedings. Berlin/Heidelberg/New York 2006, S. 647-653.

[Checco 2003]

Checco, John, C.: Keystroke Dynamics And Corporate Security. In: Wall Street Technology Association. TICKER Magazine (WSTA), 8 (2003) 5, S. 1-4.

[Chen 2002]

Chen, Ke: Personalize mobile access by speaker authentication. In: Zhang, David, D. (Hrsg.): Biometric Solutions. For Authentication in an E-world. Dordrecht 2002, S. 99-129.

[Cho/Han/Han/Kim 2000]

Cho, Sungzoon; Han, Chigeun; Han, Dae, Hee; Kim, Hyung-Il: Web based Keystroke Dynamics Identity Verification using Neuronal Network. In: Journal of Organizational Computing and Electronic Commerce, 10 (2000) 4, S. 295-307.

[Cho/Hwang 2006]

Cho, Sungzoon; Hwang, Seongseob: Artificial Rhythms and Cues for Keystroke Dynamics based Authentication. In: Zhang, David; Jain, Anil, K. (Hrsg.): Advances in Biometrics: International Conference, ICB 2006, Hong Kong, China, January 5-7, 2006, Proceedings. Berlin/Heidelberg/New York 2006, S. 626-632.

[Choe/Kim 2005]

Choe, YeongGeun; Kim, Soon-Ja: Secure Password Authentication for Keystroke Dynamics. In: Khosla, Rajiv; Howlett, Robert, J.; Jain, Lakhmi, C. (Hrsg.): Knowledge-Based Intelligent Information and Engineering Systems 2005: 9th International Conference, KES 2005, Melbourne, Australia, September 14-16, Proceedings, Part III, Berlin/Heidelberg/New York, S. 317-324.

[Choraś/Mroczkowski 2007]

Choraś, Michal; Mroczkowski, Piotr: Keystroke Dynamics for Biometrics Identification. In: Beliczynski, Bartlomiej; Dzielinski, Andrzej; Iwanowski, Marcin; Ribeiro, Bernadete (Hrsg.): Adaptive and Natural Computing Algorithms. 8th International Conference, ICANNGA 2007, Warsaw, Poland, April 11-14, 2007, Proceedings, Part II. Berlin/Heidelberg/New York, S. 424-431.

[Clarke 1994]

Clarke, Roger: Human Identification in Information Systems: Management Challenges and Public Policy Issues. In: Information Technology & People, 7 (1994) 4, S. 6-37.

[Commission Nationale de l'Informatique et des Libertés 2002]

Commission Nationale de l'Informatique et des Libertés: 22e rapport d'activité 2001. Paris 2002.

[Common Criteria Biometric Evaluation Methodology Working Group 2002]

Common Criteria. Common Methodology for Information Technology Security Evaluation. Biometric Evaluation Methodology Supplement. BEM. 2002. http://www.cesg.gov.uk/policy_technologies/biometrics/media/bem_10.pdf (Abruf: 19.02.2009).

[Daugman 1999]

Daugman, John, G.: Recognizing Persons by Their Iris Patterns. In: Jain, Anil, K.; Bolle, Ruud; Pankanti, Sharath (Hrsg.): Biometrics - Personal Identification in Networked Society. Dordrecht 1999, S. 103-121.

[Daum 2002]

Daum, Henning: Technische Untersuchung und Überwindbarkeit biometrischer Systeme. In: Nolde, Veronika; Leger, Lothar (Hrsg.): Biometrische Verfahren. Körpermerkmale als Passwort. Grundlagen, Sicherheit und Einsatzgebiete biometrischer Identifikation. Köln 2002, S. 183-191.

[Deane et al. 1995a]

Deane, Frank; Barrelle, Kate; Henderson, Ron; Mahar, Doug: Perceived acceptability of biometric security systems. In: Computer & Security 14 (1995) 3, S. 225-231.

[Deane et al. 1995b]

Deane, Frank; Henderson, Ron; Mahar, Doug; Saliba, Anthony: Theoretical examination of the effects of anxiety and electronic performance monitoring on behavioural biometric security systems. In: Interacting with Computers 7 (1995) 4, S. 395-411.

[Deutscher Bundestag 2009]

Deutscher Bundestag: Drucksache 16/13657. Beschlussempfehlung und Bericht des Innenausschusses (4. Ausschuss). Berlin 2009.

[Devijver/Kittler 1982]

Devijver, Pierre, A.; Kittler, Josef: Pattern Recognition. A Statistical Approach. London 1982.

[Dittmann/Mayerhöfer/Vielhauer 2002]

Dittmann, Jana; Mayerhöfer, Astrid; Vielhauer, Claus: Praktische Angriffsmöglichkeiten auf biometrische Systeme. In: Nolde, Veronika; Leger, Lothar (Hrsg.): Biometrische Verfahren. Körpermerkmale als Passwort. Grundlagen, Sicherheit und Einsatzgebiete biometrischer Identifikation. Köln 2002, S. 192-200.

[Doddington et al. 2000]

Doddington, George, R.; Przybocki, Mark, A.; Martin, Alvin, F.; Reynolds, Douglas, A.; The NIST speaker recognition evaluation: Overview, methodology, systems, results, perspective. In: Speech Communication 31 (2000) 2-3, S. 225-254.

[Dodis/Reyzin/Smith 2003]

Dodis, Yevgeniy; Reyzin, Leonid; Smith, Adam: Fuzzy Extractors and Cryptography, or How to Use Your Fingerprints. Cryptology ePrint Archive, Report 2003/235, 2003.

[Donnerhacke 1999]

Donnerhacke, Lutz: Anonyme Biometrie. In: Datenschutz und Datensicherheit (DuD), 23 (1999) 3, S. 151-154.

[Dowland/Furnell/Papadaki 2002]

Dowland, Paul, S.; Furnell, Steven, M.; Papadaki, Maria: Keystroke Analysis as a Method of Advanced User Authentication and Response. In: Ghonaimy, Adeeb; El-Hadidi, Mahamoud, T.; Aslan, Heba, K. (Hrsg.): IFIP Conference Proceedings; Vol. 214, Proceedings of the IFIP TC11 17th International Conference on Information Security: Visions and Perspectives. Berlin/Heidelberg/New York 2002, S. 215-226.

[Duden 2006]

Duden. Die deutsche Rechtschreibung. Band 1. 24. Auflage, Mannheim/Leipzig/Wien/Zürich 2006.

[Dunstone/Yager 2009]

Dunstone, Ted; Yager, Neil: Biometric System and Data Analysis. Design, Evaluation, and Data Mining. New York 2009.

[Eckert 2008]

Eckert, Claudia: IT-Sicherheit. Konzepte - Verfahren - Protokolle. 5. Auflage, München 2008.

[European Commission Joint Research Centre 2005]

European Commission Joint Research Centre. Institute for Prospective Technological Studies: Biometrics at the Frontiers: Assessing the Impact on Society. For the European Parliament Committee on Citizens` Freedoms and Rights, Justice and Home Affairs (LIBE). EUR 21585 EN. Brüssel 2005.

[Fahrmeir et al. 2002]

Fahrmeir, Ludwig; Künstler, Rita; Pigeot, Iris; Tutz, Gerhard: Statistik. Der Weg zur Datenanalyse. 4. Auflage, Berlin/Heidelberg/New York/Hongkong/London/ Mailand/Paris/Tokio 2002.

[Faundez-Zanuy 2004]

Faundez-Zanuy, Marcos: On the vulnerability of biometric security systems. Aerospace and Electronic Systems Magazine, IEEE, 19 (2004) 6, S. 3-8.

[Fidis 2006]

Future of Identity in the Information Society (FIDIS), WP6: Forensic Implications of Identity Management Systems. Europa 2006.

[Fitting et al. 2008]

Fitting, Karl; Engels, Gerd; Schmidt, Ingrid; Trebinger, Yvonne; Linsenmaier, Wolfgang; Auffarth, Fritz; Kaiser, Heinrich (Hrsg): Betriebsverfassungsgesetz mit Wahlordnung. Handkommentar. 24. Auflage, Rechtsstand: Januar 2008. München 2008.

[Froihofer 2005]

Froihofer, Markus: Die Funktionsweise biometrischer Identifikationssysteme und ihre praktischen Einsatzmöglichkeiten im Rahmen der betrieblichen Informationstechnologie. Graz 2005.

[Gao/Shan 2002]

Gao, Wen; Shan, Shiguang: Face verification for access control. In: Zhang, David, D. (Hrsg.): Biometric Solutions. For Authentication in an E-world. Dordrecht 2002, S. 339-376.

[Genz 2004]

Genz, Alexander: Datenschutz in Europa und den USA. Eine rechtsvergleichende Untersuchung unter besonderer Berücksichtigung der Safe-Harbor-Lösung. Wiesbaden 2004.

[Giesecke/Kalo/Laßmann 2002]

Giesecke, Hans-Joachim; Kalo, Horst; Laßmann, Gunter: Erfahrungen mit biometrischen Systemen. In: Nolde, Veronika; Leger, Lothar (Hrsg.): Biometrische Verfahren. Körpermerkmale als Passwort. Grundlagen, Sicherheit und Einsatzgebiete biometrischer Identifikation. Köln 2002, S. 378-388.

[Gola/Schomerus/Klug 2007]

Gola, Peter; Schomerus, Rudolf; Klug, Christoph: BDSG. Bundesdatenschutzgesetz. Kommentar. 9. Auflage, München 2007.

[Graevenitz 2006]

Graevenitz, Gerik von: Erfolgskriterien und Absatzchancen biometrischer Identifikationsverfahren. Kassel 2006.

[Gruner 2005]

Gruner, Alexander: Biometrie und informationelle Selbstbestimmung. Rechtsfragen biometrischer Merkmale in Pass und Personalausweis. Dresden 2005.

[Gundermann/Köhntopp 1999]

Gundermann, Lukas; Köhntopp, Marit: Biometrie zwischen Bond und Big Brother. Technische Möglichkeiten und rechtliche Grenzen. In: Datenschutz und Datensicherheit (DuD), 23 (1999) 3, S. 143-150.

[Gundermann/Probst 2003]

Gundermann, Lukas; Probst, Thomas: Brennpunkte des Datenschutzrechts. In: Roßnagel, Alexander (Hrsg.): Handbuch Datenschutzrecht. München 2003, S. 1803-2016.

[Gunetti/Picardi 2005]

Gunetti, Danielle; Picardi, Claudia: Keystroke Analysis of Free Text. In: ACM Transactions on Information and System Security (TISSEC), 8 (2005) 3, S. 312-347.

[Gunetti/Picardi/Ruffo 2005]

Gunetti, Danielle; Picardi, Claudia; Ruffo, Giancarlo: Keystroke Analysis of Different Languages: A Case Study. In: Famili, A., Fazel; Kok, Joost, N.; Pena, José, M.; Siebes, Arno; Feelders, Ad (Hrsg.): Advances in Intelligent Data Analysis VI: 6th International Symposium on Intelligent Data Analysis, IDA 2005, Madrid, Spain, September 8-10, 2005, Proceedings: v. 6, Berlin/Heidelberg/New York 2005, S. 133-144.

[Gutiérrez et al. 2002]

Gutiérrez, Francisco, J.; Lerma-Rascón, Margarita, M.; Salgado-Garza, Luis, R.; Cantú, Francisco, J.: Biometrics and Data Mining: Comparison of Data Mining-Based Keystroke Dynamics Methods for Identity Verification. In: Coello Coelle, Carlos, A.; Albornoz, Alvaro de; Sucar, Luis, E.; Battistutti, Osvaldo, C. (Hrsg.): MICAI 2002: Advances in Artificial Intelligence: Second Mexican International Conference on Artificial Intelligence Merida, Yucatan, Mexico, April 2002, Berlin/Heidelberg/New York 2002, S. 460–469.

[Hall/Kimura 1994]

Hall, J., A., Y.; Kimura, D.: Dermatoglyphic asymmetry and sexual orientation in men. In: Squire, Larry, R. (Hrsg.): Behavioral Neuroscience, Bd. 108 Washington D. C. 1994, S. 1203-1205.

[Hanley/Lippman-Hand 1983]

Hanley, James, A; Lippman-Hand, Abby: If Nothing Goes Wrong, Is Everything All Right? Interpreting zero numerators. In: Journal of the American Medical Association, 13 (1983) 249, S. 1743-1745.

[Hecker 1993]

Hecker, Manfred, R.: Forensische Handschriftenuntersuchung: Eine systematische Darstellung von Forschung, Begutachtung und Beweiswert. Heidelberg 1993.

[Hein 1999]

Hein, Hans-Werner: Big Brother is scanning you. In: Spektrum der Wissenschaft, 22 (1999) 3, S. 106-109.

[Henderson et al .1998]

Henderson, Ron, D.; Mahar, Doug; Saliba, Anthony; Deane, Frank; Napier, Renée: Electronic monitoring systems: an examination of physiological activity and task performance within a simulated keystroke security and electronic performance monitoring system. In: International Journal of Human-Computer Studies, 48 (1998) 2, S. 143–157.

[Hes/Hooghiemstra/Borking 1999]

Hes, Ronald; Hooghiemstra, T.F.M.; Borking, John, J.: At face value - On biometrical identification and privacy. 2. Auflage, Registratiekamer 1999.

[Hill 2001]

Hill, Christopher, J.: Risk of Masquerade Arising from the Storage of Biometrics. Canberra 2001.

[Hocquet/Ramel/Cardot 2007]

Hocquet, Sylvain; Ramel, Jean-Yves; Cardot, Hubert: User Classification for Keystroke Dynamics Authentication. In: Lee, Seong-Whan; Li, Stan, Z. (Hrsg.): Advances in Biometrics: International Conference, ICB 2007, Seoul, Korea, August 27-29, 2007, Proceedings, Berlin/Heidelberg/New York 2007, S. 531-539.

[Hong 1998]

Hong, Lin: Automatic Personal Identification Using Fingerprints. East Lansing 1998.

[Hornung 2004]

Hornung, Gerrit: Der Personenbezug biometrischer Daten. Zugleich eine Erwiderung auf Saeltzer, DuD 2004, S. 218 ff.. In: Datenschutz und Datensicherheit (DuD), 28 (2004) 7, S. 429-431.

[Hornung 2005]

Hornung, Gerrit: Die digitale Identität. Rechtsprobleme von Chipkartenausweisen: Digitaler Personalausweis, elektronische Geldkarte, JobCard-Verfahren, Baden-Baden 2005.

[Hornung 2006]

Hornung, Gerrit: Biometrische Verfahren. Sicherheits- und Effizienzgewinne versus Datenschutz. Vortrag auf der Tagung Hamburger ASJ „Datenschutz auf dem Weg vom 20. ins 21. Jahrhundert. Vom Abwehrrecht zum Gewährleistungsauftrag des Staates?". Hamburg, 25. März 2006.

[Hornung 2008]

Hornung, Gerrit: Rechtsprechung zum Einsatz von Biometrie in Unternehmen. Veranstaltung „Biometrie für Mitarbeiter" des TeleTrusT Deutschland e. V.. Darmstadt, 16. September 2008.

[Hornung/Steidle 2005]

Hornung, Gerrit; Steidle, Roland: Biometrie am Arbeitsplatz - sichere Kontrollverfahren versus ausuferndes Kontrollpotential. In: Arbeit und Recht, 53 (2005) 6, S. 201-207.

[International Biometric Group 2007]

International Biometric Group: Biometrics Market and Industry Report 2007-2012. New York 2007.

[Iraschko-Luscher 2007]

Iraschko-Luscher, Stephanie: Zusammenarbeit des Datenschutzbeauftragten mit dem Betriebsrat. In: Datenschutz und Datensicherheit (DuD), 31 (2007) 12, S. 696-698.

[ISO 2004]

International Organization for Standardization: Biometric Performance Testing and Reporting - Part 1: Test Principles and framework. ISO/IEC CD 19795-1:2004 (ISO/IEC JTC 1/SC 37 N684). ISO/IEC 2004.

[ISO 2006]

International Organization for Standardization: Biometric Performance Testing and Reporting - Part 1: Test Principles and framework. ISO/IEC CD 19795-1:2006 (ISO/IEC JTC 1/SC 37 N684). ISO/IEC 2006.

[Jain/Bolle/Pankanti 1999]

Jain, Anil, K.; Bolle, Ruud; Pankanti, Sharath: Introduction to Biometrics. In: Jain, Anil, K.; Bolle, Ruud; Pankanti, Sharath (Hrsg.): Biometrics. Personal Identification in Networked Society. Norwell/Dordrecht 1999, S. 1-42.

[Jain/Hong/Pankanti 2000]

Jain, Anil, K.; Hong, Lin; Pankanti, Sharath: Biometric identification. In: Communications of the ACM, 43 (2000) 2, S. 90-98.

[Jain/Nandakumar/Nagar 2008]

Jain, Anil, K.; Nandakumar, Karthik; Nagar, Abhishek: Biometric Template Security. In: EURASIP Journal on Advances in Signal Processing, (2008) 34, S. 1-20.

[Jain/Ross 2007]

Jain, Anil, K.; Ross, Arun: Introduction to Biometrics. In: Jain, Anil, K.; Flynn, Patrick; Ross, Arun, A. (Hrsg.): Handbook of Biometrics. New York 2007, S. 1-22.

[Jain/Ross/Prabhakar 2004]

Jain, Anil, K.; Ross, Arun; Prabhakar, Salil: An Introduction to Biometric Recognition. In: IEEE Transaction on Circuits and Systems for Video Technology, 14 (2004) 1, S. 4-20.

[Janakiraman/Sim 2007]

Janakiraman, Rajkumar; Sim, Terence: Keystroke Dynamics in a General Setting. In: Lee, Seong-Whan; Li, Stan, Z. (Hrsg.): Advances in Biometrics: International Conference, ICB 2007, Seoul, Korea, August 27-29, 2007, Proceedings, Berlin/Heidelberg/New York 2007, S. 584-593.

[Jarosz/Fondeur 2005]

Jarosz, Hervé; Fondeur, Jean-Christophe: Large-Scale Identification System Design. In: Wayman, James; Jain, Anil, K.; Maltoni, Davide; Maio, Dario (Hrsg.): Biometric Systems. Technology, Design and Performance Evaluation. London/Berlin/Heidelberg 2005, S. 263-287.

[Jovanovic/Levy 1997]

Jovanovic, Borko, D.; Levy, Paul, S.: A look at the rule of three. The American Statistician, 51 (1997) 2, S. 137-139.

[Juels/Sudan 2006]

Juels, Ari; Sudan, Madhu: A fuzzy vault scheme. In: Designs, Codes and Cryptography, 38 (2006) 2, S. 237-257.

[Kent/Millett 2003]

Kent, Stephen, T.; Millett, Lynette, I.: Who Goes There? Authentication Through the Lens of Privacy. Washington D. C. 2003.

[Kindt 2007]

Kindt, Els: Biometric applications and the data protection legislation. The legal review and the proportionality test. In: Datenschutz und Datensicherheit (DuD), 31 (2007) 3, S. 166-170.

[Kindt/Müller 2007]

Kindt, Els; Müller, Lorenz: FIDIS Deliverable D3.10: Biometrics in identity management. Frankfurt 2007.

[Koch 2002]

Koch, Cordelia: Freiheitsbeschränkung in Raten? Biometrische Merkmale und das Terrorismusbekämpfungsgesetz. HSFK-Report 5/2002. Hessische Stiftung Friedens- und Konfliktforschung. Frankfurt 2002.

[Koch et al. 2006]

Koch, Hans-Dietrich; Gärtner, Horst-Udo; Haje, Armin; Seefeldt, Armin; Sudbrink, Holger: Der betriebliche Datenschutzbeauftragte. Aufgaben - Voraussetzungen - Anforderungen. 6. Auflage, Frechen 2006.

[Köhntopp 1999]

Köhntopp, Marit: Technische Randbedingungen für einen datenschutzgerechten Einsatz biometrischer Verfahren. In: Horster, Patrick (Hrsg.): Sicherheitsinfrastrukturen - Grundlagen, Realisierungen, Rechtliche Aspekte, Anwendungen. Braunschweig/Wiesbaden 1999, S. 177-188.

[Köhntopp/Fox 1999]

Köhntopp, Marit; Fox, Dirk: Utopienah. In: Datenschutz und Datensicherheit (DuD), 23 (1999) 3, S. 126.

[Krause 2005]

Krause, Rudolf: Bewertungskriterien für biometrische Identifikationssysteme im Vergleich zu bisherigen Identifikationsverfahren. Freiburg 2005.

[Kühling/Seidel/Sivridis 2008]

Kühling, Jürgen; Seidel, Christian; Sivridis, Anastasios: Datenschutzrecht. Frankfurt 2008.

[Kumbruck 1995]

Kumbruck, Christel: Digitale Sicherung und Sicherheitskultur. In: Hammer, Volker (Hrsg.): Die Sicherungsinfrastruktur für offene Telekooperation. Gestaltungsvorschläge für Technik, Organisation und Recht. Berlin 1995.

[Lau et al. 2004]

Lau, Edmond; Liu, Xia; Xiao, Chen; Yu, Xiao: Enhanced User Authentication Through Keystroke Biometrics. Cambridge 2004.

[Lee/Cho 2006]

Lee, Hyoung-joo; Cho, Sungzoon: Retraining a Novelty Detector with Imposter Patterns for Keystroke Dynamics-based Authentication. In: Zhang, David; Jain, Anil, K. (Hrsg.): Advances in Biometrics: International Conference, ICB 2006, Hong Kong, China, January 5-7, 2006, Proceedings. Berlin/Heidelberg/New York 2006, S. 633-639.

[Lepschies 2000]

Lepschies, Gunter: E-Commerce und Hackerschutz. Leitfaden für die Sicherheit elektronischer Zahlungssysteme. 2. Auflage, Braunschweig/Wiesbaden 2000.

[Louis 1981]

Louis, Thomas, A.: Confidence intervals for a binomial parameter after observing no successes. In: The American Statistician, 35 (1981) 3, S. 154.

[Lu/Zhang 2002]

Lu, Guangming; Zhang, David, D.: Smart card application based on palmprint identification. In: Zhang, David, D. (Hrsg.): Biometric Solutions. For Authentication in an E-world. Dordrecht 2002, S. 243-262.

[Lui et al. 1996]

Lui, Kung-Jong; Cumberland, William, G.; Kuo, Lynn: An interval estimate for the intraclass correlation in beta-binomial sampling. In: Biometrics, 52 (1996) 2, S. 412-425.

[Maltoni/Cappelli 2007]

Maltoni, Davide; Cappelli, Raffaele: Fingerprint Recognition. In: Jain, Anil, K.; Flynn, Patrick; Ross, Arun, A. (Hrsg.): Handbook of Biometrics. New York 2007, S. 23-42.

[Maltoni et al. 2005]

Maltoni, Davide; Maio, Dario; Jain, Anil, K.; Prabhakar, Salil: Handbook of Fingerprint Recognition. 2. Auflage, New York 2005.

[Mandujano/Soto 2004]

Mandujano, Salvador; Soto, Rogelio: Deterring Password Sharing: User Authentication via Fuzzy c-Means Clustering Applied to Keystroke Biometric Data. In: Baeza-Yates, Ricardo; Marroquin, Luis, J.; Chávez, Edgar (Hrsg.): Proceedings of the 5th Mexican International Conference on Computer Science (ENC'04), 20-24 September 2004, Colima, Mexico, Washington D. C. 2004, S. 181-187.

[Mansfield/Wayman 2002]

Mansfield, Anthony, J.; Wayman, James, L.: Best Practices in Testing and Reporting Performances of Biometric Devices. Technical Report NPL Report CMSC 14/02, Centre for Mathematics and Scientific Computing, National Physical Laboratory, Teddington 2002.

[Matyáš/Říha 2002]

Matyáš, Václav; Říha, Zdeněk: Biometric Authentication - Security and Usability. In: Jerman-Blazic, Borka; Klobucar, Tomaz (Hrsg): Advanced Communications and Multimedia Security (IFIP Advances in Information and Communication Technology). Norwell/Dordrecht 2002, S. 227-240.

[Maus 2008]

Maus, Thomas: Das Passwort ist tot - lang lebe das Passwort! In: Datenschutz und Datensicherheit (DuD), 32 (2008) 8, S. 537-542.

[Meints 2007]

Meints, Martin: Implementierung großer biometrischer Systeme. Kriterien und deren Anwendung am Beispiel des ePasses. In: Datenschutz und Datensicherheit (DuD), 31 (2007) 3, S. 189-193.

[Meints 2008]

Meints, Martin: Biometrie - Datenschutz- und Datensicherheitsaspekte. Vortrag im Rahmen des Heise Forums „Sicherheit und IT-Recht" auf der CeBIT 2008. Hannover 2008.

[Meints et al. 2008]

Meints, Martin; Biermann, Heinz; Bromba, Manfred; Busch, Christoph; Hornung, Gerrit; Quiring-Kock, Gisela: Biometric Systems and Data Protection Legislation in Germany. In: Pan, Jeng-Shyang; Niu, Xia-Mu; Huang, Hsiang-Cheh; Jain, Lakhmi, C. (Hrsg.): 2008 Fourth International Conference on Intelligent Information Hiding and Multimedia Signal Processing (IIHMSP-2008), Washington D. C. 2008, S. 1088-1093.

[Meuth 2006]

Meuth, Lotte: Zulässigkeit von Identitätsfeststellungen mittels biometrischer Systeme durch öffentliche Stellen. Berlin 2006.

[Miller 1994]

Miller, Benjamin: Vital signs of identity. In: IEEE Spektrum, 31 (1994) 2, S. 22-30.

[Monrose/Reiter/Wetzel 1999]

Monrose, Fabian; Reiter, Michael, K.; Wetzel, Susanne: Password hardening based on keystroke dynamics. In: International Journal of Information Security, 1 (2002) 2, S. 69-83.

[Munde 2002]

Munde, Axel: Die Evaluation biometrischer Systeme - Im internationalen Kontext. In: Nolde, Veronika; Leger, Lothar (Hrsg.): Biometrische Verfahren. Körpermerkmale als Passwort. Grundlagen, Sicherheit und Einsatzgebiete biometrischer Identifikation. Köln 2002, S. 145-158.

[Nanavati/Thieme/Nanavati 2002]

Nanavati, Samir; Thieme, Michael; Nanavati, Ray: Biometrics: Identity Verification in a Networked World. A Wiley Tech Brief. Canada 2002.

[Niemann 1990]

Niemann, Heinrich: Pattern Analysis and Understanding. 2. Auflage, Berlin 1990.

[Nixon/Aimale/Rowe 2007]

Nixon, Kristin, A.; Aimale, Valerio; Rowe, Robert, K.: Spoof Detection Schemes. In: Jain, Anil, K.; Flynn, Patrick; Ross, Arun, A. (Hrsg.): Handbook of Biometrics. New York 2007, S. 403-423.

[Nolde 2002]

Nolde, Veronika: Grundlegende Aspekte biometrischer Verfahren. In: Nolde, Veronika; Leger, Lothar (Hrsg.): Biometrische Verfahren. Körpermerkmale als Passwort. Grundlagen, Sicherheit und Einsatzgebiete biometrischer Identifikation. Köln 2002, S. 20-34.

[NSTC 2006a]

National Science and Technology Council (NSTC), Subcommittee on Biometrics: The National Biometrics Challenge. USA 2006.

[NSTC 2006b]

National Science and Technology Council (NSTC), Committee on Technology, Committee on Homeland and National Security, Subcommittee on Biometrics: Privacy & Biometrics. Building a Conceptual Foundation. USA 2006.

[O'Gorman 2002]

O' Gorman, Lawrence: Seven Issues with Human Authentication Technologies. In: IEEE Workshop on Automatic Identification Advanced Technologies (AutoID), Tarrytown 2002, S. 185-186.

[Orantek 2008]

Orantek, Kerstin: Datenschutz im Informationszeitalter. Herausforderungen durch technische, politische und gesellschaftliche Entwicklungen. Chemnitz 2008.

[Ortega-Garcia et al. 2004]

Ortega-Garcia, Javier; Bigun, Josef; Reynolds, Douglas; Gonzales-Rodriguez, Joaquín: Authentication gets personal with biometrics. In: IEEE Signal Processing Magazine. New York: Institute of the Electrical and Electronics Engineers, 21 (2004) 2, S. 50-62.

[Paass/Wauschkuhn 1985]

Paass, Gerhard; Wauschkuhn, Udo: Datenzugang, Datenschutz und Anonymisierung. Analysepotential und Identifizierbarkeit von anonymisierten Individualdaten. München 1985.

[Pahlen-Brandt 2003]

Pahlen-Brandt, Ingrid: Mehr Kompetenzen für den Datenschutzbeauftragten. Unzureichende Umsetzung der EG-DatSchRL. In: Datenschutz und Datensicherheit (DuD), 27 (2003) 10, S. 637-640.

[Pahlen-Brandt 2007]

Pahlen-Brant, Ingrid: Sind Datenschutzbeauftrage zahnlose Papiertiger? Von der Unwirksamkeit der Datenschutzkontrolle in Deutschland. In: Datenschutz und Datensicherheit (DuD), 31 (2007) 1, S. 24-28.

[Pan et al. 2007]

Pan, Gang; Sun, Lin; Wu, Zhaohui; Lao, Shihong: Eyeblink-based Anti-Spoofing in Face Recognition from a Generic Webcamera. In: ICCV 2007. IEEE 11th International Conference on Computer Vision, Rio de Janeiro, Brazil, October 14-20, 2007, Washington D. C. 2007, S. 1-8.

[Paulus/Hornegger 2003]

Paulus, Dietrich, W., R.; Hornegger, Joachim: Applied Pattern Recognition. Algorithms and Implementation in C++. 4. Auflage, Braunschweig/Wiesbaden 2003.

[Peacock/Ke/Wilkerson 2004]

Peacock, Alen; Ke, Xian; Wilkerson, Matthew: Typing Patterns: A Key to User Identification. In: IEEE Security & Privacy Magazine 2 (2004) 5, S. 40-47.

[Peacock/Ke/Wilkerson 2005]

Peacock, Alen; Ke, Xian; Wilkerson, Matthew: Identifying Users from Their Typing Patterns. In: Cranor, Lorrie, F.; Garfinkel, Simson (Hrsg.): Security and Usability. Designing Secure Systems that People Can Use. Sebastopol 2005, S. 199-220.

[Petermann/Sauter 2002]

Petermann, Thomas; Sauter, Arnold: Biometrische Identifikationssysteme. Sachstandsbericht. TAB Arbeitsbericht Nr. 76. Berlin 2002.

[Pfitzmann 2006]

Pfitzmann, Andreas: Biometrie - wie einsetzen und wie keinesfalls? In: Informatik Spektrum 29 (2006) 5, S. 353-356.

[Pfitzmann 2008]

Pfitzmann, Andreas: Biometrics - How to Put to Use and How Not at All? In: Furnell, Steven, M.; Katsikas, Sokratis, K.; Lioy, Antonio (Hrsg.): Trust, Privacy and Security in Digital Business: 5th International Conference, TrustBus 2008 Turin, Italy, September 1-5, 2008, Proceedings. Berlin/Heidelberg/New York 2008, S. 1-7.

[Phillips et al. 2000]

Phillips, Jonathan, P.; Martin, Alvin; Wilson, Charles, L.; Przybocki, Mark: An introduction to evaluating biometric systems. In: Computer 33 (2000) 2, S. 56-63.

[Platanista 2001]

Platanista GmbH: Biometrische Systeme - FuE, Diffusionstendenzen und Anwendungen. Kommentar und Ergänzungsgutachten, im Auftrag des Deutschen Bundestages (Autoren: Dittmann, Jana; Mayerhöfer, Astrid; Vielhauser, Claus). Darmstadt 2001.

[Pohlmann/Blumberg 2006]

Pohlmann, Norbert; Blumberg, Hartmut: Der IT-Sicherheitsleitfaden. Das Pflichtenheft zur Implementierung von IT-Sicherheitsstandards im Unternehmen. 2. Auflage, Heidelberg 2006.

[Prabhakar/Sharath/Jain 2003]

Prabhakar, Salil; Pankanti, Sharath; Jain, Anil, K.: Biometric Recognition: Security and Privacy Concerns. In: IEEE Security & Privacy, 1 (2003) 2, S. 33-42.

[Probst 2000]

Probst, Thomas: Biometrie und SmartCards. Wie kann Datenschutz technisch sichergestellt werden? In: Datenschutz und Datensicherheit (DuD), 24 (2000) 6, S. 322-326.

[Probst 2002]

Probst, Thomas: Biometrie aus datenschutzrechtlicher Sicht. In: Nolde, Veronika; Leger, Lothar (Hrsg.): Biometrische Verfahren. Körpermerkmale als Passwort. Grundlagen, Sicherheit und Einsatzgebiete biometrischer Identifikation. Köln 2002, S. 115-128.

[Probst/Köhntopp 1999]

Probst, Thomas; Köhntopp, Marit: Datenschutzgerechter und datenschutzfördernder Einsatz von biometrischen Verfahren. Potential biometrischer Systeme als Privacy-Enhancing Technologies. Beitrag zum „Potential biometrischer Verfahren als datenschutzfreundliche Technologien" bei einem Expertenpanel des BSI. Bonn 1999.

[Psylock GmbH 2009a]

Psylock GmbH: Psylock Password Reset: Sichere Passwort-Neuvergabe im Self-Service Verfahren. http://psylock.com/index.php/lang-de/produkte/psylock-password-reset (Abruf: 03.05.2009).

[Psylock GmbH 2009b]

Psylock GmbH: Psylock API - Sie bestimmen, was Psylock für Sie tun kann. http://psylock.com/index.php/lang-de/produkte/psylock-api (Abruf: 03.05.2009).

[Rach 2004]

Rach, Andreas: Einsatz von RFID-Technologie in der Biometrie zur Identifikation, Verifikation und Authentifikation. Berlin 2004.

[Rannenberg/Pfitzmann/Müller 1997]

Rannenberg, Kai; Pfitzmann, Andreas; Müller, Günter: Sicherheit, insbesondere mehrseitige IT-Sicherheit. In: Müller, Günter; Pfitzmann, Andreas (Hrsg.): Mehrseitige Sicherheit in der Kommunikationstechnik, Band 1 - Verfahren, Komponenten, Integration. Bonn 1997, S. 21-29.

[Ratha/Connell/Bolle 2000]

Ratha, Nalini, K.; Connell, Jonathan, H.; Bolle, Ruud, M.: Cancelable Biometrics. In: Proceedings of Biometric Consortium Conference, 2000.

[Ratha/Connell/Bolle 2001]

Ratha, Nalini, K.; Connell, Jonathan, H.; Bolle, Ruud, M.: Enhancing security and privacy in biometrics-based authentication systems. In: IBM Systems Journal, 40 (2001) 3, S. 614-634.

[Ratha/Connell/Bolle 2002]

Ratha, Nalini, K.; Connell, Jonathan, H.; Bolle, Ruud, M.: Secure fingerprint authentication. In: Zhang, David, D. (Hrsg.): Biometric Solutions. For Authentication in an E-world. Dordrecht 2002, S. 263-288.

[Ratha et al. 2006]

Ratha, Nalini, K.; Connell, Jonathan, H.; Bolle, Ruud, M.; Chikkerur, Sharat: Cancelable Biometrics: A Case Study in Fingerprints. In: Proceedings of IEEE International 18th Conference on Pattern Recognition (ICPR 2006) Volume 4, Hong Kong, China, August 20-24, 2006, Washington D. C. 2006, S. 370-373.

[Reichl/Roßnagel/Müller 2005]

Reichl, Herbert; Roßnagel, Alexander; Müller, Günter: Digitaler Personalausweis. Eine Machbarkeitsstudie. Wiesbaden 2005.

[Reid 2004]

Reid, Paul: Biometrics for Network Security. New Jersey 2004.

[Revett/de Magalhães/Santos 2005]

Revett, Kenneth; de Magalhães, Sérgio, T.; Santos, Henrique, M., D.: Enhancing Login Security Through the Use of Keystroke Input Dynamics. In: Zhang, David; Jain, Anil, K. (Hrsg.): Advances in Biometrics: International Conference, ICB 2006, Hong Kong, China, January 5-7, 2006, Proceedings (Lecture Notes in Computer Science). Hong Kong 2006, S. 661-667.

[Rodrigues et al. 2006]

Rodrigues, Ricardo, N.; Yared, Glauco, F., G.; Costa, Carlos, R. do N.; Yabu Uti, João, B., T.; Violaro, F`abio; Ling, Lee Luan: Biometric Access Control Through Numerical Keyboards Based on Keystroke Dynamics. In: Zhang, David; Jain, Anil, K. (Hrsg.): Advances in Biometrics: International Conference, ICB 2006, Hong Kong, China, January 5-7, 2006, Proceedings (Lecture Notes in Computer Science). Hong Kong 2006, S. 640-646.

[Roli/Didaci/Marcialis 2007]

Roli, Fabio; Didaci, Luca; Marcialis, Gian Luca: Adaptive Biometric Systems That Can Improve with Use. In: Ratha, Nalini, K.; Govindaraju, Venu (Hrsg.): Advances in Biometrics. Sensors, Algorithms and Systems, New York, S. 447-471.

[Ross/Shah/Jain 2005]

Ross, Arun; Shah, Jidnya; Jain, Anil, K.: Towards Reconstructing Fingerprints from Minutiae Points. In: Proceedings of SPIE Conference on Biometric Technology for Human Identification II, Orlando, USA, March 2005, Washington D. C. 2005, S. 68-80.

[Roßnagel 2005]

Roßnagel, Alexander: Verantwortung für Datenschutz. In: Informatik-Spektrum, 28 (2005) 1, S. 462-473.

[Roßnagel 2006]

Roßnagel, Alexander: Biometrie - Schutz und Gefährdung von Grundrechten. In: Schaar, Peter (Hrsg.): Biometrie und Datenschutz - Der vermessene Mensch. Bonn 2006, S. 56-74.

[Roßnagel/Pfitzmann/Garstka 2001a]

Roßnagel, Alexander; Pfitzmann Andreas; Garstka, Hansjürgen: Modernisierung des Datenschutzrechts. Gutachten im Auftrag des Bundesministeriums des Inneren. Bundesministerium des Inneren. Berlin 2001.

[Roßnagel/Pfitzmann/Garstka 2001b]

Roßnagel, Alexander; Pfitzmann Andreas; Garstka Hansjürgen: Modernisierung des Datenschutzes. In: Datenschutz und Datensicherheit (DuD), 25 (2001) 5, S. 253-263.

[Roßnagel/Scholz 2000]

Roßnagel, Alexander; Scholz, Philip: Datenschutz durch Anonymität und Pseudonymität. Rechtsfolgen der Verwendung anonymer und pseudonymer Daten. In: MultiMedia und Recht (MMR), 3 (2000) 12, S. 721-731.

[Rukhin 2004]

Rukhin, Andrew, L.: The Recognition Problem of Biometrics. In: Chance, 17 (2004) Berlin 2004, S. 30-34.

[Saeltzer 2004]

Saeltzer, Gerhard: Sind diese Daten personenbezogen oder nicht? Wie der Personenbezug von Daten, auch biometrischer, sich fundiert prüfen lässt.... In: Datenschutz und Datensicherheit (DuD), 28 (2004) 4, S. 218-227.

[Samal/Iyengar 1992]

Samal, Ashok; Iyengar, Prasana, A.: Automatic recognition and analysis of human faces and facial expressions: a survey. In: Pattern Recognition 25 (1992) 1, S. 65-77.

[Sarkar/Liu 2007]

Sarkar, Sudeep; Liu, Zongyi: Gait Recognition. In: Jain, Anil, K.; Flynn, Patrick; Ross, Arun, A. (Hrsg.): Handbook of Biometrics. New York 2007, S. 109-129.

[Savvides/Heo/Park 2007]

Savvides, Marios; Heo, Jingu; Park, Sung, Won: Face Recognition: In: Jain, Anil, K.; Flynn, Patrick; Ross, Arun, A. (Hrsg.): Handbook of Biometrics. New York 2007, S. 43-70.

[Savvides/Kumar/Khosla 2004]

Savvides, Marios; Kumar, Vijaya, B.V.K.; Koshla, Pradeep, K.: Cancelable biometric filters for face recognition. In: 17th International Conference on Pattern Recognition (ICPR 2004), 4-Volume Set, 23-26 August 2004, Cambridge. Washington D. C. 2004, S. 922-925.

[Schaumann/Alter 1976]

Schaumann, Blanka, A.; Alter, Milton: Dermatoglyphics in Medical Disorder. New York/Heidelberg/Berlin 1976.

[Schneier 1998]

Schneier, Bruce: Biometrics: Truths and Fictions, Essay on the uses and abuses of biometrics. http://www.schneier.com/crypto-gram-9808.html#biometrics. (Abruf: 25.09.2008).

[Schneier 1999]

Schneier, Bruce: Inside risks: the uses and abuses of biometrics. In: Communications of the ACM, 42 (1999) 8, S. 136.

[Schuckers 2003a]

Schuckers, Michael, E.: Estimation and sample size calculations for matching performance of biometric identification devices. Center for Identification Technology Research technical report.

[Schuckers 2003b]

Schuckers, Michael, E.: Using the beta-binomial distribution to assess performance of a biometric identification device. In: International Journal of Image and Graphics, 3 (2003) 3, S. 523-529.

[Schuckers et al. 2004]

Schuckers, Michael, E.; Hawley, Anne; Livingstone, Katie; Mramba, Nona: A comparison of statistical methods for evaluating matching performance of a biometric identification device. a preliminary report. In: Jain, Anil, K.; Ratha, Nalini, K. (Hrsg.): Biometric Technology for Human Identification, Proceedings of SPIE Vol. 5404. Bellingham 2004, S. 144-155.

[Senior/Bolle 2002]

Senior, Andrew, W.; Bolle, Ruud, M.: Face recognition and its applications. In: Zhang, David, D. (Hrsg.): Biometric Solutions. For Authentication in an E-world. Dordrecht 2002, S. 83-98.

[Sheng/Phoha/Rovnyak 2005]

Sheng, Yong; Phoha, Vir, V.; Rovnyak, Steven, M.: A Parallel Decision Tree-Based Method for User Authentication Based on Keystroke Patterns. In: IEEE Transaction on Systems, Man, and Cybernetics, 35 (2005) 4, S. 826-833.

[Shoniregun/Crosier 2008]

Shoniregun, Charles, A.; Crosier, Stephen: Securing Biometrics Applications. New York 2008.

[Simitis 1984]

Simitis, Spiros: Die informationelle Selbstbestimmung. Grundbedingung einer verfassungskonformen Informationsordnung. In: Neue Juristische Wochenschrift (NJW), 37 (1984) 8, S. 398-405.

[Simitis 1991]

Simitis, Spiros: Verarbeitung von Arbeitnehmerdaten. Die Empfehlung des Europarates. In: Computer und Recht (CR), 7 (1991) 3, S. 161-164.

[Simitis 2006]

Simitis, Spiros: Kommentar zum Bundesdatenschutzgesetz. 6. Auflage, Baden-Baden 2006.

[Simitis et al. 1998]

Simitis, Spiros; Dammann, Ulrich; Mallmann, Otto; Reh, Hans-Joachim: Kommentar zum Bundesdatenschutzgesetz, 29. Ergänzungslieferung Dezember 1998. Baden-Baden 1998.

[Snedecor/Cochran 1967]

Snedecor, George, W.; Cochran, William, G.: Statistical methods. 6. Auflage, Ames 1967.

[Sung/Cho 2006]

Sung, Ki-seok; Cho, Sungzoon: GA SVM Wrapper Ensemble for Keystroke Dynamics Authentication. In: Zhang, David; Jain, Anil, K. (Hrsg.): Advances in Biometrics: International Conference, ICB 2006, Hong Kong, China, January 5-7, 2006, Proceedings (Lecture Notes in Computer Science). Hong Kong 2006, S. 654-660.

[Tapiador/Sigüenza 1999]

Tapiador, Marino; Sigüenza, Juan, A.: Fuzzy Keystroke Biometrics on Web Security. In: Proceedings of the IEEE Workshop on Automatic Identification Advanced Technologies (AutoID-99). New Jersey 1999, S. 133-136.

[TeleTrusT 2005]

TeleTrusT Deutschland e. V., Arbeitsgruppe 6 Biometrische Identifikationsverfahren, AK „Rechtliche Aspekte der Biometrie": Orientierungshilfe für eine Betriebsvereinbarung beim Einsatz biometrischer Systeme. Erfurt 2005.

[TeleTrusT 2006]

TeleTrusT Deutschland e. V., Arbeitsgruppe 6: Biometrische Identifikationsverfahren: Bewertungskriterien zur Vergleichbarkeit biometrischer Verfahren. Kriterienkatalog. Erfurt 2006.

[TeleTrusT 2008]

TelcTrusT Deutschland e. V., Arbeitsgruppe Biometrie: White Paper zum Datenschutz in der Biometrie. Berlin 2008.

[Tilli 1993]

Tilli, Thomas: Mustererkennung mit Fuzzy-Logik. Analysieren, klassifizieren, erkennen und diagnostizieren. München 1993.

[Tinnefeld 2001]

Tinnefeld, Marie-Theres: Arbeitnehmerdatenschutz in Zeiten des Internet. In: MultiMedia und Recht (MMR), 4 (2001) 12, S. 797-800.

[Tinnefeld/Ehmann 1998]

Tinnefeld, Marie-Theres; Ehmann, Eugen: Einführung in das Datenschutzrecht. 3. Auflage, München 1998.

[Tinnefeld/Ehmann/Gerling 2005]

Tinnefeld, Marie-Theres; Ehmann Eugen; Gerling, Rainer, W.: Einführung in das Datenschutzrecht. 4. Auflage, München 2005.

[Tönnesen 1999]

Tönnesen, Christian: Statische und dynamische biometrische Verfahren. In: Datenschutz und Datensicherheit (DuD), 23 (1999) 3, S. 161.

[Tsujii 2004]

Tsujii, Shigeo: Pradigm of Information Security as Interdisciplinary Comprehensive Science: In: 2004 International Conference on Cyberworlds: CW 2004: Proceedings: 18-20 November 2004, Tokyo, Japan. Washington D. C. 2004, S. 9-21.

[Uludag et al 2004]

Uludag, Umut; Pankanti, Sharath; Prabhakar, Salil; Jain, Anil, K.: Biometric cryptosystems: issues and challenges. In: Proceedings of the IEEE 92 (2004) 6, S. 948-960.

[Umphress/Williams 1985]

Umphress, David; Williams, Glen: Identity verification through keyboard characteristics. In: International Journal of Man-Machine Studies, 23 (1985) 3, S. 263-273.

[Vacca 2007]

Vacca, John, R.: Biometric Technologies and Verification Systems. Burlington/ Oxford 2007.

[Vielhauer 2006]

Vielhauer, Claus: Biometric User Authentication für IT Security. From Fundamentals to Handwriting. New York 2006.

[Wayman 2000]

Wayman, James, L.: Technical testing and evaluation of biometric identification devices. In: Jain, Anil, K.; Bolle, Ruud; Pankanti, Sharath (Hrsg.): Biometrics. Personal Identification in Networked Society 2000, S. 345-368.

[Wayman 2001]

Wayman, James, L.: Fundamentals of Biometric Authentication Technologies. In: Zang, David (Hrsg.): International Journal of Image and Graphics, 1 (2001) 1, S. 93-113.

[Wayman et al. 2005]

Wayman, James, L.; Jain, Anil, K.; Maltoni, Davide; Maio, Dario: An Introduction to Biometric Authentication Systems. In: Wayman, James; Jain, Anil, K.; Maltoni, Davide; Maio, Dario (Hrsg.): Biometric Systems. Technology, Design and Performance Evaluation. London/Berlin/Heidelberg 2005, S. 1-20.

[Wedde 2007]

Wedde, Peter: Protokollierung und Arbeitnehmerdatenschutz. In: Datenschutz und Datensicherheit (DuD), 31 (2007) 10, S. 752-755.

[Weghaus 2002]

Weghaus, Berthold: Die sicherheitstechnische Beurteilung biometrischer Produkte - Wird eine Science-Fiction Vision zur Alltagsanwendung? In: Nolde, Veronika; Leger, Lothar (Hrsg.): Biometrische Verfahren. Körpermerkmale als Passwort. Grundlagen, Sicherheit und Einsatzgebiete biometrischer Identifikation. Köln 2002, S. 167-182.

[Weichert 1997]

Weichert, Thilo: Biometrie - Freund oder Feind des Datenschutzes. In: Computer und Recht (CR), 13 (1997) 6, S. 369-375.

[Weichert 2002]

Weichert, Thilo: Die Wiederbelebung des Personenkennzeichens -insbesondere am Beispiel der Einführung einer einheitlichen Wirtschaftsnummer-. In: Recht der Datenverarbeitung (RDV), 18 (2002) 4, S. 170-177.

[Welp 2007]

Welp, Carsten: IT-Compliance und Datenschutz. In: Taeger, Jürgen; Rath, Michael (Hrsg.): IT-Compliance als Risikomanagement-Instrument. Edewecht 2007, S. 79-90.

[Wirtz 1999]

Wirtz, Brigitte: Biometrische Verfahren. Überblick, Evaluierung und aktuelle Themen. In: Datenschutz und Datensicherheit (DuD), 23 (1999) 3, S. 129-134.

[Woodward 1997]

Woodward, John, D., Jr.: Biometric Scanning, Law & Policy: Identifying the concerns. Drafting the Biometric Blueprint. In: University of Pittsburg Law Review, 59 (1997) 1, S. 97-155.

[Woodward et al. 2001]

Woodward, John, D., Jr.; Webb, Katharine, W.; Newton, Elaine, M.; Bradley, Melissa, A.; Rubenson, David: Army Biometric Applications. Identifying and Addressing Sociocultural Concerns. Santa Monica/Pittsburgh 2001.

[Young/Hammon 1989]

Young, James, R.; Hammon, Robert, W.: Method and apparatus for verifying an individual's identity. US Patent, Nummer 4805222. Februar 1989.

[Yu/Cho 2004]

Yu, Enzhe; Cho, Sungzoon: Keystroke dynamics identity verification - its problems and practical solutions. In: Computers & Security, 23 (2004) 5, S. 428-440.

[Zahour/Taconet/Faure 1992]

Zahour, Abderrazak; Taconet, Bruno; Faure, Alain: Machine Recognition of Arabic Cursive Writing. In: Impedovo, Sebastiano; Simon, Jean, C. (Hrsg.): From Pixels to Features III: Frontiers in Handwriting Recognition. Amsterdam 1992, S. 289-296.

[Zhang 2000]

Zhang, David, D.: Automated Biometrics. Technologies and Systems. Norwell/Dordrecht 2000.

[Zhou et al. 2007]

Zhou, Xuebing; Kevenaar, Tom; Kelkboom, Emile; Busch, Christoph; van der Veen, Michiel; Nouak, Alexander: Privacy Enhancing Technology for a 3D-Face Recognition System. In: Bonn, Gesellschaft für Informatik e. V.; Brömme, Arslan; Busch, Christoph; Hühnlein, Detlef (Hrsg.): BIOSIG 2007: Biometrics and Electronic Signatures: Proceedings of the Special Interest Group on Biometrics and Electronic Signatures, Bonn 2007, S. 3-14.

[Zhou/Shaohua/Chellappa 2006]

Zhou, Shaohua, K.; Chellappa, Rama; Zhao, Wenyi: Unconstrained Face Recognition. New York 2006.

[Zilberman 2002]

Zilberman, Arkady, G.: Security method and apparatus employing authentication by keystroke dynamics. US Patent, Nummer 6442692, August 2002.

[Zorkadis/Donos 2004]

Zorkadis, Vasilios; Donos, P.: On biometrics-based authentication and identification from a privacy-protection perspective. Deriving privacy-enhancing requirements. In: Information Management & Computer Security, 12 (2004) 1, S. 125-137.

The manufacturer's authorised representative in the EU is Springer Nature Customer Service Centre GmbH, Europaplatz 3, 69115 Heidelberg, Germany. If you have any concerns regarding our products, please contact ProductSafety@springernature.com

Printed and bound by CPI Group (UK) Ltd, Croydon, CR0 4YY

25/03/2026

02078216-0012